魁 阁 学 术 文 库
Kui Ge Academic Library

本丛书为云南大学"双一流"建设民族学一流学科建设项目成果

本书为国家社科基金项目
"内地高校在读港澳学生的中华民族共同体认同调查研究"（21BMZ013）的阶段性成果

魁阁学术文库
Kui Ge Academic Library

民族社会工作

袁 娥 王 硕 编著

社会科学文献出版社
SOCIAL SCIENCES ACADEMIC PRESS (CHINA)

"魁阁"系列教材编委会名单

主　　编：何　明

副 主 编：李晓斌　段　雁

编委会委员（以姓氏笔画为序）：

　　　　　马居里　马翀炜　王越平　伍　奇

　　　　　李志农　杨绍军　和　奇　胡洪斌

　　　　　钱　均　高万红　郭茂灿　谭同学

"魁阁学术文库"总序

    1939 年 7 月，在熊庆来、吴文藻、顾毓琇等诸位先生的努力下，云南大学正式设立社会学系。在这之前的 1938 年 8 月到 9 月间，吴文藻已携家人及学生李有义、郑安仑、薛观涛辗转经越南从河口入境云南，差不多两个月后，其学生费孝通亦从英国学成后经越南到昆，主持云南大学社会学系附设的燕京大学–云南大学实地研究工作站（亦称社会学研究室）。1940年代初，社会学研究室因日军飞机轰炸昆明而搬迁至昆明市郊的呈贡县魁星阁，"魁阁"之名因此而得。此后差不多 6 年的时间里，在费孝通的带领下，"魁阁"汇集了一批当时中国杰出的社会学家和人类学家，如许烺光、张之毅、田汝康、史国衡、谷苞、胡庆钧、李有义等，进行了大量的田野调查，出版了一系列今日依然熠熠生辉的学术精品。由于吴文藻、费孝通、杨堃等诸位先生在 1940 年代的努力，云南大学社会学系及其社会学研究室（"魁阁"）成为当时全球最重要的社会学学术机构之一，其中涌现了一大批 20 世纪中国最重要的社会学家、人类学家。"魁阁"因其非凡的成就，成为中国现代学术史上的一个里程碑。

    "魁阁"的传统是多面相的，其主要者，吴文藻先生将之概括为"社会学中国化"，其含义我们可简单概括为：引进西方现代社会科学的理论与方法，以之为工具在中国开展实地研究，理解与认知中国社会，生产符合国情的社会科学知识，以满足建设现代中国之需要。

    为实现其"社会学中国化"的学术理想，1940 年代，吴文藻先生在商务印书馆主持出版大型丛书"社会学丛刊"，在为"社会学丛刊"写的总序中，吴先生开篇即指出，"本丛刊之发行，起于两种信念及要求：一为促使社会学之中国化，以发挥中国社会学之特长；一为供给社会学上的基本参考书，以辅助大学教本之不足"。丛刊之主旨乃是"要在中国建立起比较社会学的基础"。"魁阁"的实地研究报告，如费孝通的《禄村农田》、张之毅的《易村手工业》、史国衡的《昆厂劳工》、田汝康的《芒市边民的摆》等多是在"社会学丛刊"乙集中出版的。

80多年前，社会学的前辈先贤正是以这样的方式奠定了中国社会学的基础。为发扬"魁阁"精神，承继"魁阁"传统，在谢寿光教授的主持下，云南大学民族学与社会学学院和社会科学文献出版社共同出版"魁阁学术文库"，以期延续"魁阁"先辈"社会学中国化"的理论关怀，在新的时代背景下，倡导有理论关怀的实地研究，以"魁阁学术文库"为平台，整合社会学、人类学、社会工作、民族学、民俗学、人口学等学科，推进有关当代中国社会的社会科学研究。受"社会学丛刊"的启发，"魁阁学术文库"将包含甲乙丙三"集"，分别收入上述学科综合性的论著、优秀的实地研究报告，以及国外优秀著作的译本，文库征稿的范围包括学者们完成的国家各类课题的优秀成果、新毕业博士的博士学位论文、博士后出站报告、已退休的知名学者的文集、国外优秀著作的译本等。我们将聘请国内外知名的学者作为遴选委员会的成员，以期选出优秀的作品，贡献世界。

是为序。

第十三届全国人大常委会委员、社会建设委员会副主任委员
中国社会科学院学部委员、社会政法学部主任

云南大学党委书记

序　言

说起民族社会工作，多少让人感受到一丝神秘的气息。这种神秘感来自不同文化之间的距离，它让人与人之间多了一些陌生感和好奇心，不知道对方会怎么想、怎么做。于是，文化的敏感性也就成为民族社会工作实践中需要关注的话题，似乎人们一不小心就容易掉入文化盲点中，看不清对方的要求，甚至踩到了文化的"红线"。正是因为有这种担心，每当我遇见有着不同文化背景的人，就会多一些小心，也多一些好奇，总想从对方细微的表情变化或者坐姿变动中猜测出对方的内心想法。随着实践经验的积累，我渐渐发现，社会工作似乎很难绕过文化这个命题。即使是同学、老乡，也会随着阅历的增加、经历的丰富，变得有些"陌生"，甚至有时都不知道该怎么交流。而且，民族社会工作不仅仅涉及文化，还具有民族的历史积淀和社会形态，是一条文化的长河。它将人们分为自己人和陌生人，并且在陌生人面前竖起了一座高山，除非你能融入他们，与他们一起生活、一起劳动、一起欢笑、一起惆怅，才能真正跨越这座文化的高山。

由袁娥和王硕老师撰写的《民族社会工作》就是在为人们搭建迈过这座文化高山的云梯，让人们不再那么畏惧，内心多一些自信。人们只要打开这本《民族社会工作》，就能找到解决民族社会工作实践中问题的钥匙。这本书包括民族社会工作的内涵、民族社会工作的历史演变、民族社会工作的常用理论、民族社会工作的专业实践以及民族社会工作的社会行政等方面。值得注意的是，为了更好地呈现民族社会工作的实践逻辑，袁娥和王硕老师专门用一章介绍少数民族社区与社会发展，将民族社会工作融入在地少数民族的社会发展，从服务技术的探讨走向了在地场景的社会逻辑的探寻，真正使民族社会工作拥有了社会性和在地性的逻辑。有趣的是，袁娥和王硕老师还进一步深入探讨了民族地区社会工作实践中的生计服务、社区照顾和文化福利等具有在地特色的社会工作服务，让民族社会工作既具有了社会工作专业服务的内涵，也具有了在地民族的文化特征。此外，袁娥和王硕老师还以中国式现代化新进程为背景，进一步梳理了民族社会工作的本土化实践，以及这种实践对铸牢中华民族共同体意识的价值和意义，确保民族社会工作拥有中国式现代化的视野和主动融入中国式现代化建设的意识。

尽管民族社会工作的探索并不是一条平坦的路，它不仅需要探索者具有专注于日常具体实践的决心和勇气，而且需要探索者拥有跨越不同民族文化的视野和胸怀，尤其重要的是，需要探索者始终保持一颗真诚、善良、平等、好奇的心；但是这项工作绝对是有价值的，它能够帮助人们弥合理论与现实之间的差距，拉近人与人之间的距离，使人们真正成为自己生活的参与者和推动者，拥有了生命的真诚体验。祝愿袁娥和王硕两位老师能够创作出更多、更好的作品！

厦门大学社会与人类学院

童敏

2024 年 4 月 7 日

目　录

第一章　民族与民族社会工作

中国是一个统一的多民族国家，民族社会工作是社会工作专业的重要领域，为推动民族地区的经济与社会发展发挥了积极的作用。只有真正立足于各个民族的实际需求，才能为其提供更好的服务，真正推动社会工作在中国的本土化进程，更好地促进社会工作在中国的发展。本章的讨论内容包括从边疆社会工作到民族社会工作、民族社会工作的发展、影响民族社会工作发展的关键问题及其可行性。

第一节　从边疆社会工作到民族社会工作

边疆社会工作主要以"边疆"地区为工作地域，以"边疆"人民为服务对象。民族社会工作以"民族"地区为工作地域，以"民族"群众为服务对象。社会工作的基本原理和方法是二者共同的基础，"边疆"与"民族"分别是二者的突出标识。① 从西方的族群社会工作，到中国 20 世纪 40 年代的边疆社会工作，再到如今正在发展的民族社会工作，其相关概念的区分及演变经历了一个较长的阶段。② 与之相关的有族群、民族、种族以及边疆等重要概念。

一　族群、民族、种族和边疆的概念

（一）族群

"族群"概念是英文"ethnic group"一词的汉语译法，表示在语言、种族、文化和宗教等方面具有某些特点的人们共同体，自 20 世纪 60 年代起被

---

① 彭秀良、高亮：《从边疆社会工作到民族社会工作：一个历史的回顾》，《社会工作》2013
年第 6 期。

② 郭未、杨涵：《中国民族社会工作的发展图景：历史概述与现状反思》，《广西民族研究》
2017 年第 1 期。

国际人类学界广泛运用，后由到美国和欧洲留学的中国台湾学者将"ethnic group"译为"族群"传入中国大陆。到了 20 世纪八九十年代，大陆学者开始引用"族群"这个新名词，现大多数学者认同把"ethnic group"翻译成中文"族群"进行使用。[①]

有关族群的概念是多种多样的，马克斯·韦伯认为族群是指因体质的或者习俗的或者对殖民化以及移民的记忆认同的相似，而对共同的血统拥有主观信仰的群体，这种信仰对非亲属的共同关系具有重要的意义，族群不同于亲属群体。[②] 科威特人类学家穆罕默德·哈达德认为族群是指在社会上具有独特的因素，因文化和血统不同而形成不同意识的群体。可以说，它是因体质或文化上的特点而与社会上其他群体区别开的人们共同体。[③] 按《麦克米兰人类学词典》，族群是指一群人或是自成一部分，或是从其他群体分离而成，他们与其他共存的或交往的群体具有不同的特征，这些区分的特征可以是语言的、种族的和文化的，族群这一概念包含着这些群体交互关系和认同的社会过程。[④]

除上述西方学者对族群概念作出了界定之外，中国学者对族群的概念也作出了自己的界定。《文化学辞典》中对"族群"的解释是，"一种社会群体，它根据一组特殊的文化特质构成的文化丛或民族特质而在一个较大的文化和社会体系中具有一种特殊的地位。它在宗教、语言、生活方式、文化传统的整体方面的特征，以及在民族和地理的共同渊源上，使它有别于其他的社会群体"。[⑤]《人类学词典》对"族群"一词解释为："一个由民族和种族自己集聚而结合在一起的群体。这种结合的界限在其成员中是无意识承认，而外界则认为它们是同一体，也可能是由于语言、种族或文化的特殊而被原来一向有交往或共处的人群所排挤而集居。因此，族群是一个含义极广的概念，它可用来指社会阶级、都市和工业社会中的种族群体或少数民族群体，也可以用来区分土著居民中的不同文化和社会集团。族群概念就这样综合了社会标准和文化标准"。[⑥] 还有学者将"族群"界定为，

---

① 乌小花：《论"民族"与"族群"的界定》，《广西民族研究》2003 年第 1 期。

② Max Weber, "The Ethnic Group. In Parsons and Shils Etal," *Theories of Society* 1 (1961): 306.

③ 穆罕默德·哈达德、晓兵：《科威特市的民族群体和民族等级结构》，《世界民族》1992 年第 5 期。

④ 周大鸣：《论族群与族群关系》，《广西民族学院学报》（哲学社会科学版）2001 年第 2 期。

⑤ 覃光广、冯利、陈朴主编《文化学辞典》，中央民族学院出版社，1988，第 664 页。

⑥ 吴泽霖总纂《人类学词典》，上海辞书出版社，1991，第 308 页。

在较大的社会文化体系中，由于客观上具有共同的渊源（世系、血统、体质等）和文化（相似的语言、宗教、习俗等），主观上自我认同并被其他群体区分的一群人。①

需要注意的是，族群实际上是一种文化区分。在这种意义上，族群身份并不是固定不变的，而是流动的。族群身份的认同是对其他拥有相似文化特征的群体作出反应的识别过程，同时它亦涉及自我分类及建构"我们的声明"的过程，透过文化异同的辨识划出族群之间的界限。②

（二）民族

1. 民族的概念

"民族"过去对译的英文为"nation"或"nationality"。"nation"一词来自拉丁语，表示出生。在英语里"nation"有双重含义，表示国家或民族。国家层面的应用更为广泛，多指"国民国家"，如"联合国"就是用"United Nations"来书写。③"nation"又译为国族，指被相同的族群、历史、文化所联结起来的共同群体，包括地域、语言、宗教、外貌特征或共同祖先等"客观"的特质，也包括"主观"的特质，特别是人们对其民族性的认知和感情。④

"民族"概念是一个舶来品。"民族"一词自引入后便迅速流传开来，在 20 世纪上半叶，我国一些学者用"民族"这一概念来泛指具有不同文化特点的群体。梁启超是最早把我国各族称为"民族"的学者，最早将中华民族冠以"汉族""藏族""蒙古族"等称谓并与境外民族并列的可能是黄遵宪。孙中山先生早期曾把"中国人"称为"一个民族"，随后又提出"五族共和"的说法，把中国各族群均称为"族"，将合在一起的国家政治共同体称为"民族"。⑤

20 世纪 20 年代，斯大林的"民族"定义传入中国，指人们在历史上形成的有共同语言、共同地域、共同经济生活以及表现于共同的民族文化特点上的共同心理素质这四个基本特征的稳定的共同体。斯大林认为民族不

---

① 孙九霞：《试论族群与族群认同》，《中山大学学报》（社会科学版）1998 年第 2 期。
② 古学斌：《西方种族/族群社会工作多元论述与实践》，《社会建设》2018 年第 2 期。
③ 乌小花：《论"民族"与"族群"的界定》，《广西民族研究》2003 年第 1 期。
④ 古学斌：《西方种族/族群社会工作多元论述与实践》，《社会建设》2018 年第 2 期。
⑤ 马戎编著《民族社会学导论》，北京大学出版社，2005，第 17 页。

是普通的历史范畴，而是一定时代即资本主义上升时代的历史范畴。[①]

新中国成立后，在民族识别工作中，虽以斯大林确定的民族的四个特征，即共同语言、共同地域、共同经济生活、共同的民族文化特点上的共同心理素质作为认识与区别民族的参考依据，但已突破了斯大林限定的历史框架，尤其在实践中并没有照搬以上四个特征，而是更多考虑人们的主体意识。由此可知，中国的"民族"概念实际上有两个来源，即传统的民族概念和马克思主义民族概念。随后，当代中国学者又结合中国国情提出了具有中国特色的民族概念，费孝通提出，他将"中华民族"这个词用来指称现在在中国疆域内具有民族认同的 10 亿人民[②]。

在当前西方社会民族学的研究中，安东尼·史密斯对"民族"的定义具有权威性和代表性。史密斯认为"nation"就是在人类社会不断发展过程中，排除性别、阶级、空间等客观因素，因区域差异和区域特性而分化重新组合成的新群体，并拥有新的身份认同。[③] 由于"nationalism"的兴起，人类群体凭借新的政治权力而形成新的共同体，同时也诞生了"民族"这一概念。

中国的民族概念既可以指历史上古代、近代和现当代的任何时期的民族，有时又特指我国的少数民族，如民族教育、民族经济、民族工作等语言环境中。[④] 总之，"民族"一词内涵比较丰富，包含着历史、文化、经济等多方面的因素，我们在理解这个词时，需要考虑特定的背景和情境。

2. 少数民族的概念

"少数民族"一词是一个被广泛使用的概念。由于各国有着不同的民族问题以及民族关系史，"少数民族"的概念在各个国家和地区有着不同的界定。

国际社会上存在关于"少数民族"概念的几种代表性的观点。1991 年 3 月 4 日，在斯特拉斯堡由欧洲委员会为《欧洲保障少数人人权公约》而准备的建议案中，把"少数民族"概念表述为，在数量上居于少数，在人种、宗教或语言方面具有不同于其他人的特征，含有维护他们文化、传统、宗

① 斯大林：《民族问题和列宁主义》，人民出版社，1955，第 289 页。
② 费孝通：《中华民族的多元一体格局》，《北京大学学报》（哲学社会科学版）1989 年第 4 期。
③ 马戎：《评安东尼·史密斯关于"nation"（民族）的论述》，《中国社会科学》2001 年第 1 期。
④ 乌小花：《论"民族"与"族群"的界定》，《广西民族研究》2003 年第 1 期。

教或语言倾向的国民。英国少数人权利问题学者西格勒认为，少数人是数量上具有一定规模，在肤色、宗教、语言、种族、文化等方面具有不同于其他人的特征，由于受到偏见、歧视或权利被剥夺，在政治、社会和文化生活中长期居于从属地位，国家应当积极给予援助的群体。1992 年 12 月 18 日，联合国大会通过了《在民族或族裔、宗教和语言上属于少数群体的人的权利宣言》。这个宣言暗含了对"少数民族"概念的表述，正如宣言标题所表明的，"少数民族"是"在民族或族裔、宗教和语言上属于少数群体"的人。[①]

中国共产党最早使用"少数民族"一词是在 1926 年 11 月。[②] 中共中央在关于西北国民革命军的工作方针中就指出："对回民须有适当的政策，不损害这少数民族在政治上、经济上的生存权利"。[③] 新中国成立以后，"少数民族"这个词被沿用，普遍使用于党和国家的各种文献之中。

20 世纪 50 年代初，我国开始了民族识别工作，在进行民族识别工作的过程中，我们没有照搬苏联的经验，将民族群体区分为氏族、部落、部族和民族，而是统称为民族。经过民族识别，确定中国的"少数民族"是指不包括汉族在内的 55 个民族群体，各个民族共同构成了我们这个统一的多民族国家，这是少数民族概念在中国的历史内涵和法律定义。1986 年，经中央批准，国家民族事务委员会对"少数民族"一词在我国的使用做出了正式的解释：一是这个称谓是一个在人口多寡上与汉族相对应的数量概念，在我国不带有歧视少数民族或民族不平等的含义；二是这个称谓作为除汉族以外其他各民族的统称，我党自 1926 年开始使用，早已约定俗成，为全国各族干部、群众所接受。

综上所述，"少数民族"概念是长期以来逐渐形成的，是我国各民族人民所普遍接受的习惯称谓，它不带有任何的歧视或不平等的含义。事实上，由于各个国家形成了不同的民族关系，"少数民族"可以说是一个很难作出普遍定义的概念。因此，应当考虑到每一个国家根据其自身所要调整的民

---

① 德全英：《关于少数民族概念的几个问题——少数民族权利理论问题研究》，《新疆大学学报》（哲学社会科学版）2003 年第 1 期。
② 金炳镐：《"少数民族"一词在我国何时出现》，《中国民族》1987 年第 6 期。
③ 中共广西壮族自治区委员会党史研究室编《中国共产党与少数民族人民的解放斗争》，中共党史出版社，1999，第 52 页。

族关系，来定义其特定的少数民族概念。①

（三）种族

"种族"（race）一语意为世袭的，与拉丁语的"generatio"相同。人类种族的形成，或由于一社群内诸个人所显示的特质相同，或由于诸个人所具有的基因（genes）类似。所以每一种族的诸个人之间必须有两种类似，一种为形态特质的类似，另一种为构造特质的类似，从而形成一种共同体质形态的群体，即孟丹东（G. Montandon）所谓的"自然群体"。不过以上所述仅可指出种族的平面的静的意义，除此之外，还有其立体的动的意义。如果一个形态和构造均相同的自然群体，仅昙花一现，不能继续下去，仍然不称其为种族。种族的立体的动的意义必须指明上述各种相同的特质，经由"基因"，一代一代地遗传下去。② 通常，种族这个词是与"集团"（group）连在一起使用的，group又被翻译为"群体"。种族集团是指一些人有共同语言、习惯和生活传统，这是在复杂的社会中人们相互区别的一种标志，所以，当某些人从一个集团来到另一个集团并接受和适应了那里的习俗和传统，就自然成为那个种族集团中的成员。

在美国人看来，种族是一个新的、不确定的社会范畴。同时，种族这个概念还被用来表示19~20世纪移民经历。在20世纪20~40年代，作为一个社会学概念，种族被用来强调不同集团之间的文化意识差别（人种生理上的），与社会政治中反种族主义同时存在。可以用种族来描绘某一个种族文化的内容，包括语言、宗教、社会礼仪和其他行为方式，一个种族集团独特的物质产品也可以限定一个种族的文化，所以，种族产品可以成为哪些人是哪个种族集团的成员或谁属于哪一种文化的象征。③

在中国，对"种族"一词的研究可以追溯到汉代，其含义的变化经历了一个不断发展的过程。"种族"最初有多种含义，最早与少数民族群体相联系是在隋唐时期。到了宋代，"种族"多与某一少数民族名称连用，文献中写作"某某种族"，含义、用法与现代民族概念相近，这也是1900年以前汉语"种族"的最主要含义。清末，在构建民族国家过程中，国人创造

---

① 德全英：《关于少数民族概念的几个问题——少数民族权利理论问题研究》，《新疆大学学报》（哲学社会科学版）2003年第1期。

② 马长寿：《论"民族社会"的性质》，《西北民族论丛》2008年第0期。

③ 董小川：《美国人的人种和种族概念与观念》，《东北师大学报》2004年第3期。

性地将西方 race（种族）概念糅合到汉语"种族"之中，汉语"种族"的民族含义得到进一步增强，但也不稳定。由于种族的学科来源、概念的歧义性，加上民族概念的影响，进入民国之后时人赋予"种族"许多新的含义，总的趋势是种族的民族含义逐渐丧失，它的种族含义逐渐增强。其间为了消除极端民族主义思想危害，20 世纪 30 年代顾颉刚先生曾有意重新建构"种族"的"民族"含义。中华人民共和国成立后，随着民族识别工作的展开，民族概念深入人心。随着 20 世纪 60 年代对民族、部族、种族概念的讨论，现代意义上种族、民族概念基本建立。①

（四）边疆

1. 边疆的概念

"边疆"概念具有独特、复杂并敏感的含义。一般认为"边疆"是一个国家或地区的边远、边缘地带和区域；与之相反，"边疆"不是一个纯地理的概念，而是一个与社会、经济、政治、文化、认同、话语、偏见和刻板印象紧密关联的概念。②

在中国早期的民族社会工作研究中，最突出的代表是李安宅。他认为"边疆之所以不与内地相同的缘故，就自然条件而论，不在方位，而在地形，即高原、沙碛、茂草、森林类的地形，以及以此地形为基础进行粗放游牧业的地方，才能称之为边疆；就人为条件而论，不在部族，而在文化"。李安宅根据我国的历史和地理，将我国的边疆划分为两种类型，"一为纯粹游牧的边疆，一为介乎精耕农业的平原与粗放游牧的草原之间的过渡地带——边缘"。李安宅眼里的边疆实际上是文化意义上的边疆，但他又认为"文化的边疆实以地形的边疆作基础"。③

李安宅的"边疆"最终是地理边界上的，这也是当时国内知识界接近一致的观点。虽然在那个时期，民族识别工作已经开始，但以"民族"来覆盖边疆开发和建设的提法却非常稀少，多是以"边疆"一词来指代。新中国成立后，民族识别工作正式开始，"边疆"一词的使用频率仍很高，但

---

① 景凯旋：《汉语"种族"词义的变迁》，《西域研究》2017 年第 1 期。
② 常宝：《从边疆到民族：关于民族社会工作的批判与想象——兼论李安宅的〈边疆社会工作〉》，《内蒙古师范大学学报》（哲学社会科学版）2016 年第 3 期。
③ 李安宅：《边疆社会工作》，河北教育出版社，2012，第 6 页。

语义已发生了变化。①

总的来看，在中国历史与当今时期，"边疆"与"民族"息息相关，"边疆"具有不同民族群体之间的历史性互动，对彼此文化、生活的理解和认同以及主体民族与边缘民族之间的对峙、隔阂、博弈与区分的意义系统。在当代，"边疆"与"民族"话语之间呈现显著的融合或"换位"特点，"边疆"不再是遥远的"边疆"，"边疆"概念及其意义不断被淡化，而"民族"概念在当代不同社会、阶层、民族、地域、国家与地方之间的利益纷争、权力博弈中得以"复燃"，越发成为争论、猜疑，甚至排挤、争夺的一种"遥远"。②

2. 边疆社会工作的概念

李安宅在深入边疆亲自调查体验的基础上对民国时期边疆服务运动和边疆社会工作进行了较为系统的研究，《边疆社会工作》一书是其相关研究的主要代表。李安宅认为，边疆工作主要是社会工作，要在边疆开展工作，就必须用社会工作的方法。③

边疆社会工作的目标或归宿在于"由着我们的协助，促进边民的自助，而使边疆工作者成为一般的专业工作者""不但可以自助，而且可以助人，于是乎'边疆'一词便不需要了——即有，也是地理的名词，而无文化的意义了"。而边疆工作，"到了那个时候，便不是边疆工作，而是各种专业工作，如医药、工程师、畜牧师、工业化学家之类等"。如此，"边疆社会工作也就失掉其边疆性"了，"边疆社会工作之成功，即在边疆性之逐渐消失而归于乌有"④。他把边疆社会工作的最终目的归结于促使边疆与内地协调发展，取得与内地同等的经济文化地位，从而使文化意义上的"边疆性"消失，成为一个能够自立的实体，很精确地揭示了边疆社会工作的实质。⑤

关于进行边疆社会工作的方法，李安宅认为关键在于搞好行政和实施。在行政方面，第一要有长久的计划，要有深入的研究，"在行政考察之外，

---

① 彭秀良、高亮：《从边疆社会工作到民族社会工作：一个历史的回顾》，《社会工作》2013年第6期。

② 常宝：《从边疆到民族：关于民族社会工作的批判与想象——兼论李安宅的〈边疆社会工作〉》，《内蒙古师范大学学报》（哲学社会科学版）2016年第3期。

③ 李安宅：《边疆社会工作》，河北教育出版社，2012，第6页。

④ 李安宅：《边疆社会工作》，河北教育出版社，2012，第79~80页。

⑤ 彭秀良、高亮：《从边疆社会工作到民族社会工作：一个历史的回顾》，《社会工作》2013年第6期。

非得经常资助学术专才的深入研究不可";第二要有统一的指挥,不能"政出多门",要统一行政机构,"可有两条道路,一条即自中央单元化起来,一条乃由工作所在地单元化起来"。在实施方面,李安宅坚持"研究、服务、训练三者合一"原则。① 可以看出,李安宅的边疆社会工作包含可以付诸实施的具体方式和方法。

李安宅的边疆社会工作思想深深体现在我国当今的边疆发展规划中,不仅为我国民族社会工作提供了一定的理论基础,也对我国民族社会工作实践的发展有着重要意义。

二 民族社会工作概念之意涵

(一)西方的民族社会工作

在西方社会中,没有"民族社会工作"这个概念,与之相近的概念是"多元文化下的社会工作"和"民族敏感性的社会工作"。

关于多元文化下的社会工作,美国学者唐纳德·H. 罗伊认为"多元文化主义"至少包括三个主题:第一,种族歧视与男性至上主义制度的结束和给予妇女与少数民族公民权(选举权、参与权);第二,一个新的全面的多元文化,包括迄今仍处于社会边缘的种族文化的形成;第三,一种比较与差异文化世界观和实现不同文化之间的相互理解。② 另一位美国学者C. W. 沃特森认为,多元文化主义首先是一种文化观,其次是一种历史观,再次是一种教育理念,最后多元文化主义是一种公共政策。③ 由于各国具体情况不同,多元文化主义在不同的国家兴起的缘由、实践的内容、产生的影响、引起的争论和未来的走向均有所不同。因此,派恩主张推行多元文化主义政策,推动宣传不同文化的知识和经验。④

关于民族敏感性的社会工作,美国社会工作专家查尔斯·H. 扎斯特罗认为民族敏感的社会工作实务是建立在理解案主所拥有的多元化的民族身

① 李安宅:《边疆社会工作》,河北教育出版社,2012,第79~80页。
② Donald H. Roy, *The Reuniting of American: Eleven Multiculturalism Dialogues* (Peter Lang Publishing, Inc., 1996), p. 217.
③ Conard William Watson, *Concepts in the Social Science: Multiculturalism* (Philadelphia Open University Press, 2000), p. 56.
④ 任国英、焦开山:《论民族社会工作的基本意涵、价值理念和实务体系》,《民族研究》2012年第4期。

份的基础上，努力把对不同民族文化和少数民族群体的理解与那些指导社会工作实务的原理和理论结合在一起，以案主所属的民族群体身份和社会阶级地位相关的价值和地位为导向的。① 德沃尔和施莱辛格也提出了"民族敏感的社会工作实务"，强调在有关少数民族群体的实务中，首先要理解少数民族群体的历史地位，并从人口学和文化的角度理解他们的生活经历；其次要理解不同民族群体在特定社会中的地位。②

无论是"多元文化下的社会工作"还是"民族敏感性的社会工作"，都强调社会工作者应该具备多元文化的能力，在为案主提供服务的时候要充分理解和尊重其文化背景。

（二） 中国的民族社会工作

我国现代学术意义上的"民族社会工作"概念始见于郑杭生主编的《民族社会学概论》，民族社会工作是民族工作与社会工作的交叉，是政府和群众团体依据国家的民族政策，在社会工作的理论与方法指导下，对在物质和精神等方面面临困境的少数民族个人和群体所实施的一系列救助服务活动。③ 这个概念把民族社会工作的实施主体界定为政府和群众团体，实施的依据为我国的民族政策，实施的方法为社会工作方法，实施的对象为面临困境的少数民族，实施的内容为救助服务活动。王思斌认为民族社会工作主要是指在民族地区开展的、服务于少数民族群体和人士的社会工作，同时他也指出在非民族地区，也可能有民族社会工作。④

目前，学者引用较多的民族社会工作的概念，是指运用社会工作专业的价值观和社会工作的理论方法，依据国家的社会福利政策和民族政策，对面临困境的各民族群体和个人实施救助服务的活动，帮助解决少数民族的经济和社会发展、民族文化的传承与保护，以及民族内部与民族之间的关系等问题。建立健全一整套民族社会工作的实务体系是做好民族社会工作的前提和基础。⑤ 由此，可以看到民族社会工作包括以下内涵。

第一，民族社会工作是社会工作专业的一项重要实务领域，是社会工

---

① 李林凤：《多元文化下的民族社会工作》，《黑龙江民族丛刊》2009 年第 2 期。
② 单良：《新时期少数民族社会工作的价值理念和实务创新》，《社会建设研究》2018 年第 1 期。
③ 郑杭生主编《民族社会学概论》，中国人民大学出版社，2005，第 282 页。
④ 王思斌：《民族社会工作：发展与文化的视角》，《民族研究》2012 年第 4 期。
⑤ 任国英、焦开山：《论民族社会工作的基本意涵、价值理念和实务体系》，《民族研究》2012 年第 4 期。

作专业价值、理论和方法在民族问题上的应用，也是创新传统民族工作的重要手段。民族问题不仅是少数民族内部的问题，也包括不同民族之间的关系问题，不仅具有社会问题的一般特征，还具有民族特殊性。此外，此种阐述也把我国现有的民族工作和专业的民族社会工作进行了联系和区分。众所周知，鉴于我国民族问题的重要性，我国建立了完整的、系统的民族工作机制，但是这种机制在新的形势下又面临着很多的挑战；在新形势下，民族问题日益复杂，需要转变工作理念，学习相关的知识和技巧。民族社会工作依靠科学的理论和知识评估与诊断相关民族问题，运用成熟的且被证明行之有效的社会工作方法进行干预。社会工作介入少数民族问题是其专业使命，也是解决我国当前民族问题和创新传统民族工作机制的重要手段。

第二，民族社会工作的范围以民族地区为主，兼顾城市中的少数民族流动人口。由于各种因素的限制，与东部沿海地区相比，民族地区的经济文化发展水平仍然相对落后。[1] 民族地区经济发展的滞后性为社会工作的介入提供了需求性空间，成为今后民族社会工作的主要方面。此外，随着中国城市化进程加快，大量少数民族人口流动到城市，并散布在城市中的各个角落，原有的生活环境、生活状态和社会关系发生了改变，若融入城市的过程中出现了不适应，便会引发一系列问题。城市中的民族问题就是全国民族聚居地区，乃至全国民族问题状况的晴雨表。城市的辐射功能决定了城市民族问题影响较大。[2] 因此，民族社会工作既要重视民族地区，也要兼顾城市中的少数民族流动人口。

第三，民族社会工作的对象以某一少数民族为主，同时涉及所有民族成员。[3] 在民族问题中，有一项重要的内容是民族关系问题，而民族关系则涉及两个，甚至多个民族在政治、经济、社会和文化等方面的问题。因此，民族社会工作的对象就不能只局限于某一少数民族，还应该包括与之有关系的其他民族成员。另外，民族问题不仅仅表现在少数民族内部自身发展的问题，还包括民族与民族之间关系的问题，尤其是少数民族和汉族之间

---

① 胡日查：《民族地区的社会工作与和谐社会建设》，《内蒙古民族大学学报》（社会科学版）2010 年第 1 期。

② 田敏：《试论城市化进程中的城市民族问题和民族关系》，《武汉科技学院学报》2005 年第 10 期。

③ 常宝、亓·巴特尔主编《民族社会工作》，华东理工大学出版社，2013，第 10 页。

关系的问题。① 因此，民族社会工作的对象不仅仅局限于少数民族，在很多情况下还包括汉族。

第四，民族社会工作不仅致力于解决少数民族个人、家庭、社区面临的具体问题，而且要通过问题的解决提升个人的能力和社区发展的能力。对于民族社会工作，弱势群体的文化能力建设一直是关键点。最开始，文化能力强调是社会工作者应该具备的能力②，后来有学者认为文化能力应该是服务提供者和服务使用者双方在助人过程中互动关系的体现。在此过程中，双方需要参与、学习与了解，并获得成长③。这种文化能力是指服务对象应该了解自己生活世界的文化知识体系，保持对本民族的自我意识，同时具有发现民族传统文化在现代社会中的价值，发掘民族传统文化中的优势资源，以及运用这些文化资源解决当前所面临的现实问题的能力。④ 文化能力建设就是一种文化赋权的过程，以此发挥服务对象的主体性，挖掘少数民族个人、家庭、社区的潜能，增强民族自信心，提升他们解决问题的能力，从而促进少数民族个人和群体的全面发展。在具体的社会工作实务中，民族社会工作者要坚持在解决问题的过程中提升服务对象的能力，在能力提升的过程中加快对具体问题的解决。

三 民族社会工作的性质、特点、对象和任务

（一）民族社会工作的性质

民族社会工作指的是以少数民族群体（族群）为服务对象的社会工作。由于在宏观上少数民族主要聚居在民族地区，民族社会工作主要指在民族地区开展的、服务于少数民族群体和人士的社会工作。当然，在非民族地区，也可能有民族社会工作。在这里我们要说明的是，民族社会工作不等于在民族地区从事的社会建设工作，它是以社会工作价值观为指导，运用

---

① 《胡锦涛：正确认识和处理各民族特别是汉族和少数民族的关系——促进各民族共同团结奋斗、共同繁荣发展》，人民政协网，http://www.rmzxb.com.cn/c/2014-02-26/298111.shtml，最后访问日期：2023年12月30日。

② National Association of Social Workers, *NASW Standards for Cultural Competence in Social Work Practice* (2001), pp. 11-12.

③ Lum D., *Culturally Competent Practice: A Framework for Understanding Diverse Groups and Justice Issues* (Brook/Cole: Wadsworth, 1999), p. 29.

④ 任国英：《生态移民社区文化能力建设的民族社会工作行动研究——以内蒙古Z旗Y村为例》，《民族研究》2020年第6期。

社会工作方法从事的服务于少数民族群体和人士的专业活动；或者说，这里的民族社会工作指的是带有专业特点的社会工作。民族社会工作是社会工作的一个分支或专业领域；民族地区、少数民族和族群问题的多样性决定了民族社会工作的多样性。[①] 当前我国与民族社会工作相近的概念有民政工作和民族工作。

民政工作是指以国家行政权力为后盾，由政府主要部门依法组织与实施的解决社会问题、调解社会矛盾、维护社会公平、发展社会民主、保持社会稳定、维护人民群众基本生活权益的社会行政管理工作。[②] 民族工作是指在民族地区开展的与少数民族有关的工作，它包括政治、经济、社会事务等方面内容。可以说，凡与少数民族有关的各种事务都可以纳入民族工作范畴。

社会工作与民政工作、民族工作既有一定的联系，又有一定的区别。从共同点来看，社会工作在民族地区开展，有相当一部分是与民族工作和民政工作同质的，比如对民族地区的扶贫工作、教育资助、社会救济、社会福利等，都包含助人成分另外，有以下三点区别：第一，民族工作和民政工作实施的主体主要是政府的特定部门，而社会工作实施的主体除政府部门之外，更重要的是民间的社会组织与团体；第二，民族工作关注少数民族群体性的物质与精神需求，强调民族群体间的平等与团结，而社会工作和民政工作除关注社会群体之外，更倾向于关注作为公民的个体，特别是在个案社会工作中，直接面对的不是群体而是个人与家庭，重点在于心理与行为治疗；第三，民族工作和民政工作并不属于专业的社会工作范畴，社会工作的范畴要远远大于民族工作和民政工作。

从他们之间的关系来看，在民族地区开展社会工作，要以民族工作和民政工作为基础。少数民族是民族地区社会工作的主要对象，随着民族地区的不断发展，民族工作和民政工作的对象也将逐步拓展到全体成员。所以，可以说社会工作在民族地区的开展，是对民族工作和民政工作的新发展，使之增添新的内涵。[③]

---

①　王思斌：《民族社会工作：发展与文化的视角》，《民族研究》2012 年第 4 期。
②　董洁：《民政工作与社会工作的关系》，《社会工作》2012 年第 1 期。
③　胡阳全：《我国民族地区社会工作探析》，《云南民族大学学报》（哲学社会科学版）2006 年第 6 期。

（二）民族社会工作的特点

1. 价值性：针对特定的价值体系

（1）遵循社会工作普遍认同的价值体系

作为社会工作专业体系的一个学科分支，民族社会工作必然要遵循社会工作普遍认同的价值体系。因此，民族社会工作是以一般社会工作的价值体系为基础的，以案主为中心，以民族为主线，在民族地区开展针对少数民族的助人工作，既包括与民族有关的社会工作，也包括民族地区的社会工作。

（2）尊重少数民族的价值观和风俗习惯

价值观是一套观念系统[①]，是一种信念[②]，是想要达到的目标[③]，是一种心理倾向系统[④]，是进行判断和选择的标准或尺度[⑤]，也是一种心理结构[⑥]，它对个体行为起着重要的描述、解释、预测和导向作用。不同的族群有不同的价值观念，必然形成不同的心理特征和行为取向，造成迥然不同的生活方式。少数民族价值观就是不同少数民族基于各自的文化历史、生产方式、生活习俗、地理环境等因素形成的具有地域特色或民族特征的价值观。[⑦] 因而，各个少数民族价值观的形成都有其历史和现实依据，在开展民族社会工作时应充分尊重。

少数民族的风俗习惯是指各少数民族在衣食住行、婚丧嫁娶、生产生活、节庆礼仪等物质生活和文化生活方面相沿成习、广泛流传的喜好、风气、习尚和禁忌。我国民族众多、地域辽阔，各少数民族的风俗习惯差异较大。尊重少数民族风俗习惯，就是要坚持民族平等、民族团结，尊重各

[①] Talcott Parsons, *Toward a General Theory of Action* (Harvard University Press, 1951), pp. 388-433.

[②] Rokeach Milton, *The Nature of Human Values* (The Free Press, 1973), p. 5.

[③] Donald E. Super, "A Life-span, Life-space Approach to Career Development," *Journal of Occupational Psychology* (1980): 129-148.

[④] Hofstede Geert, *Culture's Consequences: International Differences in Work Related Values* (Sage, 1980), p. 19.

[⑤] Shalom H. Schwartz, Wolfgang Bilsky, "Toward a Universal Psychological Structure of Human Values," *Journal of Personality and Social Psychology* (1987): 550-562.

[⑥] Meral Cileli, "Change in Value Orientations of Turkish Youth from 1989 to 1995," *The Journal of Psychology* (2000): 297-305.

[⑦] 侯阿冰、张进辅：《民族价值观的心理学视角》，《中央民族大学学报》2006 年第 5 期。

民族的生活方式，不能因某个民族的风俗习惯不同就歧视或侮辱他们；一个民族某种风俗习惯的保持或改变，应由该民族的群众去决定，别的民族或个人不能强制或干涉；任何民族都不能以本民族的风俗习惯为标准，去衡量或要求别的民族，也不能以个人的好恶去对待民族风俗习惯。同时，对于一个民族而言，符合社会进步要求，有利于民族自身发展和民族团结进步的风俗习惯，应继续保持并发扬；影响或阻碍民族自身发展和民族团结进步的风俗习惯，应根据本民族群众的意愿和要求，逐步进行适当和必要的改革。

（3）社会工作者个人素质在民族地区助人实务中的体现

我国民族文化的多样性、差异性对社会工作者提出了更高的要求。

第一，尊重。尊重少数民族是民族社会工作价值观的一个重要方面。首先要充分尊重少数民族的价值观、生活方式、风俗习惯、宗教信仰，尤其是宗教信仰方面。宗教对少数民族的日常生活、社会结构等产生着重大影响，很多民族都有自己的宗教信仰。即使在同一民族内部，生活在不同地区的人的信仰亦有不同程度的差异。其次是对少数民族作为一个整体的尊重。我国的少数民族都为中华民族的形成，为形成和巩固统一的多民族国家做出了各自的贡献。再次，从文化人类学和文化多元论的角度来看，各种形态的民族文化都有其存在的理由，这些民族的生活方式、居住建筑、风俗习惯是最符合其需要的。我们应树立这样的认知，就是每个民族的文化都是优秀的。最后是对少数民族个体的尊重。当前的民族社会工作实务主要集中于某个地区、某个民族，而对少数民族个体的关注也不容忽视。

第二，同理心。同理心是指暂时进入对方的内心世界，不带任何评价地去体会对方的感受和经验，敏锐地觉察对方经验意义的改变而在情感上有所共鸣，并对他人的处境有合适的共情性回应。这就告诉我们，既不能从发达地区的角度来看不发达地区，更不能用高高在上的态度来看问题。实际上，同理心就是站在当事人的角度看问题，只有这样才能更好地理解其所思所想。

第三，知情权。与案主自决原则密切相关的是案主的知情权即案主了解助人过程、助人技巧、服务方式、服务内容的权利。如果案主的知情权受损，就难以落实案主的自决权。在民族社会工作中，对此最大的争议在于，一定要对文化程度不高的村民和牧民解释清楚原因、目标等问题吗？有必要性和可行性吗？对此，第一种意见认为，知情权落实与否并不影响助人，这显然违背社会工作的专业伦理道德；第二种意见则从实用的角度，认为保护案主权益的做法就应确保其知情权；第三种意见认为，案主知情权不能丢弃，因为它保证了对人的尊重，是人权的基本原则。

2. 群体性：针对特定的人群

民族社会工作以非主体民族及其环境为服务对象，非主体民族是指在多民族国家中人口较少或者在国家政治生活中不占主导地位的民族。在进行民族社会工作的过程中，要注意尊重少数民族的文化和提升少数民族的能力。

民族社会工作的帮扶对象不仅包括需要帮助的少数民族，还包括民族地区人数较少的汉族或其他民族。在一些民族地区，少数民族作为当地的主体民族，人数较多；平时交流语言、文字均为该民族的语言、在这种情况下，当地的汉族因为人数较少，也应被当作民族社会工作的服务对象。

3. 地域性：针对特定的范围

（1）社会工作的制度化、专业化问题

作为现代社会的一种制度，社会工作与社会政策体系、社会福利制度、社会组织服务体系和从业人员的专业水平密切相关。就我国目前民族地区社会工作的发展状况来看，随着经济社会的发展，少数民族群体的社会生活与观念发生变迁，有些社会政策与措施可能并不能解决具体问题，社会工作的功能与作用很难有效发挥，这就需要我们面对现实、转变观念，大力加强社会工作制度化建设。

现阶段我国民族地区的社会工作专业化程度较低，主要是因为从事该项工作的人员，除政府的相关人员之外，相当一部分是非专业人员。另外，社会工作教育在民族地区起步较晚、理论发展滞后、实践经验较少、各级领导和各界人士的重视不够。所以，民族地区社会工作发展的一个突出矛盾就是社会工作需求量的不断扩大、需求层次的不断提高与社会工作专业化程度较低之间存在较大不匹配的情况。因此，民族地区社会工作的发展，非常需要大量有善心讲道义、熟悉民族实际情况、具备专业知识和技能的职业社会工作者参与。教育行政主管部门应大力加强对民族地区社会工作教育的投入力度，在更多的高校设置社会工作专业，培养更多的专业人才。同时，还应通过短期培训和知识技能讲座，培养各类人才，以适应民族地区的需求。

（2）民族、宗教问题

我国是一个幅员辽阔的统一多民族国家，民族地区的各种语言文字、风俗习惯、宗教信仰、生活方式、民族艺术形式，都蕴含着独特的知识和智慧，是我国文化资源的宝库，需要发掘和保护，但是如果处理不当或肆意践踏就极易引发民族矛盾，产生民族问题。

针对民族和宗教问题，民族社会工作者在完成社会福利、社会救济、社区建设、社会服务等主要工作任务的同时，还应注意一些问题：一是贯彻国家宗教信仰自由政策，二是提高社会工作者对民族、宗教问题重要性的认识，三是严格区分矛盾的性质。

（3）制定合理的社会政策

一些民族地区的群众在资源占有、权利分配、居住条件、生活水平等方面都是弱势群体，因此，民族社会工作的主要内容就是发展各民族的社会福利、社会服务、社会保险、社会救济和社区工作等。这些工作大多由政府或准政府部门来完成，包括各级民委、民政、工会、妇联、共青团、残联、慈善机构以及社区的基层人员。所以，民族地区的社会工作是否得到国家和政府的高度重视、是否在社会政策上给予倾斜和优惠，财政支持力度的大小以及民族地区的自治制度的落实情况等，都会对民族地区的社会工作产生重要的影响。我们相信，有党和政府的高度重视，有民族政策的真正落实，有各民族人民的努力，民族地区的社会工作一定会取得长足发展。

4. 扶弱性：针对特定的弱势群体

社会工作以关注和支持社会弱势群体、解决他们的困境为己任，针对农村少数民族社区和城市民族社区的不同特点，以社区能力建设为中心走内源发展道路，探讨在市场化的商品经济环境下社区能力建设的问题。

针对少数民族老年人、妇女、儿童、残疾人等弱势群体，社会工作在价值理念上更强调社会工作者对服务对象的尊重、接纳、非批判、个别化、保密和案主自决，更多地为服务对象提供专业服务，包括解决困难、链接资源、处理问题、恢复功能、挖掘潜能和促进发展，并形成一整套专业理论和工作方法，以利于更好地开展弱势群体社会工作。针对少数民族弱势群体，社会工作可以从个案、小组和社区三个方面介入。①

---

① 常宝、亓·巴特尔主编《民族社会工作》，华东理工大学出版社，2013，第15~21页。

（三） 民族社会工作的服务对象

在民族社会工作的服务对象这一点上，学者们有着不同的看法。王思斌认为民族社会工作是以一定区域中少数民族为对象开展的专业服务，这里所说的"民族"指的是对应于汉族的少数民族，民族工作指的是针对这些少数民族的工作。[①] 任国英和焦开山认为民族问题形成的原因和解决的方法不仅仅在于一民族的内部，同时也在于其所处的环境，民族问题不仅仅是少数民族内部自身发展的问题，还包括民族与民族之间关系的问题。因此民族社会工作的对象应当以某一少数民族为主，同时涉及所有民族成员。[②] 常宝和亓·巴特尔认为民族社会工作以非主体民族及其环境为服务对象，其中非主体民族是指在多民族国家中人口较少或者在国家政治生活中不占主导地位的民族，民族社会工作的服务对象不仅包括需要帮助的少数民族，还包括民族地区人数较少的汉族或其他民族。[③] 除此之外，还有学者认为具有民族特质的个人、家庭和社区都可以成为民族社会工作的服务对象；有些将少数民族个体、群体、组织、社区和社会都视作民族社会工作的服务对象。

总的来说，民族社会工作的服务人群具有特殊性。这就要求我们在开展民族社会工作的过程中，要注意尊重少数民族的文化和提升少数民族的能力。在民族社会工作中，我们将遇到来自不同民族的案主，他们在语言文字、风俗习惯、生活方式、宗教信仰方面有自己的独特个性。同时，由于我国少数民族大多居住在边远山区，受地理区位、自然环境、文化传统、人口素质等因素的影响，其发展相对滞后，贫困问题一直是阻碍民族地区发展的重要问题。因此，在民族社会工作中，社会工作者要善于发现案主的潜能，强化他们的能力，并最终帮助他们通过自己的力量摆脱贫困。

（四） 民族社会工作的任务

我国民族问题是复杂多样的，民族工作的任务也具有相应的特点。社会工作作为一种专业方法介入民族地区，不仅致力于解决少数民族个人、

---

① 王思斌：《民族社会工作：发展与文化的视角》，《民族研究》2012 年第 4 期。

② 任国英、焦开山：《论民族社会工作的基本意涵、价值理念和实务体系》，《民族研究》2012 年第 4 期。

③ 常宝、亓·巴特尔主编《民族社会工作》，华东理工大学出版社，2013，第 17 页。

家庭、社区面临的具体问题，而且要通过问题的解决提升个人的能力和家庭、社区发展的能力。任国英和焦开山认为民族社会工作有两个重要目标，一个是挖掘少数民族个人、家庭、社区的潜能，增强民族自信心，提升他们解决问题的能力，从而促进少数民族个人和群体的全面发展。另一个重要目标就是增强少数民族群体在社会资源分配中的影响力。具体问题的解决和能力的提升是相辅相成的关系，因此在具体的社会工作实务中，民族社会工作者要坚持在问题解决的过程中提升服务对象的能力，在能力提升的过程中加快对具体问题的解决。[1]

王思斌把促进经济发展和文化持守作为民族社会工作的两个基本的、重要的任务，表现在个体（家庭）和群体（族群、社区）两个层面，于是就形成了四大方面的任务。在群体（族群、社区）层次上看经济发展，就是要发展地区经济、民族经济，促进少数民族群体就业，经济上的包容性发展是核心任务；在个体（家庭）层次上看经济发展，就是要改善民族家庭的生计，其深层关怀是发展人们参与经济活动的能力。在群体（族群、社区）层次上审视文化持守，就是要保护民族的文化传统，发挥宗教的积极作用，发展民族教育，促进族群之间的交往，增进族群之间的信任和团结；在个体（家庭）层次上审视文化持守，就是要形成和保持健康的心理和信仰。[2] 卢露结合民族地区的发展阶段和社会问题，在经济发展和文化持守任务的基础上，将制度建设也纳入任务结构。[3]

四　民族社会工作的领域和功能

（一）民族社会工作的领域

社会工作的领域是广泛的，关于民族社会工作领域及其划分有很多维度和标准，至今没有一种统一的说法，很难对其进行详细、完备的分类。总结前人研究，可以发现关于民族社会工作领域的分类有以下几种形式。

按照服务对象所在的区域进行划分，可以将民族社会工作领域分为民族地区社会工作和非民族地区社会工作两种。民族地区在中国主要指少数

---

[1]　任国英、焦开山：《论民族社会工作的基本意涵、价值理念和实务体系》，《民族研究》2012 年第 4 期。

[2]　王思斌：《民族社会工作：发展与文化的视角》，《民族研究》2012 年第 4 期。

[3]　卢露：《西南地区民族社会工作的任务结构与实务体系构建研究》，《广西大学学报》（哲学社会科学版）2020 年第 5 期。

民族地区，非民族地区指汉族人口占绝大多数，并确定是非少数民族地区的地区。民族地区的社会工作在服务对象和案主的建构和选择时需要考虑是少数民族人口，还是所有民族人口等问题；非民族地区的社会工作需要考虑是否将少数民族人口当作关注对象的问题。[①]

按照地域进行划分，可以将民族社会工作领域分为城市民族社会工作和民族地区社会工作。城市以少数民族流动人口为主，民族地区则以当地的少数民族为主。一方面，就问题的广度和深度而言，民族地区的问题应该成为民族社会工作的重点实务领域。例如，民族地区的贫困问题、文化教育问题、医疗卫生和社会保障问题等，都应该成为民族社会工作介入的内容。另一方面，随着改革开放的深入发展和城市化进程的快速推进，在城市中的少数民族流动人口中的民族问题逐渐凸显，这些问题更具敏感性，而且城市中的少数民族问题非常容易被夸大进而被扩散，然而传统的民族工作机制在这些问题上还处于缺位状态。因此，城市中的民族社会工作是一项紧迫而重要的任务。[②]

按照服务对象的年龄层次进行划分，可以将民族社会工作领域分为民族儿童社会工作、民族青年社会工作、民族老年社会工作等领域。按性别、生理特征，还可以分为民族妇女社会工作、民族残疾人社会工作等。还有针对困难退伍军人的民族军人社会工作，以及针对失足民族青少年的矫治社会工作等。

（二）民族社会工作的功能

按照一般性社会工作所发挥的功能，民族社会工作同样具有治疗、预防和发展三种基本功能。除此之外，我国地域辽阔，少数民族数量众多，不同的语言、宗教信仰、风俗习惯和生活方式所建构的多元文化环境催生了民族社会工作的发展，这也是中国社会工作本土化的必然要求。

1. 治疗功能

治疗功能指帮助服务对象恢复受损的社会功能，包括治疗及康复两个层面。社会工作通过治疗，激发服务对象的潜能，恢复服务对象的生活自信，让他们顺利回归社会；通过康复，帮助服务对象恢复失去的生活功能，

---

① 常宝、亓·巴特尔主编《民族社会工作》，华东理工大学出版社，2013，第43页。
② 任国英、焦开山：《论民族社会工作的基本意涵、价值理念和实务体系》，《民族研究》2012年第4期。

达到正常的生活状态。从康复这个层面来讲，社会工作的治疗功能发生在社会问题产生之后，所以它是一种消极的社会工作功能。

在微观层面上，治疗是对个人、团体的直接服务，帮助他们恢复社会功能，因为社会工作能够消除导致社会功能衰弱的因素。治疗的恢复作用，就是重组和重建社会系统的互动模式。例如，民族家庭社会工作可以帮助解决家庭内不同民族成员之间的隔阂、误解与歧视，营造其乐融融、积极向上的氛围。

在宏观层面上，治疗是解决社会问题的路径之一。例如，用社区发展的方法帮助贫困地区的农牧民摆脱贫困，一方面是通过政府给予资金上的支持，另一方面是组织农牧民学习农牧业科学知识，开发农牧业项目，从根本上摆脱贫困。

在民族地区，个体与文化能够代表微观与宏观层面。民族社会工作不仅要从个体的微观层面入手，也要考虑文化的宏观层面。任何一个视角的缺乏，都会影响民族地区社会功能的正常发挥，影响个人和社会系统的良好运行。

在本质上，社会工作的治疗功能就是消除那些导致问题产生和使社会功能丧失的个人或环境因素，对失去的社会功能予以恢复和重建，获得原有的社会功能和资源。从意义和作用的角度来看，社会工作可以通过发挥治疗功能来协调人与社会的关系，从而缓和矛盾、稳定社会。治疗虽然对保障社会的良性运行具有重要意义和作用，但它是一种事后的补救，是问题产生后采取的行动，具有滞后性。

2. 预防功能

早期的社会工作解决问题时主要采取治疗的方法，随着社会工作作为一个独立专业的发展，它的功能也丰富起来，人们开始认识到"消极的治疗"不如"积极的预防"。

预防是指预先对有害于个人或系统、组织的因素的发现与消除。预防的前提是要有准确的预测。为了有效地解决问题，必须在问题出现之前就对它的状态及发展趋势有一个预判，详细分析它的原因、掌握它的发展脉络，从而提早设法加以控制，把问题消灭在萌芽状态。也就是说，要预测个人或团体社会生活可能遇到的障碍，预测可能对整体社会制度产生伤害或阻碍社会进步的潜在因素，以便对症下药，以防其成为现实或继续生长而对社会构成危害。

预防可以分为两个层次。一是采取措施使问题不致发生，是一级预防，也是预防的最高境界，能够从根本上预防社会问题。二是在问题刚出现时就采取措施，不使其生长这是二级预防，可以对有关人员进行帮教，重点防范，减少不稳定因素。

预防的第一步是对可能出现的问题进行预警，具体来说就是社会工作者可以根据以往的经验和科学研究，预测社会变迁可能带来的问题，给社会或者可能受影响的人群发出预警；第二步是增强社会成员、社会群体对可能出现的巨大变化的适应能力。预防的关键是社会工作者以敏锐的洞察力，预先发现问题以及潜在危险，及早制定政策、调整社会关系，通过宏观规划和社会立法，对社会生活进行调节与指导。

3. 发展功能

社会工作的发展功能是指社会工作者通过发掘与利用社会资源、启发个人或制度的潜能，使个人充分成长，有效发挥个人和社会的功能。发展是指在受助人自认为面对未来存在能力不足的情况下社会工作者给予的帮助，包括知识的增长、处理人际关系能力的增强、社会适应能力的提高等，使社会制度为个人与社会的发展创造条件，提高人们的生活质量。

民族社会工作的发展功能具体表现为个体的发展和民族群体的发展，其中个体的发展不仅是个人物质生活水平的提高，也是个体潜能的发挥和自我实现。当然，民族社会工作不仅需要注重民族成员个体的发展与完善，也要考虑民族群体的命运和发展前景。

与治疗和预防不同，发展功能是动态的。治疗是事后的补救，预防是事先的防范，二者都是促使事物变化的外在措施，而发展着眼于个人与制度内部的能力和心智的成长，它把问题解决的机制置于事物本身之上。助人自助，而助人能够达到自助的途径就是发展，这对民族地区社会成员来说极为重要。[①]

总的来说，民族社会工作的这三个功能相互依存。治疗和预防的目的是促进发展，而发展又可以起到预防的效果，达到治疗的目的。如果没有发展，治疗和预防只能是就事论事、亡羊补牢，发展才是相对治标又治本的方法。在社会转型时期，民族社会工作面对不同的需要，应以发展为工作的取向，以发展带预防，以发展带治疗。

---

① 常宝、元·巴特尔主编《民族社会工作》，华东理工大学出版社，2013，第52~57页。

4. 民族社会工作促进社会工作的本土化

社会工作是一门应用社会科学，也是一种制度化的助人方法与职业，兴起于 19 世纪末 20 世纪初的欧美国家，经过近 50 年的发展，经历了非专业化、初步专业化、高度专业化等蜕变过程而具备了专业价值、伦理操守、系统理论、实践技巧，从而成为世界各国应对和处理工业化和城市化所引发的社会问题的模板。特别是第二次世界大战之后，发展中国家普遍抱有一种专业理想主义倾向，希望通过社会工作来应对发展中出现的社会问题，因此纷纷效仿欧美国家兴办社会工作教育、设置社会工作机构、提供社会工作服务。随着引进的社会工作在发展中国家出现"不亲和"现象，20 世纪 70 年代，学者们开始质疑西方社会工作模式特别是美国模式对于发展中国家的适切性，从而提出了社会工作本土化的概念①，本土化也成为社会工作研究领域的重要议题。

其中较具代表性的有美国学者 James Midgley、澳大利亚学者 Meal Gray、中国学者王思斌等。其中，Midgley 认为，本土化主要指合适性，具体是指专业社会工作者的角色必须适切不同国家的需要，社会工作教育必须适切社会工作在实务上的需求。② Meal Gray 认为，本土化最初缘起于质疑西方专业社会工作模式在世界各国的普遍适用性，本土化既是多样性与专业化对抗的结果，也是西方模式在非西方社会境遇下不能完全奏效的产物。王思斌认为，社会工作的本土化是指产生于西方或其他地区的社会工作模式进入某一国家或地区主动发生变化以适应地方的过程。③ 由此，可以发现，本土化对于西方的专业社会工作而言是一个文化适应的过程，对于中国而言是一种文化的选择与调适的过程。

社会工作在中国的本土化过程中，一个重要的视角就是从民族的角度审视社会工作。中国是一个统一的多民族国家，只有将社会工作与中国国情密切结合，才能促进社会工作的发展。④ 中国民族社会工作产生与发展的过程是西方社会工作进入中国多元民族文化场域后，为了与中国少数民族的文化传统、现代需要相适应而与之发生互动的过程。这个过程也是外来

---

① 卫小将：《社会工作本土化研究之阐述》，《学习与实践》2012 年第 5 期。

② J. Midgley, *Professional Imperialism: Social Work in the Third World*（Heinemann, 1981），p. 187.

③ 王思斌：《试论我国社会工作的本土化》，《浙江学刊》2001 年第 2 期。

④ 庄勇：《民族社会工作：社会工作本土化的一种路径》，"新一轮西部大开发与贵州社会发展"学术研讨会暨贵州省社会学学会 2010 年学术年会论文集，贵阳，2010 年，第 855~859 页。

的西方社会工作与固有的本土性民族社会工作之间深入交流融合的过程。这个过程既决定着中国民族社会工作发展的进程，也决定着中国社会工作本土化的进程。少数民族福利文化作为本土性民族社会工作中蕴含的民族文化资源，是民族社会工作发展的重要资本，积极发掘这些资本，充分发挥其作用，有助于民族社会工作的本土化①，也有助于社会工作的中国化。

当前，"民族"仍然是我国重要的社会文化和政治共同体，虽然不同民族及其成员之间的社会交往不断强化，但是他们之间的文化和制度环境差异依然明显，这是社会工作者介入时必须考虑的前提。从这一意义上讲，民族社会工作是一种具有高度"文化感性"的专业实践，通过调动和利用所介入民族的主体参与和本土资源，以文化适切的社会工作方法，来满足各民族受助者的多元化需求。如果简单照搬适用于其他人群或社区的社会工作理论及方法，不基于各民族及其成员的价值观念、问题解决模式等文化特征展开实务工作，不但可能会漠视少数民族或民族地区的差异化需求，而且未能充分尊重文化差异和利用本土资源会导致社会工作服务效能的降低。然而，关于社会工作如何在民族地区和少数民族群体中进行应用，现有的积累还十分有限。所以，我们强调民族社会工作这一研究及实务领域的相对独立性，不仅在于要充分考虑受助对象及其所面临问题的"民族性"，提供文化适切的专业服务，而且在于民族社会工作也是实现我国社会工作本土化的重要载体。

综上所述，在中国发展民族社会工作，既是解决社会转型期少数民族及民族地区民生问题的客观需要，也是创新传统民族工作方法、实现民族工作社会化的一种有效机制，同时还是社会工作本土化的必然要求。因而，必须从实际出发，将少数民族纳入社会工作的服务范围，将民族研究与社会工作相结合，才能更好地促进中国社会工作的本土化发展。

第二节　民族社会工作的发展

社会工作一直有服务族群/少数民族的传统，无论是在西方还是在中国，几乎所有的社会工作服务机构都为族群/少数民族案主提供了不少的服务和帮助。在世界上许多国家和地区，面向族群/少数民族的社会工作实践

---

① 李林凤：《民族社会工作研究——基于民族文化的视角》，民族出版社，2018，第50页。

活动早已出现，并积累了较为丰富的经验，为我国民族社会工作的开展提供了有益的借鉴。

一 欧美的族群社会工作/跨文化社会工作

（一）针对全球化背景下产生的文化冲突、文化隔阂问题

全球化在成就"全球人"的同时，也让许多固守在"本土"的人感到不适。[①] 现有社会工作起源于工业时代的欧美社会，并从西方宗教文化中吸取了相当部分的养料。因此，现有社会工作方法也相应具有明显的欧美社会文化基因。由于社会文化的差异，当西方社会工作介入具有其他文化背景的社会时，现有社会工作方法将在多个方面遭遇挑战。从表面看，人类文明的历史不仅是文化创造的历史，也是文化冲突时隐时现的历史。[②]

"文化震撼"、"文化偏见"和"文化识盲"是社会工作实务过程中最常出现的问题。"文化震撼"是指当我们进入异文化群体，对当地文化产生的一种陌生感进而出现心理上的不适。而"文化偏见"是基于种族中心主义而出现的一种态度，是指总是不自觉地用自属的文化价值和行为观念，去推断其他社会群体；从自属群体看事情的习惯，会认定自己的文化群体是最优秀的，从而对异地文化社群有一个高低的评判，进而产生文化偏见、种族歧视、负面刻板等现象。[③] "文化识盲"是人类学家和心理学家贝森在研究人类的精神分裂症状时所提出的"双盲假说"，是指在沟通时，当一个人处于一套交织稠密的人际网络之中，被两组不同而又矛盾的讯息牵绊住，而其中一组讯息又否定了另一组讯息时，就会出现无法解读在人际互动中的深层信息的认知盲点。[④] 我们每个人从出生开始，就在各自的"生活世界"中不断地经历着社会化，对所属文化存在深厚的文化认同或文化自觉，在文化浸染下形成一套较为固定的价值观念，并在此基础上建立起道德规范，约束自身言谈举止，作为评判"他人"行为的标准。这种价值观念、文化认同、道德规范以及评判标准或将伴随个体一生，一般很难发生根本

---

① 齐格蒙特·鲍曼：《全球化：人类的后果》，郭国良、徐建华译，商务印书馆，2001，第3页。

② 陈平：《多元文化的冲突与融合》，《东北师大学报》2004年第1期。

③ 古学斌、张和清、杨锡聪：《专业限制与文化识盲：农村社会工作实践中的文化问题》，《社会学研究》2007年第6期。

④ 潘英海：《文化识盲与文化纠结：本土田野工作者的文化问题》，《本土心理学研究》1997年第8期。

性改变，社会工作者也不例外，他们很难完全剥离自身文化认同和价值观念，在民族地区的社会工作实务中往往会忽视当地历史文化脉络以及社会资本关系的状况。①

西方国家把民族社会工作称为跨文化社会工作，将其作为一种专业工作方法为土著居民等提供社会工作服务，帮助他们恢复战后经济、重回正常生活、提高社会适应能力、保护民族文化、维持社会稳定。② 多元文化社会工作是相对于主流文化社会工作而言的。文化是人们生活上的皈依，由于生活在同一社会里，受同一套历史背景的影响，人们会接受相同的社会观念、政治经济观念、风俗习惯和生活方式。主流文化社会工作者在面对不同文化的服务对象时，往往会从自身的文化架构出发去理解对方，很难觉察对方所处的文化脉络，甚至将对方的文化判定为一种问题。因此多元文化社会工作认为，在既有的社会制度架构下，由于不同人群存在差异风险和差异机会结构，非主流族群者相对容易陷入困境或者较难改善生活处境。20 世纪 80 年代，欧美社会工作领域开始提出族群敏感实务、文化知觉、跨文化社会工作、文化能力实务等概念，很好地诠释了多元文化社会工作的意涵。③ 具体来说，美国民族社会工作以"文化多元主义"和"反歧视反压迫"为主要倾向，新西兰和澳大利亚趋于反压迫倾向，德国趋于反歧视倾向。

（二）针对种族问题的种族/族群社会工作实践

在国际社会学、社会工作领域，民族问题一般被称为族群问题，他们要解决的主要是少数族群被歧视、贫困、发展和文化保持方面的问题。④ 二战之后，基于"民族国家建构""殖民""移民""民族冲突与融合"等问题在西方近现代历史中的重要性，伴随社会工作专业的日渐成熟，"族群社会工作"开始在欧美快速发展，并成为非常重要的研究及实务领域。尤其是自 20 世纪 80 年代以来，欧美社会工作实务界开始大力推进"文化敏感"的社会工作实务，并将其扩散到亚洲、非洲等世界各地。⑤ 西方社会工作讨

---

① 罗贤贵、王兴骥：《文化差异与人才阙如：民族地区社会工作发展探索》，《贵州社会科学》2020 年第 8 期。
② 王婧：《发展视角下的民族社会工作研究》，《才智》2018 年第 27 期。
③ 卫小将：《西方族群社会工作的阐述与建构》，《学海》2020 年第 4 期。
④ 王思斌：《民族社会工作：发展与文化的视角》，《民族研究》2012 年第 4 期。
⑤ 王旭辉：《民族社会工作的合法性、实践价值及策略性发展重点》，《中央民族大学学报》（哲学社会科学版）2013 年第 4 期。

论的种族或族群服务大部分在文化能力和文化敏感的范畴内，强调面对不同文化的少数种族/族群时，必须建立种族和族群文化能力，这样才能更好地理解他们真正的需要，更好地设计和提供服务与实践。

美国被认为是世界上族群构成最复杂、族群关系也最复杂的国家之一。美国最初的居民是土著美洲人，这是一个多样化的族群，使用着 250 多种语言。移民美国的族群数目有 125~200 个，其语言也呈现多样化特征。因此，即使美国所有族群被美国政府的人口普查标准或被外人视为一个单一的族群，其内部各族群之间的文化差异也十分之大。①

美国文化面临的最突出问题就是种族关系，种族主义至今仍然是美国主要的社会问题。1976 年，所罗门出版了《黑人增权：受压迫社区中的社会工作》一书，标志着美国社会工作中的增权取向将黑人权利纳入自己的研究范围。所罗门在书中明确使用"增权"一词来描述美国社会中作为少数民族的黑人因长期遭受同辈团体、优势团体与宏观环境的负面评价所感受的全面无权，他建议社会工作的介入应致力于增加黑人的权利，以解除美国社会中的制度性种族主义所施加的压迫与疏离，增进案主个人的自我效能与社会改革的力量。1978 年，美国社会工作者协会在社会工作课程设置中增加了反种族主义的内容，美国社会工作教育委员会同年出版了《双重视角：在社会工作课程中纳入少数民族内容》一书。②

族群与文化敏感的社会工作实务在美国顺势而生，并不断被践行。族群敏感的社会工作实务寻求把各种族群文化和少数群体之间的理解融合到一起，以形成指导社会工作的理论与原则。具体要求如下。第一，社会工作者要了解美国多元种族和宗教的历史脉络和知识，对种族和民族压迫的影响有深刻的认识，实践中应该以服务对象的民族群体身份和其社会阶级地位相关的价值观和地位为导向。第二，反思自己的族群观，站在文化相对论、文化多元主义的立场看待问题，积极开展各类反种族歧视的工作。第三，提倡赋权和优势视角的运用，强调每个族群和民族都有能力决定自己的生活，应协助其增强解决问题的能力。同时，努力辨明、使用、建立和加强一个人或一个民族/群体的能力和优点，强调服务对象的兴趣、资

---

① 戴维·莱文森：《世界各国的族群》，葛公尚、于红译，中央民族大学出版社，2009，第651 页。

② 李林凤：《论社会工作者的族群文化敏感性——多元文化背景下社会工作本土化的一种探索》，《贵州师范大学学报》（社会科学版）2007 年第 1 期。

源、信仰和成就等。第四，对社会工作者知识结构、文化能力和职业伦理提出高要求，避免出现文化识盲。① 时至今日，美国社会工作一直在不断改善对少数种族/族群的服务，以促进制度的改变，从而使美国更多的少数种族/族群受益，更好地促进其发展。

概括而言，国外尤其是欧美国家的种族/族群社会工作发展呈现以下两大特征。一方面，社会工作者主要从文化处境和社会经济地位这两个层面交叉界定各个种族/族群的现状及问题，重点从适应多元文化和争取平等权益这两个角度开展研究和进行实务工作，并重视赋权和抗争方法在民族社会工作实务中的应用。另一方面，西方民族社会工作经历了一个从"同化主义"到"多元主义"的理论和实务框架的转变过程，而且，越来越重视保护文化多样性和提升文化能力，以促进形成民族社会工作实务的文化敏感性。②

二　发展中国家的社会工作

社会工作是一门制度化的助人科学，主要起源于 19 世纪末 20 世纪初的欧美国家，其在应对转型社会问题中具有独特的功能与作用。随后，社会工作实现了专业化，以美英为首的资本主义国家普遍建立了社会工作制度。二战之后，发展中国家纷纷效仿美国建立社会工作制度以期应对国内的社会问题，联合国及其各种委员会在推动美国社会工作向其他国家传播中也起到了积极的作用。③ 与此同时，以欧美文化殖民、文化霸权和文化帝国主义为表征的后殖民主义思潮兴起。在这样一种大的社会潮流背景之下，西方社会工作在某程度上也具有了专业帝国主义和专业殖民主义的扩展色彩。对于欧美社会工作的全球扩展，许多发展中国家出现了某种专业理想主义的幻想，不顾及自身的文化传统、政治制度、社会经济状况和受众需求，与欧美恪守同样的价值伦理、使用同样的理论基础、诉诸同样的实务模式，而现实中却要解决不同的问题（欧美国家的受众偏重于解决个体的心理和情绪问题，而发展中国家的受众则更需要解决物质、医疗和教育等结构性的社会问题）。因此，这种照搬照抄式的发展模式导致社会工作出现

---

① 何乃柱：《民族社区社会工作研究：本土实践与理论建构》，博士学位论文，兰州大学，2013，第 75 页。

② 王旭辉：《民族社会工作的合法性、实践价值及策略性发展重点》，《中央民族大学学报》（哲学社会科学版）2013 年第 4 期。

③ Nagpaul Hans, "Analysis of Social Work Teaching Material in India: the Need for Indigenous Foundations," *International Social Work* 3（1993）：207-220.

了"水土不服"的现象。20 世纪 70 年代之后，受反殖民主义和后现代主义影响，许多发展中国家开始质疑美英模式在其本土的适切性，并倡导社会工作本土化。[①]

米基利出生和成长于南非，在从事社会工作期间有感于从西方社会工作移植的社会治疗模式与南非社会现实相脱节，所以早在 20 世纪 80 年代就开始大力批判欧美社会工作的专业帝国主义（professional imperialism）误导了南非以及其他发展中国家社会工作的发展。传统社会工作模式无法应对发展中国家广泛存在的城市失业或就业不足、农村贫困、饥饿、无家可归、文盲及疾病等问题。他呼吁建构发展性社会工作（developmental social work），以推动社会发展为目标，弥补发展中国家经济和社会发展的不足，比如以社会工作协助提供生产或就业机会，协助教育和医疗服务的供给，以及倡导发展性社会政策等策略。[②]

南非共和国是首个根据发展性社会福利和社会工作理论建构了本土社会工作体系的国家，采用了米基利对欧美社会工作专业帝国主义的批判和社会发展脉络的主张。南非自 1997 年《社会福利白皮书》确立了发展性社会工作制度，历经 20 年探索社会工作本土化的路径，建立了一个整合宏观社会福利政策、中观社区发展模式，以及微观个人小组服务工作，形成了理论、政策与实务紧扣的社会工作体系。[③]

南非拥有较大的国土面积（122 万多平方公里）和肥沃的农业土地区域，在其地表之下，蕴藏着世界上最丰富的矿产资源。然而，直到 20 世纪 90 年代初，这个国家还在强调种族差异，并实行种族隔离政策。以曼德拉为首的新政府上台以后，虽然取消了种族隔离政策，使南非走向一个无种族歧视的民主国家，但许多南非人认为存在了几个世纪的种族不平等以及几十年种族隔离政策的影响仍将延续多年。[④] 之后，社会工作者承担起了消除过去种族隔离政策所带来不利影响的重要任务。在政府的大力支持下，南非社会工作者为南非各个种族、各个社区，为需要帮助的各种人群提供

---

① 卫小将：《国际社会工作发展路径的回顾与前瞻》，《学术论坛》2014 年第 12 期。

② 陆德泉：《社会发展视角探索社会工作的本土化策略——以南非建构发展性社会工作体系的路径为例》，《中国农业大学学报》（社会科学版）2017 年第 3 期。

③ 陆德泉：《社会发展视角探索社会工作的本土化策略——以南非建构发展性社会工作体系的路径为例》，《中国农业大学学报》（社会科学版）2017 年第 3 期。

④ 光程：《种族隔离政策及其变革的处理——南非社会工作述评》，《社会福利》2002 年第 7 期。

了大量的社会工作服务，并对民营社会福利组织开展的各项福利活动进行了监督。在反种族隔离组织和当地教会的支持下，南非的社会工作者建立了完善的社会工作服务体系，并培养了大量社会工作者，这些专业的社会工作者运用专业技能与知识致力于促进地方性的社会工作发展，解决由社会、经济、政治资源不足引起的社会问题，进行发展性社会工作。南非的社会工作者给南非各族居民带去了专业的社会工作服务、人道主义关怀和平等的民主精神。[①]

2012 年《社会工作全球议程》(*Global Agenda for Social Work*) 把推进社会发展列为全球社会工作的专业使命，对南非的发展性社会工作给予很大的肯定和支持。联合国提出的很多可持续发展目标 (Sustainable Development Goals, SDG) 也都是源自南非发展性社会工作的服务领域。[②] 南非需要面对很多可持续发展问题，但是在国际和南非政府的努力下，南非的发展性社会工作模式为迎接这些挑战建立了一定的基础。

如今，社会工作在世界范围内的大多数国家已经得到普遍发展，无论是发达国家还是发展中国家都不能否认社会工作走向国际性的大趋势。默罕认为，国际性社会工作应该被定位为一门专业学科，通过国际性社会工作促进跨国知识和经验的交流与对话，促进平等与正义，共同协作致力于人权与社会发展。通过跨国交流与协作，形成一种超越国家和地区的包容性国际社会工作网络格局，使其既涵盖发达国家的专业经验，也包含发展中国家的本土经验，让发达国家与发展中国家平等对话形成一种合力，共同致力于创造人类的福祉。[③]

三　中国的民族社会工作

(一) 香港地区的民族社会工作

香港地区的社会工作是由许多外在社会环境因素以及行业内在动力之间的互动而逐渐建构而成的，香港地区的社会工作发展历程可以分为七个阶段：第二次世界大战之前以实物救济为主的阶段、20 世纪 50 年代以慈

---

① 常宝、亓·巴特尔主编《民族社会工作》，华东理工大学出版社，2013，第 8~9 页。
② Lynne M. Healy, "Situating Social Work within the Post-2015 Global Agenda," *European Journal of Social Work* (2016): 1-12.
③ 卫小将：《国际社会工作发展路径的回顾与前瞻》，《学术论坛》2014 年第 12 期。

善救济及补救为重点的阶段、20 世纪 60 年代末期以社会稳定为前提的阶段、20 世纪 70 年代以服务发展及专业化为取向的阶段（开始推动社区建设）、20 世纪 80 年代以巩固及倡导服务为主导的阶段、20 世纪 90 年代以抗衡多方拉力及不断摸索出路为主要任务的阶段、21 世纪仍待建构的新时代。[①]

香港地区是一个多民族、多元宗教和文化共生共存的地域性社会。在香港华人人口构成中，汉族占主体、满族及其他少数民族占少数。香港社会人口构成以华人为主体，非华人的香港人一般以国籍进行分类，主要有英国人、美国人、东南亚人，其中菲律宾人在非华人群体中占据较大的比例。[②]

香港民族（族群）与宗教的多元性，要求社会工作者必须具备较强的文化能力尤其是跨文化能力，社会工作者必须打破专业限制和文化识盲，建立高度的文化敏感性，而针对民族（族群）的服务工作一般在社区中开展，如何做到尊重对方文化是一个十分重要的课题。

（二）澳门地区的民族社会工作

20 世纪 20 年代中叶葡萄牙政府开始介入澳门的社会保障事业，起初都是救济性质。当时的救济以民间慈善团体、宗教团体的慈善救济活动为主，并与天主教会的宗教精神有密切关系。如葡萄牙人组建了仁慈堂开办了安老院、盲人重建中心等。1930 年澳门颁布法令发行救济印花税，这是澳门当局干预社会慈善事务、推动社会保障建设的起始标志。[③] 1947 年澳门成立公共救济总会，华侨代表和天主教会代表等均是其会员。1949 年后，随着人口剧增，葡澳"政府"被迫介入当地的华人社会事务。1977 年，澳门嘉诺撒仁爱女修会修女高志慈创办了澳门历史上第一所专门训练社工的"澳门社工学院"，这是澳门专业社会工作发展的起始标志。[④]

2001 年澳门开展了回归祖国后的第一次人口普查，人口约为 43.5 万人。具有宗教背景的社会工作服务机构提供服务是澳门社会工作的一大特

---

① 黄哲：《香港社会工作发展与历程》，《云南民族大学学报》（哲学社会科学版）2009 年第 6 期。

② 郎维伟：《漫话香港的民族与宗教》，《文史杂志》1997 年第 3 期。

③ 向运华：《台港澳地区社会福利体系研究》，社会科学文献出版社，2010，第 128 页。

④ 周云：《澳门宗教团体社会工作的内容、特点探析》，《华南理工大学学报》（社会科学版）2011 年第 4 期。

色，也是澳门社会工作的中坚力量。

因此，在澳门针对不同身份及不同宗教信仰的族群开展社会工作时需要注意其民族、宗教和文化的敏感性，需要尊重和发挥等地方性知识的力量，从而促进社会工作的成功开展。

（三）中国内地的民族社会工作

20 世纪 20 年代，西方社会工作传入我国。1931～1932 年，燕京大学社会学系创办者步济时（John S. Burgess）讲授了"种族关系"课程，强调通过专业性的教育培养社会工作人才，从而为弱势群体提供社会服务。[①] 20 世纪 40 年代，燕京大学的社会学系系主任李安宅认为，社会学要和当地实际结合以发挥作用，并深入华西民族地区开展研究工作，后来撰写了《边疆社会工作》一书，解释了边疆、社会工作以及边疆社会工作的概念，并提出了我国边疆社会工作、民族社会工作存在的短板，成为我国民族社会工作发展的第一个里程碑。[②]

新中国成立后，社会工作专业随着社会学专业一起被取消，民族社会工作被纳入广泛的民族工作中。国家在处理与民族相关的各项事务时，党和政府以民族平等、民族团结和共同发展繁荣为基本原则，并在民族聚居地实行民族区域自治政策。为使有关少数民族的一系列优惠政策落到实处，从 1950 年开始，中央民委选派中央民族学院的民族工作者和民族学科研人员并组成调查队深入民族地区开展民族识别工作，直到 1979 年 6 月"基诺族"作为最后一个确定下来的少数民族，标志着我国 56 个民族组成的"多元一体"格局的基本形成。[③]

2008 年 5·12 汶川地震的发生，使作为灾民重要组成部分的羌族、藏族及其他少数民族群众成为社会工作的服务对象，民族社会工作开始了新的实践。[④] 社会工作者运用专业方法服务于少数民族灾民，民族社会工作在专业层次上得到一定程度的发展。

随着中央政府援助新疆规划的实施，民族社会工作在新疆也开始得到

---

① 胡杰容：《动力与趋势：中国社会工作教育在教会大学的发轫与发展》，《社会工作》2016 年第 4 期。

② 王思斌：《民族社会工作：发展与文化的视角》，《民族研究》2012 年第 4 期。

③ 单良：《新时期少数民族社会工作的价值理念和实务创新》，《社会建设研究》2018 年第 1 期。

④ 张和清、裴谕新、古学斌、杨锡聪等：《灾害社会工作——中国的实践与反思》，社会科学文献出版社，2011，第 12 页。

发展。2010 年 6 月 25 日，中国社会工作协会在北京举办"民族地区社会工作与社会建设论坛"，总结工作经验，以推动民族社会工作的发展。① 此后，在中国社会工作教育协会的推动下，民族社会工作也开始更多地进入学界的视野。2014 年 11 月 1 日，中国社会工作教育协会民族社会工作专业委员会在北京成立；同年 12 月 27~28 日，首届全国民族社会工作学术研讨会在中央民族大学举行，民族社会工作已然成为社会工作的重要实践领域。

随着社会工作的引入与迅速发展，我国民族地区的社会工作者在处理日常事务中积极引入社会工作的专业知识与方法，进行了许多实务探索并取得了良好成效。如湖南省凤凰县的农村社会工作服务队在特定的民族地区开展专业的社会工作服务；湖南省对口援建的四川理县"湘川情社会工作服务中心"在处于灾难和问题中的民族地区开展社会工作；上海市浦东新区社会工作协会及乐群社工服务社，在民族散居区开展社会工作服务；湖南省古丈县是民政部社会工作的试点县，即古丈民族社会工作试点②，探索了具有民族区域特色的农村社会工作模式；为做好具有中国特色的民族社会工作，内蒙古包头市青山区以党建引领、三工联动、政校合作等为导向建立了民族社会工作试点。③ 早期的实践活动为之后的少数民族社会工作服务提供了宝贵的经验，民族社会工作实务得到了很大的发展。

民族社会工作自身的特性决定了其工作模式的开展与少数民族密不可分。因为我国各民族分布呈现"大杂居、小聚居"的特点，在新疆、西藏等西部主要少数民族区域与中东部沿海城市少数民族社区，民族社会工作服务人员观照的社会情境与生活世界是有一定差异的，因此专业社会工作的工作模式也呈现差异化特征。④

---

① 《回良玉要求做好民族地区社会工作，促进共同发展》，中国政府网，http://www.gov.cn/ldhd/2010-06/25/content_1637611.htm，最后访问日期：2023 年 12 月 30 日。
② 林白：《古丈民族社会工作试点》，《社会工作》（实务版）2009 年第 1 期。
③ 《着力打造西部民族地区社会工作鲜明特色》，凤凰网，https://news.ifeng.com/c/7fZCEk1ChLN，最后访问日期：2023 年 12 月 30 日。
④ 郭未、杨涵：《中国民族社会工作的发展图景：历史概述与现状反思》，《广西民族研究》2017 年第 1 期。

第三节　影响民族社会工作发展的关键
问题及其可行性

一　影响民族社会工作发展的关键问题

目前，民族社会工作的实务和研究已经取得了一定的进展，但由于社会工作专业在中国起步较晚，且在新中国成立之后长期停顿，加之民族研究及民族工作领域被长期单列，我国社会工作研究者最近几年才开始关注民族社会工作的发展。总体而言，经过十多年的发展，民族社会工作的研究成果不断丰富，研究领域不断扩展，研究视角不断开阔，研究影响不断扩大；但也应看到，我国的民族社会工作无论是在基础理论研究领域，还是在实务领域，都相对薄弱。一方面，民族社会工作的角色地位和发展空间尚未厘清，其覆盖人群、介入领域和服务内容仍十分有限，并严重依赖政府组织或半官方组织，专业资源投入及专业化程度都相对偏低；另一方面，早期的民族社会工作主要为外来输入型，开展民族社会工作的机构及工作人员对我国民族政策、所介入民族的文化传统和社会经济现状认识不足，本土资源的开发利用以及少数民族的主体参与也十分有限，从而导致民族社会工作的干预方案、方法与措施也相对缺乏文化适切性，不能获得受助者及其环境系统的接纳和支持。[①] 近几年，社会工作者在民族地区有较多的探索，但是民族社会工作仍处于起步阶段，对民族社会工作的核心理论及民族社会工作相关实务较少作出系统而深入的研究。

（一）影响民族社会工作发展的主要因素

近年来，社会工作在我国民族地区发展相对缓慢，究其原因，主要有以下几个方面。

1. 民族地区的文化差异

文化差异是指生活在不同地区的人们因在文化方面存在不同而产生的差异。我国是一个多民族国家，各民族具有显著的地域特色和文化特征，

[①] 王旭辉、柴玲、包智明：《中国民族社会工作发展路径：“边界跨越”与“文化敏感”》，《民族研究》2012 年第 4 期。

宏观层面上，国家推行了较为全面的少数民族政策，并在少数民族较为集中的地方推行民族区域自治政策，为少数民族群体提供了政策支持和制度性保障。民族地区情况比较复杂，各少数民族群体在生活需求和社会问题上存在多元化，既有共性问题，又有个性问题；既有基本生存与生活问题，又有发展需求与政治参与问题；既有区域发展方面的问题，又有文化保持或文化适应性方面的问题；既有少数民族内部的问题，又有少数民族之间的关系问题等。若只重视政治层面的民族问题，缺乏上下结合的弹性工作模式，将不能有效回应少数民族群体自身的需求，不利于民族地区的发展和社会稳定。

社会工作作为一门助人专业，应在充分评估案主需求、历史脉络、文化特点以及社会关系网络与生态系统的基础上，结合少数民族群体自身资源与需要，运用社会工作专业知识、方法与技巧，采用文化适切性的问题解决机制和助人自助服务理念，深入民族地区调动少数民族群体优势资源，帮助他们解决个人、家庭、群体以及社区所遭遇的生活困境与社会问题，促进民族地区社区能力建设与可持续发展。这种工作方法，理论上得到了学界较为普遍的肯定和认可，但现实境遇十分尴尬。当社会工作专业服务面对非本民族群体开展时，很难达到专业要求的服务效果和预期目标。外来社会工作者对不同少数民族文化、习俗缺乏深入了解，单凭专业知识、专业价值、专业伦理以及外在学习而来的文化敏感性去开展工作会陷于尴尬的境地，甚至可能会导致外来社会工作者与"陌生民族文化"发生强烈碰撞，产生较大的文化震撼，外来社会工作者常常会不自觉地产生文化偏见或文化识盲。外来社会工作者在民族地区开展工作，很难达到最初设计方案的预期，尤其是在少数民族儿童发展、少数民族妇女赋权、少数民族社区建设等服务中，外来社会工作者不仅没有解决民族地区以及少数民族群体存在的问题，达到专业要求的"助人自助"，反而会因为文化差异给服务对象新增困惑。①

2. 民族地区人才缺乏

推动民族地区社会工作发展，人才是关键，但民族地区社会工作存在外来社会工作者"进不去、留不住、难扎根"的现实困境。基于自然生态

---

① 罗贤贵、王兴骥：《文化差异与人才阙如：民族地区社会工作发展探索》，《贵州社会科学》2020年第8期。

环境、历史脉络以及民族文化体系等差异，民族地区在习俗、信仰、语言、生产、生活以及居住方式等方面形成了各具特色的民族文化体系，存在强烈的民族认同。同时，民族地区与汉族地区之间存在自然区位、收入水平以及生活习惯等差异，难以吸引外来社会工作专业人才，更难让外来社会工作人才长期扎根民族地区持续开展工作。第一，少数民族地区大多处在偏远边疆或落后山区，交通、通信、医疗、教育等基础设施相对落后，与中东部地区，尤其是沿海发达地区相比，工作条件艰苦，无法吸引外来社会工作人才；第二，各少数民族在饮食习惯、宗教信仰、居住方式以及婚姻习俗等方面存在较大的文化差异，外来社会工作人才仅凭"跨边界"和"文化敏感性"很难适应；第三，民族地区社会工作发展滞后，不像东部以及沿海发达地区那样在人员岗位、薪资待遇、晋升空间等方面具有明确、透明、统一的行业执行标准，当前不明朗的职业前景很难吸引外来社会工作人才。

文化差异、人才紧缺以及既有工作方法不适应等因素的存在，使民族地区社会工作发展困难重重。同时，民族地区的社会工作专业组织孵化滞后、行业管理与职业准则混乱、服务项目运行模式和衡量标准不统一、专业督导团队空缺、已有行政性社会工作专业岗位设置与专业认同普遍存在偏差等一系列问题，使得外来社会工作人才持续扎根民族地区缺乏基本保障，仅有的政府购买服务、公益资助活动以及研究课题等工作缺乏持续性，也导致民族地区社会工作服务一直处于萌芽状态而难以"开花结果"。①

（二）影响民族社会工作发展的关键问题

在民族地区开展社会工作，应充分了解各民族不同的文化背景、价值取向、风俗习惯和生活方式，寻找并确立切入点，将民族地区亟待解决的关键问题纳入社会工作的服务范围。

1. 贫困问题

2021 年 2 月 25 日全国脱贫攻坚总结表彰大会上，习近平总书记宣布，我国脱贫攻坚战取得了全面胜利，区域性整体贫困得到解决，完成了消除

---

① 罗贤贵、王兴骥：《文化差异与人才阙如：民族地区社会工作发展探索》，《贵州社会科学》2020 年第 8 期。

绝对贫困的艰巨任务。从历史角度来看，贫困的原因主要是由地理区位、自然环境、文化传统、人口素质等多方面因素共同导致的。解决贫困问题是民族地区的重中之重。社会工作者除了积极争取中央和地方各级政府的财政资金以用于民族地区的扶贫开发，还动员了各种社会团体、企事业单位开展多种形式的对口扶贫项目。此外，社会工作并没有停留在低层次的帮困济贫工作上，而是积极地鼓励和引导贫困地区的人民，利用本地资源优势发展特色经济。如云南就充分认识到民族地区优美的自然风光和千姿百态的民族风情的资源优势，大力发展旅游业，使当地许多少数民族摆脱了贫困，与全国人民一起走上了共同富裕的道路。

与"绝对贫困"概念相对的"相对贫困"，是指在特定的社会生产方式和生活方式下，依靠个人或家庭的劳动力所得或其他合法收入虽能维持其食物保障，但无法满足在当地条件下被认为是最基本的其他生活需求的状态。[①] 虽然我国已经全面建成小康社会，消灭了绝对贫困，但是，相对贫困的解决仍是长期问题，特别是怎样防范贫困人口返贫，仍然任重道远。总的来讲，社会工作需要特别留意民族地区的经济发展问题，如果不能帮助民族地区的各族人民摸索出一条解决生计发展的有效途径，就很难从根本上消除贫困，也无益于其他工作的开展。

2. 文化持守

文化持守是指"要立足于保护少数民族的信仰，保护少数民族基本的生活方式，以及保持那些有积极意义、适应人类进步要求的生产方式和文化教育"。[②] 近年来，随着市场化和全球化的快速发展，少数民族的文化传统、价值观念和生活方式遭遇了前所未有的冲击和挑战。民族地区的经济发展和文化持守成为学界关注的议题，二者之间存在巨大的张力，若不能妥善处理，可能会引发民族矛盾和民族问题。目前达成共识的是，既要实现民族地区的经济发展以改善民生，又要最大限度地保持当地的生态和文化。

历史经验告诉我们，当两个民族或者多个民族、两种文化或者多种文化碰撞的时候，强势文化、主流文化一般占据主导，处于文化输出的地位，而弱势文化、非主流文化处于被输入的地位。事实上，各民族的文化都是

---

① 邓伟志主编《社会学辞典》，上海辞书出版社，2009，第 443 页。
② 王思斌：《民族社会工作：发展与文化的视角》，《民族研究》2012 年第 4 期。

基于该民族群体与周围环境长期的互动，形成了紧密的共生关系，创造了独特的生活方式和文化制度，均有其客观性和合理性。在开展民族社会工作时，社会工作者应该具有文化敏感性，充分挖掘各种少数民族传统文化中的精华并予以保护，同时在现代化过程中促进民族文化的现代适应并发挥其积极作用。也就是说，文化的持守应该是发展的持守，是能够顺应少数民族的发展需求又能满足少数民族传统文化需要的持守。如果不认真对待少数民族文化，处于弱势的少数民族文化很可能会被主流文化涵化，甚至同化。

3. 社区建设

目前我国对民族社区的研究，主要集中在城市民族社区的改建和城乡一体化社区的发展模式上，而对农村民族社区的发展关注较少。鉴于城市民族社区与城市非民族社区差异不大，这里就重点从社会工作角度来阐述农村民族社区的发展。我国的农村民族社区主要集中在西部地区。根据西部民族地区农村民族社区的实际情况，开展社会工作的主要内容有以下几个方面。从微观上来看，包括农村民族社区的社会救助、农村扶贫、老年人和儿童服务（特别是留守家庭的老年人和儿童）、医疗保健服务等方面。从宏观上来看，包括帮助和引导农村民族社区打破农村经济的封闭性，建设新型的农村民族社区，改造原有的社会生活模式，调整农村民族社区的产业结构，形成因地制宜、独具特色、协调和可持续发展的经济发展模式。鉴于农村民族社区文化教育比较落后，还要通过各种形式传授科学文化知识、丰富文化生活，宣传党和政府的方针政策，维护各民族的团结。因此，社会工作关注民族社区的发展对保障我国边疆安全和建设和谐社会具有重要的战略意义。

除了以上几个关键问题，将社会工作纳入民族地区服务范围的内容还有很多。如少数民族性别不平等的问题，会影响少数民族妇女的发展，因此社会工作要帮助民族地区的少数民族妇女，探索出一条解决教育、健康、就业和参政议政等方面不平等的途径，使她们获得应有的权益。另外，生态环境问题已成为制约民族地区可持续发展的主要因素。

针对上述问题，结合国内外民族社会工作的已有发展经验，要推进民族社会工作在我国的良性发展。一方面，我们强调专业社会工作主体、资源、服务要跨越民族社会文化边界和民族工作制度边界，促进资源服务与需求的有效对接，不断提高民族社会工作的覆盖面、介入水平及其专业性；

另一方面，我们则主张社会工作者应了解、尊重并善于利用各民族的文化资源，对与社会工作研究及实务相关的民族文化议题保持敏感性，并根据不同民族案主的文化偏好实施专业服务，提供具有文化适切性的民族社会工作服务。①

二　民族社会工作的重要性

（一）民族地区社会发展呼唤民族社会工作

在当前社会转型和社会分化的大环境中，中国面临的民族问题有多种表现形式，既有各民族经济社会发展方面的问题，也有涉及政治权利、宗教、文化、社会生活等方面的问题，包括民族地区贫富差距拉大、区域发展不均衡、生态环境恶化、灾害频生等新旧问题。同时，随着人口流动速度的加快，民族地区的各种问题向东部地区辐射，从而加剧了民族问题的复杂性。民族社会工作在民族矛盾的化解、民族关系的处理上有着其他力量无法比拟的优势。

（二）传统民族工作方法的创新需要民族社会工作

自新中国成立以来，民族工作不断在曲折中前行。特别是自改革开放以来，党和政府高度重视民族问题和民族工作，民族工作在促进各民族团结、和谐与发展方面做出了巨大的贡献，但我们无法回避的一个事实是传统民族工作在方法上是存在局限的。例如，传统民族工作是自上而下、由内到外的，忽视了少数民族的主体性，抑制了他们自我发展的能力。除此之外，传统民族工作重视以户籍制度为依据开展民族工作，使得其对少数民族流动人口存在工作上的缺失。在民族工作社会化改革的思路下，引进社会工作机构和社会工作者，根据少数民族和民族地区的实际需求和民族文化差异性来提供专业的服务，是新时期开展民族工作的新选择。②

三　民族社会工作的可行性

首先，民族社会工作具有包括个案工作、小组工作、社区工作以及社

---

① 王旭辉：《民族社会工作的合法性、实践价值及策略性发展重点》，《中央民族大学学报》（哲学社会科学版）2013 年第 4 期。

② 李林凤：《民族社会工作研究——基于民族文化的视角》，民族出版社，2018，第 100~101 页。

会工作行政在内的层次化方法体系，能够充分发挥实务导向的理论研究、注重微观干预过程的方法等优势。一方面，民族社会工作可以结合民族区域自治制度、民族优惠政策和各民族及其成员的现实福利需求，实现服务主体与服务对象、资源和需求之间的有效对接。另一方面，民族社会工作还能够充当民族政策、社会福利制度的细化及落实者角色，优化政策执行过程，促进公共服务均等化，并通过实践经验来反馈和调整民族政策与社会福利制度。

其次，民族社会工作符合当前民族工作社会化的发展趋势。一方面，民族社会工作能够通过调动民间及社会组织力量，来充实、整合和优化各类社会资源，服务于民族地区及少数民族的发展需求。另一方面，民族社会工作还能够通过设计、调整项目方案，监控项目实施过程以及实施全过程的项目评估，来完善针对民族地区或少数民族的社会福利项目，优化社会福利资源分配机制，从而提升资源使用效率。

再次，民族社会工作重视文化敏感的视角及服务策略，通过文化敏感的工作策略、方法和技巧，来满足案主多样化的服务需求，并提升我国社会工作的本土化水平。一方面，民族社会工作尊重文化差异，将实务工作立足于各民族自身价值取向以及社会文化环境之上，倡导多元发展模式。另一方面，民族社会工作通过开发和应用文化敏感的社会工作方法和技巧，提供具有文化适切性的专业服务，并保证社会工作实务以一种案主能接受、愿意参与、擅长掌握以及其本土资源能够支撑的模式来完成。

最后，民族社会工作坚持"案主为本""助人自助"的理念及方法，通过调动本土资源和"案主系统"的主动参与，将受助者的民族文化资源整合进助人过程，提升各民族及其成员的问题解决能力和自我发展能力。这既有利于民族地区和少数民族摆脱"输血型"发展模式的制约以及打破"有增长无发展"的困局，推动我国多民族社会的可持续发展，同时，也有助于实现我国社会工作的本土化及"嵌入式"发展。①

---

① 王旭辉：《民族社会工作的合法性、实践价值及策略性发展重点》，《中央民族大学学报》（哲学社会科学版）2013 年第 4 期。

第二章　民族社会工作的理论

我国少数民族拥有极其丰富的文化，由于历史文化和社会经历的复杂性，不同的少数民族社会在地域、经济与社会发展水平、生活方式与风俗习惯方面存在极大差异，如何在保持其文化多样性和文化继承性的基础上实现现代化，不仅是少数民族实现现代化发展的理想愿景，也是少数民族实现其生活幸福的现实要求。因此，民族社会工作作为社会工作的一个专业领域而形成，它运用社会工作的理论、知识、方法和价值观去推动少数民族文化与社会发展问题的解决，从人们的生活世界理解不同民族或族群的社会处境，探索帮助他们摆脱困境、增权赋能、获得平等发展机会的策略和方法，为维护他们的权益、促进社会公平正义开展研究和服务。

社会工作的各个子领域有不同的划分标准，民族社会工作则是按照服务对象族群身份进行划分的，也被称为少数民族社会工作。由于社会背景、民族文化等差异，国内学界对民族社会工作的概念界定有所不同，我国的民族社会工作既包括对少数民族开展的社会工作，也包括在多民族地区开展的社会工作，无法完全独立于社会工作的其他子领域。因此，民族社会工作理论也不是完全独立于社会工作理论的，而是社会工作理论在新领域的新应用。

第一节　民族社会工作发展的主要理论导向

目前学界普遍认为民族社会工作发展的主要观点或理论导向大致有三种，即强调文化敏感性（cultural sensitivity）、文化本真（authenticity）主义及社会工作体系的适恰性（generality）。①

---

① 郑文换：《构建民族社会工作理论研究框架——文化连续体、交叠共识与结构耦合》，《民族教育研究》2014 年第 4 期。

一 强调文化敏感性

（一）文化敏感性是民族社会工作的基本问题

少数民族通常都有自己独特的文化，既表现在生产方式、生活方式等基本方面，也体现在其精神生活和价值体系当中。在民族地区开展民族社会工作，始终保持文化敏感性是社会工作者不可或缺的能力之一。可以说，文化敏感性是开展民族社会工作实务的基本问题。

社会工作的文化敏感性原则要求在民族社会工作中，社会工作者对民族文化是自然带入而不是强行加入，即在社会工作过程中，社会工作者要在理解民族群体文化的基础上开展工作，这样有利于找到社会工作的切入点以及与民族群体一起工作的结合点，并取得成效。①

1. 文化敏感性

在民族社会工作领域，由于地域环境、文化背景等客观条件存在差异，社会工作者在处理与案主的关系时不可避免地会遇到由多元文化导致的价值观冲突，文化敏感性是社会工作者需要掌握的基本能力之一。

在西方国家，种族和族群社会工作是社会工作重要的研究内容和研究领域。以美国为例，到20世纪80年代初，美国社会工作者对民族社会工作的方法基本达成了共识——基于案主的族群身份以及其所属族群的价值取向、文化特征和社会阶级地位，开展具备文化敏感性的社会工作实务，强调尊重案主独特的价值观、文化背景、宗教信仰以及风俗习惯等。

在一定意义上讲，西方的民族社会工作经历了一个从"同化主义"到"多元主义"的理论和实务框架转变，越来越强调开展具备文化敏感性的民族社会工作实务。② 这一转变在某种程度上也体现了西方民族社会工作对文化敏感性的重视程度，他们主要是通过保护文化多样性和提升文化能力的方式来推行具备文化敏感性的民族社会工作实务。在这里，文化能力指给案主提供与其文化理念一致的专业服务，要求社会工作者具有调整他们专业任务和工作方式以适应案主文化价值观的能力。③ 按照美国社会工作者协

---

① 王思斌：《民族社会工作：发展与文化的视角》，《民族研究》2012年第4期。

② Wynetta Devore, Elfriede G. Schlesinger, *Ethic-sensitive Social Work Practice* (*4th Edition*) (Allyn & Bacon, 1996), pp. 1–12.

③ J. W. Green, *Cultural Awareness in the Human Services: A Multi-ethnic Approach* (*3rd Edition*) (Allyn & Bacon, 1998), p. 383.

会的标准，文化能力应该包含五个要素，即价值的多元性，文化自我评估的能力，当文化相互作用时对内在动力的意识，制度化的文化知识，以及制定反映多样性文化之内、之间理解的计划和服务。此外，美国社会工作者协会伦理守则还指出，社会工作者应该具备有关案主文化的知识基础，能够在提供服务的过程中展现这种能力，对案主的文化以及人群和文化群体中的差异持有敏感性。

以上所有的论述都涉及少数族群的社会，以及社会工作中的"民族视角"或者"文化视角"问题，其实也就是族群文化敏感性的问题。实际上，无论是民族敏感的社会工作，还是文化敏感的社会工作，其背后的理念都是多元文化主义（multiculturalism）。[①]

2. 多元文化主义

西方学者对多元文化主义的研究从 20 世纪初就已经开始。哈里斯·卡伦（Kallen Horace）于 1915 年在《民主对熔炉》（*Democracy Versus the Melting Pot*）一文中首次提出了多元文化主义思想，并在其 1924 年出版的《美国的文化与民主》（*Culture and Democracy in the United States*）一书的序言中第一次使用了"多元文化主义"一词，他也因此被誉为"多元文化主义之父"。[②]

博克（Philip K. Bock）探讨了文化与种族的概念，从不同民族、不同文化的角度对目前广泛存在的一些文化与哲学问题进行了详细的论述，并通过具体事例将文化与政治、经济、习俗等融合在一起。[③] 皮特·凯威斯通（Kivisto Peter）从功能的角度对多元文化主义进行解释，认为多元文化主义是一种寻找保护不同民族认同的方式，同时，在公民身份中寻找一种补偿性的认同，这种认同能够把不同民族联系在一个体系内。[④] 可以说，这就是我们今天在民族社会工作中强调的民族认同与文化认同。英国学者艾利斯·卡西摩尔（Cashmore Ellis）编撰的《种族和民族关系辞典》对"多元文化主义"一词进行了定义，即多元文化主义的核心观念或理想，就是不

① 任国英、焦开山：《论民族社会工作的基本意涵、价值理念和实务体系》，《民族研究》2012 年第 4 期。
② 高永久等编著《民族社会学概论》，南开大学出版社，2010，第 67 页。
③ 博克：《多元文化与社会进步》，余兴安等译，辽宁人民出版社，1988，第 3 页。
④ Peter Kivisto, *Multiculturalism in A Global Society* (Blackwell Publishing, 2002), p. 36.

同民族或文化在一个多元社会中和谐共存。① 他从意识形态和国家政策两个层面对多元文化主义进行了具体解读，在意识形态层面，多元文化主义意味着处在同一个多元社会中的不同民族、宗教、文化行为和语言之间相互承认、接受的一种价值理念；在国家政策层面，多元文化主义倡导不同民族之间以共存、相互容忍和平等的方式达到两个目的，一是保持不同民族的和谐关系，二是构建国家和少数民族之间的关系。② 另一位美国学者沃特森（Conard William Watson）对多元文化主义进行了分类考察，他认为多元文化主义首先是一种文化观，其次是一种历史观，再次是一种教育理念，最后是一种公共政策。③ 这不仅仅存在于美国社会中，其他由移民组成的多民族、多文化国家（如加拿大、澳大利亚等）也都经历了大致的历程。紧随其后，欧洲各国也引进了多元文化主义这一政策，甚至在法国，多元文化主义被誉为"差别的权利"并固定下来。由于各国的具体情况存在差异，多元文化主义在不同国家兴起的缘由、实践的内容、产生的影响、引起的争论和未来的走向也不同。④ 因此，Malcolm Payne 主张推行多元文化主义政策，推动宣传不同文化的知识和经验，这种理论使社会工作实践更能符合和满足案主的需求。⑤

中国的许多专家和学者也针对多元文化主义提出了自己的看法与主张。1988 年费孝通首次提出"中华民族的多元一体格局"这一系统理论，在中国族群关系的理论框架下探讨了多元民族文化，并概括总结了"中华民族的多元一体格局"的主要特点，反映了各族群之间民族认同意识的多层次性。⑥ 马戎在此基础上将其具体化为"政治一体"与"文化多元"的相互结合，强调在此基础上思考中国的族群关系问题。⑦ 他认为要保障少数族群的基本权利，促进民族平等与民族团结，从而巩固中华民族内部的凝聚力和向心力，其强调尊重和保障少数民族公民权利与文化权利的论述为今天

---

① Ellis Cashmore, *Dictionary of Raceand Ethic Relation*（*4th Edition*）（Taylor & France-Library, 2003），p. 244.
② 高永久等编著《民族社会学概论》，南开大学出版社，2010，第 67 页。
③ Conard William Watson, *Concepts in the Social Science: Multiculturalism*（Philadelphia Open University Press, 2000），p. 56.
④ 韩家炳：《多元化、文化多元主义、多元文化主义辨析——以美国为例》，《史林》2006 年第 5 期。
⑤ Malcolm Payne：《现代社会工作理论》，何雪松等译，华东理工大学出版社，2005，第 260 页。
⑥ 马戎编著《民族社会学导论》，北京大学出版社，2005，第 41 页。
⑦ 马戎编著《民族社会学——社会学的族群关系研究》，北京大学出版社，2004，第 142 页。

民族社会工作的具体服务目标与内容提供了有效借鉴。万明钢在对多民族大学生进行民族与文化认同研究的基础上，进一步强调了文化适应对多元文化视野下民族认同的重要性。[①]

随着理论研究、实践运动和政策推行等层面的相互渗透研究，多元文化主义在世界各个多民族国家以及社会各阶层、各领域得到普及，学界强调保持族群文化的独立性格与特点，并提出了赋予某些族群文化以独特的公民身份与文化权利的主张。[②]赵芳从多元文化下的价值观冲突以及社会工作应对的角度探讨了多元文化下的社会价值观，认为多元文化对价值观以及对社会工作伦理与实务的影响，是各国/地区社会工作者都明确关注和强调的问题。[③]

多元文化主义是民族社会工作的重要概念和理论基础。在西方社会中，没有"民族社会工作"这个概念，与之相近的概念是"多元文化下的社会工作""民族敏感性的社会工作"。[④]这些概念也从另一个侧面强调了文化敏感性的重要性，认为在开展民族社会工作的过程中，社会工作者应该具备多元文化的能力，在为案主提供服务的时候要充分理解和尊重其文化背景、宗教信仰、风俗习惯等，从而为案主提供更适当、更优质的服务。

（二）民族社会工作文化敏感的恰适性

社会工作的个别化原则要求社会工作者将案主看成独特的个体，重视案主对待困难和问题的个人感受与看法。在实务工作中，这一原则要求社会工作者以案主为中心，每一位案主都是不同于他人的个体，每个问题都有其特殊性，因此服务的提供也必须遵循特殊的环境和情境。

当为从属于不同民族文化体系的案主提供专业服务时，社会工作者会受到当时当地社会文化、制度以及民众思想观念、行为方式等因素的影响，所以必须考虑社会工作服务及其提供方式与所介入少数民族文化体系的契合性，也就是要提供"文化敏感"的专业社会工作服务。

1. 保持"文化敏感"的必要性

民族社会工作不同于传统的社会工作，虽然总体上仍遵循社会工作普

---

① 万明钢主编《多元文化视野价值观与民族认同研究》，民族出版社，2006，第74页。
② 李丽红编《多元文化主义》，浙江大学出版社，2011，"选编说明"第1页。
③ 赵芳：《社会工作伦理：理论与实务》，社会科学文献出版社，2016，第81页。
④ 任国英、焦开山：《论民族社会工作的基本意涵、价值理念和实务体系》，《民族研究》2012年第4期。

遍认同的价值体系，但在实务开展过程中，它比一般的社会工作更强调尊重案主的文化背景及价值观。我国有着多元的文化环境，民族社会工作事业要在这样的环境中实现可持续发展，必然要在尊重民族多元文化的基础上，开展针对民族地区的助人工作。

无论是西方还是国内的民族社会工作，都十分重视文化敏感性在开展民族社会工作中的重要作用。

（1）西方的民族社会工作

在社会工作比较成熟的西方国家，社会工作更多是一种多元化的呈现，是针对不同服务对象开展的具体工作。例如，以移民及移民后裔为对象的社会工作、以少数民族族裔以及难民为对象的社会工作等。因为西方社会工作的领域主要由白人社会工作者占领，所以在社会工作实务及研究中都十分强调族群敏感性（ethnic sensitivity）、文化敏感性（cultural sensitivity）或跨文化敏感性（cross-cultural sensitivity）、文化能力（cultural competence）、跨文化能力（cross-cultural competence）、多民族能力（multiracial competence）或多文化能力（multicultural competence）、文化综融模式（inclusionary cultural model）、跨文化视角（cross-cultural perspective）等。有学者甚至提出构建"非洲中心"社会工作模式[1]，还有学者提出要在社会工作教育中超越欧洲中心主义、非洲中心主义以及多元文化主义（beyond eurocentrism，afrocentricity and multiculturalism），提倡文化民主（cultural democracy）。[2]

无论是欧洲中心的社会工作模式还是非洲中心的社会工作模式，其关注的焦点都是服务对象。西方社会工作之所以强调文化敏感性与跨文化能力，主观上是因为社会工作要寻求自身的良好发展，达到自己的专业目标，促进社会进步；客观上则是由不同服务对象的特殊性所决定的。[3]

（2）国内的民族社会工作

国内有许多学者都强调在民族社会工作的实务开展过程中，要关注案

---

① J. H. Schiel, "The Contour and Meaning of Afrocentric Social Work," *Journal of Black Studies* 6 (1997): 800-819; M. J. Graham, "The African-Centered Worldview: Toward Paradigm for Social Work," *Journal of Black Studies* 1 (1999): 103-122.

② Makungu M. Akinyela, Delores P. Aldridge, "Beyond Eurocentrism, Afrocentricity and Multiculturalism: Toward Cultural Democracy in Social Work Education," *Race*, *Gender & Class* 2 (2003): 58-70.

③ 姚丽娟：《民族社会工作的内涵和实践切入》，《中央民族大学学报》（哲学社会科学版）2016年第4期。

主的文化独特性，注重对少数民族文化群体世界观及文化的理解与探求。常宝和亓·巴特尔认为从文化人类学和文化多元论的角度来看，各种形态的民族文化都有其存在的理由，这些民族的生活方式、居住建筑、风俗习惯是最符合本民族需要的。① 因此，社会工作者对少数民族的尊重是民族社会工作的一个重要方面，不仅表现为对少数民族作为一个整体的尊重，也强调对少数民族个体的尊重。

还有学者指出，社会工作专业是一个助人专业，社会工作者如果在实务工作中缺少文化敏感性，在服务过程中就容易把自己的文化价值和行为观念强加于案主/服务对象身上，进而形成一种文化的侵略或压迫，更严重的是可能对案主造成重大的伤害。②

在实际的民族社会工作中，这样的情况只会更加突出。少数民族通常有自己的价值观、生活方式、风俗习惯和宗教信仰，其中宗教信仰对少数民族的日常生活、社会结构等有着重大影响。如果社会工作者在介入民族社会工作的过程中没有提前了解案主的民族文化知识以至于触犯他们的文化禁忌，那么很有可能导致服务的中断甚至降低社会工作在该民族地区的公信力，不利于民族社会工作的持续发展。

综上所述，在推进民族社会工作发展的过程中，之所以要保持"文化敏感"，是因为要应对以下问题。

首先是为了避免由缺乏对所介入民族的文化知识导致的文化误解甚至文化冲突现象；其次是为了解决因未能及时了解并尊重不同民族间的文化差异而不能提供差异化的、适切性社会工作服务的问题；再次是为了应对由不重视对所介入民族的文化体系和本土资源导致的主体参与和本土资源利用不足的困难；最后是为了解决因民族社会工作方法和技巧上的"文化识盲"（cultural illiteracy）而导致的民族社会工作服务效能下降，甚至是"文化压迫"问题。③

因此，提高社会工作者的多元文化能力和文化敏感性是十分有必要的，这样社会工作者才能更好地参与民族地区社会治理工作，更好地服务于少

---

① 常宝、亓·巴特尔主编《民族社会工作》，华东理工大学出版社，2013，第16页。
② 古学斌、张和清、杨锡聪：《专业限制与文化识盲：农村社会工作实践中的文化问题》，《社会学研究》2007年第6期。
③ 王旭辉、柴玲、包智明：《中国民族社会工作发展路径："边界跨越"与"文化敏感"》，《民族研究》2012年第4期。

数民族群众，为民族地区的社会工作开展打下坚实的基础，让民族地区的社会工作真正服务于少数民族群众和基层组织，从而为推进我国的民族团结进步事业做出贡献。①

2. "文化敏感"的民族社会工作

"文化敏感"的民族社会工作就是要在提高民族社会工作专业性的同时，以尊重文化差异的态度和价值取向，基于充分的民族文化知识，通过调动本民族的主体参与，运用其本土资源，以文化适切的社会工作方法和技巧，满足各民族受助者多元化的服务需求。②

（1）主要内容

具体而言，"文化敏感"的民族社会工作主要包括以下几方面内容：第一，以尊重文化差异的态度和价值取向，储备并不断增加对所介入民族文化知识的了解，积累文化经验；第二，把民族文化知识和助人过程整合起来，通过开发和应用"文化敏感"的社会工作方法和技巧，从而提供具有文化适切性的专业服务，以满足来自不同民族受助者的多样化和差异化需求；第三，充分调动所介入民族的本土资源，有效提高资源利用率，在此基础上促成民族主体的实际参与，采用文化适切的社会工作方法和技巧，将受助者的民族文化资源整合融入助人过程；第四，通过自我反省和自我觉察，明确社会工作者自身文化知识体系的特征及局限性，以提升其文化敏感性。

需要注意的是，社会工作者在探索少数民族文化时只是作为文化的学习者，介入过程中应尽可能采用案主能够理解的概念和语言，进一步发掘和激发案主的资源和潜能，促使案主在社区和社会资源的分配方面具有平等的机会，更好地为案主提供社会工作服务。③

（2）实践策略

社会工作是一门实践性导向的学科，"文化敏感"在民族社会工作中的重要性最终也需要通过实践来实现。"文化敏感"并不单是一种外在知识，不可能仅仅通过课堂教学的方式轻易获取，也并非只是针对异文化而言。

---

① 崔艳芳：《基于多元文化环境下的少数民族社会工作创新研究》，《贵州民族研究》2018 年第 11 期。

② 王旭辉、柴玲、包智明：《中国民族社会工作发展路径："边界跨越"与"文化敏感"》，《民族研究》2012 年第 4 期。

③ 刘玉兰：《民族社会工作的文化实践与少数民族流动人口社会融合》，《华东理工大学学报》（社会科学版）2019 年第 3 期。

所以，"文化敏感"的民族社会工作要求社会工作者具有专业训练所赋予的文化或理论要求，在信念、价值观、理论、技巧等方面要自觉、自省，更要求社会工作者发展出文化适切的社会工作方法及技巧来提供有效服务，并最终确保社会工作实务以一种案主能接受、愿意参与、擅长掌握以及本土资源能够支撑的模式来完成。[①] 进一步推进"文化敏感"的民族社会工作，需要社会工作者从以下几个方面多加努力。

第一，培养自我觉察的能力。社会工作者要从价值观和意识层面加强文化自觉与文化自省，通过持续地学习与反省，学会尊重文化差异，并在不同文化脉络下提供适合各民族群众需求的服务。[②] 当社会工作者面对不同民族以及不同宗教信仰的案主时，要经常反省自己的文化是否影响专业关系的建立和维持，是否给案主造成伤害；反思自我的角色定位以及所承载的专业知识和能力是否足够帮助案主解决问题。社会工作者应本着尊重与开放的态度，努力从案主的民族文化视角看待和解决问题，设身处地地为案主提供服务。

第二，与案主近距离接触。如果社会工作者只是空谈一些抽象的专业价值理念和工作方法，而无视所介入民族的历史文化脉络以及现实处境，那这样的实务工作就是盲目而无用的。[③] 相应地，"文化敏感"的民族社会工作要求社会工作者不仅要认识到不同民族的历史传统和文化差异，还要融入案主的日常生活，与案主"同行"，并在这一过程中积累相关的文化知识和经验，与案主建立良好的专业关系。当然，社会工作者还应与案主一起，根据不同民族的文化特征和需求，明确案主所要解决问题的优先次序，并有选择性地使用文化适切的社会工作方法和技巧。

第三，具体问题具体分析。虽然各民族的诸多需求和发展问题具有普遍性，但不同民族用以满足这些需求或解决这些问题的手段却各不相同。只有认识、理解和妥善利用这些差异化的需求满足手段或问题解决模式，才能实践"文化敏感"的民族社会工作。遗憾的是，国内社会工作者对所介入民族的文化体系构成、需求、价值体系和行为模式还缺乏足够的认识，

---

① R. Fong, S. Furuto, *Culturally Competent Practice: Skills, Interventions, and Evalutions* (Newbury Park, Sage, 2005), pp. 119-131.

② 李林凤：《论社会工作者的族群文化敏感性——多元文化背景下社会工作本土化的一种探索》，《贵州师范大学学报》（社会科学版）2007年第1期。

③ 古学斌、张和清、杨锡聪：《专业限制与文化识盲：农村社会工作实践中的文化问题》，《社会学研究》2007年第6期。

尤其是缺乏对中国不同民族的文化传统、民族心理、价值取向、行为模式等的基础性研究。这就要求我们要大力推进"文化敏感"的民族社会工作研究，而要完成这样的研究，民族志和田野调查方法的价值不可替代。

第四，加强"文化敏感"的社会工作教育与培训。一方面，要通过完善文化多样性的课程设置和教学方式，利用小组讨论、情景教学、实地考察等教学方式来强化学生在异文化环境下的专业能力，并根据教学和实践需要，开展专项的民族语言学习和民族文化知识培训；另一方面，我们要以专业实习的方式，构建高校民族社会工作专业教育与民族社会工作服务机构之间的合作关系，根据实务领域的人才和能力要求，有针对性地培养具备"文化敏感"素质的专业的民族社会工作者。

第五，注重案主及其周围支持系统的主体参与。要实践"文化敏感"的民族社会工作，可以从优势理论视角出发，重点加强少数民族的主体参与和提升社会工作者的专业能力，并充分利用各民族的自身文化资源。我们既要吸纳更多的本民族成员进入民族社会工作领域，激发他们自身的潜能，还要重视并善于利用所介入民族的助人传统等文化资源，整合民族地区的本土资源，促进多主体全过程参与。此外，还要注重社会工作者与案主之间的双向互动，通过建立信任关系充分调动"案主系统"的参与。[①]

第六，咨询专家，了解与案主文化背景相关的知识。社会工作者很容易用自己的文化背景及知识去理解案主的语言和行为，这样会导致不和谐的专业关系。社会工作者可以通过专家咨询的方式，提前了解案主的文化背景，并尝试将案主的行为置于其所处的生活情境中加以理解，按照"人在情境中"的理念去理解案主的行为，这不仅能更加准确地界定与了解案主的问题与需要，也有利于社会工作者与案主建立良好的专业关系，为之后社会工作的顺利开展打下基础。

（3）社会工作者的工作原则

在处理多元文化和文化敏感性的相关问题上，社会工作者应认识到实践中文化的重要意义，采取具有文化敏感性的行动，同时意识到自己所持有的价值观和文化认同、观点及偏见会对不同文化中的案主、同事和实践产生影响。[②] 具体来说，社会工作者的工作原则主要包括以下几个方面。

[①] 王旭辉、柴玲、包智明：《中国民族社会工作发展路径："边界跨越"与"文化敏感"》，《民族研究》2012 年第 4 期。

[②] 赵芳：《社会工作伦理：理论与实务》，社会科学文献出版社，2016，第 81 页。

第一，承认文化多样性的现实，意识到并且承认文化内部和文化之间存在多样性，仔细考察个体、家庭以及社区的需求与差异。

第二，接触不同的文化、语言和社会团体，掌握一系列专业实践的知识，尊重和理解不同民族的语言、风俗习惯、生活方式、宗教信仰和价值观念等，如有需要，应向了解有关民族文化的专业人士进行咨询。

第三，运用案主能够理解的语言和方式为其提供服务，必要时在合适和可行的条件下为案主寻找翻译人员，避免出现语言不通导致的文化误解或者文化冲突。

第四，不断提高了解不同文化的案主及其家庭的能力，并将这种了解能力作为开展实务的基础。在具体的实务中，社会工作者要询问案主愿意选择何种方式进行工作，而不是想当然地采用日常惯例。

第五，在教育和培训中不断学习并积累经验，始终保持开放性的思维，提高自身跨文化和文化实践的能力，并将其灵活运用到民族社会工作的实务中。

二 文化本真主义

（一）文化本真主义

文化本真主义主要是因批判"文化敏感性"而提出的。文化本真主义主张只有在个人连结本民族的本真时才有创造力和改变，这一观点符合后现代文化多元主义的内涵，也隐含在国内主张文化持存的学者的观点中。①

美国社会福利学者杰罗姆·H.席勒（Jerome H. Schiele）针对文化敏感性，提出了文化压迫（cultural oppression）的概念，认为优势集团的经验和文化成为社会中的规范是一种文化压迫，是对欧洲中心主义知识霸权的忽略，而这种文化压迫会使少数民族群体更难在平等的层次上接受社会工作者的帮助。换言之，文化压迫的存在使民族社会工作的开展变得困难，尤其是针对少数民族群体权利和机会平等方面。这一观点注意到欧洲中心主义的社会工作模式在解决非洲裔黑人的需要时的无效性和压迫性，强调借用压迫者的社会工作模式的被服务者仅有有限的发展可能性，要求追问针

---

① 郑文换：《构建民族社会工作理论研究框架——文化连续体、交叠共识与结构耦合》，《民族教育研究》2014 年第 4 期。

对民族的社会工作的理论和实践是否缺少文化和哲学的轮廓。[1] Graham 也认为，认识论本质上受到历史时期、文化和意识形态的约束，从而导致民族/种族世界观的不同，要求重新利用古非洲的哲学体系重构非洲后裔自己的本真标准。[2]

（二）文化本真性

国内学者更多引用"文化本真性"的概念。文化本真性在西方英文中为"authenticity"，意为"正宗的、真实的"。文化本真性就是指文化中给人感觉最本真的一面。文化本真性的观念认为，文化先验地存在，不言自明；具有久远的历史、稳定的内核和清晰的界限，可以与他者文化相区别，并且被作为共同体内部成员相互认同的依据。[3] 这也在一定程度上肯定了目前学界关于文化持存的观点。

三 社会工作体系的适恰性

（一）社会工作体系的适恰性

社会工作体系的适恰性是指社会工作作为一种专业教育或职业，在现代社会中有着广泛的价值基础和社会基础。社会工作体系的适恰性主要体现在价值适恰性、功能适恰性和原则适恰性三个方面。

1. 社会工作体系的价值适恰性

社会工作体系的价值适恰性是指社会工作所追求的价值和使命不受时间和空间的限制，具有一种普世的价值。根据《美国社会工作者协会伦理守则》的论述，社会工作的价值可以从以下几个方面理解。

第一，社会工作专业的首要使命在于增进人类的福祉、协助人类满足其基本人性需求，尤其要关注弱势群体、受压迫者及贫穷者的需求并增强其力量。社会工作的历史传统和形象定位着重于增进社会中的个人福祉和社会福利。

---

[1] Jerome H. Schiele, "Cultural Oppression and the High-Risk Status of African Americans," *Journal of Black Studies* 6 (2005): 802-826.

[2] M. J. Graham, "The African-Centered Worldview: Toward A Paradigm for Social Work," *Journal of Black Studies* 1 (1999): 103-122.

[3] 刘晓春:《文化本真性:从本质论到建构论——"遗产主义"时代的观念启蒙》,《民俗研究》2013年第4期。

第二，社会工作者协同或代表案主来促进社会正义和社会变迁。社会工作者要敏感于文化的多元性，并致力于终结歧视、压迫、贫穷以及其他社会不平等现象。社会工作者寻求提升人们表达自我需求能力的方式，同时也追求促使组织、社区和其他社会机构对个人需求与社会问题回应的方法。

第三，社会工作者所追求的核心价值是服务、社会公正、个人的尊严与价值、人际关系的重要性、正直、能力，它们构成了社会工作独特的目标与发展的基础。

可以看到，社会工作的价值和使命在《美国社会工作者协会伦理守则》中得到了表达。时至今日，社会工作者仍然遵循专业价值理念，恪守专业使命，为有需要的个人、家庭以及社区等提供帮助和服务。

本质上说，社会工作体系的价值适恰性体现在其基于博爱精神而追求或倡导的个人尊严与价值以及增进的个人福祉、社会福利和社会公正中。从个人的角度来看，社会工作的价值在于尊重个体作为人的尊严和价值，认为每个个体都有享受社会福利的权利和获得社会公平对待的机会。从社会的角度来看，社会工作的价值在于它强调每个人不仅对自己负责，更重要的是对他人负有社会责任，同时社会也有责任消除个人自我实现的障碍，来促进个人的成长、改变与自我实现。

2. 社会工作体系的功能适恰性

社会工作体系的功能适恰性是指，按照职业设置的主要目的来说，社会工作应该发挥普遍的、相似的功能。目前普遍认为社会工作的功能包括两个层面：一是对服务对象的功能，包括保障服务对象正常生活、恢复弱化的功能、促进人的发展、促进人与社会环境的相互适应；二是对社会的功能，包括维持社会秩序、建构社会资本、促进社会和谐、推动社会进步。

总体而言，社会工作的目的是要协助个人和社会充分发挥自身潜能，改善其生活以增进个人和社会的福祉。具体而言，社会工作主要发挥治疗或者解决问题、促进改善、整合资源、预防的功能等功能。

3. 社会工作体系的原则适恰性

社会工作体系的适恰性还体现在社会工作实务中一些原则和方法上。在社会工作的发展过程中，形成了个案工作、小组工作、社区工作和社会行政等社会工作方法。

（1）伦理准则筛查方法

在面对伦理困境时，目前的社会工作者普遍使用"伦理准则筛查方法"，即道德优先次序，将此作为伦理抉择的工具。[①]

第一，保护生命。这一原则适用于所有人，既适用于保护当事人的生命，也适用于保护其他人的生命。这一原则高于其他所有原则。

第二，平等与差别平等。这一原则要求所有人在相同的条件下应该得到同样的对待，即同等情况下有权得到平等对待。

第三，自主和自由。社会工作者的工作性质决定了应当培养个人的自决、自主、独立和自由，同时不能超越自己或其他人的生命权或生存权。

第四，最少伤害。当面临的困境有造成伤害的可能性时，社会工作者应该避免或防止这样的伤害；当伤害不可避免时，社会工作者要努力使伤害最小化。

第五，生活质量。社会工作者选择的方案应该推动所有人，包括个人以及社区公众拥有更高的生活质量。

第六，隐私和保密。社会工作的工作内容决定了社会工作者应该加强每个人的隐私权和保密权，但如果披露信息能够防止对他人造成严重伤害，保密就不是神圣不可侵犯的。

第七，真诚和毫无保留地公开信息。社会工作的工作内容决定了社会工作者应该保持真诚，能向当事人和其他人充分披露所有相关信息。

（2）建立专业关系的原则

贝斯提克（Felix Biestek）提出建立专业关系的七大原则。

第一，个别化。视受助者为独立个人并与众不同，能意识到受助者的独特需要。

第二，有目的的情感表达。在专业关系中，社会工作者必须保持一种十分微妙的平衡，一方面保持理智客观，另一方面则要投入与受助者建立的关系中，对受助者要有感情的投入和流露，使其感受到温暖与支持，从而有动力改变现状。

第三，适度的感情介入。

第四，接纳。接纳不等于赞同；接纳是承认受助者的独特性，不带任

---

① 拉尔夫·多戈夫、唐纳·哈林顿、弗兰克·M.洛温伯格：《社会工作伦理：实务工作指南》，隋玉杰译，中国人民大学出版社，2005，第53~61页。

何批判性。

第五，非批判态度。必须以非批判态度了解受助者的处境。

第六，案主自决。应尊重受助者有自我选择和决定的权利与需要。

第七，保密。社会工作中的机密是信托秘密也是团体秘密，社会工作者必须保密。

社会工作的许多原则和方法目前在社会工作的各个领域仍然被广泛运用，并发挥着不可替代的作用。

总而言之，社会工作体系的适恰性体现在多个方面，既包含理论层面的价值、原则的适恰性，也体现在实践层面的功能发挥和方法的普遍运用上。能够了解和把握社会工作体系的适恰性，是社会工作者开展社会工作实务、提供社会工作服务的重要前提。

（二）社会工作体系的适恰性在民族社会工作中的运用

社会工作体系的适恰性观点认为，社会工作价值观中尊重人的独特性这一视角已经涵盖了特殊性。[①] 在对少数民族群体开展社会工作时要考虑他们独特的文化和风俗习惯，但仍然存在适恰性的东西，如社会工作普遍的价值观和原则等。

社会工作体系的适恰性观点虽然也强调社会工作的文化多元性，但认为少数民族与汉族的差别就只存在于语言方面（如测量量表在适用不同族群时只需要考虑语言版本的区别），因此社会工作者并不用对少数民族群体进行"特殊对待"，社会工作通用的知识、理论、方法和技巧就足以进行民族社会工作实务。

社会工作功能学派以奥托·兰克的心理学理论为依托，认为如果接受了人的个性和独特性，就不应该再把人分类来对待，因此为少数民族群体提供服务与为其他类型群体提供服务并无不同之处。[②] 一般来说，美国社会工作界偏重社会工作体系的适恰性，如赫尔强调："认清所有的案主皆为个体，他们可能全部，或者部分，或者根本就没有共享自己人种或种族的风俗、规范、价值或信仰"。

---

① 郑文换：《构建民族社会工作理论研究框架——文化连续体、交叠共识与结构耦合》，《民族教育研究》2014 年第 4 期。

② 郭未、杨涵：《中国民族社会工作的发展图景：历史概述与现状反思》，《广西民族研究》2017 年第 1 期。

因此，社会工作体系的适恰性强调，在开展民族社会工作实务的过程中，既要考虑少数民族文化的独特性，又要尊重其作为人的价值和尊严，认为在社会工作普遍的原则和价值观指导下为案主提供服务即可。

第二节　民族社会工作的基本理论

一　族群与族群关系理论

族群作为人类社会的一种基本群体分类标准，与职业、年龄等标准不同，族群的界限更为持久和强烈。在工业化和现代化稳步发展的过程中，某些族群被边缘化和族群间的冲突成了社会问题的主要源头之一。族群研究是为了谋求社会和谐发展而做出的探索，其研究对象一般是民族国家在人口、经济和政治等方面都相对劣势的族群。自民族国家建构以来，西方学者在针对殖民统治、种族和移民问题的研究中，对族群和族群关系进行了诸多讨论。① 并且，自 20 世纪以来，多民族国家内部的族群问题已成为学术界关注的热点，学者们从不同研究视角进行探讨并形成了同化理论、冲突理论、自由民族主义、多元文化主义等一系列认识和整合族群关系的学说。

（一）同化理论

同化理论作为西方族群关系研究的重要理论之一，它与美国芝加哥学派有很大关系。1900 年前后，大多数美国学者相信教育、抚养、卫生等环境因素对人们的行为有重要影响，并试图将这些因素与生物的遗传和进化联系起来。因此，后天形成的族群特征被看作可以遗传的"种族气质"，从而否认了族群融合和同化的可能性。托马斯和弗洛里安·兹纳涅茨基的《身处欧美的波兰农民》系列研究表明，移民美国的波兰农民及其社区在价值观、家庭结构等方面发生了变化，从而挑战了种族主义族群理论所假设的、持续遗传的"种族气质"。②

首个具有范式意义的同化理论学说是罗伯特·帕克提出的种族关系周

---

① 陈纪：《西方族群关系研究的相关理论综述》，《湖北民族学院学报》（哲学社会科学版）2014 年第 1 期。

② 马雪峰：《社会学族群关系研究的几种理论视角》，《西北民族研究》2007 年第 2 期。

期理论。帕克认为，族群间的差异是文化的差异，他将族群差异从"种族气质"的生物性因素转向社会性因素，而同化是族群间相互渗透和融合的过程，在这个过程中各个族群保持着各自的特征，同时积极参与社会运转。帕克认为族群关系是动态的过程，他将族群的互动路径归纳为"相遇—竞争—冲突—适应—同化"，不同族群的成员聚集在共同的地域内，不可避免地产生竞争和冲突，之后通过一个调适的过程减少冲突和竞争并维持基本的秩序安全，最后迎来文化适应和民族同化的阶段。①

米尔顿·M. 戈登将美国初期族群关系的演变过程划分为盎格鲁-撒克逊化阶段、"熔炉"阶段以及多元文化主义阶段，并基于这一过程将民族同化分为七个阶段，即文化或行为同化、结构同化、婚姻同化、认同同化、态度接受同化、行为认知同化以及公民同化。在一定的实证分析后，戈登提出了三个命题，他认为少数族群在与主流族群的接触过程中首先发生的是文化/行为同化；文化/行为同化发生后，少数族群进入主流族群的间属领域（即学校、单位等），再逐渐进入其首属领域（即成为朋友、配偶等），也就是结构同化；结构同化是族群同化阶段的关键，除非结构同化发生在文化/行为同化之前，否则结构同化一旦发生，其他类型的同化都会不可避免地发生。②

由于同化理论越来越强调后天造就的差异，学者们相信随着经济、政治的一体化构建，在信息技术快速发展和族群间交流愈加频繁的背景下，族群差异将逐渐消失，族群同化将不可避免。现实却并非如此，虽然关于族群交流的预想和族群同化理论的描述是基本正确的，各族群在文化、习俗等方面也的确出现了一定的同化现象，但族群的边界仍然存在，一定程度上的趋同并没有带来族群同化。二战后各族群间的冲突、各族群的族群意识反而日益加剧和强烈，学者们对同化理论批评的声音主要围绕同化理论与国家立场的关联而展开，针对"美国化"问题的同化理论意味着更强的主流意识和国家管控，忽略了主流族群和少数族群间存在的不平等关系。③族群同化的过程就是少数族群放弃自己的文化和价值观，并接受主流族群的文化和价值观的过程，社会结构的阻碍只是族群未能被同化的原因之一，族群本身是否愿意被同化也是重要原因。虽然同化理论存在一定的

---

① 胡锦山：《罗伯特·帕克与美国城市移民同化问题研究》，《求是学刊》2008 年第 1 期。
② 米尔顿·M. 戈登：《美国生活中的同化》，马戎译，译林出版社，2015，第 73~74 页。
③ 马雪峰：《社会学族群关系研究的几种理论视角》，《西北民族研究》2007 年第 2 期。

缺陷，但其对于分析族群同化现象仍然起到重要作用，是研究族群同化不可或缺的一个理论范式。

（二）冲突理论

冲突理论的兴起是对同化理论的挑战，它关注了被同化理论忽视的权力、平等、歧视等问题。美国学者查姆·卡夫曼将族群冲突定义为自认为拥有独特文化传统的群体间的争端。[①] 鲁道夫·斯塔文哈根认为，族群冲突通常情况下是权力的斗争，涉及的范围很广泛，包括在土地、教育、宗教信仰自由、语言文字、自治或自决等领域的诸多权力。[②] 迈克尔·布朗将族群冲突的因素分为四组，即结构性因素、政治因素、经济和社会因素以及文化和认知因素。结构性因素通常是族群冲突持续存在的重要原因，当社会结构本身不稳定或缺乏合法性时，族群为了自保会产生强烈的自治意识，同时高度警惕其他族群的威胁，容易产生暴力性族群冲突，进而形成恶性循环。[③] 因此，族群冲突通常需要通过宏观管控来解决，例如制定有效的政策和规则来维护各个族群的权利与整体公平。[④]

在冲突理论的范式下发展出一系列理论。其中一种常见的理论是内部殖民主义的分析框架，其针对的是族群间政治、经济的差异，布劳纳等学者将殖民主义视为一种社会经济、政治体系。虽然二战后的民族解放运动和反殖民化趋势使一些国家摆脱了殖民统治，但这些国家仍处于世界资本主义体系中的被支配地位，久而久之便形成了世界范围内两极分化的政治、经济状况。另一种常见的理论是美国经济学家多林格尔和皮奥里于20世纪60年代提出的劳动市场分割理论，该理论侧重于从经济的视角来进行族群关系的分析。劳动市场分割是指由于社会和制度因素形成的劳动力市场的部门差异，要实现劳动市场的分割，市场中必须存在显著差异的多个群体，这种差异包括价格、资源、信息以及原本的生活水平等，这些劳动力群体

① Chaim D. Kaufmann, "Possible and Impossible Solutions to Ethnic Civil Wars," *International Security* 4 (1996): 139-175.

② 鲁道夫·施塔文哈根：《族群冲突及其对国际社会的影响》，《国际社会科学杂志》（中文版）1999 年第 3 期。

③ 唐世平：《"安全困境"和族群冲突——迈向一个动态和整合的族群冲突理论》，《欧洲研究》2014 年第 3 期。

④ Robert Blauner, "Internal Colonialism and Ghetto Revolt," *Social Problems* 16 (1969): 393-408.

会产生对抗。当劳动市场是根据族群进行分割时，这种对抗就会演变为族群对抗的形式。[1] 例如，资本家在寻求廉价劳动力过程中带入市场的大量少数族群移民，他们有着更廉价的竞争优势，会使得原有的主流族群劳动力面临威胁。

（三）自由民族主义

自由主义与民族主义长期以来都是敌对的关系，但自 20 世纪 90 年代起，自由主义中出现了一阵探讨族群问题的思潮，主张通过利用人们的族群意识更好地追求自由民主。原因大致有二：其一，长期存在的对峙证明民族问题是不可回避的话题，因此自由主义者需要有明确的立场；其二，族群是个人身份认同的关键要素，族群本身的自由是实现自由民主的必要条件。自由民族主义是对自由主义反对民族主义进行反思的结果，其核心是倡导少数族群的权利，并将个人的族群认同与自由联系起来，以此考察民族国家内部各族群的关系。

从个体层面来说，威尔·金里卡提出，自由主要体现为人们能够在各种可接触到的社会习俗间做出选择，而文化是自由选择的一个前提，任何选择都不可能在完全脱离文化背景的情况下进行。[2] 此外，只有将个人在民族文化上的自由权利作为基本人权，才能形成民族文化对自由民主的价值。虽然自由民族主义者提议政府不干预个人自主行为，但金里卡指出，在族群问题上应该存在一种已经被建构好的"社会性文化"作为人们进行沟通的共同文化情境，而族群在文化内涵上的独特性与丰富性使其成为典型的"社会性文化"之一。[3] 以族群为基点，个人在语言、习俗、神话故事等影响下处于一种独特的文化情境中，并于其中进行个体的自由选择。

从制度层面来说，戴维·米勒等学者指出，民主制度需要公民间的信任，而在自由民族主义者看来，共同的族群身份认同会提供更具有持续性

---

[1] 赵晔琴：《族裔经济的跨国建构与族群聚居的地方空间生产——基于对浙江省义乌市外籍商人的访谈》，《浙江学刊》2018 年第 3 期。

[2] 威尔·金里卡：《少数的权利：民族主义、多元文化主义和公民》，邓红风译，上海译文出版社，2005，第 56 页。

[3] 杨立峰：《从自由民族主义到自由文化主义——威尔·金里卡的少数族群权利理论》，《马克思主义与现实》2011 年第 4 期。

的信任。[①] 族群身份的认同在个人自我认同中占据关键地位，这种认同给人们带来了更多的安全感和归属感，如果要求其抛弃原有的族群认同，会使人们感受到威胁。反之，处于同一族群身份中的人们，则会因为共享的文化能够进行更好的交流，从而推动社会和经济的发展，这为自由民族主义者所倡导的自由民主的制度提供了良好的基础。同时，族群共享的文化背景以及语言能够使公民更好地理解彼此，因此自由民族主义者还提出，同民族者会更加理解本群体在社会中的不利地位，并以同胞之情彼此鼓励。

虽然自由民族主义者已经针对民族的价值做了诸多陈述，但基于目前大多数国家是多民族国家的现实，他们还是需要在维护国家统一和维护少数族群权利之间进行权衡，即在国家民族主义和族群民族主义中达成一种平衡。塔米尔认为，每个族群天生都有着自治的要求，但这种自我管理不一定要以国家的形式出现，因为在全球化的局面下想要保持一个国家族群身份的独一性是不可行的。他提出，国家可以在公民层面上将不同族群的成员统一起来，并避免某个族群在文化和政治上占据支配地位，通过保护少数族群的平等权利来维护族群间的和平关系。[②] 相较于塔米尔公民民族主义的路径，金里卡从自由民族主义出发，主张赋予少数族群一定的自治权和特殊代表权，他认为这不是对少数族群的安抚性政策，而是他们应得的权利。[③]

（四）多元文化主义

多元文化主义是当代西方学界较有影响力的社会文化思潮，它是为了谋求多种族群、多种文化共存而衍生出的一种理论。二战之后，不同群体间的互动越发频繁，诸多学者关于不同文化的思考和争论是多元文化主义诞生的理论渊源，同时，社会运动也成为多元文化主义迅速发展的现实因素，其中影响较大的包括查尔斯·泰勒的公民社会概念、20世纪的美国民

---

① 戴维·米勒、赵庆杰、刘宣：《论民族性与民族认同》，《马克思主义与现实》2010年第2期。
② 耶尔·塔米尔：《自由主义的民族主义》，陶东风译，上海社会科学院出版社，2017，第149页。
③ 杨立峰：《从自由民族主义到自由文化主义——威尔·金里卡的少数族群权利理论》，《马克思主义与现实》2011年第4期。

权运动等。倡导保护每个人独特性的自由主义会影响到不同族群、不同文化群体的集体特性，针对这一冲突，加拿大学者查尔斯·泰勒提出，需要建立一个能够允许不同原则同时发挥作用的公民社会。泰勒认为公民社会介于国家和个人之间，每个公民社会拥有自己独特的文化和族类特征，有集体的目标和道德标准，是社会的基本单位。因此，现代国家就是多元文化国家，受国家中每个公民社会的影响，既维护了国家的权力，又保障了个人的独特性。虽然以上两种思想仍基于自由主义，但已经通过承认一些与自由主义相悖的权利来修正自由主义的弊端，从而达到在多元文化社会中能够拥有多元文化权利的目标。①

关于多元文化主义的定义，学界多年来尚无定论，目前常用的概念大多是基于欧美社会实际提出的。阿瑟·米尔泽在针对多元文化主义与美国民主的研究中表示，多元文化主义追求的不是主流文化下的统一，而是主流文化与非主流文化各自的认同与自信。② 斯图尔特·霍尔在《哥伦比亚现代文学和文化批评辞典》一书中，将多元文化主义一词定义为针对各种有关小众意见的论述，这里的"小众"包括少数族群。③ 总的来说，关于族群问题，多元文化主义者有着极为重要的共识，那就是承认且尊重各族群及其文化带来的多样性，并在多元化的现实基础上重构主流文化。

当代多元文化主义是随着全球化而发展的，认为各族群间交往日益密切，无论是美国内部还是世界范围内都需要建构一种相互认可和尊重的新秩序。在某种程度上来说，多元文化主义是对自由主义的思考与批判，与自由主义相比，多元文化主义更加认同已存在的差异，其所主张的平等是差异平等，而不是自由主义所倡导的普遍公平的平等。多元文化主义同样认为族群间普遍存在差异，但不强调同化，而是以承认差异、宽容共处、追求平等和群体利益为核心思想。④

---

① 韩家炳：《多元文化、文化多元主义、多元文化主义辨析——以美国为例》，《史林》2006年第 5 期。

② Arthur Schlesinger, *The Disuniting of America: Reflections on a Multicultural Society* (New York: W. W. Norton & Company, 1992).

③ Stuart Hall, *The Columbia Dictionary of Modern Literary and Cultural Criticism* (New York: Columbia University Press, 1995).

④ 王希：《多元文化主义的起源、实践与局限性》，《美国研究》2000 年第 2 期。

二 民族心理与文化理论

（一）民族心理

1. 民族心理的基本概念

加琳娜·安德列耶娃提出，民族心理是特定民族在长期的历史发展过程中，由一系列共同的历史条件，特别是经济生活的影响而形成的民族心理素质和心理状态的总和，它是一个民族的社会经济、历史传统、生活方式以及地理环境的特点在该民族精神面貌上的反映。安德列耶娃认为，民族心理包括两个部分：一是最稳定的部分，如民族性格、气质、传统习惯等心理特征；二是情绪性的部分，如民族情怀、种族信念等心理状态。①

目前看来，国内学者对于民族心理的内涵和外延尚未达成一致意见。戴桂斌认为，民族心理是心理素质和心理状态的统一，民族心理素质由民族气质、性格、能力等组成，民族心理状态则包括社会信念、民族价值观念、民族情趣等；前者是本民族较为稳定、深层的心理活动特征综合，后者是本民族针对社会现实的共同态度。② 韩忠太认为民族共同素质和民族心理是两个不同的概念，民族共同素质是民族学研究理论之一，具有宏观性；而民族心理则多以心理现象为单位，具有微观性，因此二者从属于不同的学科。③ 秦殿才提出，民族心理结构包括民族的心理素质、价值体系和思维方式等，是民族所处的地理位置、自然条件、物产资源以及社会制度、经济特点、经济状况、历史沿革、文化传统、民族传统、民族关系等诸多因素自发的、综合的反映，具有极大的稳定性和历史延续性。④ 共同的心理素质是社会物质生活和文化生活条件综合作用于民族精神面貌的表现与结果。民族具有共同地域、共同语言、共同经济生活和共同心理素质等四个特征，前三者容易因发展不充分或社会变迁而在民族生活中变得无足轻重，只有共同心理素质始终是活跃、稳定且极具特征的。⑤

---

① 加琳娜·安德列耶娃：《社会心理学》，李钊、龚亚铎、潘大渭译，上海翻译出版公司，1984，第212~235页。
② 戴桂斌：《略论民族心理》，《青海社会科学》1988年第1期。
③ 韩忠太：《论民族时代精神对心理学派别形成的影响》，《心理学报》1986年第3期。
④ 秦殿才：《改革开放与民族心理结构的调整》，《内蒙古社会科学》（文史哲版）1988年第1期。
⑤ 徐黎丽：《论民族意识对民族关系的影响》，《广西民族研究》2005年第2期。

那么，如何评定一个民族的共同心理特征呢？熊锡元认为，评定一个特征是否属于整个民族的心理与性格需要一定的客观准则，主要包括稳定性、典型性和制约性。稳定性是指一个民族的共同心理素质和性格特征的形成需要长时间的积累，一旦形成，便不易改变。典型性是指要研究每个民族最具普遍性、代表性的心理特征；如果只依靠一堆偶然、零碎和片面的印象，根本不能如实地显示整个民族的精神面貌，甚至会起到歪曲乃至丑化的作用。制约性是指在稳定性和典型性的前提下，一个民族在心理与性格方面的主要特征会对生存发展进程起主导和支配作用，因此在发展过程中应自觉发挥民族心理的积极作用，克服和改变不利于民族发展的消极因素。①

2. 民族心理与民族关系

民族心理在民族内部成员之间以及不同民族间关系方面都有着一定影响。民族心理是民族共同体人们的共同意识，但这并不否认民族内部存在不同阶级、阶层以及其他社会集团之间的心理差异和对立。这是由于其在社会中所处的地位不同，都有着自己特殊的利益、要求、愿望、兴趣、理想、信念等。熊锡元提出，当一个民族在一国内居住于不同地区时，由于各地区经济、文化、自然环境和生活方式的不同，在本民族心理外也会有一些特殊的表现，但这并不影响本民族心理的共同性，民族心理要研究的也是全民族的共同特性，而非不同支流的区域差别。②

任何一个民族，无论其肤色、体质多么不同，其智能都是相同的，但由于后天环境不同，每个民族成员在知识和技能的呈现上千差万别；因此，知识和技能相同或相似的两个民族间的成员有可能交往，或者存在一些知识和技能欠缺的民族成员主动向具备知识和技能的同一民族成员或另一个民族成员学习的可能。如果一个民族对另一个民族的认识比较客观，情感上比较接近，气质、性格相投，能力接近，表现在双方交往方面则是民族关系朝着友好方向发展，从民族心理的角度来说，是因为他们在相似的传统文化背景、相似的经济文化生活中培育出了相似的能力、气质及性格。③

---

① 熊锡元：《民族心理与民族意识理论问题补遗——致一位青年同行》，《中央民族学院学报》1993 年第 6 期。

② 熊锡元：《民族心理与民族意识理论问题补遗——致一位青年同行》，《中央民族学院学报》1993 年第 6 期。

③ 戴桂斌：《略论民族心理》，《青海社会科学》1988 年第 1 期。

如果一个民族对另一个民族有偏见，情感上比较抵触，气质、性格相距甚远，价值取向不一，那么表现在民族关系方面就是民族关系朝着隔阂、纠纷及冲突方向发展，主流民族与非主流民族交往过程中普遍存在隔阂的心理，一旦出现突发性事件，民族关系便可能会以战争、冲突的形式出现。

不过，不同民族的性格也有相似之处，各个民族中均有外倾性、内倾性或介于两者之间的性格的人。这种具有相似性的部分被美国的一些文化人类学家定义为基本人格，基本人格在民族交往过程中会产生作用。例如一些能歌善舞、热情好客的少数民族，多有着外倾性的性格特点；而一些民族更加严肃严谨、讲求规矩，则更具内倾性。无论是哪一种性格，在社会交往和学术研究中都有其优点。

（二）文化理论

1. 文化理论的基本内涵

传统社会学族群关系研究多从关系视角考虑问题，人类学家则更倾向于对族群本质进行讨论和反思。20世纪50年代之前，在有关族群本质的讨论中，人类学中占主导地位的理论通常被称为"文化理论"或"文化说"。这一理论倾向于将族群视为社会文化的承载和区分单位，不同族群代表的实际上是不同的文化，族群间的差异主要在于文化的差异，这也是族群同化理论能够成立的假设基础。

根据马克思主义文化观，文化具有民族性和共享性，社会成员在共同生活中创造出来并得到共同遵守和使用的东西会成为这个社会的文化，具体表现为某一民族的政治、法律、道德、宗教等。人们日常的社会活动受到本民族文化的制约，同一民族的成员以共同的语言、地域、经济生活为纽带并紧密相连。克利福德·格尔茨提出，文化是"从历史上留下来的存在于符号中的意义模式，是以符号形式表达的前后相袭的概念系统，借此人们交流、保存和发展对生命的知识和态度"[①]。人类依赖以文化作为符号和符号体系进行生存和交流，文化是人类行为的控制机器，同理，某一民族的文化体系也可以被看作该民族成员总体的行为指令，民族文化的约束性普遍存在，没有一个民族成员能够做到完全不受其民族文化的控制。例如一些民族相信宗教和神话传说的神圣性，就会谨遵规则并进行相关的仪

---

① 克利福德·格尔茨：《文化的解释》，韩莉译，译林出版社，1999，第95页。

式、履行相关的契约等，虽然有部分成员不会信仰或信仰其他的宗教，但在他们的日常生活中仍需面对本民族公众性的活动。

从 20 世纪 50 年代开始，文化理论受到学者们的诸多质疑。英国学者利奇对缅甸北部克钦的研究表明，社会群体间实际的区分与旁观者所观察到的客观文化差异并没有必然联系，例如克钦人与掸族的区别不是因为他们之间存在的客观种族或文化差异，更多是因为克钦人主观认为他们之间存在差异，因此利奇强调，族群之间的区别并不完全取决于族群间的文化差异，有时族群成员的认同更为重要。① 巴特又沿此方向推进了一步，他认为族群是一种社会组织，是族群成员自我归属和认同的范畴，而文化差异只是族群认同和维持族群边界的一种结果。只要不同族群成员在互动中保持不同的族群认同，就必然会产生把族群间有差异的文化作为维持边界的标志，因此相对于族群内部的认同和族群间的边界而言，文化的差异是次要的、可变的。科恩等人将政治权力引入对族群关系的分析，强调社会政治权力对族界维持和族群关系的影响，他们强调族群的工具性，在某种程度上来说，族群之所以能够成为一种具有号召力的象征，是因为它具有实际的政治功能。②

2. 文化多元主义

以哥伦布发现新大陆为起点，全球化带来的族群互动使得人们越来越多地接触到有着不同信仰、文化、生活习惯的他人，同质化和多元化是人们必须面对的选择。在早期的多元文化观中，最广为人知的是"熔炉论"。美国作为一个大熔炉，虽然承认了各族群间的差异，但仍以促使所有人认同盎格鲁-撒克逊主流文化为目的，是同化理论与早期多元文化观的交织。

文化多元主义则对"熔炉论"的同化倾向作出了批判，文化多元主义者追求的是美国民族的多样性，他们认为美国只是一个政治实体，而其包含的文化应该是多样的，且不同民族群体间应该是互相尊重、认同和平等的。文化多元主义倡导的多样性并非熔炉式的共存，而是要将各民族的宗教信仰、风俗习惯、语言等文化纳入主流文化中，不同文化间的差异被人们包容和吸收，使得美国文化更具包容性、更加丰富多彩。

---

① 埃德蒙·R. 利奇：《缅甸高地诸政治体系——对克钦社会结构的一项研究》，杨春宇、周歆红译，商务印书馆，2010，第 29 页。

② 范可：《略论族群认同与族别认同》，《江苏行政学院学报》2015 年第 4 期。

《兰登书屋韦氏大学英语词典》将"多元文化"定义为，在一个社会、国家或民族中所存在的多种文化的总称。这一术语在 20 世纪 20 年代西方学者就已经提出。1915 年，霍瑞斯·卡伦在《民主与熔炉》一文中首次提出多元文化相关的思想，又于 1924 年出版的《美国的文化与民主》一书中首次使用"文化多元主义"的概念，他认为只有文化多元主义才能真正体现美国追求的自由平等，传统的盎格鲁－撒克逊一元论只会破坏民主精神。[①]之后经历一系列演化，"多元文化"指代的内涵不断扩大。

这里需要阐明一下文化多元主义与多元文化主义之间的异同。一方面，二者在对多元文化的肯定和支持上具有共通之处，尊重和包容不同的文化与传统，在思想上有着一定的联系。另一方面，二者在产生背景、概念内涵和总体目标上有着较大差异，文化多元主义要求的是多元文化社会内部各种文化平等共处，多元文化主义则要求重新界定传统的主流文化，并以新的文化为基础建立平等的政治、经济社会。因此，相对而言，文化多元主义是一种具有整合趋势的文化理论，多元文化主义则更偏向一种广泛的政治诉求。

3. 客观文化特征理论

早期的研究者大多认为民族是一个有着语言、宗教、习俗甚至体质等共同客观文化特征的人群，可以称之为客观文化特征理论。客观文化特征理论认为族群是由一系列客观的、可以观察得到的文化特征来界定的，文化的某些方面常常构成民族文化的核心特征，如语言、习俗、起源神话、英雄故事等。[②] 随着民族研究的深入，客观文化特征理论遭到质疑。因为在现实生活中，民族和文化并不能构成一个比较严谨的对应关系，不同的族群常能共享某些核心的文化丛，而且以文化特征来区分人群本身就是一个歧异纷出的做法。越来越多的学者倾向于认为民族是由主观认同和社会文化建构的结果，其形成和维持依赖于边界的存续，即主观认同理论。民族的主观认同理论就是在对客观文化特征理论质疑和批评的基础上发展起来的。

4. 贫困文化理论

贫困文化理论是人们对贫困现象反思的一次转向，从纯粹经济理论解

[①] 杨伶俐：《美国的族群关系：多元与同化共存》，《淮海工学院学报》(人文社会科学版) 2012 年第 13 期。

[②] 陈心林：《族群理论与中国的族群研究》，《青海民族研究》2006 年第 1 期。

释转向了文化理论解释。美国学者刘易斯在 20 世纪 60 年代研究墨西哥的贫困问题时指出，处于长期贫困生活中的人们已经形成了一套固定的生活模式、行为准则以及思想观念。他们的价值观已经在长期的贫困生活中固化，难以摆脱固有的贫困思维去改变现状。贫困文化不仅是单纯的文化贫困，从广义上讲，贫困文化已经形成了一种模式，其中既包括经济、政治方面，也包括社会文化方面。贫困难以解决的主要原因在于它的复杂性以及所形成的贫困文化的代际传递。

该理论传入我国后，引起了众多学者的关注。一方面，贫困文化是一种亚文化，而不是反文化，因而具有正功能和负功能；另一方面，非物质文化变迁比物质文化变迁更难，且具有滞后性，所以贫困文化具有代际传递性。因此，对社会工作者来说，不仅要重视贫困文化的正功能，还要注重帮助子代贫困群体进行文化脱贫，防止贫困的代际传递。

5. 地方性知识理论

地方性知识理论以美国的格尔茨为代表。他在《地方性知识》一书中提出"对理解的理解"，因此，他所从事的阐释人类学就是一种包含双重理解的阐释，即当地人对于自己经历的理解和人类学家对于当地人经由自身理解所显现的意义世界的理解。阐释不仅涉及一种方法论，还具有一种本体论意味。在人文社会科学中，地方性知识之所以可能在于其超越自我的视角。某一地方性知识与其他知识体系的比较必须在同一视角下进行，且认知系统和问题二者都必须合理才有意义。两种知识体系比较必须以共同面临的普遍性问题为平台。地方性知识和普遍性知识是互动的、转化的，对于人文社会科学中的地方性知识，我们在享受其带来的多元化的丰富和繁荣时，也要警惕它的负面作用。[①]

三　文化福利与文化福利理论

（一）文化福利

早在古希腊时期伯利克里就曾提出，国家政权应该为公民创造条件使其获得更多的精神自由，使公民能够轻松、愉快地生活。有学者指出，伯利克里对人们精神需求的重视与满足措施可被视为早期的文化福利发展实

---

① 吴彤：《两种"地方性知识"——兼评吉尔兹和劳斯的观点》，《自然辩证法研究》2007 年第 11 期。

践。威廉·罗雪尔在《历史方法的国民经济学讲义大纲》明确指出："立宪国家中的皇家经费制度……国君对人民来说是处于不可侵犯的地位，并且必须对慈善事业、艺术保护等采取不那么受限制的行动……精神文化福利是国民教育和教会制度各种措施的目的。"① 江珍妮在《法国：把文化作为公民福利》中提出："法国历届政府均非常重视文化事业的发展，认为应该把文化权利作为一项福利提供给公民，使人人都能平等进入、参与并享受文化。为此，法国政府制定了一系列保护和发扬民族文化的政策，在资金上给予专项补助。"② 近年来，基于文化多元主义理论而在美国、加拿大、澳大利亚和欧洲等国得到推行的文化多元主义理念与政策，以制度化的方式肯定了各族群的文化价值，承认了各族群自有的文化身份，这也可以被视为文化福利的一种体现。

在我国，文化福利的提出及践行是近年来的一个新事物，大部分人认为文化福利即社会福利的内容，但在其定义方面又有不同的解释，普遍将公共文化产品的提供等同于文化福利。一些学者倾向于用"文化权利"概念来描述"文化福利"。吴理财认为，若是将公共文化服务看作一种"文化福利"，那么公共文化服务也将和我国其他公共福利制度一样，产生难以克服的"惯习"，即重政府供给以至于"包办"，轻社会需求的最终结果自然是供求错位和脱节。③ 夏国锋认为"文化福利"其实就是"文化权利"的一种延伸，民众享有文化权利的同时应该尽到文化的义务，同时又需要坚持国家立场与公民社会立场的统一。④ 所以，公共文化服务既应该考虑国家或社会的整体发展需要，又应该关注个体的权益需求，即达到国家或社会价值诉求与个体利益诉求的和谐统一。此外，也有学者将公共文化服务看作民生问题的一个方向，由此使得传统的福利概念由社会政策领域延伸到了文化政策领域，并认为公共文化服务其实就是一种"文化福利"。文化福利区别于政府单方面提供的公共文化产品，涉及政府、社会、公民三方面的有效互动，从而构建出合适、满足需要的文化服务。⑤

---

① 威廉·罗雪尔：《历史方法的国民经济学讲义大纲》，朱绍文译，商务印书馆，1981，第174 页。

② 江珍妮：《法国：把文化作为公民福利》，《广州日报》2012 年 12 月 1 日，第 W4 版。

③ 吴理财：《把治理引入公共文化服务》，《探索与争鸣》2012 年第 6 期。

④ 夏国锋：《从权利到治理：公共文化服务研究的话语转向》，《湘潭大学学报》（哲学社会科学版）2014 年第 5 期。

⑤ 郑功成：《中国社会福利的现状与发展取向》，《中国人民大学学报》2013 年第 2 期。

文化福利虽然没有一个清楚的定义，但有一点始终是明确的，即政府应提供更多免费的公共文化服务，以满足全体公民的精神文化需要①，它强调的是一种公益的、共享的、普惠的、切实感受到的文化体验，是惠及大众的一项福利制度。综合国内学者的相关研究发现，虽然文化福利是一个抽象的概念，但是从提供主体来看，包括政府、社会等；从福利受体来看，则是全体公民，需要满足公民的文化需求；从文化福利的表现形式来看，包括文化产品、文化活动、文化服务等。

（二）文化福利的供给主体

西方学者普遍将文化福利供给理论建立在"福利多元主义"基础上，从"多元主体"的角度思考福利供给主体的构建。福利多元主义理论兴起于 20 世纪 70 年代，并在社会福利领域中占据了主要地位。在西方社会政策领域，福利多元主义理论主张通过福利多元组合安排，将国家的全面福利提供转变为社会诸多部门的福利提供。认为福利提供既不能完全依赖市场，也不能完全依赖国家，需要引入非政府力量来弥补政府部门的缺陷，从而发展一种多元的、混合的福利制度。② 该理论的宗旨是通过福利提供的多元化途径实现社会团结和资源整合，进而促进社会的良性运行和可持续发展。从关于福利多元主义的解析来看，福利供给主体划分有三分法和四分法两种。

罗斯采用三分法的方式将福利供给主体分为国家、市场和家庭三个部分。③ 伊瓦斯和罗斯持有相同的观点，并在罗斯的基础上把分析框架放在政治、经济和文化的背景中，指出三者之间的内部联系。阿布瑞汉森与上述两位学者不同的是他用市民社会取代家庭，认为福利供给主体是国家、市场和市民社会。④ 此外，约翰逊和吉尔伯特是四分法的代表。约翰逊在国家、市场、家庭的基础上加入了志愿组织；⑤ 吉尔伯特将家庭归为非正式组

---

① 吕效华、朱力：《流动人口文化福利支持机制构建研究——学习贯彻党的十七届六中全会精神》，《理论探讨》2012 年第 1 期。

② 彭华民：《西方社会福利理论前沿：论国家、社会、体制与政策》，中国社会出版社，2009，第 19 页。

③ Rose R., *Common Goals but Different Roles: The State's Contribution to the Welfare Mix*'(Oxford University Press, 1986), pp. 13-39.

④ 同春芬、张越：《福利多元主义理论研究综述》，《社会福利》2018 年第 5 期。

⑤ Johnson N., *Mixed Economies of Welfare: A Comparative Perspective* (Prentice Hall, 1999), p. 5.

织，认为社会福利供给主体包括国家、市场、志愿组织和非正式组织。[①]

福利多元主义理论强调了一种供给主体的多元化，将单一的公共福利供给主体转变为社会多元供给主体，中国自改革开放以来，实施的是一种区别于西方"福利多元主义"的福利供给方针，是一种"社会福利社会化"的福利模式。国内大部分学者认为政府应该承担供给文化福利的主要责任。

（三）少数民族文化福利

文化福利是公民权利的一种，即可以从文化权利的相关角度进行探索研究文化福利的内容。文化福利能够提供有针对性，贴近不同年龄、不同族群、不同地域服务对象资源与需求的文化产品、文化服务与活动，从而保留积极的价值观念、宗教信仰、道德规范与文化习俗，调适不良的文化要素，让文化有效发挥提升社会成员生活品质、增强生活幸福感的福利功能。

少数民族群众享有自己的文化权利，是少数民族权利的基本内容之一，我们称之为民族文化权，它指多民族国家或国际社会通过国内立法或国际约法的形式确认和保障少数民族按照自己的民族文化方式生活、学习、工作的权利。也有学者认为少数民族文化权利应该包括拥有接近主流语言和文化的充分渠道的权利、拥有不同风俗和生活方式的权利、教育平等的权利、文化间和国与国之间交流的权利。少数民族文化权利是自然的、不可让渡的权利。从少数民族文化权利外延的角度来界定，文化权利包括文学艺术权利、少数民族用品权利、饮食和服饰权利、历史遗址和文化的权利、传统体育权利、节日权利等。

文化福利提供的是具有公益性的公共文化物品或服务，从民族的角度出发，因为民族地区具有自身的民族特性，所以少数民族公共文化服务应该满足少数民族群众独特的、个性化的精神文化需求，尊重和维护其文化权利，这也是民族地区文化福利构建的要求所在。[②] 由于少数民族的特殊性，少数民族的文化福利应该是带有针对性的福利性质的公共文化服务或者文化保障措施。民族地区的文化福利应该以少数民族群众为服务对象，根据民族地区自身特点制定有利于文化传承与发扬、有利于民族教育文化

---

① 同春芬、张越：《福利多元主义理论研究综述》，《社会福利》2018 年第 5 期。
② 索晓霞、蒋萌：《试论民族地区公共文化服务体系建设的特殊性》，《贵州民族研究》2012 年第 4 期。

发展的社会政策，并围绕民族地区的精神文化生活实施社会福利项目。满足少数民族群众精神文化需求的公益文化设施的建设以及相关的文化政策法律法规的保障，具体是指国家和社会为了丰富民族地区文化生活，充实其精神生活，维护少数民族群众身心健康，提高生活幸福指数而提供的基础服务设施和采取的政策措施的总称。

四　民族发展理论

（一）民族发展理论的基本内涵

民族发展是指民族的社会、政治、经济、文化的全面发展，是民族在横向量的扩展和纵向质的演进的过程。恩格斯明确提出，民族发展理论又称民族发展过程理论，民族发展过程包括民族的产生、发展、消亡等阶段的内容。[①] 科兹洛夫、王苗认为，一个民族发生的所有显著变化都是民族发展，无论是语言、风俗习惯还是生产方式，即使这些变化没有引起民族属性的改变。[②] 勃罗姆列伊则给出了更狭义的定义，他认为民族发展意味着飞跃式的、质的变化，即一个民族发生了改变民族属性的重大变化，一个民族变成另一个民族或成为更大民族的一部分才叫民族的发展。早期苏联学者们对民族发展理论的广义定义和狭义定义基本上是基于民族发展量变与质变的区别。金炳镐系统论述了民族诞生与发展的过程后，认为民族发展是一个民族在自身因素和所处自然因素、社会因素综合作用下产生的特征，包括民族内在的结构、属性和外在的互动关系。[③]

民族发展与社会历程相互制约、相互影响。同时，民族发展受到了其自身现实情况、所处自然和社会条件等因素的共同作用。在此过程中，民族自身的内在结构、素质与一系列的具体特点，还有民族间彼此的社会关系也将持续在变化与平衡之间调整。无论是民族性、社会性还是人的发展，其主题永远都围绕着民族生存和演进的质与量而展开。民族发展应当具有全面性，并且在具体表现上不限于民族类型的改变，还表现为民族特征和关系的持续前进。

民族发展理论作为民族理论的一部分，随着社会发展变化的频度加快

---

① 弗里德里希·恩格斯：《家庭、私有制和国家的起源》，人民出版社，2019，第 171~172 页。

② В·И. 科兹洛夫、王苗：《民族共同体的分类》，《民族译丛》1984 年第 3 期。

③ 金炳镐：《论民族发展规律》，《西南民族大学学报》（人文社科版）2007 年第 2 期。

和深度加深而越来越受到人们的关注。它不但为民族发展提供直接的理论指导,而且为解决其他民族问题提供着越来越宽广的依据。对任何民族来说,自身文化都是其客观上必须具备的生存基础,也是推动其不断进步的重要驱动力。民族之间能够相互识别,一个关键就在于文化上的多样性,民族的发展和繁荣在很大程度上依赖于文化的进步和繁荣。

(二) 民族发展的影响因素

世界上的民族各有特点,各民族的发展路径千差万别,影响民族发展的因素也是多样的,包括自然环境、民族素质、社会环境和民族关系等。

自然环境是民族生存和发展的自然物质基础,包括其生活地域的地理位置、地貌、地质、自然资源、气候条件和生态环境等,每个民族所处的自然环境不同,因而民族的发展也有着差别。在民族发展过程中,良好的优越的自然条件和地理环境,是得天独厚的有利条件,一个民族人均所拥有的资源量越大,这个民族发展的潜在优势也就越大,发展的机遇也就越多,但是,在肯定自然环境对民族发展产生重大作用的同时,还应清醒认识到这不是唯一影响民族发展的因素,不是说有资源优势的民族就会自然而然地发展,人的能动性在一定程度上也会改变自然环境带来的影响。

民族素质是民族自身结构的反映,是民族自身结构在运动中产生的一种特质和释放的一种能量,是民族在生存和发展过程中形成的认识世界和改造世界的能力。[①] 民族素质主要包括民族的科学文化素质、思想政治素质、心理意识素质和人口身体素质等,这些素质之间是相互联系、制约、影响和相辅相成的,具有整体性和连续性。一个民族的整体素质对民族的政治、经济、意识、自身等方面的发展与提高有着重要作用,因此民族素质的提高是民族发展研究中必须重视的一个问题。

社会环境是民族发展的基本内容,也可以说是民族发展的决定性因素,一个社会中经济、政治、文化多方面的发展情况对社会整体的发展有着极大影响。每个民族都存在于一定的社会之中,无论是单一民族国家还是多民族国家,民族都是社会的民族,这就决定了民族的发展会被社会发展的规律所制约。马克思主义认为,生产力的发展表现为社会分工的发展,民

[①] 乌尔希叶夫:《论民族发展的基本模式、因素和趋向》,《内蒙古社会科学》(文史哲版)1994 年第 6 期。

族内部或民族所处的社会的生产力和生产关系，经济基础和上层建筑之间的矛盾运动，决定着民族的发展。

民族关系是民族发展中不可回避的问题，是民族发展极其重要的一个条件，属于民族发展的外因。民族不是孤立存在的，它在广泛的社会交往中实现自我的发展。民族关系是社会交往关系中涉及民族性内容的社会关系，涉及各民族的地位、待遇、权力、利益、意识和感情等社会关系。历史事实证明，协调和谐的民族关系，是民族健康、迅速发展的条件和推动力；反之，若民族关系出现问题，民族发展就要遭到挫折。民族关系既可能加快相关民族内部结构合理化、完善化的进程，也可能阻碍这个发展过程，甚至破坏民族内部原有结构的布局，使民族结构出现缺损。

（三）国内关于民族发展理论的研究

自新中国成立以来，经过不断探索和研究，形成了一套科学全面的民族发展理论。1954 年 10 月，中共中央转发的《关于过去几年内党在少数民族中进行工作的主要经验总结》指出，要逐步发展各民族的政治、经济、文化，消灭历史遗留的不平等问题。①

随着 1978 年党的十一届三中全会的召开，我国进入了改革开放和社会主义现代化建设的新时期，我国的民族发展理论也在 20 世纪 80 年代迎来了全面研究和发展的新时期。在邓小平"发展才是硬道理"的发展理论的指导下，我国学术界展开了对民族发展理论的全面研究。

熊锡元指出，民族发展的要义在于民族自身生命的延续，在于一个民族不断改善其生存环境以长久自立于世界发展之林。在民族发展中起制约作用的因素很多，其中民族意识、政治经济、文化素质、心理状态是较为重要的因素。② 民族的政治经济是民族发展的基础，文化素质则是发展的核心内容，而民族意识和心理状态则对民族发展起着推动作用，这四个重要因素构成制约民族发展的有机体。金炳镐在《民族理论通论》中进一步论述了民族发展的概念："民族发展，是在民族自身因素、民族所处的自然因素、社会因素的综合协调作用下，民族自身的整个内部结构、素质和诸种外在特征以及民族之间社会关系不断调整更新、协调适应，推进民族纵向

---

① 《民族工作的主要经验总结》，人民网，http://cpc.people.com.cn/GB/64107/65708/65722/4444804.html，最后访问日期：2025 年 1 月 9 日。

② 熊锡元：《试论制约民族发展的几个重要因素》，《民族研究》1993 年第 3 期。

质的演进和横向量的扩展，综合实现民族的民族性发展、社会性发展、人的发展的过程，本质上是民族生存和演进的质和量的提高。"[1] 从民族的自然属性、社会属性及生物属性等三个方面综合讨论民族发展的程度，成为研究民族发展理论的全新视角。

第三节　民族社会工作的实务理论

社会工作实务离不开理论的指导，民族社会工作实务更是如此，本节将介绍几种在民族地区开展社会工作实务时常用的理论。

一　标签理论

标签理论是 20 世纪 50 年代西方社会学发展的一个理论派别，是从符号互动论的角度解释越轨行为产生的原因及其发展过程的理论，该理论认为越轨行为是相对而不是绝对的，每个人都可能发生越轨行为。依据道格拉斯和瓦克斯勒的观点，越轨是指某一社会群体成员被判定违反群体准则或价值观念的思想或行为。标签理论关于越轨行为的基本观点是，在人们变成越轨者并持续作为越轨者的过程中，被贴上越轨者的标签是一个关键因素。[2] 贝尔提出，个体是否被贴上越轨者的标签，有赖于三个条件，即行为发生的时间、行为的发出者与受害者、行为造成的后果。[3] 标签理论具有一定的片面性，因为不能将所有的越轨行为都视作外部标签效应所致，但是标签理论能较好地将个体行为与社会反应有机联系在一起，社会对越轨者贴标签的过程，并不完全是基于主观倾向和情感因素，也有其特殊的社会机制。

标签理论有两大特点，既体现了贴标签的过程，又体现了标签是如何影响个人与社会的。其一，它强调了规范的形成及其相对性。基于马克思主义和冲突理论的假设，社会群体间的冲突是推动社会发展的重要动力，所以标签理论主张者提出，任何一种具体行为都不具备属于或不属于越轨行为的本质，即越轨行为是某一群体为了维护自身社会地位而界定的，而贴标签是群体间冲突的表现形式之一。规范在社会冲突中产生，它对越轨

---

① 金炳镐：《民族理论通论》，中央民族大学出版社，2007，第 71 页。
② 吕勇：《简评标签理论》，《心理学探新》1992 年第 2 期。
③ 乐国安：《越轨行为诱因辨析》，《社会学研究》1994 年第 5 期。

行为和标签的权威性进行判断，不同社会群体为了争夺社会地位和权威，往往通过新的标签来挑战现有的规范。其二，它重视个人被贴上标签的过程以及标签的影响。标签理论者认为，虽然人们的行为是相似的，但有一部分人更容易被贴上标签，个人是否被贴上标签不仅取决于行为，还与人们的社会阶级、政治态度、民族、肤色等社会性因素密切相关。在被贴上标签后，一个人一旦承认自己就是被赋予的标签所指的那种人，就会采取更多的此标签所暗示的行动，而不管标签的性质如何。标签理论的逻辑认为，一个人被贴上了越轨者的标签，周围的人就会依此标签来识别他、对待他，周围人的这种对待方式又会反过来强化此人的越轨者概念，从而使他做出更多的越轨行为。受到主流群体文化的影响，人们往往会对少数群体产生偏见，凭借部分少数民族成员偶然地、无意识地做出某些偏离或违反行为规范的行为，给少数民族群体贴上相应的行为标签。在消极标签潜在倾向的影响下，少数民族成员会对自身产生消极的认知，甚至形成不良的行为倾向。在开展民族社会工作时，我们应该避免对民族成员或某一民族整体贴消极标签的行为，但可以通过贴积极标签的行为进行引导，促进民族发展。

二　赋权理论

"赋权"最早来自巴巴拉·所罗门的著作《黑人增权：受压迫社区中的社会工作》，所罗门认为赋权是社会工作者与当事人一起参与的一种活动，旨在减少被"标签化"为弱势群体的无权感。齐美尔认为赋权是对生活控制的参与、动机以及个人对控制效能的内心感知，强调权力与控制的内在意义，后来又进一步强调对控制效能的内心感知是赋权定义的核心组成部分。[1] 也有学者将"赋权"看作一个过程，是人们、组织或团体获得控制生活能力的一种机制。拉帕波特（Rappaport）还提出，随情境与时间的改变，不同人群的赋权是不同的，不同目标人群赋权的路径也不同。[2]

弱势群体是与强势群体相对应的概念，一般是指在经济、文化、体能、智能、社会处境等方面处于相对不利的地位，资源获取能力缺乏，经济贫

---

[1]　孙奎立：《"赋权"理论及其本土化社会工作实践制约因素分析》，《东岳论丛》2015年第8期。

[2]　黄岩、杨晓燃：《以社区为基础的移民赋权：美国工人中心的行动策略》，《社会工作》2017年第1期。

困、生活质量低下以及承受能力脆弱的群体。

赋权是一个动态的、跨层次的概念体系，是一个社会互动的过程。根据对赋权含义的分析，服务对象的"权"大致来自两部分，一部分来自原本积蓄于他们自身的能力，但种种原因而没有发挥作用；另一部分来自他们所处的社会环境，比如社区、政府以及其他社会组织，并依靠服务对象的自我感知和利用来发挥作用。在民族社会工作中，社会工作者需要依靠赋权理论，借助政策法规、媒体等改善少数民族的困境，并对其发展过程中存在的障碍进行研究。①

三 危机干预

危机是指当个体面临突然或重大生活逆境如亲人死亡、婚姻破裂或天灾人祸时所出现的心理失衡状态，普怒库鲁认为它是个体运用通常应对应急的方式或机制仍不能处理目前所遇外界或内部应激时所出现的一种反应。② 危机干预的步骤包括四个阶段，分别是问题评估、干预计划制订、干预进行、危机解决和随访。③ 问题评估在整个危机干预过程中有着十分重要的作用，通过问题评估理解当事人的危机情境及反应是整个干预的前提，在相当有限的时间内，危机干预者必须迅速准确地理解当事人的危机情境与反应。不同于其他心理咨询治疗可以在相对长的时期内通过各种方式获得对当事人深入了解的特点，危机干预者必须通过评估确定危机的严重程度，通过评估不断确定当事人的心理状态，从而确定采用的应对策略、支持系统等。

心理危机是个体在对生活中可能伤害自己的威胁性事件或者刺激性情境产生强烈反应的过程中逐渐形成的，在民族社会工作中，包括危机干预在内的心理干预机制需要学会变通，否则其成效会大打折扣。少数民族成员由于长期浸润在本民族的文化土壤中，每个人都具有本民族独特的民族文化心理，常见的危机干预理论和方法用在民族地区有时会出现"水土不服"现象。一方面，少数民族成员对这些理论缺乏文化认同感；另一方面，

---

① 林晓华、邱艳萍：《赋权理论与彝族文化的网络传播——以彝族文化网站为例》，《西南民族大学学报》（人文社科版）2018 年第 1 期。

② N. R. Punukollu, "Recent Advance in Crisis Intervention," *International Institute of Crisis Intervention and Community Psychiatry Publication* （1991）：25-36.

③ 季建林、徐俊冕：《危机干预的理论与实践》，《临床精神医学杂志》1994 年第 2 期。

理论大都是从个体内部寻求心理危机的原因和解释，而忽视个体所处的文化背景和社会影响。

四　任务中心模式

任务中心模式主张在服务过程中制订明确的计划、规定具体的时限，认为人有解决问题的能力和潜力，个人可以通过专业的服务过程，增强解决问题的能力，学习方法和技巧，从而可以运用这些能力、方法和技巧面对日后可能发生的类似问题或新的问题。任务中心模式强调问题是由服务对象本人确定的，并且他是愿意为改变困境和解决问题付出努力的，问题应该满足"服务对象知道这个问题、服务对象认为这是问题、服务对象有意愿处理这个问题、服务对象有能力处理这个问题"这四个条件。[1] 任务中心模式不太重视社会工作专业关系在治疗过程中的作用，但非常强调沟通的作用，其工作流程可以分成四个阶段，即预估阶段、确认任务阶段、执行任务阶段以及评估阶段。社会工作者通过帮助服务对象分析困境，发掘和激发服务对象的潜能和动力，鼓励服务对象采取正面、积极的行为来改善当前的状况，从而提高其适应风险和解决问题的能力。

任务中心模式对筛选服务对象有明确的要求：一是服务对象主动承诺通过执行任务来解决问题，二是服务对象拥有自主能力。少数民族的服务对象具有特殊性，因此在服务中需要考虑其语言、宗教、习俗等文化差异，避免出现任务与问题不对应或服务对象没有执行任务的能力的情况。

五　生态系统视角

生态系统视角是一个开放的体系，它融合了不同的理论和概念，它的第一个传统可以追溯到达尔文1859年提出的进化论，尤其是"适者生存"这一重要概念。在社会工作领域，这一历史可以回溯到里士满"在情境中理解行为"这一论述。可见，社会工作实践脉络化一开始就受到了重视。社会工作的第二个传统是倡导要将实质性服务和临床服务结合起来，这样才能更好地回应案主的需要。第三个传统来自米尔斯关于"个人困扰"和"公共议题"之间的区分，这一观点洞察到个人困扰背后的社会结构因素，认为对环境的改变是重要的。

---

[1]　万燕芬：《家事调解工作中任务中心模式的运用》，《中国社会工作》2019年第27期。

生态系统视角融合了不同的人类行为理论和社会工作实践理论，为社会工作提供了一个广泛的、折中的知识基础和实践框架。根据格林的归纳，生态视角的基本假设包括以下内容。一是一个人有能力与其环境互动，与其他人发生关联是其与生俱来的能力；二是基因和其他生物因素经常被视为个人与环境交流的结果；三是个人与环境构成一个统一的系统，在该系统中人与环境相互影响，形成一种互惠性关系；四是调适度是一种个人与环境之间互惠性过程的结果，即一个适应性良好的人与具有滋养性的环境之间的交流；五是个人的行动是目标取向的，是有目的的，人类为了更好地生存而抗争，个人对环境的主观意义对发展而言是重要的；六是要理解个人，就必须将其置于其生长的自然环境及其所在的情境之中；七是人格是人与环境长期交流发展的结果；八是个人的生活经验可以产生积极改变；九是生活中的问题需要在生活空间的整体之中进行理解；十是为了帮助案主，社会工作者应该随时准备将案主置于所在空间的整体之中进行理解，并为其提供服务。

生态系统视角要求民族社会工作者在实务中更关注人与社会环境的关系。少数民族群体有着更加独特的文化背景、语言文字、宗教习俗，难免存在与主流文化或其他少数民族互动的困境，在日益多元化的社会中有时也会发生冲突。社会工作者需要从微观、中观、宏观三个层面去分析服务对象所处的社会环境的实际情况，明确其能够接触的资源。[①]

六 优势视角

在早期的社会工作实务中，社会工作像其他助人专业一样，主要遵循医学治疗中以问题和疾病为本的思维模式，认为案主之所以成为案主，是因为他们有瑕疵、有问题，故早期的专业人士一般将社会工作理解为社会工作者对案主的问题或疾病进行诊断和治疗的过程。优势视角建基于对人有主观能动性的理解，认为人不是被动的，而是有着潜能和力量的，可以依靠自身的潜能和优势解决问题。作为对问题视角的批判和回应，优势视角提出了赋权、成员资格、抗逆力、治愈和整合、对话与合作等核心概念。优势视角认为，个人或者群体是可再生和可扩展的资源，赋权就是帮助个

---

① 谭天美：《生态学视角下民族地区基础教育发展的问题与对策研究——以广西 12 个民族自治县为例》，《民族教育研究》2021 年第 3 期。

人、小组、家庭及社区在其内部或周围探求和扩展资源的过程，所赋之"权"最终指向个人或群体内在力量的发现和激发。优势视角是以服务对象的优势和潜能为出发点的，因而也就避免了对其进行批评，即戴着有色眼镜去看待案主以及案主所遇问题的可能性。

优势视角实践的核心是探索并利用优势，因此发现或辨识案主的优势是优势视角的干预技巧和总体目标。优势视角认为，服务对象与他人并无差异，服务对象的问题之所以成为问题，原因在于社会贴上的问题标签，因此在优势视角下，助人者会以合作者的身份出现，强调案主的优势和资源，着力培育案主的抗逆力。[1] 优势视角主要着眼于个人的优势，以利用和开发人的潜能为出发点，协助服务对象从挫折和不幸的逆境中挣脱，并以优势、缺陷、环境因素、服务对象因素四个方面为象限绘制成图，对服务对象进行需求评估，并与服务对象建立专业关系，实施干预策略。

虽然优势视角提出要研究服务对象的缺陷，可是在实际社会工作过程中，一定要采取以优势为主、缺陷为辅的行动策略，要相信服务对象具有内在改变的力量与能力。因而，在开展民族社会工作时，在优势视角的指导下，我们更要关注少数民族群体的优势和潜能，利用他们的能力来解决问题、提升生活水平。除此之外，我国政府利用行政手段解决民族问题和民族矛盾也对社会工作者进行社会服务和促进民族社会工作本土化发展具有重要的指导意义。

七　文化能力视角

文化能力的概念有狭义和广义之分。从广义的层面来看，文化能力是指为跨文化案主提供有效服务的能力；从狭义的层面来看，文化能力是指社会工作者了解不同文化的案主及其家庭的能力，并且能够将这种了解能力作为干预实务工作的基础。无论是在广义还是狭义的层面，文化能力都要求社会工作者具备了解并接纳案主文化的能力，并以案主的文化作为理解案主行为的情境。[2] 美国社会工作者协会将文化能力定义为对所有文化、语言、阶层、种族、宗教和其他具有多样性因素的人，以重视个人和系统价值的方式，提供有效的文化尊重服务，维护每个人的尊严的能力。

---

[1]　乔倩倩、贾志科：《"抗逆力"研究现状述评与展望》，《社会工作》2014年第5期。

[2]　张蕾、杜欣：《文化能力视角下的社会工作危机应对研究》，《华东理工大学学报》（社会科学版）2021年第1期。

随着全球化的发展和人口结构的变化，社会工作组织和社会工作者面对来自不同文化背景和经历的人群，并为其提供服务。传统方法已经无法有效满足来自多元背景的个体需求，少数民族也需要适应其他文化的专业服务。文化能力是建立良好专业关系的前提，也是社会工作伦理守则的重要组成部分，文化能力可以将有关个人和社会群体的知识整合、转化为特定的标准、政策、实践和态度，并用于适当的文化环境，以提高服务质量，从而产生更好的结果。[①] 另外，Lum 认为文化能力不仅是服务提供者一方需要具备的能力，而且是服务提供者与使用者双方在助人的过程中互动关系的体现。因而，文化能力可以被看作服务提供者与使用者双方互相参与、学习与了解的实务成长过程。[②]

在民族社会工作中，社会工作者可以提供具有文化能力的服务；同时，为了保证服务效果，社会工作者需要注意自己的穿着、服务的时机等。社会工作者可以联合翻译人员、本地文化向导提供专业服务，进行危机应对沟通，编写包括书面材料、音频、视频、网络素材等在内的高质量的、文化层面适当的材料包。社会工作者还可以帮助受影响社区和群体重建风俗习惯、文化仪式和社交关系，组织文化层面恰当的纪念活动等。

[①] National Association of Social Workers, *NASW Standards for Cultural Competence in Social Work Practice* (2001), pp. 11-12.

[②] Doman Lum, *Culturally Competent Practice: A Framework for Understanding Diverse Groups and Justice Issues* (Brook/Cole: Wadsworth, 1999), p. 29.

第三章　民族社会工作的方法

社会工作在西方国家有着悠久的发展历史，在其发展过程中，已经总结出一套科学而有效的专业方法，如个案工作方法、小组工作方法、社区工作方法等，这些专业方法的运用是民族社会工作区别于传统民族工作最主要的地方。[①]

社会工作的三大方法具体运用到民族社会工作领域，也成为民族社会工作的重要方法和手段。除此之外，社会行政作为社会工作的一种间接的专业方法，在民族社会工作的实践中也发挥着重要作用。在此基础上开展的民族社会工作，不仅沿用了社会工作传统的工作方法，也结合民族地区的实际情况与文化发展现状进行了一定的创新与整合，对创新民族工作方法、维护民族地区稳定、促进各民族共同繁荣发展具有重大的现实意义。

第一节　民族个案社会工作

民族社会工作作为社会工作的重要部分，它的界定基本是在社会工作的框架之下完成的。综合不同学派和学者的观点，民族个案社会工作是指在社会工作价值观的指导下，从民族的视角出发，将民族地区的人员或涉及与民族因素相关的个人和家庭作为服务对象，运用个案工作的专业知识和技巧，为有需要的个人和家庭提供所需的服务，促进个人和家庭社会功能的实现，以达到个人和家庭在民族社会环境及文化中的良好福利状态。[②]下面就民族个案社会工作定义的基本内容做具体分析。

第一，从专业性质来看，民族个案社会工作同其他个案社会工作一样，都是一种专业的助人方法与视野，社会工作者要将现代社会科学中关于个

---

① 李林凤：《多元文化下的民族社会工作》，《黑龙江民族丛刊》2009 年第 2 期。

② 常宝、兀·巴特尔主编《民族社会工作》，华东理工大学出版社，2013，第 183 页。

人与社会关系、个人发展和人际关系调整的专门知识以及与民族相关的因素，如民族心理、民族文化特征等知识运用到服务过程中，提供具有较强专业性的服务，这个要同主管民族事务相关部门的具体工作相区分。

第二，从工作方式来看，民族个案社会工作同样是通过社会工作者与服务对象面对面交流的方式直接提供帮助。

第三，从服务对象来看，民族个案社会工作的服务对象并非单纯地指少数民族人员及其家庭，还包含其他因素，即民族个案社会工作既可以服务于在民族地区生活的少数民族，也可以服务于除少数民族之外的其他民族；既可以是非民族地区的少数民族或其他民族，也可以是不同民族人员在互动交流的过程中所产生的相应问题。

第四，从工作目标来看，民族个案社会工作的目标是要协助社会功能失调的服务对象，改善其生活质量，提高其社会适应能力和社会福利水平。但是民族个案社会工作并不是替服务对象直接解决问题，而是秉持"助人自助"的社会工作理念，致力于案主健全人格的成长、积极态度的树立、正确认知方式及行为模式的形成。

一　民族个案社会工作的服务领域

民族个案社会工作的服务领域，可以按照当事人所遇到的问题、当事人的特点以及机构的性质进行分类。[①]

（一）按照当事人所遇到的问题

1. 处理不协调或紧张的社会关系

民族个案社会工作处理个人及其家庭的社会适应问题时主要包括以下几个方面。

一是家庭关系，包括亲子关系、夫妻关系、婆媳关系等。在民族个案社会工作中，遇到因生活习惯、价值观、信仰等不同而产生的家庭关系紧张是比较常见的问题。

二是邻里关系。随着社会流动性的增强，原有社会人口结构中的同质性逐渐被打破，外来人口数量增加，在社会生活中难免会出现邻里关系不和谐的情况，在民族社会工作方面主要体现为因不同民族人口的生活习惯、处世

---

① 常宝、亓·巴特尔主编《民族社会工作》，华东理工大学出版社，2013，第184页。

态度、民族情感不同导致的各种冲突。

三是其他人际关系，如同事关系、同学关系、朋友关系等。

2. 处理个人发展困境

一是提高社会适应性。社会工作的本质是助人自助，在处理个人发展困境方面，主要是协助当事人转变认知和改变行为，在处理当下所遇到问题的同时，获得处理未来发展过程中或许会遇到的问题的能力，以提高当事人的社会适应性；

二是职业发展。这是人的生活中最重要的组成部分之一，良好的职业发展道路可以帮助个人满足自我实现的需要，增加自己的成就感。因此社会工作，尤其是民族社会工作，在协助个人完成职业发展规划、树立职业理想和职业信心等方面有很多重要的工作要做。

3. 个人及家庭困难救助

这是社会工作最基本的服务领域，当现实生活中出现重大变故或遭遇自然灾害等意外情况时，如果个人缺乏自我救助、自我摆脱困境的能力，就会处于危机中，需要社会工作者的协助。尤其是在偏远的贫困地区，由于现实条件的限制，更需要外力的介入和干预来解决问题。

（二）按照当事人的特点

按照当事人的特点可以将民族个案社会工作划分为民族人口或民族地区的儿童服务、青少年服务、老年人服务、婚姻家庭服务、残疾人服务、特殊群体服务等。

（三）按照机构的性质

按照机构的性质，可以将民族个案社会工作划分为政府和公共事业机构主导、非政府组织中公益性机构主导、非政府组织中其他类型机构主导三个小类别。[①]

二 民族个案社会工作的理论模式

（一）心理-社会治疗模式

心理-社会治疗模式最早可以追溯到玛丽·埃伦·里士满的《社会诊

---

① 常宝、元·巴特尔主编《民族社会工作》，华东理工大学出版社，2013，第185页。

断》一书①，但是里士满当时并没有提供一个系统的理论框架。1930年，美国学者汉金斯首先使用了"心理社会"这个概念。1937年，美国哥伦比亚大学戈登·汉密尔顿在《社会工作基本概念》一文中，首次系统地阐明了该学派的有关理论，这也标志着心理-社会治疗模式的正式形成。② 心理-社会治疗模式是目前社会工作专业最常采用的传统治疗方法，其基本原理与技巧对之后出现的其他治疗模式影响深远。

1. 理论模式概要

心理-社会治疗模式认为，每个人都生活在一个特定的社会环境中，会受到生理、心理、社会三个因素的影响。这三个因素相互作用，共同推动了个人的成长与发展。心理-社会治疗模式对其他各种理论如心理学的精神分析理论、社会学的角色理论和互动理论、人类学的家庭理论和系统理论等采取兼收并蓄的方式，具有很强的开放性。

（1）该模式强调"人在情境中"的理论范式

心理-社会治疗模式强调把人放在特定的环境中进行考察，包括人的层面、环境的层面以及人与环境的关系层面，检视人与环境之间的互动以及这种互动带来的结果。在个案工作运用过程中，"人在情境中"是心理-社会治疗模式的核心概念，强调人与环境的互动关系，其中"人"是指个人内在的心理体系，"情境"是指个人生活的社会网络及物质环境。

人、环境以及人与环境的互动是心理-社会治疗模式最重要的三个要素，该模式认为在人与环境互动的过程中，任何部分的改变都能引起其他部分的变化，在相互影响的过程中最终会达到一种相对平衡的状态，因此，该模式的首要任务就在于调整个人的人格体系与环境体系，以促进人格的成长和适应。③ 这也为社会工作者在个案开展过程中寻找案主问题的成因、表现、解决问题的方向等奠定了基础。

（2）追溯个人的成长经历对当前情况的影响

"人在情境中"强调的情境既包括现实情境，也包括个人的成长经历，这种经历通过在个人的心灵中打下烙印来发挥作用。个人在成长中所经历的事务，所持的观念，习得的技巧、知识和态度都会有意无意地影响到个人现在的状况，因此了解案主早期成长经历对了解他的现在和未来具有重

① 玛丽·埃伦·里士满：《社会诊断》，刘振主译，华东理工大学出版社，2018，第145页。
② 朱眉华、文军主编《社会工作实务手册》，社会科学文献出版社，2006，第143页。
③ 李迎生主编《社会工作概论》，中国人民大学出版社，2004，第147页。

要意义。在此背景下，心理-社会治疗模式把个人对其成长经历的体会与重新阐释作为治疗的一个重要方面。①

（3）强调人际关系对人的重要意义

心理-社会治疗模式特别重视人与人之间的关系，认为在个体与他人的互动中，沟通是不可或缺的媒介，了解案主的沟通能力与技术有助于理解案主的问题并作出正确的诊断。个人的自我强度、自我防御机制及理解力等因素直接决定了沟通的顺利程度，进而影响其人际关系的处理。人际交往和社会角色的扮演对自我形象定位有决定性的影响。因此心理-社会治疗模式重视从人际关系角度入手观察人的问题并改善人的问题。

2. 工作方法

20 世纪 60 年代，霍利斯（F. Hollis）在综合各种相关理论的基础上出版了《个案工作——一种心理与社会治疗》一书，对心理-社会治疗模式的基本概念和主要技巧进行了总结。② 该模式包括直接治疗和间接治疗两种主要治疗技巧。

（1）直接治疗技巧

直接治疗技巧是指在案主与社会工作者的沟通的过程中，社会工作者直接与案主接触并进行研究、诊断和治疗，治疗目标针对案主本身。在直接治疗技巧中又可以根据社会工作者与案主的沟通状况，分为非反映性直接治疗和反映性直接治疗两种方式。

一是非反映性直接治疗。非反映性直接治疗的技巧主要包括支持、直接影响和探索-描述-宣泄三种类型。第一，支持是心理-社会治疗模式常用的治疗技巧之一，其核心是通过社会工作者的了解、接纳、同感和信任等减少案主的焦虑和不安。第二，直接影响是指社会工作者通过直接表达自己的态度和意见促进和加快案主不良行为的改变和心理困扰的消除，具体方式主要包括强调、提议、忠告、坚持和干预。第三，探索-描述-宣泄不仅具有研究和诊断功能，还具有治疗的作用，能够通过案主的描述和解释探索案主的问题，并为案主的情感宣泄提供机会，从而疏导案主的情绪。

二是反映性直接治疗。反映性直接治疗的技巧主要包括现实情况反映、心理动力反映和人格发展反映三种类型。第一，现实情况反映主要涉及六

---

① 常宝、亓·巴特尔主编《民族社会工作》，华东理工大学出版社，2013，第187页。
② 许莉娅主编《个案工作》（第二版），高等教育出版社，2013，第194页。

个方面,即外在反映、内外在反映、内在反映、对环境刺激的反映、自我评估、对社会工作者和治疗的反映。第二,心理动力反映主要包括社会工作者协助案主认识、理解自己的心理反映倾向,分析自己内心的反映方式等方面的工作。第三,人格发展反映是指社会工作者帮助案主重新认识和评价自己早年的痛苦经历,调整案主的人格发展,包括宣泄、分析和修正三个方面。

（2）间接治疗技巧

间接治疗技巧是指通过发掘和调动案主的支持网络,并作用于案主的生活环境,为案主提供稳定的支持和帮助,其核心是希望通过改善案主的外部环境来促进案主不良行为的改变。间接治疗技巧更多的是社会工作者与案主关系人（案主关系人是指与案主有关的人士或机构,如老师、家人、同事、邻居和领导等）、案主与案主（一般出现在家庭联合治疗中）以及案主关系人与案主之间的沟通。霍利斯认为,社会工作者在环境中工作时一般扮演提供者、联系人、创造者、传译者、攻击性干预者等角色。[①]

3. 心理-社会治疗模式的局限性

从某种意义上说,心理-社会治疗模式是个案工作的第一种工作模式,不可避免地会存在一定的局限性,尤其是关于理论分析的基本假设方面。虽然该模式强调要从案主的生理、心理和社会等方面着手分析案主的问题,但并没有提供一个系统化的理论框架,在个案开展过程中,社会工作者依照该模式分析案主的生活实际和解决案主遇见的问题时仍然存在一些困难。

心理-社会治疗模式多样的技术治疗手段也在一定程度上提高了社会工作者运用该模式的门槛。此外,心理-社会治疗模式过于重视过去的生活经验对案主当下行为造成的影响,容易忽视案主的即时性行为,因此它不一定具有适恰性。

4. 心理-社会治疗模式在民族个案社会工作中的运用

虽然心理-社会治疗模式存在一定的局限性,但不可否认,该模式在民族个案社会工作开展过程中仍然发挥着不可替代的作用。

在民族社会工作中,由于民族文化和地域环境等条件存在差异,社会工作者不可避免地会遇到一些与以往生活经验不同的情况,并由此产生认知差异、行为差异等。这些情况在面对案主时会显得格外突出,尤其是对

---

① 常宝、亓·巴特尔主编《民族社会工作》,华东理工大学出版社,2013,第189页。

长期生活在民族文化背景下的案主。这样不仅会引发案主的内在心理问题和人际关系问题，也会引发一系列的外部环境问题。如一个从小成长在民族文化背景下的案主，已经形成了独特的民族心理机制，在这样的心理机制下，案主会有一套自己的认知方式与行为模式。①当案主与成长在其他民族文化背景下的人相处的时候往往可能由于存在差异而发生冲突和矛盾，那么社会工作者在实务开展的过程中就要充分考虑这些因素，结合"人在情境中"的理论范式，在充分了解案主的民族文化背景及生活经验的基础上更加有效地开展民族个案社会工作。

可以说，心理-社会治疗模式是民族个案社会工作中有力的工具之一。

（二）人本治疗模式

人本治疗模式强调以人为中心，采用非指导的态度与技术（如尊重、共情、接纳、无条件积极关注等）开展个案工作，为案主提供安全接纳的氛围，促进案主进行积极的自我探索。人本治疗模式又称当事人中心治疗模式，是美国心理学家卡尔·罗杰斯创立的一种治疗理论，时至今日，人本治疗模式的理论还在不断发展，它在初期建立的一些原则和宗旨是社会工作专业的标志性特点。社会工作界广泛接受罗杰斯用"当事人"或"案主"取代"病人"的做法比心理学界接受人本治疗模式要早得多。

1. 理论模式概要

人本治疗模式认为，人的本质是好的，相信人有朝好的、强的、完善的方向发展的强大潜力，相信人能够自我指导、自主自立。人的心理与行为失调是因为在成长的过程中寻求积极体验的努力遭受挫折，自我价值与经验之间产生冲突，导致个体不能接受自我，不能悦纳自己的情绪、需要和行为。人本治疗模式认为这是一切问题产生的根本原因。

卡尔·罗杰斯是当前公认的对社会工作及咨询与治疗领域具有影响力的人本主义者。他创立的人本治疗模式强调整个治疗的方向应该是让案主接纳自我，为此必须解除案主的自我防卫机制。治疗过程的主要工作是通过社会工作者的真诚、接纳与同理，使案主处于一种不同于日常经验的真诚的关系中，在这种不设防的状态下，案主才更可能袒露与发泄平时被掩饰的需要与情绪，从而增加自我了解与自我表达，最终达到自我接纳的

---

① 常宝、亓·巴特尔主编《民族社会工作》，华东理工大学出版社，2013，第188页。

效果。

（1）尊重人的价值和尊严

卡尔·罗杰斯曾说，"专业人员应感到案主是一个具有无条件自我价值的人，即不论他的处境、行为或情感如何都是具有价值的人"[1]。人本主义重视人的主观经验世界，反对教育的、行为控制的治疗倾向，突出强调人的尊严、价值、创造力和自我实现。这不仅是对人的主体性的弘扬和对人类主观性的肯定，更是对行为主义强调外部作用和实证主义追求确定性的否定。一方面，社会工作者不可将自身的价值观强加于案主身上；另一方面，社会工作者应给予案主关心与帮助，尊重其自身价值观与尊严，尊重其多元性，当社会工作者在与案主价值观相冲突时，也需持有不指责不批判的态度。[2]

（2）强调个人潜能的发挥

人本主义认为人类有一种天生的"自我实现"的动机，即一个人发展、扩充和成熟的趋力，它是一个人最大限度地实现自身各种潜能的趋向。

每个人都有发展的潜能，都有自我实现的需要，社会工作者的任务就是要充分挖掘案主的潜能，满足其自我实现的需要。社会工作者的目标不是解决案主当下面临的问题，而是协助案主成长，提高案主克服当前以及将来所要面对问题的能力，促进案主潜力的发挥。

（3）尊重每个人的独特性

卡尔·罗杰斯提出了"自我理论"，强调了现象场（phenomenological field）这一概念，认为个人生活在自己的主观经验世界中，只有个人才能真正地、完全地了解自己的经验世界。在此基础上开展的人本主义社会工作更多从案主自我实现的角度入手。

社会工作充分体现了人本主义的精神，在个案开展过程中强调社会工作者要尊重案主的个别化，将案主视为独立的个体，一方面，重视案主对困难和问题的个人感受与看法；另一方面，也重视将案主的问题与自身的成长经历、所处的生活环境相结合，认为即便是相同的问题，在不同个体之间也存在不同的原因和影响。这就需要社会工作者遵循个别化和具体化的原则，运用不同的方法来回应案主独特的需求。

---

① 亚伯拉罕·马斯洛：《人的潜能和价值》，林方译，华夏出版社，1987，第260页。
② 周长城、孙玲：《人本主义：社会工作的重要理论范式——浅析人本主义视角下的社会工作》，《社会工作》2012年第4期。

2. 工作目标与工作方法

（1）工作目标

人本治疗模式的目标是协助案主更加独立，使其人格更加健康。[1] 工作目标具体如下。

第一，协助案主重新认识自己，在治疗中发现真实的自我，为自我实现扫除障碍。

第二，引导案主自我努力，以具备自我实现所必需的特质。

第三，进一步引导案主对经验采取开放的态度，让案主能够做到自我信任、不断成长，有自己的评价标准。

第四，让案主能够较好地接纳自我及他人，保持积极的情绪体验。

第五，协助案主充分发掘自身潜能，提高案主解决困难和问题的能力，使案主具有较好的社会适应力。

（2）工作方法

卡尔·罗杰斯相信人的本性是积极的、建设性的，每个人都有自我实现的能力和动力，由于后天环境的影响，案主无法适当地运用他的能力。因此，人本主义治疗模式强调在专业关系中，社会工作者要表现出真挚、无条件的关怀和同感，协助案主成长，并和谐地适应环境。社会工作者在这一过程中运用的治疗技巧主要包括对案主感觉的澄清或映射、对案主内容的重新陈述，以及对案主无条件的积极关注。

3. 人本治疗模式的局限性

人本治疗模式尊重当事人对自己过往经历的理解，关注人的自由、尊严和主体性价值，毫无疑问，这些都是社会工作的价值基础。在看到人本主义对社会工作的主要理论贡献之时，也应深刻认识到由马斯洛开创、罗杰斯传承的人本主义理论也具有一定的历史局限性。[2]

（1）排斥具体诊断和评估，忽视具体策略和技术的运用

虽然所有的社会工作实践模式都受到人本主义的影响，但这一模式更多关注的是个人层面，对宏观实践层面的论述较少，这无疑是一个重大缺陷，毕竟很多社会问题具有深刻的制度性和体制根源。同时，罗杰斯人本主义社会工作模式似乎缺乏结构化的实践指引，使社会工作者在实际应用过程

---

① 常宝、亓·巴特尔主编《民族社会工作》，华东理工大学出版社，2013，第189页。

② 周长城、孙玲：《人本主义：社会工作的重要理论范式——浅析人本主义视角下的社会工作》，《社会工作》2012年第4期。

中难以把握，这在一定程度上限制了它的传播和应用。持人本主义视角的社会工作者不重视那些促进案主及其行为改变的具体技术的作用，因此那些支持采用治疗手册的人们或是那些支持将对特定障碍的治疗方法手册化、程序化的人们在运用这种视角的策略时就会遇到问题。①

（2）人本治疗模式忽视了理性的作用

人本治疗模式强调个人的主观感受，认为干预要使案主拥有自己的感受和自由的体验，并以此来达到干预的效果。用罗杰斯的话来说，就是接受治疗的案主们往往在心理上有太多的负担，有太多的"价值"条件，他们背负着沉重的包袱，过着过于理性化的生活，远离了自己的本性，而要促成其改变，就要让其信任自己，重塑直觉的指导。

（3）人本治疗模式在实际操作过程中容易受限

从纯粹意义上来讲，人本治疗模式并不适用于所有情况。② 社会工作者可能会在初始阶段对案主表达无条件的积极关注、同情心和真诚，但是由于时间或机构的限制，社会工作者不得不在共同工作中表现出更多的指导性，这样便偏离了人本治疗模式的非指导性本质。

此外，从本质上来说，人本治疗模式是一种由案主主导治疗过程的治疗模式，这在一定程度上否定了人的理性认知。诚然，人的理性也是人的本性中不可否认的一部分，不能因为过于强调个人的主观经验世界而忽视了理性对人的作用。因此，社会工作者对案主的干预与治疗中的一定程度上的"反理性"可能是合理甚至必要的。

4. 人本治疗模式在民族个案社会工作中的运用

人本治疗模式排斥具体诊断或评估，也忽视了理性的作用，但不可否认的是，在治疗关系和咨询实践中，人本治疗模式仍然是个案工作不可或缺的重要模式之一。在民族个案社会工作中，也需要进一步探索，将实践与理论有机结合，以人本主义促进民族社会工作的发展。

以人本主义为基础的人本治疗模式认为，社会工作者的参与是案主进步过程中的关键，这意味着社会工作者需要完全投入与案主的助人关系中。社会工作者在互动中应以诚实的方式表达，这种表达方式包括倾听、接纳、

---

① 杰拉德·科里：《心理咨询与治疗的理论及实践》（第八版），谭晨译，中国轻工业出版社，2010，第184~186页。

② Barbra Teater：《社会工作理论与方法》，余潇、刘艳霞、黄玺、吴腾译，华东理工大学出版社，2013，第134页。

尊重、理解以及反馈等技巧。具体运用到民族个案社会工作中，社会工作者应充分尊重案主的民族文化背景，重视案主的个人感受和看法。同时，社会工作者需要与案主建立相互信任的专业关系，理解其内在的经验世界，从而更好地开展助人服务。

（三）行为修正模式

约翰·华生（John B. Waston）创立了行为主义学习理论，由此，相应地产生了行为修正模式。学习是以一种刺激替代另一种刺激而建立条件反射的过程。他指出，人类的行为模式都可以通过学习获得，其中包括好的行为和坏的行为，即无论什么行为，都可以通过学习这种途径进行加强或者改变，并且这种原理同样适用于动物界。

斯金纳（Burrhus Frederic Skinner）将行为主义学习理论推向了高峰，他是新行为主义心理学理论的代表人物，他提出了"操作条件反射"原理。这个原理的基本观点是，人们在对环境所采取的一系列行为中，行为的反馈结果，也就是对一种行为的肯定或否定的后果（报酬或惩罚），在一定程度上会决定这种行为在今后是否会重复发生。同时，根据强化的性质和目的可以把强化分为正强化和负强化。人们可以用这种正强化或负强化的办法来影响行为的后果，从而修正其行为，这就是强化理论，也叫行为修正理论。[①]

行为修正模式是以学习理论和实验心理学为理论基础而发展起来的治疗方法，在 20 世纪 70 年代开始成为个案工作的主要模式之一。该模式的治疗思路与传统的个案工作方法有很大差别，行为修正模式侧重当前的问题并尝试调整或纠正导致问题的行为，认为要直接针对问题行为进行治疗。

1. 理论模式概要

行为修正模式是目前个案工作经常使用的手段之一，其理论最早可以追溯到 20 世纪初巴甫洛夫对狗的条件反射进行的实验研究。美国的华生作为行为主义的创始人，也通过实验印证了巴甫洛夫的条件反射实验。斯金纳提出的操作学习理论进一步推动了行为修正模式的发展，强调先前行为和行为影响的重要性。20 世纪七八十年代，班杜拉提出了社会学习理论，他认为个人除从奖惩中学习之外还可以从模仿中学习，提出了直接强化、替代强化和自我强化的概念。

---

① 彭聃龄：《行为主义的兴起、演变和没落》，《北京师范大学学报》1984 年第 1 期。

在古典性条件学习、操作性学习和认知性学习三大理论基础上开展的行为修正模式认为，人的行为主要取决于外部环境。因此要改变案主的问题行为就得从改变外部环境的某些条件入手。

2. 工作方法

（1）收集基础资料

一是观察：观察案主行为的次数与强度。

二是记录：记录案主行为的次数或频率、行为出现的时间、行为的强度等。

（2）设计评估方案

一是 AB 设计（又称前后设计）。

二是 AB-AB 设计（又称逆转设计）。

三是多种基础设计。在该设计中，只有一种行为或一个人的行为先行接受治疗，其他的行为或其他人的行为仍然做基础性的观察和记录。这些行为包括一个人的几种行为、几个人相同的行为、同样行为在不同时间和地点的表现。

（3）治疗方法与技术

行为修正模式中有众多科学的治疗方法与技术，包括以下九个方面。

第一，放松训练（relaxation training）。该方法有多种形式，常用的是一种渐进式紧张-松弛放松法，主要通过循序渐进地放松肌肉群组后达到全身放松的目的。该方法主要应用于催眠治疗、缓解压力以及普通的消除疲劳和紧张。

第二，系统脱敏法（systematic desensitization）。该方法是将案主对某种由平常刺激习得的异常反应改变为正常反应的方法，该方法主要用来治疗恐惧症、焦虑、噩梦、神经性厌食症、强迫性行为、口吃、抑郁等问题。

第三，满灌疗法（flooding therapy）。该方法又称暴露法、快速脱敏法，是指让案主直接处于最严重的焦虑状态中直到焦虑状态消除。该方法认为案主的害怕行为是一种条件反射，如果采取逃避行为，只会增强案主的恐惧程度，起到负强化的作用。因此，需要让案主直接处于最严重的焦虑情绪中，使其不得不面对自己的恐惧，并通过反复练习让案主对焦虑习以为常，不再感到害怕。

第四，自我管理（self management）。该方法指的是通过学习，提高案主自我管理的能力以及改变行为的动机水平，帮助案主实现自我引导，从而使其在生活中改变一些不易在治疗室里观察和处理的行为，而非依赖专家或社会工作者。在行为修正过程中，社会工作者只是帮助案主制订行为改变的计划，指导和监督案主行为修正计划的执行情况，并对案主行为改变的状况作出评估。该方法主要用于治疗恐高症、贪食症及一些适应性不良症。

第五，厌恶疗法（aversion therapy）。该方法指的是用令人不愉快的新的条件反应去取代原来令人愉快的条件反应，使之对该行为产生厌恶感。引起厌恶性反应的刺激通常有三类：想象、药物和电击。

第六，模仿学习疗法（modelling therapy）。该方法又称示范法，主要包括榜样的示范和案主的模仿练习。通过某人或某一团体的行为示范作用使案主学习新的反应技巧，学会抑制恐惧反应，促进案主养成新的良性行为。

第七，代币管制法（token economy therapy）。该方法假设一种原本无强化作用的刺激物与真正的强化物建立联系后，就会获得强化的作用，主要通过具有交换价值的象征物作为奖励，来强化某一适当行为，主要用于青少年网络成瘾行为的治疗。

第八，果敢训练（assertiveness training）。该方法又称为决断训练或自信训练，目的是帮助案主在人际交往中顺利地表达自己难以言说的各种正面的或负面的感受，改善案主的人际关系，主要用于处理青少年的社交恐惧症。

第九，多模式疗法（multimodal therapy）。该方法根据案主所遇到问题的复杂情况，综合运用多种策略以达到治疗的目的。

3. 行为修正模式的局限性

在行为修正理论的视角下，强化（reinforcement）是改变人类行为的主要变量，即通过对强化的操纵可以实现对行为的引导和修正。[①] 在这一理论视角指导下的行为修正模式强调问题导向的工作方法，过分注重行为症状的消除，并且把人的问题行为归结于对外部环境的适应问题，忽视了对案主内心的探讨，一定程度上否认了案主的主观看法和感受，不利于案主与社会工作者之间建立良好的合作关系。

4. 行为修正模式在民族个案社会工作中的运用

虽然行为修正模式存在一定的局限性，但其具有治疗效果明显、治疗

---

① 谢应宽：《B. F. 斯金纳强化理论探析》，《贵州师范大学学报》（自然科学版）2003 年第 1 期。

方法和技术易操作、治疗标准和效果可测量的特点，这也让行为修正模式在民族个案社会工作中发挥着关键作用。民族个案社会工作在开展及后续的评估过程中面临的难点之一就是服务效果难测量的问题，其中固然有地域环境、民族文化的影响，但理论模式的选择也是重要影响因素之一。行为修正模式为民族个案社会工作服务效果的量化提供了可能性。

此外，行为修正模式大部分带有教育内容，强调教育案主学会自我管理的技能，并期望他们能将学习的知识应用于日常生活。对长期生活在民族地区的案主而言，这不仅仅是简单的社会工作服务，还是一个学习和巩固新知识的过程。

（四）危机干预模式

人在现实生活中总会遇到难以预料的各种各样的危机，如疾病、死亡、关系破裂、破产、自然灾难等，这些重大的不测都有可能让人感受到前所未有的危机，进而做出一系列的问题行为选择，因此对社会工作者来说，危机干预已经成了工作中要经常面对的问题。

1. 理论模式概要

危机干预模式首先强调的是对危机的理解，该模式认为危机是一种认识，是当事人认为某一事件或境遇是其无法解决的困难。除非得到及时解决，否则危机会导致情感、认知和行为等方面的功能失调。

危机干预是一种有计划地、明确地运用于帮助个体、家庭和社区克服意识到的危机和提高应对水平的短期干预。[①] 其目的是使案主顺利地度过危机，并且在这个过程中学会处理困境的新方法，提高危机抵御能力，同时还要处理危机带来的对心理健康的创伤，防止案主出现自杀、自伤或攻击性行为。

2. 工作方法

（1）工作原则

危机可分为成长性危机、情境性危机和存在性危机，针对危机的不同类型，社会工作者可以采取不同的工作方法，但总体上主要遵循以下工作原则。

---

① Barbra Teater：《社会工作理论与方法》，余潇、刘艳霞、黄玺、吴腾译，华东理工大学出版社，2013，第235页。

第一，及时接案与处理危机。抓住有利的可改变的时机，避免造成更严重的伤害。

第二，限定目标。危机介入的首要目标是以危机的调适和治疗为中心，尽可能降低由危机造成的伤害，避免不良影响的扩大。

第三，输入希望。在危机中帮助案主的有效方法是给案主输入新的希望，调动案主改变的愿望。

第四，提供支持。在帮助案主面对和处理危机的过程中，社会工作者需要充分利用案主自身拥有的资源，为案主提供必要的支持，帮助案主挖掘和寻求支持系统。

第五，恢复自尊。社会工作者在着手解决案主的危机时，需要了解案主对自己的看法，帮助案主恢复自信，尽快协助案主恢复自我形象。

第六，培养案主的自立能力。危机是否能够解决取决于案主是否能够增强自主能力，虽然在危机中案主自主能力有所下降，但社会工作者不能认为案主缺乏自主能力，整个危机介入过程就是社会工作者帮助案主增强自主能力，从而面对和克服危机的过程。

（2）工作方法

危机干预的基本方法可以分为两个层次：干预的模式和干预的具体方法。[①] 在危机来临时，案主的生理、心理都会受到不同程度的损害，财产也会有一定损失，所以必须进行干预。对案主生理损害、财产损失的危机干预相对简单，而对其心理的危机干预则比较复杂。对案主心理的危机干预是我们必须重点强调的。

针对案主生理损害、财产损失的危机干预有两种基本模式。

一是医疗模式。在灾难性事故与事件发生后，针对生理损害情况要及时派遣专业的医疗队伍对案主进行医疗救助；同时对遭受灾难的地区进行疾病预防，避免发生疫情以及感染其他疾病。

二是社会救助模式。这种模式主要针对财产损失的情况，社会工作者组织社会各界对案主及受害地区进行无偿援助，帮助案主恢复家园、恢复正常的生活秩序。

针对案主的心理损害，在具体操作层面，可以参考目前被公认的贝尔金等提出的危机干预模式，该模式分为平衡模式、认知模式和心理社会转

---

① 邢娟娟：《应急心理干预探讨》，《疾病控制杂志》2007年第4期。

变模式三类。①

第一，平衡模式，适用于早期干预，主要目的是帮助案主恢复以前的平衡状态。

第二，认知模式，适合于危机相对稳定后的干预，主要干预案主对危机事件的歪曲想法。

第三，心理社会转变模式，认为对危机的考察应该从个体的内部和外部因素着手，除考虑案主的心理资源和应对方式外，还要了解同伴、家庭、社区等外部环境对其产生的影响。

3. 危机干预模式的局限性

危机干预模式旨在解决紧急问题和危机，但这并不总能解决导致紧急问题或危机的根本性问题，例如歧视、压迫以及贫困。② 虽然社会工作者能运用危机干预缓解危急情形，但也应该留意可能导致紧急问题和危机的根本性问题，解决这些问题可能需要通过后续的人和链接的其他资源。

危机干预模式对参与其中的社会工作者来讲很难运用到不善于接纳的案主身上。危机干预评估要求社会工作者收集案主和能表达她或他自己诉求的人的资料。没有这些评估资料，社会工作者将难以形成一个系统的行动计划。社会工作者应记住运用咨询和人本方法的重要性，为了收集资料努力和案主建立关系。

真正的协作很难运用到所有的危急情形中。在一些情况下，社会工作者不得不违背案主的意愿实施某个行动方案，如联系警察或急救中心以确保案主的安全。虽然社会工作者在很多时候努力和案主共同协作，但面对危急情形时，就应该和监管人或同事进行协作。

4. 危机干预模式在民族个案社会工作中的运用

危机干预是帮助处于困境的个体、家庭和群体度过危机，恢复平衡的过程。③ 我国的许多灾害发生在民族地区，因此民族地区的灾害社会工作显得尤为重要。④ 危机干预模式发挥着不可或缺的重要作用。

① 李建明、晏丽娟：《国外心理危机干预研究》，《中国健康心理学杂志》2011年第2期。
② 马尔科姆·派恩：《现代社会工作理论》，冯亚丽、叶鹏飞译，中国人民大学出版社，2008，第117页。
③ 胡泽卿、邢学毅：《危机干预》，《华西医学》2000年第1期。
④ 何乃柱：《文化识盲与文化能力——民族地区灾害社会工作实务中的文化问题》，《开发研究》2014年第3期。

在应用危机干预模式时，社会工作者应该留意案主独特的民族文化在定义和克服危机时所扮演的角色。危机对一个人和一种文化来说是一种危急情况，也可能成为另一个人产生紧迫感的原因，尤其是在民族个案社会工作中。由于民族文化和认知差异的存在，社会工作者在面对案主时应充分了解案主的民族文化背景，在此基础上进一步开展个案工作。

另外，当探讨危急情形的可选之策时，社会工作者必须留意案主不同于社会工作者过去的文化或主流文化的可选方案。社会工作者实施危机干预时应该充分考虑案主的文化背景，坚持遵循社会工作专业确立的伦理守则和实践原则。

民族个案社会工作在实际的工作过程中遇到的问题会比较复杂，单纯地运用其中的某一种工作模式也许不能彻底地帮助案主解决问题。有时需要将众多方法结合起来思考，进而制定对案主来说有效的工作方案。[1]

三　民族个案社会工作的过程

民族个案社会工作的过程是指针对民族个案问题所采取的问题解决过程，由一连串连续的服务过程组成。这个过程开始于案主面对的个人问题或困扰，结束于专业目标的达成或者因种种问题而导致的专业关系的中断。

民族个案社会工作过程的划分主要参照个案工作的划分方法，分为初步接触与建立关系、资料收集与问题评估、确定目标与制定工作方案、执行计划、结案与评估五个过程。[2] 需要说明的是划分这五个过程并不意味着各个过程之间是彼此孤立的，而是希望将各个过程的特点和作用展现出来。每个过程之间都有内在的逻辑关系，社会工作者必须自始至终贯彻和落实社会工作的价值观以及与案主建立良好的关系。

（一）初步接触与建立关系

这个过程也称为"接案"过程，目的是通过与案主的初步接触，对案主及其所遇到的问题进行初步评估，依据机构的功能与案主进行讨论，以便确定机构是否能为案主提供切实可行的服务，并与案主建立初步的专业关系。对于民族个案社会工作而言，在专业关系建立方面要充分做到以下

---

① 常宝、亓·巴特尔主编《民族社会工作》，华东理工大学出版社，2013，第192页。
② 许莉娅主编《个案工作》（第二版），高等教育出版社，2013，第171页。

几点。

1. 会谈前的准备工作

（1）资料准备

首先，翻阅过去接待案主的记录和相关资料，回顾与案主有关的信息。如果案主曾经来机构求助过，那么可以从以往的资料中了解案主的情况，以免会谈中出现不必要的重复，对案主造成心理或情绪上不舒服的感觉。社会工作者如果能熟知案主的个人资料会让案主感受到尊重，有助于提高工作效率，也有助于专业关系的建立，但在回顾案主信息时，社会工作者需要有接纳的胸怀，不要有先入为主的偏见，要始终秉承非评判的原则。

其次，应该查阅机构内的电话记录。一般来说，案主到机构寻求帮助会先打电话进行询问和预约，机构设有电话咨询记录本，接待案主来访求助的社会工作者可以查看这些相关资料获得关于案主的更多信息。

（2）环境准备

这部分主要包括会谈的时间、地点、环境等安排。第一，会谈时间。一般情况下，会谈应该由社会工作者和案主协商确定，既要考虑社会工作者合适的时间，也要考虑对案主来说方便和安全的时间。第二，会谈地点。会谈的地点要结合机构要求以及案主的实际情况。第三，社会工作者的着装打扮。社会工作者要注意自己的穿着打扮，以大方、整洁为主。第四，会谈的环境布置与物资准备。一般而言，会谈的环境要安静温馨、避免嘈杂或电话干扰，保证会谈能在相对独立的情境下一气呵成。房间的布置也要便于案主表达自己的感受。

（3）心理准备

社会工作者要将自我心理状态调整到最佳水平，以热情、开放、自信的态度来面对案主。另外，社会工作者需要摒除先入为主的偏见、歧视，采取非评判、无条件接纳的原则对待案主。最重要的一点是社会工作者一定要认真对待来访案主，让其感受到被尊重和被接纳，这有利于专业关系的建立。

在会谈的准备中，社会工作者对案主的基本信息有了一定了解，如果与案主在很多方面存在较大差异，可能会引起心理上的冲突。如社会工作者是否准备好了为一个性取向与自己存在较大偏差的案主提供帮助或者在价值观、宗教信仰方面的差异也会影响到社会工作者对案主的态度，这些情况下社会工作者要时刻保持警醒，不要把自己的价值观强加于案主，更不能对案主心存偏见。

2. 理解与解决案主的心理和需求问题

首先，社会工作者要清楚，求助并不是一件容易的事，尤其是案主会产生自己所遇到的问题能否得到机构和社会工作者帮助，自己是否能够充分信任机构和社会工作者等担心，因此案主来机构求助时常常会伴有紧张、恐惧、不信任、不安全等感觉。社会工作者在了解到案主的这些心理反应后需要做一些准备工作。在初次会谈开始的几分钟内帮助案主做一些"热身"活动，以协助案主缓解不安的情绪。如社会工作者可以先进行自我介绍、机构服务范围介绍以及说明承诺工作过程会被严格保密等，然后邀请案主自我介绍，讲一些生活的、家常的东西。同时，运用一些会谈的技巧，如倾听、鼓励、澄清等，引导案主放松情绪。

其次，需要个别化对待案主。每个案主都有不同的求助背景、心态和其他背景（身份、文化）等，这在民族个案社会工作中更为突出。社会工作者要对不同的案主给予相应的对待方式，对待不需要立即提供服务的案主，社会工作者可以对他的问题进行简单评估，看其是否真的不需要立刻获得服务还是另有其他原因。鼓励有求助意愿的案主接受机构的服务，树立其解决问题的信心和对机构及社会工作者的信心。对少数民族的案主应提前了解其生活习惯、价值观和文化背景，不要触碰案主的文化禁忌。

再次，需要对案主的一些期望给予澄清。一方面，案主来访，通常会有很多很大或者模糊的希望，需要我们给予澄清。社会工作者需要结合机构的服务范围向案主说明其所面临的问题是否在机构的服务范围内。另一方面，社会工作者要告知案主，问题的解决需要双方共同的努力，从而降低案主的依赖心理，增强案主的责任意识。

最后，对不适合本机构服务的求助者应该热情地给予信息支持和转介服务，即使本机构不能为案主提供相应的服务，也要以温暖的态度来对待他，否则会使案主更加沮丧和无助。

3. 初步评估案主的问题及需要

初步评估是指社会工作者在了解案主的问题和需要之后，对案主的情况和机构的情况做初步的评估分析，以决定是否为其提供服务以及提供怎样的服务。社会工作者可以从以下几个方面入手对案主进行初步评估。

一是求助意愿，案主是主动求助还是被动求助？

二是案主的主要问题是什么？这些问题是如何产生的？他来到机构是

想要得到什么帮助？

三是案主对解决问题的态度是怎样的？他希望达到怎样的目标？

四是针对自己的问题案主曾寻求过怎样的帮助？做过怎样的努力？

五是机构所掌握的资源和社会工作者自身的能力是否能够为其提供服务？

六是机构对案主的要求以及案主对机构和社会工作者的期望是否可以互相协调？

在这个过程中，社会工作者需要始终把握两个原则，即案主自决和对"问题"的界定以案主为主。这个阶段案主所表达和呈现的问题，未必是案主真正面对的问题，例如有家庭暴力、闹离婚的父母向社会工作者求助儿子整天留恋网吧和街头。只有对来访者进行了初评，认定机构可以提供相应的服务，同时来访者也希望与机构建立初步的口头或书面的契约关系的时候，来访的求助者才成为真正的案主。

4. 转介

转介是指案主的问题和期望未能与机构和社会工作者的能力相协调，被介绍给其他社会工作者或机构的情况。经过以上的初步评估后，如果确定本机构或社会工作者不适合为案主提供相应服务后，可以进行案主的转介工作。

因为考虑到案主能够寻求帮助是一件很不容易的事，因此社会工作者不能简单地以"不适合服务"或其他理由将案主拒之门外，也许机构或社会工作者不恰当的态度会增加案主的焦虑，进而造成二次伤害。

5. 初步接触与建立关系的技巧

社会工作者在初步接触过程中掌握一些必要的技巧，是与案主建立良好专业关系的基础。

第一，自我介绍的技巧。社会工作者在会谈时可以简单进行自我介绍，这既能起到"暖场"的作用，也能减轻案主的焦虑情绪。

第二，说明会谈的目的。这在一定程度上实现了双向沟通，让社会工作者和案主都能对之后的服务计划有一个较为明确的认知。

第三，避免把案主定义为"问题人"。例如，在与案主交流时，可以问"我能为您做些什么呢"而不是"您有什么问题吗"。

第四，积极倾听。适当地给予案主语言和动作上的回应，不要抢话题和转移话题。

第五，表达同理心。社会工作者要设身处地站在案主的角度看待问题。

第六，无条件接纳。认同和尊重案主的价值。

（二）资料收集与问题评估

1. 资料收集

这一过程的主要任务是尽可能详细地收集与案主所遇问题有关的资料，以便了解问题的真正成因和性质，进而思考解决问题的着力点。多方资料的收集可以充分了解案主本人及其所处环境的具体情况。

（1）资料收集的内容

资料的收集并不是简单、机械地询问案主的个人基本资料，而是在与案主面对面的交流中，通过会谈、观察等方式收集与案主所遇到的问题密切相关的资料，这就意味着并不是要收集案主的所有资料，完全的曝光会给案主造成更大的心理压力。① 社会工作者收集的资料主要包括以下几个方面。

个人资料。主要包括个人基本资料、案主生理状况方面的资料、案主心理状况方面的资料以及案主的个人价值观等。

环境资料。主要包括案主的家庭环境、朋辈环境、工作环境、社区环境以及引发案主问题的具体环境。

案主与环境之间的互动情况。主要包括案主与周围人的关系、案主的社会资源、案主处理与环境之间关系的能力。

案主做过的努力。社会工作者在资料收集过程中也需要了解案主为解决自身问题而做过的努力，这不仅便于进一步了解案主，确认案主解决问题的意愿、信心和能力，也能为之后服务计划的制订提供一定的参考。

（2）资料收集的技巧

直接收集，主要通过提问和观察的方法，由案主主动说出与问题有关的信息和资料。

间接收集，注意观察案主的非口语信息，如通过表情、语调、姿态、位置、装扮等方面来判断案主状况；也可以收集非案主本人或案主本人非焦点主题的其他相关资料。

2. 问题评估

在社会工作实践中了解案主问题的过程称为"评估"，运用评估材料形

---

① 许莉娅主编《个案工作》（第二版），高等教育出版社，2013，第175页。

成对案主问题的预测和假设，从而有针对性地制订服务计划。

（1）问题评估的原则

问题评估共有四个原则：坚持个别化的原则；判断过程中注意双方的参与；判断过程中社会工作者警惕自己的价值偏见；避免将问题简单归因。

（2）确定问题的技巧

确定问题的技巧有：从多个问题中选择案主急于解决的问题；双方共同决定多个问题中最主要的矛盾；从多个问题中找到对案主来说最容易解决的问题。

3. 确定问题的"概念化"模式

Ainsworth 和 Bowlby 提出了依附理论模式，该模式经常被用来了解案主的依附模式，包括安全型、过度依附型、逃避依附型和恐惧依附型，强调案主早年和主要照顾者之间的依附经验将影响案主成年后的社会能力及情感调节。

拉扎勒斯提出了 BASIC ID 模式，包括案主的行为、情感、直觉、意象、认知、人际关系、生理机能七个领域，运用这七个领域评估案主问题时，要考虑什么是改变的基本目标，什么是次级目标。

（三）确定目标与制定工作方案

社会工作者和案主在确定目标之前需要先自问一下：你希望改变的事情是什么？问题改变后情况会有什么不同？对你或者他人来说这个改变会有什么风险？想要实现改变的基本条件是什么？存在哪些障碍？这些问题的思考有助于确定一套合理目标和工作方案。[①]

1. 确定目标

在问题评估、案主需要确定后，即可确定服务的目标。目标的建立可以使社会工作者明确提供服务的方向，也可以澄清案主最初对服务的期待。

（1）建立一个合适的目标要充分考虑的因素

目标要与社会工作者和案主解决问题的能力相匹配。很多时候案主解决问题的动机和能力是随着问题的逐步解决而慢慢加强和恢复的，因此建立目标时要遵循由小到大、由短期到长远的原则。

另外，目标的建立也要考虑到社会工作者解决问题的能力。例如，一

---

① 许莉娅主编《个案工作》（第二版），高等教育出版社，2013，第179页。

个新入职的社会工作者和一个经验丰富的社会工作者之间处理问题的能力显然是不同的。目标应该建立在环境资源许可的范围内，这主要体现了社会工作"人在情境中"这一认知问题的基本框架；目标要与机构的功能保持一致；建立目标要经过案主和社会工作者的协商，解决案主问题的目标一定是和案主共同讨论的结果，当社会工作者目标与案主目标发生矛盾时，也要以案主的需要为主，社会工作者不能单方面、武断地决定目标。

Gerard Egan 提出，有效的目标应具有以下特征：应以结果的形式加以描述；应以明确翔实的字词做陈述；应以可测量或可证实的字词做陈述；应有成功的实际机会；若达到目标，应可改善现状；应与案主的价值和文化具有一致性；应有完成目标的时间表。

（2）目标的分类

根据帕特森（Patterson）和白妮（Byrne）的分类，个案工作的目标可分为三类。[①]

直接目标，针对案主提出的现实性问题进行探讨，促进案主的自我了解和自觉。

中间目标，协助案主认识自己、接纳自己和欣赏自己，建立健康的自我形象和适当的生活方式。

终极目标，使案主能够自我认识、自我促进、自我实现，接纳自己也接纳别人，有良好和深入的人际关系、开放的态度、一定的创造力和较高的责任感，从而让现实的自己和理想的自己协调一致等。这是个案工作的最高境界，也是社会工作者的最高目标。

（3）建立目标的程序

第一，社会工作者重述案主的问题，以便再次明确问题；第二，协助案主列出与问题相关的目标，以便再次确定问题的重点；第三，协助案主排列出解决问题的优先次序；第四，协助案主明确最终想要的结果（案主的期望）；第五，建立具有层级特性的目标（行动性目标和非行动性目标）。

2. 根据目标制订工作计划

在确定问题、建立目标之后制订一个合理的工作计划，并签订工作协议。

---

① 许莉娅主编《个案工作》（第二版），高等教育出版社，2013，第 180~181 页。

（1）工作计划

工作计划具体内容如下。案主的基本情况，包括姓名、性别、年龄、民族、婚姻状况、职业等；简要准确描述并列出案主的主要问题和相关问题；案主要达到的结果与社会工作者的工作目标；基本工作阶段，以及每个阶段需要采用的方法和需要动用的资源；达到目标所用的期限；联系方式。

（2）签订工作协议

工作协议是由社会工作者与案主共同承诺实现所确立的目标和计划，是促使双方关系具有承诺和责任要素的重要途径。工作协议的签订对案主和社会工作者来说都是一种约束和保证。工作协议内容包括服务目标，服务内容以及采用的方法，双方应该享有的权利和义务，服务的时间、地点和次数。

（四）执行计划

在制订了详细的计划之后，本过程的任务就是具体计划的执行。在执行工作计划的过程中需要注意：服务的实施必须先有计划；计划是可以因时因地修改的；社会工作者要灵活运用工作技巧与资源应对变化。

由于在实际工作中可能会出现很多变数，此处无法具体描述工作过程，但总体上要把握以下内容。

1. 民族个案社会工作者的角色

民族个案社会工作者与一般的社会工作者有很多不同。由于案主所遇到的问题具有民族因素的相关特征，民族个案社会工作者的角色比一般的社会工作者更丰富。[①] 根据民族个案社会工作者介入工作时所要面临的不同工作阶段、不同问题类型，他们所扮演的角色也会不同。

（1）使能者

使能者指民族个案社会工作者利用自己的知识与技巧使案主发挥自己的能力，促进案主自身的改变。扮演使能者角色时要求民族个案社会工作者能够充分调动民族案主自身优势，使案主认识到自己独有的潜能。例如，在当今社会就业形势如此严峻的情况下，一名少数民族的大学生对将来的职业发展感到困惑，语言的限制导致其就业面狭窄，丧失了就业的信心，

---

① 常宝、亓·巴特尔主编《民族社会工作》，华东理工大学出版社，2013，第 197 页。

学习动力不足，当该同学针对这一问题向民族个案社会工作者求助时，民族个案社会工作者应协助案主找到自己的优势，通过培养或强化自我认同帮助案主重树信心。

（2）资源链接者

在很多情况下，要对案主实施有效的帮助需要动用一些资源，民族个案社会工作者应该在了解和评估案主资源需求的基础上为案主链接相关资源。民族个案社会工作者知道获得资源的渠道，可以与提供资源的机构直接联系或是为案主提供相关信息，因此民族个案社会工作者在介入民族个案社会工作时常常扮演资源链接者的角色。

（3）教育者

这个教育者的角色不同于校园内老师的角色，而是在解决问题的过程中伴随着服务过程产生的。更多时候教育者的角色指的是民族个案社会工作者作为人际关系或处理问题的榜样、示范者，运用角色扮演与分析的方法，引导案主思考。例如，在具有不同民族身份的婆媳关系导致的矛盾中，民族个案社会工作者可以示范婆婆与儿媳之间应有的沟通方式，使其受到启发。

（4）倡导者

当民族个案社会工作者在协助案主解决问题的过程中发现资源的缺乏或分配的不合理导致案主不能获得适当的服务时，民族个案社会工作者要积极倡议机构实行一些改革和动员案主共同争取一些合理的资源。例如，民族个案社会工作者想要为一名进城务工的少数民族案主提供服务时，发现自己机构的职业介绍中心并没有为少数民族人口提供相应的便利，社区也没有相应的安置政策时，民族个案社会工作者可以积极要求职业介绍中心为其提供相应的服务。

（5）治疗者

在多数情况下，个案工作所要处理的问题包括案主由于各种情况产生的心理问题和情绪困扰，民族个案社会工作者要运用自己的知识和所受的专业训练来帮案主宣泄不良情绪，提高对自己的认知能力，学习一些新的生活技巧以应对未来可能发生的问题。

需要注意的是，民族个案社会工作者在提供服务的过程中扮演的各种角色并不是相互独立的、非此即彼的，有时候面对同一个案主，民族个案社会工作者会在不同的阶段扮演不同的角色。

2. 社会工作者的工作内容

在实际工作中社会工作者所面临的问题千差万别，但总体来说以下几个方面是多数社会工作者应该做到的：疏导情绪；支持与鼓励；澄清观念；改变行为；改变环境；提供资源和信息；提供服务。

（五）结案与评估

根据任务中心模式的相关理念，助人活动应该考虑成效，因此一定要有一个期限，结案与评估过程的任务主要是结束专业关系，并对整个服务过程进行回顾、总结和评估。[①]

1. 结案

服务结束后，若社会工作者和案主双方都觉得目标已达成，则可以顺利结案；若未达成目标，但案主已经具备达成目标的信心和能力，也可以结案。另外，在开展服务过程中，若因为种种原因，双方或一方需要提前结束专业关系，那么随着转介工作的开展，服务关系自然结束。

结案时，需要注意提前告知案主，让案主有心理准备；需要与案主一起回顾已经取得的成就，帮助其建立未来面对困难和处理问题时的信心；处理好与案主分离时的情绪。

2. 评估

科学系统的评估方法是运用相关的资料与技术，对案主的问题、目标、工作过程、结果进行单一的或综合的评价，从而发现问题，提供信息，并作为决策和改进的依据。

（1）评估的原则

案主参与原则。评估是案主回顾自己成长和改变过程的一个重要途径，也为案主提供了一个再次学习解决问题方法的机会，同时也可对社会工作者的工作成效进行评估。

保密原则。社会工作者需要正确处理服务对象在专业服务过程中提供的个人信息，不向其他人和公众透露服务对象的个人信息与隐私，保护服务对象的个人权益。

社会工作者坦诚原则。工作过程未必是一帆风顺或完全符合工作原则的，因此社会工作者要做到坦诚、透明，接纳案主、听取督导的评估意见。

---

① 许莉娅主编《个案工作》（第二版），高等教育出版社，2013，第187页。

（2）评估的方法

主要指运用问卷、个案工作记录等工具对个案工作的过程和结果进行评估。过程评估主要是对社会工作者在工作过程中运用的技术、方法和策略，社会工作者的角色、态度，案主与社会工作者的关系等进行评估；而结果评估主要是依据制定的目标和达成的结果进行评估，目的是衡量案主目标实现的程度。

（3）跟进计划

一般来说，结案并不是完全终止案主与社会工作者的专业关系，或完全终止服务，社会工作者要根据实际需要与案主讨论结案后的跟进事宜，如果案主离开社会工作者后能将在个案工作中的改变运用到现实情境中，说明个案服务起到了良好的效果；反之，社会工作者就要反思自己的服务并继续跟进。

第二节　民族小组社会工作

一　民族小组社会工作的内容与特征

小组工作是社会工作的工作方法之一，在小组工作者的带领下，通过组员间的互相支持、充分互动和分享，激发组员的能力和潜能，改善组员的态度和行为，提升组员的社会功能性，解决个人、群体、社区和社会问题，促进个人、小组和社区的成长和发展，实现社会和谐、公平、公正发展。

民族小组社会工作作为一种方法，与其他社会工作中的小组工作没有太大的差别，但是，民族小组社会工作中需要特别注意民族和文化敏感性等民族社会工作中的核心因素。

（一）民族小组社会工作的内容

1. 民族小组社会工作的定义

社会工作专业领域对小组工作的方法探讨过很多，每种方法都有自己的优点，适合某些特定的领域。本书将民族小组社会工作定义为"在小型的治疗性和任务性小组开展的，以满足社会-情感需要、完成某些特定任务为宗旨，以目标为导向的活动；这个活动是在一个社会服务体系内进行的，针对个体组员和全体小组而展开。"① 在民族小组社会工作中，需要关注部分学者提出的针对特定的群体而发展出的文化适应理论与技巧。

2. 民族小组社会工作的类型

小组有不同的类型。根据成立的背景，可以分为自然性小组和形成性小组。② 自然性小组是基于家庭、朋友等基本社会关系网络而形成的小组，它们通常没有赞助方。形成性小组是指在外在的影响与干预下成立的小组。形成性小组又可以依据各自的目标分为治疗性小组和任务性小组，前者以满足组员的"社会-情感性需求"为目标，后者以影响某个特定人群为目标，组员可能只是其中的一部分。

本节主要按照小组工作的侧重点，将民族小组社会工作划分为治疗性小组和任务性小组。③ 治疗性小组主要是由组员的个人需求联结起来的，更加关注个人的成长与进步；任务性小组则是组员们为了共同的目标而聚集在一起，通过共同完成小组的任务来实现最终的目标，更重视团体的凝聚力。

治疗性小组的特点在于通过改变个体行为，来协助个体进行恢复和康复，社会工作者的角色是要促使小组实现由全体成员和社会工作者制定的目标。任务性小组常常出现在社会机构中，负责任务性小组的社会工作者需要扮演支持者的角色，以协调小组明确自己的目标并有效开展工作。④

（二）民族小组社会工作的特征

民族小组社会工作针对特殊的领域和群体，因此除了小组工作的一般特征，民族小组社会工作还有不同于其他领域社会工作的特征。

第一，小组是由组员和社会工作者组成的关系体系。在这个复杂的关系体系中，有社会工作者和组员的互动，但更多的是组员之间的互动。民族小组社会工作需要结合民族地区实际，考虑语言、文化等客观因素，保证组员之间的互动能够顺利进行。

第二，小组工作是在互动过程中，通过彼此分享、分担、支持、教育、治疗等小组动力，带来组员态度和行为上的改变。民族小组社会工作也是

---

① 常宝、亓·巴特尔主编《民族社会工作》，华东理工大学出版社，2013，第203页。
② 刘梦主编《小组工作》（第二版），高等教育出版社，2013，第4页。
③ 常宝、亓·巴特尔主编《民族社会工作》，华东理工大学出版社，2013，第203页。
④ 罗纳德·W.特斯兰、罗伯特·F.里瓦斯：《小组工作导论》（第八版），刘梦译，中国人民大学出版社，2020，第25页。

在互动过程中产生自然的社会关系，从而产生小组动力，促使小组组员的改变，但它更强调基于民族认同的小组互动过程。

第三，小组工作既是过程，也是组员改变的方法和手段，它与个案工作方法、社区工作方法不同。小组工作是通过有目的的小组经验，改善组员的态度、行为和提高组员应对社会环境的能力；民族小组社会工作则注重民族认同和文化认同的过程。

第四，小组工作都有明确的目标。小组工作的一个重要特征就是寻找组员的真实需求，明确小组的目标。民族小组社会工作要关注各个小组成员的文化背景和实际需要，在此基础上共同确定小组目标。

二　民族小组社会工作的理论模式

（一）社会目标模式

社会目标模式源于小组工作的早期实践，是最早的小组工作模式。[①] 该模式以培养小组组员的社会责任感、实现社会整合、推动社会变迁为主要目标。在该模式中，社会工作者主要扮演影响者的角色，激发小组组员的社会意识，提高民主参与的行动力。

社会目标模式小组的形成和发展，取决于某些公众共同感兴趣的因素，这些因素决定了小组工作的社会效果。因此社会目标模式通常用来解决的问题就是社区内存在的问题，如社区发展等。

1. 理论基础

（1）社会变迁理论

社会变迁是社会学的重要研究课题。社会变迁可以说是社会结构和社会过程的量变和质变的结果。在社会结构和社会过程的改变中，人的社会行为、社会关系和社会发展三者紧密相关，社会发展必然受到人们的社会行为和社会关系的影响。人与社会的发展是一个社会过程，它包含前后相继的两个层面，一个层面是社会互动的过程，另一个层面是制度化的过程。社会目标模式下的小组工作就是通过社会行为的互动关系，推动社会制度的完善和改革。

---

① 刘梦主编《小组工作》（第二版），高等教育出版社，2013，第73页。

（2）参与、赋权

近年来，许多学者提出了弱势群体、社会排斥、边缘化机制等概念，强调从社会竞争、社会利益分配的角度分析问题。对弱势群体来说，他们在经济利益、政治权力方面处于较弱的地位，缺乏资源和机会，而这种状况是由社会的经济、政治制度所造成的，是社会政策、社会利益分配制度的不公正安排使弱势群体失去了争取平等的机会。[①] 也有学者从经济贫困、权力关系和文化认同三个方面论述社会排斥和边缘化机制。[②] 但无论从什么角度看问题，都反映了弱势群体面临的社会公平问题，这与社会目标模式的社会公正和社会关怀理念是一致的。

（3）系统功能理论

系统功能理论假设所有的有机体都是一个系统，强调社会系统与人和群体间是相互作用和相互影响的。系统内部各组成部分是相互连接的，并发挥各自独特的功能，以保持系统内部的平衡，使整个系统稳定地向前发展。因此，个人问题的解决必须通过社会变迁的途径来实现。

2. 工作目标

基于上述理论基础，社会目标模式的小组工作后来被社区工作所采用，成为社区发展的一个重要方法，其总目标是培养小组组员的社区归属感，实现社会整合。具体而言包括以下三个层次：第一，发掘小组组员的社会意识和潜能，同时提高他们实现社会变迁的责任心；第二，发展小组组员的社会能力和应对社会环境变化的个人能力，增强他们的自尊心；第三，培养当地的社区领袖，使他们有意识和能力去带领和推动社会变迁。

3. 实施原则

（1）致力于培养并提升小组组员的社会意识和社会责任。要看到每个小组组员都具有社会参与的动力和潜能；关键是通过小组与组员、组员之间的互动来激发这种动力和潜能，从而培养并提升他们的社会意识和社会责任。

（2）致力于提高小组组员的自我发展能力、社会参与和社会行动能力，特别是他们建立和扩大社会资本、整合社会资源、参与和改变社会环境的能力。

（3）致力于通过小组领袖的培养，培育有利于社区各方面发展所需的

---

① 王思斌：《混合福利制度与弱势群体社会资本的发展》，《中国社会工作研究》2002 年第 1 期。

② 张和清、向荣、高万红：《弱势群体的声音与社会工作的介入》，中国财政经济出版社，2002，第 2 页。

领袖人物，提升他们推动社区和社会变迁的意识与能力，特别是规划和执行社区发展项目、影响社会政策的能力。

（4）致力于小组工作目标与社区发展目标的一致性，特别是针对社区的需求和问题，吸引和选择合适的社区成员参加小组活动，并结合上述需求和问题，建立小组工作目标，设计活动项目。

4. 小组社会工作者的角色

在社会目标模式中，小组社会工作者是一个有影响力的人物，而且小组社会工作者的角色并不是一成不变的。在实际的行动过程中，根据具体情况的变化，小组社会工作者可以扮演多种角色。在小组工作的开始和结束阶段，小组社会工作者担当引导者或倡导者的角色，引导小组目标达成，倡导提升小组组员的社会责任感。在小组工作的中间阶段，小组社会工作者又可扮演使能者、资源链接者或教育者，推动组员分享经验，表达感受，改变组员的行动以实现社会目标。

5. 优势与局限

社会目标模式集中体现了社会工作的基本价值理念，该模式的工作特点是将个人的问题与其所处的社会环境或社会制度相联系，强调通过小组组员的共同参与来实现社会变迁的目标，注重公民参与和民主化原则，与社会工作最初追求社会公正和社会关怀的理念相一致。这个模式的优势还在于通过小组工作发展社区组织，通过社区组织进行社区教育，以此提升民众意识，达到社区赋权的目的。① 但是，一方面，社会目标模式的小组工作对意识形态的高度依赖，导致其理论基础薄弱，理论基础的系统性有待加强；另一方面，社会目标过于重视小组集体及社区组织的力量，从而忽视了小组中个人的独特需要。

在民族地区或针对民族人口展开的社会目标模式的民族小组社会工作，不仅有利于促进民族地区的社会发展，挖掘社区的潜能，提升个人发展的内在动力，而且能够促进地区发展的平衡，进一步推进国家关于各民族共同繁荣发展的各项方针政策，对维护民族团结与稳定具有重要意义。

（二）交互模式

交互模式也称为互惠模式、互动模式、中介模式或调解模式（mediating

---

① 刘梦主编《小组工作》（第二版），高等教育出版社，2013，第 77 页。

model），其代表人物是施瓦茨（William Schwartz）。该模式强调助人过程中个人与社会的关系，重视小组组员与外部环境之间的关系，同时也关注小组组员之间的互动、沟通与协调。

1. 理论基础

系统论、场域论、符号互动论是交互模式开展工作的理论依据。

（1）系统论

系统论中有关人与环境关系的论述对交互模式的影响最大。[1] 根据派恩的论述，每一个社会都有三个可供选择的协助人生活的系统：非正式或原生系统（informal or natural systems），如家庭、朋友和同事等；正式的系统，如社区群体、商会等；社会系统，如医院、学校等。这些系统就是人所面临的环境系统，每个人一生都要与这些环境系统互动，既受环境系统影响，也对这些环境系统有能动作用。[2]

系统论对小组工作的启发是，小组作为一个独立的子系统，在社会大系统中不可避免地要与其他子系统如家庭、学校、机构、社区、朋辈群体发生相互作用，因此除了考察小组本身，还要注重考察小组所在的具体的社会环境，从而利用外部资源建立良性的社会支持系统。

（2）场域论

场域论是社会心理学的主要理论之一，是关于人类行为的一种概念模式，它起源于19世纪中叶的物理学概念。[3] 行为环境论、生活空间论、此时此地的概念是场域论的重要内容。总体而言，它是指人的每一个行动均被行动所发生的场域所影响，而场域并非单指物理环境，也包括他人的行为以及与此相关的许多因素。勒温把人与环境看作一个动力整体，认为人的心理活动在一种心理场或生活空间里发生。

小组组员之间是互动的，每位组员都受到其他组员的影响。因此小组工作在强调小组组员自身能动作用的同时，也强调要关注个人、小组、社会之间的相互影响。交互模式的小组也被看作一个互动系统，在小组中组员通过与其他组员的互动来解决问题，实现个人的发展目标。

---

① 刘梦主编《小组工作》（第二版），高等教育出版社，2013，第78页。

② 马尔科姆·派恩：《现代社会工作理论》，冯亚丽、叶鹏飞译，中国人民大学出版社，2008，第153页。

③ 皮埃尔·布迪厄、华康德：《实践与反思——反思社会学导引》，李猛、李康译，中央编译出版社，2004，第134页。

这种模式具体运用到民族小组社会工作中，主要体现为小组社会工作者在处理民族地区、民族人口以及牵涉到民族因素的相关问题时，要充分考虑到小组组员周围的环境系统和生活空间，将小组及其组员置身于他们所生活的外部环境中来考虑，尽可能地将小组的作用发挥到最大。

（3）符号互动论

符号互动论强调语言符号在相互行为和信息传递过程中的作用，认为经由符号进行沟通，个人能从他人身上学习到大量有价值和有意义的东西，这也在一定程度上为交互模式提供了可供参考的理论依据。依据上述理论，可以看到符号互动论进一步阐释了人是在与他人的互动中实现社会化的，所以人类是互动过程中的产物。运用到民族小组社会工作中，与行为相比，少数民族的符号和语言能传递更多的信息，以符号为媒介的互动系统更加有利于民族小组社会工作的顺利开展。

2. 工作目标

交互模式是在人与环境和人与人之间关系的基础上实施的，在这个过程中，个人在与他人的互动中相互影响、相互作用。因此，该模式的工作目标是使小组组员在社会归属和互相依存中得到满足，要在小组组员之间、小组之间和有关的社会系统之间达到互助和开放。

交互模式关注的焦点是子系统（小组组员）和整体系统（小组环境和社会环境）的关系，而不是小组成员个人本身。交互模式既关注个人，也关注环境，要通过个人、小组和社会系统之间的相互影响，达到增强个人和社会正常功能的目标。

3. 实施原则

交互模式的小组工作原则包括以下几个方面。

第一，社会工作者作为协调者应启发组员主动思考问题，寻找共同点，主动确立发展目标并解决问题。

第二，社会工作者应向组员澄清自己的角色，签订明确的协议。

第三，社会工作者应以诚实的态度提供信息，协调各方关系，充分利用社区资源为小组服务。

4. 小组社会工作者的角色

交互模式关注的是小组组员之间及小组与系统的相互作用，小组社会工作者通过引导小组组员互相帮助、共同合作来实现小组目标。在这个模式中，小组社会工作者扮演的角色是调节者或使能者，进而促进互助系统在小组中的出现及成长。小组社会工作者是工作者-案主系统中的一个重要组成部分，既对系统产生影响，也受到系统的影响。在交互模式中，小组社会工作者不是简单地为案主提供服务，而是与案主同行，和案主一起进步、一起成长，最终使案主达成自我实现的目标。

5. 优势与局限

与社会目标模式相比，交互模式下的小组工作更加关注小组中个人的独特价值及需求，注重组员个人潜能的开发与组员间互助系统的构建，突出了社会工作"助人自助"的价值理念。同时，小组目标由小组组员共同参与和协商讨论而确定，这有利于培养小组组员的主观能动性和自觉意识，小组组员之间的凝聚力高，不易受到外界价值观的影响。

但交互模式在一定程度上也忽视了小组工作者的重要地位，小组工作者更多地作为引导者与使能者出现，权能受限。一方面小组工作者难以利用自身权力顺利推进小组工作进程，另一方面该模式过于关注小组及系统，反而对小组中个人的期望和个别化的关注不够，很难系统地评估个人经由小组经验而发生改变的程度。

在民族小组社会工作的过程中，小组工作者可以利用交互模式来加强小组组员之间的深入交流，培养互助互爱精神和团结精神。小组工作者在开展小组工作的过程中一定要充分了解小组组员的文化背景，尊重各民族在风俗、习惯、价值观、信仰等方面的差异，以免在工作中造成误会，引发矛盾或冲突。

（三）治疗模式

治疗模式常常被称作"处置模式""临床模式""预防与康复模式"。治疗模式是将小组工作与个案工作有机结合起来的一种小组工作模式，以治疗个人作为小组工作的任务，同时起到预防和康复的作用。它通过提供服务帮助具有不同需要的个体，利用小组的经验来解决组员的个人心理、社会与文化的适应问题等，协助个人康复，并获得最佳的社会功能。

1. 理论基础

治疗模式与个案工作联系较为密切，除了行为认知和人文主义等基础理论，精神分析理论、人类行为发展理论及社会角色理论也为该模式的形成奠定了理论基础。

（1）精神分析理论

精神分析理论的鼻祖弗洛伊德的心理结构理论和人格结构理论既是早期个案工作中心理-社会治疗模式的理论依据，也是小组工作中治疗模式形成的重要理论依据。① 弗洛伊德认为，一个人的人格结构包含本我、自我和超我三个部分，个体只有保持本我、自我、超我三个系统相互作用的平衡，才能使人格健康发展。弗洛伊德还强调个体幼时或童年经验对其成年后的思想、行为和生活方式有至关重要的影响。这种影响通过个体不能完全意识到的、难以用理性加以控制的潜意识来实施。运用精神分析理论的小组工作将个体作为小组工作的基础和焦点，使小组组员学会思考自己处理人际关系的方式以及焦虑等不良情绪产生的原因，并努力去解决，进而达到治愈的目的。

（2）人类行为发展理论

人类行为发展理论的基本观点包括以下几点：个体早期的生活经验在很大程度上会成为他们日后行动的依据；人类具有学习的潜能，而且该潜能随着个体成长可以被不断地发掘；人类具有合理组织本我、自我和超我三个部分达到平衡的能力，但如果该能力出现弱化时，人就会表现出心理和行为失调；个人在日常生活中会逐步学习和积累应对挫折的方法。人类行为发展理论对小组工作的启示主要体现在重视小组组员早期的生活经历，注重在小组生活中开发组员潜能，帮助组员提高社会适应能力。② 这表明人类行为在发展过程中需要健全的、适当的小组生活，在民族社会工作中更是如此。

（3）社会角色理论

社会角色理论认为，人类生活的本质就是各种角色的扮演，社会关系的多重性和复杂性使生活在其中的个体要同时扮演多个角色，即"角色集"。角色扮演技术也被广泛应用于心理咨询和心理治疗的实践中。③ 但是人并不是在任何时候都能顺利扮演自己的角色，有时会出现角色冲突、角

---

① 杜元可：《精神分析和人本主义人性观之比较及其对社会工作的影响》，《知识经济》2010年第13期。

② 师海玲、范燕宁：《社会生态系统理论阐释下的人类行为与社会环境——2004年查尔斯·扎斯特罗关于人类行为与社会环境的新探讨》，《首都师范大学学报》（社会科学版）2005年第4期。

③ 全国13所高等院校《社会心理学》编写组编《社会心理学》（第五版），南开大学出版社，2016，第80页。

色失败甚至角色中断的情况。① 任何一种角色失调都会对人们的正常生活产生不同程度的负面影响，因此需要对其进行调整。从某种意义上来说，小组工作中的治疗模式就是对角色失调的个体进行调整及行为矫正，进而提高个体角色扮演的能力。

2. 工作目标

治疗模式关注小组组员的心理和行为问题，认为这些心理和行为问题并不是简单的个人问题，而是社会关系的失调。因此，治疗模式强调通过小组活动来弥补组员的社会化缺陷，重建其社会关系网络，恢复和发展其社会功能。

治疗模式所关注的焦点与社会目标模式和交互模式有很大区别。该模式主要关注如何运用小组工作来改善人的功能丧失与行为偏差，从而协助个人实现社会功能的恢复和行为的矫治。该模式的最终工作目标是通过小组经验来实现个人的心理、社会和文化的适应。

3. 实施原则

综合性原则，即综合运用精神病学、心理学、社会学和临床社会工作的知识和实务技巧，明确治疗的方向，设计和实践小组治疗的计划并控制小组的发展。治疗模式的服务对象多是有特殊需要的人群，所以对小组工作者的知识储备及处理问题的能力要求都很高，小组工作者需要综合运用各方面的知识为小组组员提供服务。

建构性原则，即带领小组组员建构和发展社会性的治疗关系，从而代替原来的、有缺陷的社会关系网络，并运用各种治疗方法帮助小组组员学习新的行为，让小组组员适应新的社会关系网络。

个别性与共同性相结合的原则，即制订每一个组员的个别性治疗计划，同时通过对所有小组组员个别性问题的综合分析，寻找小组共同成长的目标并实施共同性的小组治疗计划。

4. 小组社会工作者的角色

由于治疗模式所面对组员的特殊性，从事小组治疗的小组社会工作者通常是临床心理学家、精神医学家或临床社会工作者。小组社会工作者在小组工作过程中具有权威性，能够根据专业知识对小组活动任务、角色、内容进行设计。在此过程中，小组社会工作者通常扮演技术专家、教育者、

---

① 郑杭生主编《社会学概论新修》（第三版），中国人民大学出版社，2003，第119页。

活动组织和协调者的角色。

5. 优势与局限

治疗模式强调专家的专业性和权威性及小组工作者的影响力。自治疗模式确立以来，已经形成了较为丰富的理论体系和系统的操作化手段，只要正确评估小组组员的情况与实际需要，在小组不同的发展阶段对不同的治疗手段加以灵活运用，治疗模式的效果就是显而易见的。

但是，该模式忽视小组组员互助系统的建立，它的重点在于治疗"小组中的个人"，有将案主与小组工作者的关系等同于"医患关系"的倾向，而非平等的合作关系，因而在某种程度上限制了小组组员个人潜能及互助关系的发挥。另外，治疗模式面对的多是需要治疗或有特殊需要的人群，对小组工作者的综合能力和素质有较高要求，这在一定程度上限制了治疗模式的运用。

将治疗模式具体运用到民族小组社会工作中时，需要注意不同的治疗理论与技术是否适用于不同的文化。在民族小组社会工作中，小组工作者要特别重视治疗模式的运用背景，要考虑不同民族和地区的文化差异，从而选择合适的治疗方式。

小组工作除了上述三大基本模式，在不断地实务经验积累和理论建构的基础上，还发展出多种从不同视角出发的工作模式，如发展性模式、组织与环境模式、任务中心模式等。① 总之，目前中国的社会工作正处于一个由政府主导向职业化和专业化转变的过程中，关于民族社会工作的相关理论及实务研究也处于探索阶段，需要不断地充实和完善。

三　民族小组社会工作的技巧

人们在交往过程中会出现各种各样的与社会环境不相适应的情况，从而导致人际关系紧张，影响个体的社会化过程。小组社会工作强调的是，个体只有在群体中才能生存，才能获得社会意义；个体只有通过群体才能达到发展的目标，才能实现自身能力的提升。由于小组社会工作设计的内容较多，既包括社会工作者的工作内容，也涵盖组员及组员之间的互动内容，与之对应，小组社会工作的技巧也包含一般性技巧、有效促进沟通的技巧、小组工作者的带领技巧、组织会议的技巧、小组讨论的技巧及活动

---

① 刘梦主编《小组工作》（第二版），高等教育出版社，2013，第92页。

设计的技巧等许多方面。本节就小组社会工作的一般性技巧和民族小组社会工作的技巧作简要说明。

（一）小组社会工作的一般性技巧[①]

一是建立关系的技巧。小组社会工作者要通过一定的方法和策略与组员建立密切的联系，并促进组员之间建立良好的关系，例如，可以在每次小组活动开始之前集中组员注意力，开展一些合作性的游戏活动。

二是观察、诊断的技巧。小组社会工作者能通过对个人、群体及社会环境的全面观察来确定个人、小组所面临的环境和需要解决的问题。

三是判断的技巧。小组社会工作者要运用专业判断能力，选择适当的个人或小组活动。

四是组织的技巧。包括小组社会工作者如何组成小组、维系小组以及解散小组等技巧。

五是干预的技巧。小组社会工作者对小组运作过程中出现的各种事件如冲突、依赖、沉默、解组等，特别是一些偶发事件、问题、危机等，要适时地加以干预。

六是领导的技巧。小组社会工作者作为小组的实际领导者，要适当地运用专业技能与权威，主导和推进小组的进程。

七是参与的技巧，小组社会工作者和小组组员一起设计活动项目并实际开展活动，要作为其中一员而不被视为局外人。

八是沟通的技巧。在小组运作过程中，往往会发生内部和外部的各种联系，而小组社会工作者作为促进内部和外部沟通的桥梁，自身要与组员沟通，也要促进组员之间的沟通，并且与小组组员的外部环境，如机构、社区、社会人员等进行沟通。

九是调动和运用社会资源的技巧。为实现小组的目标，小组社会工作者要善于调动社会的各种资源，包括人力的、机构的、新闻媒体的以及社区的资源。

十是记录的技巧。小组社会工作者要对小组运作的整个过程加以完整记录并合理运用。

十一是评估的技巧。通过科学的指标体系，如报告书、内容分析、社

---

① 常宝、元·巴特尔主编《民族社会工作》，华东理工大学出版社，2013，第210~211页。

会计量学、单一主题研究设计测量、专用测量表等，小组社会工作者对小组工作进行评价，判断小组工作的效果。

(二) 民族小组社会工作的技巧

除了小组社会工作的一般性技巧，在民族小组社会工作的实务中还需要掌握一些独特的、有针对性的技巧。

一是尊重。尊重不同民族的文化、风俗习惯、宗教信仰和价值观等，促进民族团结。

二是接纳。在开展具有民族特色的小组活动中，让组员学会接纳不同民族的特色，可以更好地开展小组工作，帮助组员达成目标。

三是优势视角。可以运用优势视角理论，让组员学会发现自身及其他民族的优势，互相学习，共同进步，共同成长。

四是做好社会工作者的角色。社会工作者在民族小组社会工作中的主要角色是中介者和资源链接者，需要整合社会资源，充分发挥引导者和倡导者的角色作用，有效利用现有资源、挖掘更多可利用的资源，促进民族繁荣与发展。

五是了解民族心理。民族心理在民族社会工作中有着重要作用，社会工作者要提前研究和了解民族心理，在开展民族小组社会工作时，要兼顾各个民族的风俗习惯和各种禁忌。

六是专家咨询。社会工作者可以通过专家咨询的方式，在接触少数民族案主前咨询关于其民族文化的相关知识，在对案主文化背景充分了解的基础上建立良好的专业关系，为后续服务的开展提供便利。

第三节　民族社区社会工作

一　民族社区社会工作的定义和主要内容

(一) 民族社区社会工作的定义

1. 民族社区

郑杭生根据社区的一般定义及其内涵，将民族社区定义为，居住在某一特定地域，成员为单一的少数民族，或是以某个少数民族为主体，几个民族杂居的，具有某种互动关系和共同的文化认同感而强有力联系在一起的群体及其活动区域。①

根据民族社区发展的特殊性，按照地域性特征可以将我国的民族社区划分为两大类，一类是乡村民族社区，包括从事农耕、放牧、渔业、林业、狩猎的少数民族聚居乡村和集镇等；另一类是城镇民族社区，包括民族地区的城市和城镇。总体看来，我国民族社区具有以下特点。

第一，主要分布在西部地区。我国有40多个世居少数民族居住在西部地区，少数民族人口也主要集中在西部地区。

第二，民族性是民族社区最基本的特征。表现在三个方面：人员构成以少数民族为主；语言一般使用两种语言即民族语言和国家通用语言，在有些边远山区的民族社区，民族语言是主要交流工具；人居环境中具有鲜明的民族特点。

第三，在乡村民族社区，基于共同宗教信仰的民族认同感很强。少数民族普遍信仰宗教，如藏族普遍信仰藏传佛教；回族、维吾尔族、哈萨克族等少数民族信奉伊斯兰教；有的少数民族除信仰世界性的宗教外还信仰本民族特有的宗教。②

2. 社区社会工作

社区社会工作是在社区范围内，为社区成员提供专业化服务的总称，涉及的领域和内容十分广泛，主要包括社区服务、社区社会救助、社区卫生、社区治安和社区教育等。③

社区社会工作主要包括两个层面的意义。④

第一，社区社会工作是社会工作的一个实务领域。一方面，社会工作者针对某一个目标社区（target community），运用各种专业方法，如个案工作、小组工作、社区工作、社会行政、社会工作研究等提供多元化服务，提高居民社会意识，协助居民运用社区资源，解决社区问题；另一方面，社会工作者协助社区居民建立友善的邻里关系，鼓励其互相照顾和关怀，满足社区需求，实现社区和谐。

第二，社区社会工作是社会工作的一个专业方法，主要强调综合运用

---

① 郑杭生主编《民族社会学概论》（第二版），中国人民大学出版社，2011，第50页。
② 郑杭生主编《民族社会学概论》（第二版），中国人民大学出版社，2011，第51页。
③ 全国社会工作者职业水平考试教材编写组编写《社会工作实务（中级）》，中国社会出版社，2007，第392页。
④ 全国社会工作者职业水平考试教材编委会编写《2021社会工作实务（初级）》，中国社会出版社，2021，第260页。

实践模式（如地区发展、社会策划、社区照顾等），通过科学的工作过程，社会工作者采用系列专业技巧，处理社区问题，推进社区发展。

3. 民族社区社会工作

民族社区社会工作不仅包括在民族社区中为社区成员提供的民族社区服务、民族社区社会救助、民族社区卫生、民族社区治安和民族社区教育等专业化服务，还应包括所涉及的社区民族工作与民族社区工作的结合，即社区工作的价值观、工作方法、工作内容以及评估体系都可以运用和渗透到民族社区社会工作中，而民族社区社会工作进入社区的实践过程又需要采纳不同社区民族工作的经验与政策指导。① 从而达到"以人为本、一切为了人民的根本利益、民族平等和团结、社会应是一个和谐的整体"的现实目的。

（二）民族社区社会工作的主要内容

1. 民族社区服务

（1）民族社区服务的定义

社区服务是在政府的福利政策和公共财政扶持下，在社会资源的支持下，依靠社区居民的组织参与，动员社区内在的资源力量，向社区居民提供的各种服务活动。②

民族社区服务是指在国家民族政策的扶持和领导下，以民族地区中的各个城镇及乡村社区为依托，依靠民族社区居民的组织参与，动员民族社区内在的资源力量，向民族社区居民提供的具有公共性和社会福利性的各种服务活动。

民族社区服务的目的在于通过民族社区服务使民族地区的居民增强自助、互助能力，从而提高整个民族社区的生活质量。民族地区城镇与乡村社区服务体系在内容构成上不同。现代社会，社会保险、灾害防范、心理健康、家政、医疗等私人服务越来越具有某种公共商品的性质，但在农村地区这些服务的体系和可及性还有待提升，进而导致社会化的私人服务及商业服务在农村社区较难开展。因此，具体民族社区服务内容还应分为民族地区城镇社区服务和民族地区乡村社区服务。

---

① 常宝、亓·巴特尔主编《民族社会工作》，华东理工大学出版社，2013，第257页。
② 全国社会工作者职业水平考试教材编写组编写《社会工作实务（初级）》，中国社会出版社，2007，第249页。

（2）民族社区服务的内容体系

可以按以下三种分类原则对民族社区服务进行分类。

首先，按照服务对象和服务性质的不同，可以把民族社区服务分成两类。第一类是针对社区中原来的民政福利对象，如孤老残疾、精神障碍患者、烈军属等的福利性服务；第二类是针对社区中一般居民，提供满足日常生活需求的经营性服务。

在这一分类原则下，第二类显然还没有被囊括于"民族地区乡村社区服务"的内容范围。

其次，按照服务提供的手段，可以把民族社区服务分成三类。第一类是由社区和国家公共资金供应的福利性服务；第二类是根据市场交换原则实行的有偿收费的经营性服务；第三类是根据互惠互利原则，在居民之间以及社区组织、机关团体和企事业单位之间发生的互助服务等。

在这一分类原则下，第一类和第三类符合"民族地区乡村社区服务"的内容特点，即涉及民族地区乡村社区的公共事务、公共设施的服务，具体包括社会为民族地区乡村社区提供的公共服务和民族地区乡村社区自给的福利性服务。社会为民族地区乡村社区提供的公共服务指民族地区乡村社区内外公共组织为社区提供的公共服务，当下尤指县乡基层政府以直接的公共管理方式提供的管理服务和社区组织（主要以村委会为载体），以公共利益为目标，依托社区公共资源提供的服务，如供水、供电等公共服务，交通、农田水利排灌工程、农业机械、农用路桥、仓储运输和生态工程等公共基础设施，农业科技知识服务和技能训练、社区剩余劳动力就业、社区社会保障、社区公共卫生、基本医疗服务、社区文化体育、社区基础教育、社区流动人口管理、社区安全等专业服务。而民族地区乡村社区自给的福利性服务则指由民族地区乡村社区自治组织和非营利性组织提供的无偿或低偿社区福利性、公益性服务，如教育培训、图书阅览、老年人服务、困难群体服务、残疾人服务、少儿服务、志愿者服务及邻里互助等。[①]

最后，按照服务提供机制的正式程度，可以把民族社区服务分为三类。第一类是非正式的服务，包括居民个人为社区提供的服务，人与人之间的相互服务等；第二类是准正式的服务，包括社区和企业之间的相互服务，社区为居民提供的服务；第三类是正式的服务，包括政府为民政对象提供

---

① 田华：《民族地区农村社区与农村社区服务》，《广西社会科学》2007 年第 7 期。

的服务，政府为社区居民提供的服务。①

其中，第一类是民族地区乡村社区服务较民族地区城镇社区服务开展得比较好的一类社区服务。在民族地区乡村社区，存在以个人为中心、以一群特定对象为外围，在某一事务上的互助圈，这是民族地区乡村社区服务与民族地区城镇社区服务的一大区别。互助圈的互助包括婚丧互助、盖房互助、农忙时换工互助、安全互助、救灾扶危、扶贫济困等事缘性互助，这是民族地区乡村社区服务不可或缺的重要部分。

2. 民族社区社会救助

（1）民族社区社会救助的相关概念

①社会救助

社会救助是指当社会成员因个人原因、自然原因或社会原因而难以维持基本生活时，由政府和社会为其提供基本的物质保障。社会救助是社会保障体系的重要组成部分，是受到宪法保障的基本公民权利之一。它以家计调查为基础，由政府和社会为陷入贫困的城乡困难家庭提供直接的物质救助和服务，帮助他们解决基本的生存问题。社会救助是一个动态的、涉及多个领域的复杂概念。② 社会救助的获得不以其贡献为基础，体现了社会工作的价值理念。③

②社区社会救助

社区社会救助是指社区承担或实施的社会救助工作。社区社会救助是社区工作的传统领域，也是社会工作专业发展的源头，主要内容包括为社会救助对象提供社会融入、能力提升、心理疏导等专业服务，解决社会救助对象因心理行为偏差引发的个体和社会问题。

③民族社区社会救助

民族社区社会救助则是指民族社区承担或实施的社会救助工作，民族社区社会工作者在遵循助人自助价值理念的基础上，运用社会工作的专业方法，结合民族社区不同救助群体的特点，协助民族社区居民或服务对象

---

① 全国社会工作者职业水平考试教材编写组编写《社会工作实务（初级）》，中国社会出版社，2007，第249页。

② 全国社会工作者职业水平考试教材编写组编写《社会工作实务（中级）》，中国社会出版社，2015，第256页。

③ 全国社会工作者职业水平考试教材编写组编写《社会工作实务（初级）》，中国社会出版社，2007，第250页。

舒缓心理压力、提升发展能力、增强社会功能、建立支持网络、改善生活境况。

（2）民族社区社会救助的现状

1999 年，我国开始启动城镇居民最低生活保障制度，2007 年，我国开始启动农村最低生活保障工作，我国最低生活保障工作逐渐走向制度化和规范化。2014 年，国务院颁布的《社会救助暂行办法》，标志着我国社会救助制度正式以法规形式得以确立。

中国共产党成立后，在民族地区实施的社会救助历经百年探索，实现了"弱有所扶"，缓解了社会主义市场经济体制建立和发展进程中的社会矛盾，在很大程度上解决了贫富分化、分配不公带来的社会问题，促进了社会公平与正义。中华人民共和国成立前，党充分利用有限条件实现了民族地区的社会救助最优解。中华人民共和国成立后，党在社会主义改造阶段通过个案式救济帮助各民族共同进入社会主义，在计划经济时期实行组织化救济并探索专门帮扶措施，在市场经济探索及发展时期建立了社会救助制度并优化民族地区专项救助，在全面深化改革时期将地区整体性救助与精准扶贫相结合，消除了绝对贫困。党坚持以人民为中心，在民族地区探索出常规救助与专项救助有机融合的模式，引导多主体协同参与，体现了补差、发展、共享的公平理念。党的二十大后，民族地区社会救助坚持党的领导，满足各族人民的发展性需求，巩固脱贫成果并衔接乡村振兴及共同富裕，夯实中华民族的福利共同体，为推进中国式现代化奠定更坚实的物质基础。①

民族地区的社会救助虽然受到国家救助制度和方针政策的支持和影响，但因社会发展缓慢、信息不畅、经费不足、管理滞后等情况，社会救助工作还存在一些问题。第一，缺乏救助资金。我国社会救济的资金来源于中央补贴和地方财政负担，由于地域差别、地区发展不平衡，越是财政困难的地区，需要救助的人口越多。民族地区在产业发展、基础设施建设、教育和就业等方面均需要有大量的财政投入，但每年用于社会救助的财政投入较为有限。②③ 第二，社会救助工作局限于物质救助，存在发展能力与现

---

① 沈澈：《民族地区社会救助百年实践及逻辑阐释》，《中央民族大学学报》（哲学社会科学版）2023 年第 4 期。
② 张帅：《民族地区社会救助制度的地方实践与执行偏差——以 F 县城乡低保和五保供养制度为例》，《社会建设》2018 年第 2 期。
③ 宁亚芳：《滇西边境农村社会救助减贫成效及其制约因素——以澜沧县为例》，《云南民族大学学报》（哲学社会科学版）2016 年第 4 期。

代化建设之间的矛盾。贫困人口的能力建设与素质提升长期以来都是扶贫工作的关键，而民族地区的贫困问题则在能力建设上表现得更为严重。若没有形成可持续的发展式救助，很难带动救助对象产生自救行为。忽视贫困群众的能力建设与素质提升，将会在接下来的现代化建设中消耗更多的时间成本与资源成本。[1]

（3）民族社区社会救助的重要性和特殊性

社会救助是现代国家一项最基本的社会保障制度，它是解决贫困人口基本生活问题的至关重要的一种方式，对国家社会经济发展具有同样重要的意义。截至 2008 年底，我国共建立了 155 个民族自治地方，包括 5 个自治区、30 个自治州、120 个自治县（旗）。[2]

由于地域、历史、经济等多种原因，低收入人口较多，所以民族地区的社会救助显得尤为重要。建立和完善民族地区社会救助体系对促进民族地区发展，构建和谐共荣的中华民族大家庭具有重要意义。

民族地区在自然地理、人口分布、思维方式、宗教信仰、民族风俗习惯等方面具有一定的特点，如果不注重民族地区社会救助的特殊性，就很难对少数民族进行有效的帮扶。

3. 民族社区卫生

（1）社区卫生服务的定义

社区卫生即社区卫生服务，其界定有狭义和广义之分。从狭义的社区卫生角度来看，社区卫生服务即社区的医疗服务，是指为了方便社区内的居民，针对多发病、常见病、已确诊病，运用候诊、出诊、转诊、家庭病床等手段，为社区居民提供便捷、有效、价格适宜的医疗服务。广义的社区卫生是指在政府领导、社区参与、上级卫生机构指导下，以基层卫生机构为主体、以全科医师为骨干，合理使用社区资源和适宜技术，以人的健康为中心、家庭为单位、社区为范围、需求为导向，以妇女、儿童、老年人、慢性病人、残疾人等为重点，以解决社区主要卫生问题、满足基本卫生服务需求为目的，集预防、保健、医疗、康复、健康教育和计划生育指

---

① 莫光辉：《五大发展理念视域下的少数民族地区多维精准脱贫路径——精准扶贫绩效提升机制系列研究之十一》，《西南民族大学学报》（人文社科版）2017 年第 2 期。

② 《民族政策白皮书：我国共建立 155 个民族自治地方》，中国政府网，https://www.gov.cn/jrzg/2009-09/27/content_1427937_2.htm，最后访问日期：2025 年 1 月 5 日。

导等服务于一体的基层卫生服务。① 社区社会工作从广义的社区卫生来理解社区卫生服务概念，社会工作者要协助做好社区居民健康管理以及相关的社区治疗与康复服务。②

（2）社区卫生服务的内容

从广义的社区卫生角度来看，社区卫生服务的内容包括以下几个方面。

社区医疗，指医务人员走出医院，走进社区，为社区居民提供各种医疗服务，如出诊、转诊、电话医生、咨询门诊、设置家庭病床，进行健康人群的身体检查，为特殊人群如残疾人、老年人提供特殊诊疗服务等。

社区预防，主要包括急慢性传染病的预防、治疗与管理，计划免疫的接种，疾病监测的开展，劳动卫生的监测，职业病及肿瘤、心脑血管病的防治等。

社区保健，主要包括优生优育、孕产妇保健、女工保健、老年保健及学生保健等。

社区康复，主要包括精神疾病及智力障碍者康复、残疾人康复、肿瘤病人康复等。

社区健康教育，指以改变人们不良卫生习惯，建立科学、文明、健康的生活方式，提高社区居民自我保健意识和自我保健技能为中心内容的卫生宣传教育。

社区公共卫生及其他专项服务，主要包括行业卫生，如公共场所卫生、食品卫生以及红十字会、爱国卫生、环境保护、死因调查等方面的卫生管理与服务。

（3）民族社区卫生服务的现状

开展民族社区卫生服务，有利于改进医疗服务，促进医学发展，增强人民体质，维护社会稳定，促进民族团结。发展农村地区卫生事业是对健康中国战略的有力回应，没有农民的健康，就没有农村的小康。我国民族地区社区卫生服务已经得到了很大改善，但还存在一些问题值得注意。③

一是经济条件差，健康保健观念淡薄。由于我国少数民族人口众多，

---

① 全国社会工作者职业水平考试教材编写组编写《社会工作实务（初级）》，中国社会出版社，2007，第398页。
② 全国社会工作者职业水平考试教材编委会编写《2021社会工作实务（初级）》，中国社会出版社，2021，第264页。
③ 白菊：《民族地区农村社区卫生服务现状与对策》，《黔南民族医专学报》2007年第4期。

且大部分分布在偏远、自然条件较差的地区，他们大多长期以草原畜牧业、山地农牧业、原始农业和手工业维持生活，经济发展相对落后，物质、文化生活水平较低。又因民族地区教育落后、交通信息闭塞，人们缺乏健康意识和医疗知识，存在小病不看、大病易返贫的普遍现象。

二是医院医疗水平低，社区卫生服务人员严重短缺。一方面，受经济条件制约，我国民族地区的正规医疗服务机构较少，医疗水平较低，设备不完善，一些常规、必要的检查较难开展；另一方面，缺少专职的社区医师，隔离消毒工作水平低，缺乏规范性的无菌观念。

三是居住偏远，客观上仍存在语言沟通障碍。少数民族居住分布广且偏远，对社区卫生服务人员预防接种、健康宣传、常见多发病知识的普及造成困难。

四是医疗补偿机制不完善，收入较低，医疗人员稳定性差。民族地区经济条件落后，又缺乏有力的财政扶持，许多少数民族地区的医疗机构职工工资都要依靠有限的业务收入来发放，这使职工的工作积极性不高，医疗人员稳定性差、流动性强，导致民族地区缺乏稳定的医疗工作队伍。

（4）改善民族社区卫生服务的对策

第一，转变政府职能，加大对社区医疗卫生服务的投入力度。完善民族地区医疗卫生机构的补助政策，争取各级政府落实定额补助政策，采取机构供给式、服务购买等多种社区卫生服务经营供给的模式，合理划分政策、社会和个人的公共卫生责任，保证社区公共卫生服务的经费充足，为顺利开展社区公共卫生服务提供政策和资金的保障。

第二，开展试点，为民族社区卫生服务发展树立典型。在民族社区内有选择性地开展重点社区卫生服务机构的示范建设，稳步推进民族社区卫生服务的发展与完善，充分发挥典型社区的带头作用，以重点社区的卫生服务建设带动整个民族地区社区卫生服务的发展。

第三，因地制宜，遵循具体问题具体分析的原则，促进社区卫生服务人才队伍建设。通过教育培训和人事分配制度改革，逐步采取吸引、鼓励、竞争的政策措施，建设适应社区卫生服务需要的专业管理和技术人才队伍，把这些管理和技术人才分配到各民族乡镇社区医院，培养一些民族地区能听懂汉语、文化层次较高的人员，让他们进行医疗健康知识的宣传，从而带动社区医疗卫生服务的发展。

第四，发挥新型农村合作医疗对社区卫生服务的促进作用。新型农村合作医疗的建立使各乡镇医疗机构模式发生较大转变，由门诊转变为农村的社区卫生服务，这也为民族地区居民提供了新的诊疗方式。同时，医疗机构模式的转变也使民族社区卫生服务得到进一步完善，方便居民就诊，进一步提高民族社区居民的就诊水平和生活水平。

第五，进行巡回医疗和义诊服务。在巡回医疗和义诊服务的过程中，使人们得到及时、有效、免费的疾病诊断，同时进行健康宣教，让民族社区居民意识到有病及时诊治的重要性，增强人们及时诊治疾病的意识，进一步促进民族社区卫生服务的开展。

第六，加大宣传力度，增强民族社区民族健康意识。重点开展社区卫生健康教育，通过健康宣传，普及常见多发病的预防知识，使有些民族地区人民改掉不良生活卫生习惯，杜绝疾病发生的根源，同时也能减少医疗费用。也可以在民族学校设立健康教育课程，宣传常见病、多发病的预防，改变不良卫生习惯，进一步普及民族地区居民的健康知识。

4. 民族社区治安

（1）社区治安的定义

社区治安，也称社区安全，是社区居民群众最为关注、反映最为强烈的问题之一，也是社区治理的重要内容之一。搞好社区治安综合治理，维护社区安定，保持良好的社区社会秩序，是社区居民和单位进行正常生活和工作的必要条件，是经济社会建设的重要保证。

社区治安是指社区治理各行为主体（包括政府、非政府部门、机构），依靠社区力量，强化社区控制手段，促进社区秩序的有序状态。①

（2）社区治安的内容

第一，法制教育，即通过法律知识的宣传教育，提高社区居民依法办事的意识和能力，增强其法治观念和遵纪守法的自觉性。

第二，人民调解，即通过做好人民调解工作，防止民间纠纷激化，促进邻里和睦与社会安定。

第三，治安防范，即通过加强巡逻、运用科技手段等途径，防止和打击违法犯罪活动。

第四，社区矫正，即运用社会工作的理论和方法，为社区范围内的违

---

① 全国社会工作者职业水平考试教材编写组编写《社会工作实务（初级）》，中国社会出版社，2007，第253页。

法犯罪人员及刑满释放人员提供专业服务，实现矫正其思想和行为、防止其再违法犯罪的目标。

第五，维持秩序，即通过对社区内的市场、繁华场所和学校门前秩序的维护和管理，营造良好的社区生活与工作环境。

第六，事故预防，即通过对社区内的交通车辆的管理，以及防火设备的维护与保养，提高社区对突发事故的预防能力。

（3）影响民族社区治安的重要因素

经济因素，主要表现为争夺草场、山林、矿山、湖泊、水源等资源引发的纠纷，因土地问题引发的纠纷，因实施生态环境建设工程以及国家或地方政府重大基础设施工程引发的纠纷；此外，经费不足也是困扰当前民族社区建设与发展的重要因素。[①]

社会治安因素，主要包括杀人、斗殴、偷盗、赌博等各类治安案件，吸毒贩毒及艾滋病问题。

民族宗教因素。改革开放以来，民族宗教问题一直是影响我国社会稳定、社会秩序的重要问题。由于我国少数民族所处地理位置的特殊性与民族宗教的复杂性和多样性，我国边疆民族农村社区的社会秩序易受诸多因素影响，必须引起当地政府高度重视。

其他因素，主要有民族地区社区中存在因不尊重少数民族文化、禁忌、语言文字等现象造成的误会和纠纷；因社区选举中的违法和一些干部工作态度粗暴、追求政绩、增加群众负担而导致的矛盾和冲突；另外，家庭婚姻、子女教育、贫困、社会保障问题也是影响民族社区治安的不利因素。[②]

5. 民族社区教育

（1）社区教育的定义

社区教育是社区组织或社会工作者在社区范围内，依托社区力量，利用社区资源，针对社区全体居民进行的以增进公民素质，提高生活质量，促进社区发展与进步，建立平等、正义、互相关怀的社会为宗旨的社会教育。[③]

（2）社区教育的内容

从教育功能角度分类的社区教育包括以下几个方面内容。

---

① 徐铜柱：《民族地区城市社区治理中政府职责分析》，《理论界》2007 年第 7 期。
② 常宝、亓·巴特尔主编《民族社会工作》，华东理工大学出版社，2013，第 269 页。
③ 全国社会工作者职业水平考试教材编写组编写《社会工作实务（初级）》，中国社会出版社，2007，第 254 页。

第一，补偿式社区教育，即社区为居民提供未受到的正规知识教育及正规知识教育不及的知识。例如，为没有读过书的居民提供文化课学习，训练居民的沟通技巧，为居民提供维护权益的渠道和方法等。

第二，控制式教育，即社区为居民提供行为规范教育，要求居民遵守法律法规。例如，遵守交通规则、培养公德意识与行为等。

第三，解放式教育，即着重于居民全面的、人性化的发展，在知识、态度、行为、价值观等方面发挥个人的潜能和积极性，协助居民发现制度上的不完善或不公平，学习聚集集体的力量，创造公平的社会秩序。

从国家、社会和居民需求角度分类的社区教育包括以下几个方面内容。

第一，文化科学教育，即在科学发展观的指导之下，社区更注重居民的科学文化教育。例如，进行和举办电脑培训、知识讲座等。

第二，社会公德教育，包括培训社区礼仪和邻里相处技巧、遵守法律法规、保障安全、保护环境节约资源、维护社区卫生、培养公共意识等。

第三，家庭生活教育，包括烹饪、插花、茶艺、居室布置，家庭关系及家庭沟通、生活理财及时间管理、家庭安全设施设置及使用等其他与家庭生活有关的内容。

第四，生命健康教育，包括树立正确的人生观，珍爱生命、尊重生命、成全生命，禁止吸毒及预防自杀、暴力等危害生命的行为，学会与自我相处、与他人相处、与社会相处、与自然相处，培养健康的人格、增进身体健康和心理健康等。

第五，民主思想教育，即激发居民参与社区活动的积极性，提升居民参与社区治理的能力。

第六，时事政治教育，即以各种方式组织居民学习时事政治，拓宽居民视野，深化居民对党和国家的路线、方针和政策的理解，促进国家方针政策的实施，提升居民的参与能力。

（3）民族社区教育的特点①

民族社区教育具有民族文化特性。在少数民族社区，社区教育往往是针对社区的全体居民，围绕社区民族文化的传承而展开的。少数民族的传统文化，往往通过民族的民间信仰、习俗、宗教、节日、礼仪等活动进行传承。

---

① 刘薇琳、侯丽萍：《关于少数民族社区教育的思考》，《云南民族大学学报》（哲学社会科学版）2004 年第 2 期。

一方面，它们是中华传统文化的组成部分，另一方面，它们又有自己独特的区别于汉文化和现代文化的文化体系和内涵。在这些民族民间文化活动中，本民族的文化习俗代代相传，构成了民族社区教育的重要形式。

民族社区教育具有非政府性特点。民族地区的社区教育，因其所处地域、历史、经济等因素，城市化、工业化以及教育发展相对落后，因此民族地区的财政性收入多用于基础教育，政府性的社区教育计划几乎开展不起来，因而民族地区的社区教育主要还是一种自发性的民间文化活动。

民族社区教育具有民族性和宗教性特点。少数民族是中华民族多元一体的重要组成部分。每个民族在其自身的发展中都形成了自己独特的民族文化和宗教信仰，而不同民族丰富多彩的民族文化和宗教信仰都是中华民族文化的重要组成部分，它们正是通过传统的民族社区教育的形式得以传承和发展的。

在许多民族地区，宗教信仰是其生活不可或缺的组成部分，许多宗教知识都成为社区教育的重要内容，宗教活动也成为重要的社区教育文化活动。不可否认，民族性和宗教性是民族社区教育的一个重要特点。

民族社区教育具有集体性特点。民族社区教育的民族性、宗教性特点使得其缺乏系统性，它们多是通过节日、丧葬、礼仪、娱乐、舞蹈、音乐等集体形式进行，其目的是满足社区中每个少数民族成员的身心发展需要。这种潜移默化的教育，对增强民族认同感起到十分重要的作用。

民族社区教育具有实用性特点。少数民族的社区教育往往和生存、劳作、民族手工业联系在一起。少数民族手工艺品的制作是其民族经济发展的基石，如何让后代传承并发展下去成为民族社区教育的重要内容。

民族社区教育的人性化特点。社区教育的目的是让社区成员在身心健康和自我发展方面得到满足。无论是形式还是内容，民族地区传统的社区教育都呈现人与人之间的融洽、尊重与爱护。人性、人情、对历史的尊重、对古老传统的热爱、对家族、血缘亲情的重视、对自然的亲近，始终贯穿在民族社区教育的过程中。

二　民族社区社会工作的过程

（一）社区社会工作的过程

社区社会工作的过程是指为实现社区工作的目标而实施的一系列连贯

有序的工作步骤，以及相应的方法、技巧的运用。①

根据社区工作的主体是非政府机构，还是政府机构和个人，社区社会工作可分为介入式社区社会工作和非介入式社区社会工作两种类型。介入式社区社会工作主要在社会主导型或政府与社会合作型的国家或地区开展，非介入式社区社会工作主要在国家主导型的国家或地区应用。在介入式社区社会工作中，社区工作者从介入到任务完成，整个过程具有鲜明的时段性，问题解决了社区工作也就结束了。在非介入式社区社会工作中，社区工作者从始至终从事着经常性的基层社会管理和服务工作，整个工作过程保持着内在的、持续的统一。②

社区社会工作的一般过程，不同学者有不同的划分，但总结而言，整个过程分为准备、建立专业关系、社区分析、制订计划、实施计划和评估六个阶段。

（二）社区社会工作在民族社区社会工作中的应用

1. 准备

（1）心理准备

与其他工作相比，民族社区社会工作有着自己的优势，但这些优势也是一把双刃剑，既会增强社区社会工作者的工作信心，也可能会对其造成一定压力，所以，社区社会工作者在介入社区工作前，一定要认清形势，看清问题，做好充分的心理准备。尤其是在介入民族社区的过程中，一定要考虑民族地区的实际情况，提前做好准备。

工作过分弹性，缺乏明确路向。社区社会工作是个从无到有的过程，是由社区社会工作者创造出来的，虽然也有广大的市民、社区领袖的参与，但社区社会工作者扮演着组织者、推动者的角色，社区社会工作者的能力和水平影响着社区社会工作的成效。如果社区社会工作者的主动性、创造性和洞识能力很强，社区社会工作的成效就会较为显著；反之，社区社会工作就会成绩平平。所以，个人的能力和水平在民族社区社会工作中体现得尤为明显。

社区通常都面临着资源不足的局面。社区社会工作大多由政府出资，

---

① 常宝、元·巴特尔主编《民族社会工作》，华东理工大学出版社，2013，第272页。
② 夏建中主编《社区工作》，中国人民大学出版社，2015，第247页。

但公共资源毕竟有限，特别是在自身资源非常匮乏而又需要大量资源的社区，这就需要社区社会工作者寻找和发掘资源。[①] 有时由于地域、历史、经济等客观因素，民族地区可利用的资源有限，在开展民族社区社会工作的过程中，需要社会工作者充分发挥使能者和资源链接者的角色，在充分挖掘本土资源的同时为民族地区链接可利用的其他外部资源，进一步促进民族地区的发展。

民族社区独特的文化要求社区社会工作者具备文化敏感性。在民族地区，社区社会工作者会遇到来自不同民族的案主，他们在语言文字、风俗习惯、生活方式、宗教信仰以及价值观方面都有独特个性，这就意味着社区社会工作者要充分尊重少数民族的文化，时刻保持文化敏感性。我国有着多元的文化环境，民族社区社会工作事业要在这样的环境中实现可持续发展，必然要在尊重民族多元文化的基础上，开展针对民族地区的助人工作，推动民族社区社会工作以及民族地区的进步与发展。

（2）实际准备

了解民族社区的地理环境。主要包括民族社区的区位、边界、环境设计、土地使用、交通、基础设施、社会服务、商业服务和经济情况等。对于民族地区的居民来说，社区并不仅仅是地理范围，更是其生活范围，他们从历史、民族、宗教等文化背景和记忆的角度界定自己的社区范围。因此，了解民族社区居民对其所处社区的范围界定十分重要。

了解民族社区的人口状况。主要包括民族社区的总人口数、性别比例、年龄及民族宗教信仰分布，但因当前我国农村人口的城市化进程速度非常之快，经常有人户分离的状况，因此对常住人口状况的了解有利于及时明确民族社区居民的构成、宗教文化背景、需求以及可开发的人力、物力、财力等资源。

了解民族社区的资源。主要包括民族社区的公共设施、教育机构、医疗单位、社区组织、金融机构、商业场所等。针对民族社区，社区社会工作者应了解这些资源所在的位置和日常运作情况，资源对民族群众生活的影响如何，资源利用状况如何，民族群众对社区工作的参与状况和满意度如何等。

了解民族社区的权力结构。主要包括辖区单位、业主委员会、物业管

---

① 夏建中主编《社区工作》，中国人民大学出版社，2015，第248页。

理公司、社会团体、居民自助小组和互助小组等。访问当地民族社区居民、拜访社区居委会主任、参与社区内的重要会议和活动都是了解民族社区内权力结构的渠道。

了解民族社区的文化特色。每个民族都有其发展历史，并在发展过程中积累出本民族特有的民族文化和宗教信仰。[①] 了解民族社区的文化特色不仅有利于调动社区居民参与社区社会工作的积极性，而且更有助于促进各民族之间的互助和团结。

2. 建立专业关系

（1）专业关系的定义

建立专业关系是介入社区工作的第一步，也是最关键的一步。这里的专业关系是指社区社会工作者与其案主之间为了一个共同的目标，在特定的时间和空间里，运用专门知识和技巧与案主进行心理、情感的互动，为物质上的援助和心理上的疏导做好充分准备。

社区社会工作者之所以要和案主建立专业关系，是为了让社区居民知道"我是谁"以及"寻求未来工作的支持者"。[②] 社区社会工作者所面对的案主是整个社区的机构、团体和个人，虽然他们也是受邀请来到社区的，但并不是每个机构、团体和个人都了解并欢迎他们。

很多民族社区在社区社会工作者介入之前，就有了本民族历史传承下来的规范、历史及文化习俗。这些既有的民族差异因素可能使当地民族社区居民对社区社会工作者的介入存有怀疑的态度，甚至表现出抗拒的倾向。有些虽然没表现出抗拒的态度，但也会对社区社会工作者感到陌生和排斥。所以社区社会工作者有必要让其服务的民族社区中所有机构、团体和个人了解并认可自己的工作角色和职责，接纳他们的介入，从而主动参与并配合。因此，能否建立良好的专业关系，直接关系着下一步工作的成败。

（2）专业关系的内容

社区社会工作者和社区居民在这一阶段建立的关系主要包括以下几点：提供符合社区居民需求的服务信息渠道；了解与评估社区居民所遇到的问题以及他们解决问题的意愿；决定如何提供进一步的服务计划；让社区居民了解社会工作机构与社区社会工作者的能力和职责；明确服务的范围，

---

① 常宝、亓·巴特尔主编《民族社会工作》，华东理工大学出版社，2013，第273页。
② 夏建中主编《社区工作》，中国人民大学出版社，2015，第249页。

认定社区居民资格；建立和谐、合作的关系；协商服务契约的建立；确定社区居民、社区组织与社区领导人的角色；在接触的初期为社区居民提供适当的帮助，以获得信任。

3. 社区分析

（1）社区需求分析

社区需求分析较为常用的方法是英国学者布雷德绍（J. Bradshaw）1972年提出的四种需求类型，民族社区需求分析可以借鉴此方法。

第一，规范性需求（normative need），是专业人员、专家学者或政府行政人员依据专业知识和现有的规定或规范，制定的在特定情况下居民的需求。

第二，感觉性需求（felt need），当个人被问是否需要某一特定服务时，其反应就是感觉性需求。在社区中，当大部分居民感觉到或意识到某些需求与期望不能满足，并把它们说出来时，那便是居民的感觉性需求。这种需求可能是主观感觉，也可能是基于客观事实而体会出的感觉。

第三，表达性需求（expressed need），指社区居民或服务对象把自身的感觉通过行动表达出来的需求。表达性需求主要反映了对社会服务数量上的需求，不一定表示对服务质量不满意。

第四，比较性需求（comparative need），需求的认定是针对某种特征所作的比较，如个人或社区具有与已接受服务的个人和社区的相同特征，但没有得到同样的服务，便会产生新的需求。这种与其他个人和社区比较而得出的需求称为比较性需求。比较性需求可以由居民提出，也可由专家提出。

在分析社区需求时，社区社会工作者可以将布雷德绍的四种需求与专业介入层面相结合，通过填写表 3-1 来综合分析社区需求。①

表 3-1　社区需求分析

介入层面	规范性需求	感觉性需求	表达性需求	比较性需求
个人				
家庭				

---

① 全国社会工作者职业水平考试教材编委会编写《2021 社会工作实务（初级）》，中国社会出版社，2021，第 274 页。

介入层面	规范性需求	感觉性需求	表达性需求	比较性需求
小组				
社区				
社会				

（2）社区资源分析

广义的社区资源，是指能够满足社区居民生活需求的一切自然物质资源与社会制度，包括经济、政治、法律、教育、宗教、医疗和社会福利资源；狭义的社区资源，是指社区福利资源，即能够满足社区福利体系各类服务对象需求的金钱、物质、机会和社会支持关系。① 社区资源的种类如表3-2所示。

表 3-2　社区资源的种类

种类	社区内部资源		社区外部资源	
	正式资源	非正式资源	正式资源	非正式资源
人力资源				
物力资源				
财力资源				

对社区资源进行分析，要做如下工作。②

第一步，利用社区资源检查表，检查社区资源运用的情况（见表3-3）。

表 3-3　社区资源检查表

种类	本社区必须运用的资源	已存在的资源			尚不存在的资源		备注
		已使用的资源	尚未使用的资源	无法使用的资源	可开发的资源	无法开发的资源	
人力资源							
物力资源							
财力资源							

---

① 全国社会工作者职业水平考试教材编写组编写《社会工作综合能力（中级）》，中国社会出版社，2007，第248~249页。

② 常宝、亓·巴特尔主编《民族社会工作》，华东理工大学出版社，2013，第275页。

第二步，根据社区资源检查结果，决定分类处理策略。针对已存在的社区资源，建立档案并编列资源手册；针对已存在但无法使用的资源，以及尚不存在但可开发的资源，应设法去使用和开发；针对尚不存在且无法开发的资源，应思考和寻找替代资源。

第三步，从各种渠道，寻找所需资源。例如查阅其他机构所编列的资源手册；在会议或聊天中收集信息；收集各类单位和机构的简介刊物；收集报刊刊登的报道；利用互联网搜索有关信息和资料等。

第四步，将所获得的信息填入表格，建立资源档案。资源档案内容包括提供资源的单位或个人名称，联系地址、电话、传真、网址、电子邮件地址，提供的资源项目，主要负责人和联络人，提供资源的条件，是否收费及收费标准。

4. 制订计划

（1）选择和制定工作目标

工作目标是指要达到的工作方向和目的。需要注意的是，在制定社区工作目标时，既要制定整体目标，还要根据每一阶段的具体任务制定具体的阶段性目标。同时，社区社会工作者要与服务对象共同分享对工作目标的期望，要尊重服务对象的选择。

（2）准确界定服务对象

社区社会工作者要清楚地界定该项社会服务的目标群体是谁。服务对象的界定标准通常分为自然属性和社会属性。自然属性包括性别、年龄、地区、种族、健康状况等，而社会属性包括收入、工作、受教育程度、家庭支持状况等。当然还要估计服务对象的数量、集中程度、服务频次等。

（3）服务的形式和手段

要根据服务对象的需求，设计有针对性的服务形式和手段。通常把服务对象的需求分为生理性需求、物质性需求、情感性需求、社交性需求等方面，然后根据资源、财力、专业素质等，设计出满足服务对象需求的形式和手段。

（4）财力安排和人力安排

要计划相应的筹资渠道、筹资数量和财政分配预算，满足服务的推行需要；还要有相应的人力资源筹划，包括岗位设置分析、人员的素质结构、人员的数量、人员的招聘方式、人员的培训和激励方式等。

（5）服务活动的时间进度表

要计划服务活动的时间进度，并根据时间进度列出具体的表格，便于控制、评估进度等。

（6）介入策略

方法是达到目标的手段。具体的介入策略措施可分为两部分，一是理性技术性措施，包括调查社区的问题，收集事实资料，比较分析方案的利害得失，选择最优方案，以及学会组织管理、落实方案，监督方案的执行，最后评估方案的成效等。二是社会关系措施，即根据具体的情景，可以选择冲突性措施，比如游说、倡导、谈判、竞争、抗议、游行、示威、罢工、对抗等；或者采取共识性措施，比如协商、沟通、对话、合作、分包、交换等。

（7）社区社会工作者与案主系统的角色和任务

在社区社会工作计划中，社区社会工作者和参与者在将来的工作中承担的责任义务、扮演的角色，都应一一列明，这是保证计划有条不紊、按部就班进行的依据和保障。

（8）协同工作的单位

社区社会工作涉及多方利益主体，需要各方参与协作，包括辖区中的企事业单位、民间组织，社会中的企事业单位、民间组织以及政府机关等。

（9）实施计划的行动方案以及资源和资金的使用方案

应该尽可能详细地列出实施计划的行动方案，以及资源和资金的使用方案。

（10）工作程序及工作时间表

计划中应明确具体的工作程序，以及每一程序所需的时间。

5. 实施计划

（1）发动群众

鼓励社区群众积极主动地参与社区事务、为社区发展出谋划策。要想把群众动员起来，需做到一切为了群众，发自内心地关心群众，忠于机构、忠于案主、忠于工作，言必信、行必果。

（2）挖掘资源

想方设法，动用一切力量挖掘社区内外的人力、物力和财力资源。

（3）建立新组织

整合和组织起来的服务社区和服务人群意味着人力资源，只有把群众组织起来才能同舟共济、共克时艰。小型社区适宜建立全民参与的组织，大型社区适宜建立由代表进行参与的组织，各种社区建立的组织都可以先由热心人士发起，然后慢慢壮大。

（4）联系现有组织

当地社区原有的社团、福利机构、居民组织等可发展成更大的组织或联盟，用于交流信息、整合资源，使资源发挥更大效用。

（5）执行项目计划

尽力实现各阶段的项目目标，同时也要准备好应对突发局面，根据实际情况对计划做出及时修正。下面简单介绍几种解决问题、实现目标的方法。

针对群众所需社区服务的缺乏，为居民提供各种急需的服务。例如为青少年提供学业和个人成长道路上的辅导、为社区举办家庭生活讲座、为社区优秀学生提供奖学金，也可以是如家庭旅行等的文娱康乐性活动。

针对资源、权力及地位分配的制度或结构不公，可采取制造社会舆论压力、谈判等非常规方法，但要根据具体情况精心组织，讲究策略。一般制造社会舆论压力是正常的、被机构和工作者广泛采用的方法，而谈判属于较为激进的非常规方法。

6. 评估

这是社区社会工作一个周期的最后阶段，是对前一阶段工作成效、工作方法、资源利用状况的全面检查及评估。

（1）社区评估的目的

一般而言，评估是一种回应一般问题的活动，比如我们做得怎样？是否完成了工作所预设的目标？从一个更加技术的角度来看，一方面评估可视为一种系统的资料收集和分析活动，目的是检查评估有关程序如何实现它的目标，或者程序的效能是否如我们所期望的那样。[1] 另一方面评估也是向协助单位、资助机构和参与的社区居民做全面的交代和汇报的活动。

（2）社区评估的类型

过程评估，侧重于社区社会工作的进程和基本状况。过程评估一般只能采取定性评估法，重点是总结方案设计情况，以及方案筹备、进行和结束等阶段的基本情况。

成效评估，着重于预定的目标是否达到、达到多少、结果如何。成效

---

[1] 徐永祥主编《社区工作》，高等教育出版社，2004，第212页。

评估的方法有两种，一是采用定量的方法，即通过事先设计的问卷，采用问卷调查法，收集社区居民和服务对象参与服务（活动）后的满意度及变化。二是采用定性的方法，即通过深度访谈、观察、文件档案整理分析来评价社区服务（活动）方案的成效。

效能评估，主要看投入的成本的产出情况。

在社区社会工作评估中，人们更多使用成效评估。

（3）社区评估的原则

①工作目标应具体明确，可量度、可操作。

②社区社会工作者、社区行政管理人员、社区居民以及相关的专家共同参加评估。具体来说，社区社会工作目标评估应以社区群众、团体和机构的意见为主，过程评估应以社区社会工作者及同行专家的判断为准；从政治、经济、文化、心理等多个因素衡量社区社会工作的成效；制定科学合理的评估方案；定量定性评估相结合。①

（4）社区评估的步骤

界定评估目标。在建立工作计划和目标时，社区社会工作者应注意，所测评的成果必须是适当的；评估目标的描述必须清楚和明确；评估者应在评估目标上达成共识；评估目标应与社会工作目标相结合。

建立成果评估方法。界定评估目标后，建立成果评估方法主要通过成果测量的操作化来实现。在操作化的过程中要注意，操作化指标必须是具体且可供度量的；操作化指标应该是有效的测评标准；操作化指标涉及多个指标或标准。

选择适当的研究设计。为了弄清这个设计是否有实际效果，可以运用两种经常使用的研究策略。一是运用比较和控制组的方法，即以一个接受服务的组别和另一个暂时没有接受服务的组别作比较；二是运用时间序列测量，测量和比较两个不同时段的成果变化。②

选择适当的资料收集方法。常用的资料收集方法有问卷调查、访问、观察、文献等，不同的方法提供的资料和信息不一样，要根据实际情况采用合适的资料收集方法，从而实现有效的成果评估。

使用综合分析方法。收集到资料后，需要分析计划是否达到了预定目

---

① 夏建中主编《社区工作》，中国人民大学出版社，2015，第258页。
② 徐永祥主编《社区工作》，高等教育出版社，2004，第213页。

标，分析的方法有定量分析和定性分析。在实际工作过程中要结合具体情况选择合适的综合分析方法。

第四节　社会行政

社会行政也称为"社会工作行政"或"社会福利行政"，与个案、小组、社区社会工作等方法不同，社会行政不直接面对服务对象，而是一种间接的社会工作专业方法。在社会服务项目的开展、社会服务机构的运行中，社会行政处于关键环节，对社会工作的开展起到重要的保证和推动作用。[①] 在民族地区，社会行政同样也适用于民族社会工作。

一　社会行政的主要内容

（一）社会行政的含义

社会行政作为社会工作的一种间接专业方法，普遍被社会工作学界和实务界所认同，但目前学界对于其含义的界定尚不统一。李迎生认为，社会行政是依照行政程序，通过协调运用各种资源，将社会福利政策转变为具体的社会服务，以实现政府或机构特定社会福利目标的过程。[②] 史柏年认为，社会工作行政既是一种社会工作方法，也应当被视为一种社会工作领域内的实践过程。社会行政、社会福利行政和社会工作行政是三个具有递进性从属关系的概念。社会工作行政是一种间接的专业方法，它是通过对组织（即社会工作机构）进行有效的行政管理，以最大化满足社区和民众社会需求的专业活动。[③]

对于社会工作行政、社会福利行政和社会行政，学界有两种观点。一种观点主张在三者之间进行区分。从学科独特性的角度出发，这种观点强调社会工作行政应着眼于专业社会工作本身的行政层面，以社会服务机构的运行和行政管理为对象。另一种观点主张将它们视为内涵相等的概念，认为社会工作行政是指"政府的社会工作机构，以及社会的福利组织对社会福利工作进行行政管理，根据社会福利的政策、立法或决策，按照一定

---

① 王思斌主编《社会工作概论》（第三版），高等教育出版社，2014，第149页。
② 李迎生主编《社会工作概论》（第二版），中国人民大学出版社，2010，第280页。
③ 史柏年：《社会工作行政涵义辨析》，《社会工作》2013年第2期。

程序将之转化为实际服务，满足人民各类福利需求的活动"①。

总而言之，无论学界如何说明或定义社会行政，他们都强调社会行政的过程属性，即将社会福利政策转变为具体社会服务的过程。这个过程是双向的，一是将社会政策转变为具体的社会服务，二是积累经验，向决策者提供意见。也就是说，社会行政既包括与政府的政策实施相连的较宏观的部分，也包括与社会服务机构从事服务活动相连的较微观的部分。②

（二）社会行政的层次

1. 三层次说

按照帕森斯（T. Parsons）的观点，可将社会行政划分为制度、管理和技术三个层次。

（1）制度层次

属于宏观控制，包括制定社会工作整体规划，制定社会政策、法规，确定各级行政组织的职责范围等。

（2）管理层次

包括筹措与安排各种资源的运用；设计组织结构，协调各组织间的关系；指导机构成员充分发挥作用，以人尽其才；招聘、培训职员等。

（3）技术层次

包括向受助者提供咨询服务；个案转介；案主辅导；提供社会资源；建立工作目标，选择工作方案；明确人员的具体配置；服务的执行、评估；明确资金预算等。③

2. 二层次说

目前社会工作学界大多学者认为社会行政是在不同层面进行的，可以分为宏观社会行政和微观社会行政。

（1）宏观社会行政

宏观社会行政是指在政府的社会行政系统中和在大型社会福利组织（非营利组织）中，从事社会政策的执行设计，建立条件及规则并全面地推

---

① 陈伟杰：《管理、权力与制度——分析中国社会工作行政的多重视角》，《华东理工大学学报》（社会科学版）2016 年第 31 期。

② 王思斌主编《社会行政》（第二版），高等教育出版社，2013，第 7 页。

③ 王思斌主编《社会行政》（第二版），高等教育出版社，2013，第 41 页。

动政策实施的活动。① 宏观社会行政的主要任务是制定社会政策的实施细则，进一步阐明政策的目标及意义，明确政策对象的范围，指出政策的责任部门，确定资源的来源及筹集方法，指明相关部门之间的关系及推动政策实施的方法，明晰政策实施效果的评估及责任承担等。主要特点有以下几个方面。

第一，体现国家政治目标（社会发展、社会建设目标）。在很大程度上，宏观社会行政就是要充分理解政策制定者的政治意图②，并通过社会行政落实国家的政治目标。

第二，广泛协调。一项社会政策的贯彻执行和实施需要许多部门和组织的共同合作，需要同占有资源、拥有权力的有关部门进行广泛的协调，为基层执行和实施社会政策提供良好基础。

第三，对政策实施负有主要责任。行政的基本功能是政策的执行，当政策被确定并进入执行程序之后，政策的执行者——行政系统和机构就被赋予权力去贯彻落实该项政策，从而也负有相应责任。虽然这种权力和责任在所有执行和实施者之间分配，但是，宏观社会行政人员负有更大权力和责任。③

第四，与服务对象关系的间接性。与微观社会行政相比，宏观社会行政并不直接与服务对象接触。

（2）微观社会行政

微观社会行政指的是在政府部门或社会福利机构中最接近具体服务的基层机构从事的社会行政活动。微观社会行政一般出现在行政系统或大型社会福利系统的末端，与宏观社会行政的划分是相对的。在民间、专业性福利机构比较发达的西方国家，微观社会行政往往表现为社会福利机构的行政活动。④ 非政府的社会福利系统及政府社会行政系统都存在微观社会行政（如街道办事处社会保障服务中心），最接近服务对象。主要特点有以下几个方面。

第一，实务性（服务目标的具体性）。微观社会行政带有明显的实务性，以具体促进某项服务任务的完成为目标。无论在政府系统中还是在社

---

① 李迎生主编《社会工作概论》（第二版），中国人民大学出版社，2010，第282页。
② 王思斌主编《社会行政》（第二版），高等教育出版社，2013，第25页。
③ 王思斌主编《社会行政》（第二版），高等教育出版社，2013，第26页。
④ 李迎生主编《社会工作概论》（第二版），中国人民大学出版社，2010，第283页。

会服务机构内，微观社会行政都要针对服务对象、服务人员、经济和社会条件方面的具体情况而设计服务活动，组织和协调各种力量。

第二，局部协调。由于微观社会行政面对的是基础的、具体的、局部的工作，行政人员所从事的协调、统筹工作也是局部的。虽然这种协调也会涉及广义的经济、政治和社会因素，但从空间的角度看，更多是在相对狭小的地域乃至社区之中开展。从组织系统的角度看，这种协调主要是组织内部的行为，甚至是组织内部较少部门和人员之间的协调。

第三，部分责任。微观社会行政对社会政策的贯彻实施负有部分责任，在社会行政系统中，基层行政人员只负责某一局部地区的政策执行，或负责政策落实的某个方面的工作，他们的资源配置权力是有限的，对实现政策目标的责任也是有限的。当然，这是相对于服务地域或范围而言的，在有限的服务地域或范围内，微观社会行政对落实具体社会政策同样负有主要责任。

第四，和服务对象关系的直接性。微观社会行政本身的特性决定了它与服务对象是直接接触的，基层行政人员需要在充分了解服务对象的基础上开展服务活动。

（3）宏观社会行政与微观社会行政的联系与区别

宏观社会行政与微观社会行政，二者之间既有联系又有区别。在结构上它们相互联结，在功能上它们相互依存，二者的划分在某种程度上具有相对性，从宏观到微观，社会行政的内容逐渐具体化。

二者的区别主要体现在两个层面。首先，在服务层面，宏观社会行政一般是在较大范围内面对复杂情况对实施政策进行的设计、计划和组织；微观社会行政则主要是面对局部地区进行的具体筹划。其次，在目标实现层面，宏观社会行政落实国家的政治目标；微观社会行政则是落实社会服务的具体目标。[①]

（三）社会行政的功能

社会行政是将社会政策变为具体的社会服务行动的过程，其功能主要表现在以下几点。

1. 将社会政策变为社会服务行动

社会政策是国家或机构依据其占支配地位的价值观念解决社会问题、

---

① 李迎生主编《社会工作概论》（第二版），中国人民大学出版社，2010，第283页。

增进成员福利的基本原则和规定。它们要变为实际的社会服务行动并让有需要的成员真正受惠，就需要一种转换机制，即社会行政。社会行政在社会政策转变为具体社会服务行动的过程中将宏观政策具体化，从而具有解释政策的功能。此外，社会行政要为社会政策的执行和落实设立具体目标和行动方案，其中包括确定政策落实者的目标和责任、所拥有的权力和资源、落实政策的社会动员系统和方法以及明确政策落实时限和评估标准等。通过一系列的操作化，社会政策变为提供服务的具体行动，在其中社会行政发挥着重要的设计和推动功能。①

2. 合理运用资源，促进有效服务

社会行政不但在宏观层面上策划社会服务，还在服务层面上对其进行统筹和管理，即具体地配置各种资源以形成社会服务能力、建构良好的环境以提供社会服务、督促和评估社会服务的进程以提高服务效率。社会行政对社会服务进行统筹、组织、支持、协调和监督，直接影响着机构服务活动的开展和效果。

3. 管理服务机构，指导员工服务

社会政策变为社会服务行动以及机构提供服务都是相关人员的共同活动。为了使这些活动协调进行，使机构正常有效运转，社会行政人员要制定一系列规则，并推动实施，这就是对机构的管理。另外，社会行政人员作为资深的社会工作者和机构管理者，有责任对机构的新员工进行指导和监督，使他们尽快熟悉工作，并高质量地实施服务。

4. 总结服务经验，促进政策完善

社会行政人员的责任不仅在于高效率地执行社会政策，还在于根据需要改进政策。社会政策的合理性和可行性可以在理论上进行评价，但更主要的是通过实践来检验。由于社会行政是社会政策的贯彻过程，并且政策执行者对社会服务实践有着深入了解，社会行政人员具备评价社会政策合理性的条件和能力。通过总结服务经验，社会行政人员可以向决策者提供意见，修订和完善政策，以满足社会服务要求。同时，通过对服务经验的总结也可以进一步提高社会服务的水平。②

---

① 王思斌主编《社会行政》（第二版），高等教育出版社，2013，第152页。
② 王思斌主编《社会行政》（第二版），高等教育出版社，2013，第153页。

二 社会行政的过程

社会行政被视为实施社会政策的行动，这一执行、实施社会政策的活动构成了社会行政的主要内容。[①] 学者们关于社会行政过程中所涉及的基本程序或环节的划分各不相同。有的学者将其划分为计划、组织、督导与激励、协调与控制、评估与报告五个基本环节。[②] 有的学者按行政的八个要素来划分社会行政的程序或运作过程，即计划、组织、人员配置、领导、沟通和协调、报告、预算、评估。[③] 本书引用第二种划分方式。

（一）计划

计划即社会行政计划，是一个社会行政机构事先决定应做什么和怎样去做，是对机构将来的组织与业务加以通盘考虑的过程。一个好的社会行政计划应当具有以下特性。

第一，实际性。计划应本着实事求是的原则，通过实地调查，在全面汇集资料的基础上作出，不能"闭门造车"。

第二，可行性。计划须针对环境需要，是可以负担的，不可好高骛远。

第三，具体性。计划内容应具体明确，不可含糊不清、不着边际。

第四，清晰性。计划的文字要明白、清晰，体系应完整。

第五，灵活性。计划应有一定的弹性，以应对难以事先预测的变化。

第六，一贯性。计划须前后连贯，不可支离破碎或冲突、矛盾。

（二）组织

社会行政工作不仅是一种有计划的服务，也是一种有组织的服务。为了有效地实施社会行政工作计划，推进社会福利服务，应当根据实际需要设置正式的组织、建立科层体系、安排适当的人员，以便分工合作、分层负责。例如，为实际推进社会福利计划，国家和地方政府一般会设置相应的社会行政机构。我国国务院设有民政部及人力资源和社会保障部，它们是国家一级的社会行政机构。地方及基层一般也会设立对应机构，这类综合性的社会行政机构一般划分为若干部门来分管具体的社会福利事务或项

---

① 王思斌主编《社会行政》（第二版），高等教育出版社，2013，第30页。
② 王思斌主编《社会行政》（第二版），高等教育出版社，2013，第153页。
③ 李迎生主编《社会工作概论》（第二版），中国人民大学出版社，2010，第290页。

目。为推进某种具体的福利措施或计划而建立的任务编组，也是社会行政机构的具体形式之一。

（三）人员配置

人员配置即对组织中的人与事做出合理、适当的安排。行政工作千头万绪，其中最具关键性的工作便是人员的安排或配置。社会行政机构通过有关人员的招聘、训练、考核及调迁等人事政策，以实现"人尽其才""事尽其功"，具体包括以下三个方面的工作。

第一，人员的聘用及解雇。就行政主管而言，私立或民间机构一般由董事会聘用或解聘；公共机构一般由各级政府的主要领导聘用或解聘。行政助理及一般人员则由行政主管聘用或解聘。

第二，职员的训练。机构应对聘用人员进行培训，以提高其工作效率。这类工作一般由机构的人事部门或人事主管来完成。

第三，维持有利的工作环境。为保持任务传达渠道的畅通，机构人员之间的沟通渠道应畅行无阻。这被视为维持有利的工作环境的最好方法。

（四）领导

领导也被称为指挥。为了机构的有效运转与实现社会行政的目标，领导和指挥非常重要。一个成功的领导，应具备全面、优越的知识与技能，以及创造性的领袖才能，使工作人员对他有信心并乐意与他合作。同时，他应与工作人员保持沟通，并通过公平的考核与待遇，来获得工作人员对他的信任。社会行政机构的领导应注意采取民主的领导方式，促进工作人员积极性、主动性与创造性的发挥。

（五）沟通和协调

沟通和协调是机构主管及相关部门的重要职责。沟通的目的是使机构内不同的部门和人员能够及时联系，使其对工作的本质及职权的分配都有一定的认识。协调则是使各单位间、各工作人员间能分工协作，以实现机构的目标及任务。沟通是协调的前奏，协调则是沟通的结果。沟通在于思想和意见的共通，协调则力求行动的一致。

（六）报告

报告是为了总结和展现工作的成果。社会工作作为一种负责任的工作，不仅在个案工作、小组工作、社区工作中必须有记录和报告的程序，社会行政的实施过程或执行结果也需要提出报告，以示负责。社会行政工作报告不仅可作为工作的总结、记录，以备日后查验；还可用来向有关机构、人员乃至社会做宣传，以争取了解、支持、参与或赞助，使社会工作得以推进。

（七）预算

预算是指一个社会行政机构在一定时期内（一般为一年）资金的收支平衡计划，是社会行政计划中的重要项目。因为即便建立了比较合理的行政组织和配置了合适的人员，如果没有经费来源或没有经费支出计划，社会行政工作也不可能顺利进行或取得预期的效果。社会行政机构应根据实际的需要及现有的资金状况和来源，编制合理的预算计划。为确保业务得到顺利开展并做到收支平衡，应建立一套良好的会计及稽查制度，以担保经费的用途不背离机构的目标和政策。

（八）评估

评估包括对机构的评估及对方案的评估两种。对机构的评估包括机构的目标、经费来源、行政结构、人员资格条件、服务对象、工作的适当性、有关人员的参与程度等。对方案的评估可采用输入分析、过程评估、结果分析等方法。为保证评估工作有效推行，实施评估应具备客观性、公开性及切实性等条件，外加科学的评估方法与技术。评估的目的是通过对机构的行政措施及各方案的评审，检讨过去服务的实际效果与原有计划的目标以及机构的政策的实现程度，发现其实现过程中的困难所在，以探求下阶段努力改善的方向。

三 社会行政在民族社会工作中的运用

随着近年来国家对民族地区的重视程度不断提高，民族社会工作也迎来了新的发展机遇。要想做好民族社会工作，固然离不开传统的个案、小组、社区方法，但是在民族地区和少数民族群体的服务中，社会行政也能发挥其独特优势。

民族社会工作强调助人自助、激发少数民族个体的潜能，进而带动整个民族地区的可持续发展。这个服务过程既需要有社会工作利他主义价值理论的指导，也需要社会工作者在介入过程中准确把握和科学分析民族地区存在的问题，制定精确专业的服务方案，最重要的是社会工作者要针对不同的服务对象开展个别化、具体化、专业化的社会工作服务。在社会工作服务的过程中，社会行政是必不可少的。

（一）社会行政是社会工作开展的重要方法

作为应用性和实践性较强的社会科学，社会工作在其发展过程中已经形成了一套非常完整的工作方法体系，包括微观层面的个案工作、中观层面的小组工作、宏观层面的社区工作等直接工作方法，也包括作为间接工作方法的社会行政。这些专业方法的运用是民族社会工作区别于传统民族工作最主要的地方。

在社会工作机构助力少数民族贫困家庭生计发展、卫生健康、文化教育扶贫的过程中，最先想到的就是要用好社会行政的方法。[1] 社会行政在民族社会工作介入民族地区的服务过程中发挥着不可替代的作用，在这个过程中链接各方资源需要社会行政，取得乡镇党委政府的支持与配合需要社会行政，联动村两委班子与社会工作者的合作同样需要社会行政。[2] 否则，社会工作机构无法扎根民族地区，社会工作者也无法提供专业服务，民族社会工作在促进民族地区发展中的优势也难以体现。

当然，民族社会工作不仅仅是在民族地区开展，中东部城市的少数民族流动人口同样是民族社会工作的服务对象。随着城市经济的发展，越来越多的少数民族群众流动到沿海发达城市生活和工作，这不可避免地会出现少数民族流动人口问题，包括少数民族群体的社会融入、城市管理、民族关系复杂化等问题。社会工作者可以运用社会行政的方法，对政府、民族工作机构、福利机构制定、修改和颁布相关法律法规，出台工作方法方面给予建议，如呼吁政府适时建立超越户籍的社会保障体系和健全的社会

---

[1]　荣增举：《社会行政：民族社会工作核心方法——基于青海的个案研究》，《青藏高原论坛》2020 年第 3 期。

[2]　荣增举：《社会行政：民族社会工作核心方法——基于青海的个案研究》，《青藏高原论坛》2020 年第 3 期。

保险体系，尽快出台涉及少数民族流动群体的相应法律法规，切实维护城市少数民族的合法权益等。[①] 此外，政府相关部门还可以用政府购买社会工作服务的形式，允许社会工作服务进入相关领域，更好地促进少数民族群体的发展。

（二）社会行政是民族社会工作的核心方法

民族社会工作介入民族地区为有需要的弱势群体提供服务，要注重培养社会工作者的专业素质。社会工作者不仅需要有过硬的专业能力，还要有连接其他专业人员的能力，在介入民族地区时面对不同的问题需要链接不同的社会资源，比如教育、医疗、宗教等方面的专家学者等。实践证明，专业技术人员的无缝衔接和专业技术的恰当应用都是十分重要的，只有做到既有分工，又有合作，才能实现民族社会工作整合优势资源、减少服务成本的目标，才能提升服务质量，提高服务水平。[②] 除此之外，社会工作者也要掌握综合技术，比如问题研究、客观诊断、方案设计与实施，整体过程的评估以及志愿者的培养训练和考核，这些都在综合技术范围内。

社会行政在民族社会工作中的方法主要在两个层面。一是服务机构获得资源的方法。民族地区，尤其是少数民族聚居地区，资源可能是极其匮乏的，因此能否获得资源就成为民族地区发展的核心问题。二是服务机构与内外协调的能力以及提高服务的绩效的方法，制订科学的计划是提高绩效的前提。[③] 然而近几年在对民政部门或少数民族地区所实施的社会工作服务项目进行评估时，发现很多评估单位只评估其资金的使用，而对于是否满足了群众的真实需要、服务的绩效如何则甚少过问，这也是社会行政在民族社会工作的运用过程中需要注意的地方。社会工作服务项目应该把服务对象的需求放在心里，以需求为导向制定服务方案，在实施和干预过程中重视服务对象的个人成长与项目的整体成效，这样才能充分发挥社会工作的专业价值。

在民族社会工作中，社会工作者能够积极运用社会行政的方法，发挥

---

① 李林凤：《论社会工作方法在城市社区民族工作中的运用》，《社会工作》2007年第7期。
② 荣增举：《社会行政：民族社会工作核心方法——基于青海的个案研究》，《青藏高原论坛》2020年第3期。
③ 荣增举：《社会行政：民族社会工作核心方法——基于青海的个案研究》，《青藏高原论坛》2020年第3期。

其专业优势，积极宣传党的路线方针政策，输送政府的社会福利政策，扎根民族地区且服务少数民族个体、家庭、群体和社区，帮助少数民族发展生计，促进民族地区和谐发展。当然，这不仅要求社会工作主导部门的福利政策和实施意见要有统一长久的计划，具体到开展实务的社会工作机构，内部要有全盘统一和长久计划的服务方案，外部还应该有健全的社会行政。比如，及时向乡镇党委和政府汇报服务对象的需要和问题、服务方案设计情况，展现民族社会工作专业化、职业化的服务过程，呈送服务评估的结果。同时，最关键的是要接受党委的全面领导，并且及时进行项目财务审计和验收等工作。

四　总结与反思

传统的民族工作因实施主体的单一化、工作内容的片面化、工作手段的一元化，工作方式的僵硬化等无法有效应对和解决民族问题，而民族社会工作因其整合取向的工作方法，包含微观的以个体和家庭为服务对象的个案工作、中观的以群体和小组为服务对象的小组工作、宏观的以族群和社区为服务对象的社区工作，能有效应对民族发展过程中出现的系统问题。[①]

此外，民族社会工作整合取向的工作方法能实现宏观政策与微观个体的对接，即民族区域自治制度、民族优惠政策和各民族及其成员的现实需求的有机结合。一方面，民族社会工作有微观干预过程的方法优势，其个案工作、小组工作可以充分实现少数民族家庭或个体成员的现实需求与文化需求，解决社会组成细胞——家庭在民族发展过程出现的具体问题；另一方面，民族社会工作还能够充当民族政策的解读者、执行者和反馈修订者，其社区社会工作与社会行政可以将民族政策变为民族服务行动，也可以优化政策执行过程，并通过实践经验来反馈和调整民族政策，形成民族发展的制度保障。

总的来说，民族社会工作既发挥了"自上而下"的政府主导作用，又实现了"自下而上"的社会需求传达；既促进了民族发展，又从民族地区和各族人民的问题和需求出发，充分发挥民族社会工作者的专业优势，解决

---

① 汪冬冬、王华：《转型时期民族融合与民族社会工作创新发展》，《云南民族大学学报》（哲学社会科学版）2014年第4期。

各少数民族的发展问题，提高其生活水平，实现民族繁荣和各民族共同发展。民族社会工作是一个多学科、跨专业的综合工程，需要民族社会工作者、民族工作者、政府有关部门间的密切合作和共同参与。社会工作专业方法在民族地区的介入，有助于民族社会工作事业朝着更加务实、更加人性化的方向发展，有助于推动民族地区的整体发展，促进和谐社会建设，铸牢中华民族共同体意识。

第四章 少数民族社区与社会发展

第一节 社区社会工作与社会发展

一 社区社会工作的模式

在具体的实践过程中，针对不同的社区问题，社区社会工作形成了不同的工作模式。班顿（Batten）提出的二模式，直接干预法（direct approach）与非直接干预法（non-direct approach）①；罗夫曼（Rothman）提出的三模式，社区发展（locality development）、社会策划（social planning）、社会行动（social action）②；泰勒与罗伯茨（Taylor & Roberts）提出的五模式，项目开发和服务协调（program development and service coordination）、计划（planning）、社区联络（community liaison）、社区发展（community development）、政治行动（political action）③；威尔和甘布（Weil & Gamble）提出的八模式，邻里与社区组织（neighborhood and community organizing）、组织功能社区（organizing functional communities）、社区的社会与经济发展（community social and economic development）、社会计划（social planning）、项目开发和社区联络（program development and community liaison）、政治与社会行动（political and social action）、联盟（coalitions）、社会运动（social

---

① John E. Tropman, "The Non-Directive Approach in Group and Community Work by T. R. Batten. Madge Batten," *Social Service Review* 4 (1968): 524–525.

② Rothman Jack, *In Strategies of Community Organization (3rd Edition)* (F. E. Peacock Publishers, 1979), pp. 25–45.

③ Samuel H. Taylor, Robert W. Roberts, *Theory and Practice of Community Social Work* (Columbia University Press, 1985), pp. 87–88.

movements）。①

这里介绍的是目前在国内外应用较普遍，取得了良好成效，且较为符合我国国情和社区工作现状的三个主要模式，即社区发展模式、社会策划模式、社区照顾模式。

（一）社区发展模式

1. 社区发展模式的概念与历史

（1）社区发展模式的概念

社区发展或者说地区发展，作为一种专门的社区工作方法，源自 1947年美国印第安纳厄尔翰学院威廉·毕都（William Biddle）的"社区活动"（community dynamics）项目。社区发展是一个非常重要的概念，应用相当广泛，但是由于学者和实际工作者们的观点、关注点有所不同，至今仍没有统一的定义。

在有关社区发展的文献中，主要存在两种不同的观点，即任务与过程，两种观点相对立，有着明显不同的侧重点。克瑞斯坦森和罗宾森（Christenson & Robinson）定义社区发展的任务取向为"社区中的一群人，在启动一项社会行动计划方面达成一致，从而改变他们的经济、社会、文化或者环境的现状。"②

沃伦（Roland Warren）指出，社区发展的过程取向是"加强社区水平模式的周密的、持续的努力"。联合国在 1955 年出版的《通过社区发展促进社会进步》一书也提出，可以将社区发展认为是一种经由全社会居民积极参与，并充分发挥创造力量，以促进社区经济与社会同时进步的工作过程。③ 米尼克莱尔（Louis Mimclier）也认为社区发展是一种社会行动的过程。在此过程中，社区人民首先要自己组织起来，找出他们的共同需要与问题，拟订他们的共同计划以满足需要与解决问题，在运作这一计划时，

---

① Richard L. Edwards, June Gary Hopps, *Encyclopedia of Social Work*（National Association of Social Workers, 1995）, pp. 577-594.

② James A. Christenson, Jerry W. Robinson, *Community Development in America*（Iowa State University Press, 1980）, p. 12.

③ UN Economic and Social Council, *Official Records of the 24th Session*, *Annexes*, *Agenda Item 4*, *20th Report of the Administrative Committee on Coordination to the Council*（*E/2931*）（Annex iii, 1956）, p. 14.

尽量运用当地社区的资源，必要时，由政府或其他社团协助。①

综上所述，社区发展可以定义为：社区居民在政府和专业人员的指导和支持下，依靠本社区的力量，有目的、有计划地改善社区经济、社会和文化状况，解决社区共同问题，提高社区居民生活水平和促进社会协调发展的过程。

（2）社区发展模式的历史②

其一，国际社会社区发展模式的历程。大致来说，发展中国家的社区发展模式经历了四个阶段。

第一个阶段是在 20 世纪二三十年代，主要是欧洲宗主国在其殖民地进行统治时，开始认识到要想使其统治长治久安，必须发展当地经济，并把殖民政府和当地社区的政治精英与政治方式结合起来，利用当地资源和当地居民的首创精神来促进发展。这样，一方面可把殖民地作为宗主国的原料来源地和产品销售市场，支持宗主国的经济发展；另一方面可确保在殖民地的统治能得到当地政治精英的支持，并融入当地的政治文化和社会文化。③

第二个阶段是在第二次世界大战之后，20 世纪四五十年代，原来的殖民地纷纷独立，成为民族国家，走民族发展道路。当时世界上的两大政治阵营都想对新兴独立的民族国家发挥影响，走本阵营的发展道路，所以都想对新兴独立的民族国家进行经济、技术援助和政治道路输出。联合国经济及社会理事会也开始介入协调这种国际援助行为，指导发展中国家的发展，当时总结出了"经由社区发展促进社会发展"的概念和模式，于是就有了动员社区内在的资源，依靠社区领袖和居民的举动，通过当地居民的广泛参与和合作，并结合社区外界的资金、技术援助，促进当地社区的经济、社会发展，把社区发展与国家发展相结合。

第三个阶段是在 20 世纪六七十年代，发展中国家的社区发展模式注重居民的参与、自助、合作、团结，同时注重发展当地的经济，并开始被已发展国家内地城市的社区工作所吸收借鉴，成为城市社区工作中的一个方法。在城市，社区发展主要是指组织城市贫困社区的成员，通过广泛的讨

---

① 徐永祥主编《社区工作》，高等教育出版社，2004，第 79~80 页。

② 徐永祥主编《社区工作》，高等教育出版社，2004，第 79~80 页。

③ James Midgley, *Social Development: The Developmental Perspective in Social Welfare* (Sage, 1995), pp. 280-281.

论、参与、合作，结合政府的经济资源援助，来创建合作经济体，寻求社区经济的发展。当然，西方国家城市社区工作在 20 世纪 70 年代主要流行的是社区行动，但是这种以对抗斗争为手段，指向批评政府的福利措施和维护公民福利权利的行动趋向，引起和造成了政府的反感和消极态度，从而减少了对社区工作的拨款。所以在 20 世纪 70 年代末和 80 年代，随着政治气候的转向，这种社区行动趋向在城市社区工作中开始变冷。[①]

第四个阶段是 20 世纪八九十年代以后，强调居民参与、自助、合作为核心理念的社区发展模式，开始结合可持续发展理念等观念，重新在国际社会流行起来，不管是在发展中国家的农村扶持工作，还是在城市贫困社区的工作，都倾向于采用社区自助合作社模式、社区实物交易市场、社区互助家务照顾、社区互助时间银行等形式，依靠社区内部资源、市场、人力、社区关系等解决社区问题，促进社区发展。[②]

其二，我国社区发展模式的历程。中国对社区发展模式做出了突出的贡献。在我国历史上，就有以血缘和地缘为基础的各种互助合作，通过基层乡村士绅进行的乡村治理也得到了官方的积极支持。我国历史上的社区合作支持形式有社仓制度、乡约制度、义田制度和会馆制度。中国社区发展模式经历了两个阶段。第一个阶段是 20 世纪 20~40 年代的中国乡村建设运动。例如，1924 年晏阳初在河北定县农村推行的平民教育运动；1927 年陶行知在江苏南京创办的晓庄试验乡村师范以及其后的江苏乡村师范学校；1929 年梁漱溟创立河南村治学院，其后在山东邹平成立实验区等都是以改良中国乡村社区为目的，合称为中国乡村建设运动，而且，中国乡村建设运动的经验构成了后来联合国的社区发展概念和模式的基础来源。[③]

第二个阶段的起始时间应该划定为 20 世纪 50 年代中国共产党领导的土地改革和农村合作化运动。1949 年，中国共产党建立了新中国，进行社会主义改造，在农村地区，社会主义改造的做法主要分两个步骤，一是土地改革，把地主的土地分给农民，使农民获得了土地和其他基本农业生产资料；二是紧接着开展的农村合作化运动，把单户单干的农民组织起来，先后成立了互助组、初级合作社和高级合作社。这些做法在当时对农村农业

---

① 冯国坚、朱昌熙：《社区组织》，载甘炳光、梁祖彬等编《社区工作：理论与实践》，香港中文大学出版社，1998，第 80 页。

② Payne Malcom, *Modern Social Work Theory* (Macmillan Press LTD, 1997), pp. 209-223.

③ 徐震：《社区发展——方法与研究》，台北：中国文化大学出版部，1985，第 7~15 页。

生产和农民生活福利保障等起到了很大的促进作用。

2. 社区发展模式的基本内容

（1）社区发展模式的基本假设

第一，对个人的假设。在传统社会中，个人在社区中相互帮助、相互合作，一起朝着共同的目标努力。然而随着城市化和工业化的不断推进与深入，传统社区中的亲密关系逐渐消散，个体渐渐迈向彼此孤立、冷漠封闭的状态，倾向于无视社会公共事务。在此背景之下，社会问题也逐渐显露出来，社会发展也受到了一定的限制，但是在社区发展模式看来，社区居民不愿意参与社会公共事务的原因并不在于他们不具备参与的能力，而是他们的能力没有得到充分的挖掘和展示，社区中的每个人实际上都是极具潜力的个体。

第二，对社区构成的假设。随着社会的发展，社区中传统的自然联系逐渐消失，生产、生活的原有联系日益衰落甚至瓦解，以家庭为单位的社会关系不可逆转地走向原子化，社区居民之间普遍的联系逐渐减弱，关系淡化，对社会公共事务持不关心的态度[①]，社区居民之间彼此熟稔的熟人社会逐渐被陌生人社区所取代。不仅如此，社会阶层的分化也逐渐明显，随之而来的便是住宅区的分化。

第三，对行为动机的假设。社区发展模式假设个体之所以会行动，并不是因为他们想要竞争、冲突与对抗，而是想要团结合作，希望通过沟通与讨论促成问题的解决，而这一形式比科层结构化的决策更有利于实现社区问题的解决。除此之外，个体还倾向于参与能够兼顾实现个体利益的集体事务。

（2）社区发展模式的特征

一是相较于任务目标，更重视过程目标。社区发展模式的目标分为两类，即任务目标和过程目标。任务目标指通过社区社会工作者的介入，解决特定的问题，实现特定的目标，强调真实存在的目标，主要包括社区的经济开发、基础设施建设、文化的存续与发展等。过程目标指建立长久的、可持续的制度或社区组织，主要聚焦于较为抽象的事物。社区发展模式认为社区支持网络有利于推动过程目标的实现，故而其致力于推动社区居民之间社区支持网络的重建与改善，以加强社区居民之间的友好互动、帮助

---

① 黄平、王晓毅主编《公共性的重建》（上），社会科学文献出版社，2011，第28~29页。

社区居民与社区之间建立紧密的联系、促进社区居民意识到社区参与的重要性等。

社区发展模式对过程目标的重视程度远超任务目标，但这并不意味着过程目标可以脱离任务目标而得到实现。实际上，任务目标和过程目标是相辅相成、相互影响的关系。实现任务目标所指代的实质性问题能够促进社区居民之间形成更加紧密的关系，推动实现自助与互助。反过来，社区居民之间的共同协作也能够为解决社区的冲突与矛盾、推动社区的发展添砖加瓦。

二是关注社区内的共同性问题。社区所面临的共同性问题是指大多数社区居民共同面临的问题，如社区地下水管道破裂、社区网络受到干扰等问题。社区发展模式，乃至整个社区工作都比较关注社区中的共同性问题，并希望能够推动面临这些问题的社区居民共同参与，一同解决这些问题。

三是通过推动社区居民的自助与互助重构社区。在社区发展模式看来，社区居民普遍对社会公共事务漠不关心，故而强调要培养社区居民的自治能力，引导社区居民自主讨论、分析、解决社区问题，实现自助与互助，重构原先个体之间存在深刻隔阂的社区，使之成为人人友善、团结互助的社区。

四是重视社区居民的参与。在社区发展模式看来，社区居民不仅是社区的组成要素、社区工作的服务对象，还是推动社区发展的重要力量。所以，该模式特别强调应该发挥社区居民的自治能力，协商和解决社区问题。

（3）社区发展模式的目标[①]

社区发展模式的目标可以分为直接目标和终极目标两种。

直接目标包括协助社区居民认识他们的共同需要、协助社区居民运用各种技术援助、协助社区居民动员他们的社区资源、协助社区居民改善他们的生活环境。

终极目标包括四个方面。第一，在经济发展方面，发展社区居民职业能力和技术能力，以增强物质的建设，提高生活水平。第二，在社会发展方面，培育社区居民互助的、合作的精神，以协调社区的力量，改善人群的关系。第三，在政治发展方面，发展社区居民的组织，以提高和树立社区居民的自治能力与自助精神。第四，在文化发展方面，文化发展亦即伦理建设。推行生活教育，举办休闲活动，提倡敦亲睦邻，以建立祥和的社

---

① 夏建中主编《社区工作》，中国人民大学出版社，2015，第88~90页。

会秩序。以上四项终极目标必须同时进行，以实现平衡发展。

（4）社区发展模式的功能[①]

①民主制度的建设过程

实施民主制度，是一套工作的程序和方式，包括人民积极参与社会公共事务，认识社区的共同需要，通过集体思考、集体计划与集体行动的方式，解决共同问题。因此，社区发展可以说是一种基层民主的训练过程。

②助人自助的方式

天助自助者的说法，是古今中外一致认同的，其理由是自助产生自信，而自信是一种内在的自强力量。助人的方式常有三种，替人做事、与人同做、助人自助，第三种为最高级的方法。从上述社区发展的过程与目标而言，社区发展是一种最佳的助人方式。

③社会安定的力量

在人类的社会生活中，最亲密的团体是家庭，其次就是社区。近百年来，由于工业上的革命与发展，社会的流动与变迁造成了社会解组的现象。第二次世界大战以后，各国的社会解构均有加速与扩大之势。因为个人解组是家庭与社区解组的结果，于是许多人认为社会的改造必须从解决家庭与社区的问题做起。古代大家庭聚族而居，是一种血肉相连的自治社区，他们守望相助，故社会安定。今日既不能复兴大家庭制度，而家庭功能日益缩小的趋势又不能遏止。所以社区建设工作日渐重要，并被认为是一种安定社会的力量。

④社区革新的方法

社会学家认为，社会变迁可分为自然的与计划的两种。自然的社会变迁是缓慢的、未经过人们计划的，也称为社会演化，其结果可能有优有劣，所以社会演化不一定是社会进步。计划的社会变迁可分为急剧的和缓进的两种，缓进而有计划的社会变迁，称为社会改革、社会革新或社会建设，急剧而有计划的社会变迁，称为社会革命。革命与革新都是人类有目的、有计划、有指导的一种集体行动，而革新是在承认现行社会制度的前提下，使用和平的手段施以各种改革，逐渐改进为一种新的社会制度。社区发展工作就是一种有计划引导社会变迁的行动过程，但属于一种微观社会层面的改革。

---

① 夏建中主编《社区工作》，中国人民大学出版社，2015，第88~90页。

因此，社区发展的社会变迁计划属于社区内或地方性的，即社会革新中从小处着手的改革方案，但它仍属于引导社会变迁、使社会进步的一种方法。其引导社会变迁的内容，由于在一种微观社会层面，故多与社区居民的日常生活有关，或着重"社区环境"的改善而提出"创新改革模式"，或着重"社区居民态度的改变"而提出"改变习俗模式"。这些都属于一种有计划的社会变迁，而所谓环境改善或态度改变，不过是这种有计划变迁的"一体两面"。因为改善社区环境总要影响社区居民的生活方式，而改变社区居民态度也有助于生活环境的改革。

在社区发展中，可以将社区居民视为案主体系，将社区社会工作者视为变迁推动者，将社区问题视为需要改革的内容，将社会变迁计划视为行动的体系。

3. 社区发展模式的任务和策略

（1）社区发展模式的任务

第一，农村社区发展的基本任务，包括促进农业的发展和农产品附加值的增加，加强农村自然资源开发、人力资源的利用、农村基础设施建设和文教卫生事业的发展、提升社区居民的能力等。

第二，城市社区发展的基本任务，包括社区服务、城市住房改造、环境改善、老人关照、小型服务项目的投资贷款项目、社会互助网络、社区失业人员的就业辅助等。

（2）社区发展模式项目的选择原则

第一，当地居民应该是确定社区发展模式项目的主要决策者；第二，应遵从社区居民的广泛参与讨论、民主决策，而不是少数社区居民的集中垄断决策；第三，应充分考虑生态资源的可持续发展。

（3）社区发展模式的策略①

①基本的策略方针

第一，以内部资源的动员、参与、行动为主，以外界的资源帮助和技术引进为辅；第二，内部以广泛的讨论、协商一致、团结合作为主，避免冲突，妥善化解矛盾；第三，注重社区居民的组织和教育，培养社区居民发展项目的能力比在社区引进成立一个具体的项目更为重要；第四，动员社区居民自下而上地决定社区公共发展事务，而不是自上而下地由精英进行决策。

① 徐永祥主编《社区工作》，高等教育出版社，2004，第83页。

②具体的策略措施

社区发展的具体策略措施是以协商一致为主，避免冲突和竞争。第一，立足广大社区基层群众公共利益，通过沟通、对话和讨论促使其成立居民小组；第二，社区组织之间进行协商和合作；第三，对社区精英的争取、团结和支持；第四，对社区居民的争取、包容，并引导其参与发展项目。

（4）社区发展模式下社会工作者的角色和方法①

①社区发展模式下社会工作者的角色

第一，启发催化的角色。启发催化的角色是指社会工作者把社区居民组织起来表达他们的需求，辨别社区的问题，讨论和形成社区的公共需求和发展目标，帮助社区居民形成良好的人际关系，团结起来共同解决社区问题。② 这种角色是以程序为焦点，而不是处理具体的实质性的问题。③

第二，支持鼓励的角色。支持鼓励的角色是指社会工作者负责发动并提高人们的创造性，鼓励社区居民通过参与导向的过程，强化责任意识、提升理性思维、积极面对和处理种族敏感的问题等。社会工作者要发动并帮助当地社区居民完成一种民主能力增强的过程。④

第三，协调联络的角色。协调联络的角色是指社会工作者要在社区小组之间、社区组织和外界组织机构之间、不同社区之间进行联络沟通，增加彼此间的了解，减少误会和分歧，争取团结、合作和支持。

第四，资源中介的角色。资源中介的角色是指社会工作者要协调、动员社区内外的资源，将其投入社区居民的发展项目，帮助社区居民组织开展项目，解决社区问题，改善社区生活。

②社区发展模式下社会工作者的方法

第一，进入社区阶段的方法。首先，拜访关键人物。一是对关键人物的尊重，利于事后争取对方的合作；二是介绍自己的身份、机构背景和工作意图，便于社区居民接受社会工作者。其次，和居民进行街头接触或深入访谈。一是街头聊天；二是深度访谈。再次，多举办公共集会和公益活

---

① 徐永祥主编《社区工作》，高等教育出版社，2004，第83页。

② Ross Murray，B. W. Lappin，"Some Conceptions of Community Work" in Community Organization（Harper & Row，1967），p. 256.

③ Rothman Jack，In Strategies of Community Organization（3rd Edition）（F. E. Peacock Publishers，1979），p. 176.

④ Rothman Jack，In Strategies of Community Organization（3rd Edition）（F. E. Peacock Publishers，1979），p. 176.

动。最后,事件的介入和焦点小组。借助社区中的特定事件,把广大社区居民的注意力集中起来,采取行动,促进社区发展,但是所选的事件应该是简单的、涉及广大社区居民利益的,而且在社区居民解决能力范围之内的,并且最好是大家感受强烈的事件,这样更易于动员社区居民采取行动解决社区问题。

第二,社区调查研究的方法。

社区调查研究包括社区环境、资源的调查;社区问题的发现和定义;社区发展项目计划的提出等。在社区发展模式下,社区调查研究应注意当地社区居民参与调查的原则;调查研究与社区居民动员相结合的原则;选择适合当地社区居民掌握、使用的调查技术的原则;横向资料和纵向资料相结合的原则;一般资料的调查和以问题为本的焦点调查相结合的原则等。

社区调查研究的范围和内容主要有环境和资源;社区规范、价值和动力体系等;社区中的焦点问题等。

可以采用的社区调查研究方法主要有社区行走观察法(实地考察);文献分析法;深入访谈法;问卷调查法。

第三,建立和发挥社区居民组织的方法,包括达成共同目标;对组织成员的激励和组织领袖的训练;组织的财政资金支持;对外关系和公共关系。

第四,社区活动筹备的方法,包括明确活动目的;写好活动方案;做好活动执行;充分调动资源。

第五,链接社区资源的方法。可以链接的资源主要有以下几种。一是街道办事处资源,包括对接人、项目嵌入、媒体评估等。二是社区居委会资源,包括各岗位的工作人员、社区场地等。三是事业单位类资源,包括公立医院、辖区学校等。四是企业资源,包括物业、其他企业公司等。五是社区能人资源,包括党员、小组长、原社区工作者、宣传能人、文艺能人、技术能人等。六是社区小团体资源,包括广场舞团队、合唱团、太极队、商会等。

(二)社会策划模式

1. 社会策划模式的概念与历史

(1)社会策划模式的概念

与社会策划相关的概念主要有社会规划、城市规划和社区规划。

社会规划是指对一定时期内社会发展目标及其实现手段的总体设计。

城市规划又称城市发展规划、都市发展计划，是指研究和规划城市未来发展，探索和追求城市的合理布局，综合安排城市建设的总体性计划。

社区规划是指关于一定时期内社区发展的目标、框架、主要项目等的总体性计划及其决策过程。

社会策划又称社会计划，是社区工作的介入模式之一，是依靠专家的意见和知识，通过理性客观的分析，处理社区问题的过程。该模式适用于一些因社会急剧变迁而产生问题的社区，且这些复杂的社会问题仅仅依靠社区民众或社区自身力量往往难以应对。

社会策划模式是指社会工作者在理性方法指导下，依靠专家的意见和知识，在准确把握社会服务机构使命、宗旨、政策、资源的前提下确立工作目标，并根据社区的实际情况和社区工作的目标，从多个预选方案中选择一个最合适的工作方案，然后根据社区需要，动员和分配社区资源，并在工作过程中结合不断变化的实际情况随时修改服务计划，确保计划按照预定目标前进，工作结束时对计划的执行状况进行总结与反思，最终实现社区问题的解决。[①]

（2）社会策划模式的历史[②]

①发展中国家社会经济发展规划模式的变化

社会经济发展的规划模式伴随着 20 世纪国家干预范围的扩展而渐渐成为一种社会发展模式。在 19 世纪之前，西方国家流行的社会发展理念是古典经济学中的自由放任模式，即相信自由市场经济机制像一只无形之手会自动引导着理性自私的个体追求各自利益的最大化，社会整体利益也会因为个体利益的增加而获得总量增长，政府在社会发展中的作用仅仅是负责国家安全和维护社会治安，像一个"守夜人"，最好的政府是最小的政府。但是到了 20 世纪 30 年代，资本主义世界经济大萧条发生，社会问题、经济周期中的经济危机问题催生了凯恩斯主义经济学。凯恩斯主张政府应该通过需求管理政策来干预经济的发展。在第二次世界大战之后，无论是在发达国家，还是在广大发展中国家，政府职能都有了很大的扩展，主要体现在社会福利政策、宏观经济政策、宏观经济发展规划、市场规划管理、人

---

① 顾正品：《社区工作的主要模式·社会策划模式（一）》，《中国社会工作》2019 年第 4 期。

② 徐永祥主编《社区工作》，高等教育出版社，2004，第 102～104 页。

口政策、环境政策等方面。当然，社会主义国家的经济发展规划不像资本主义国家作为市场机制的补充出现，而是将社会主义的基本经济制度（生产资料公有制）作为一种基本生产关系条件，从而保证了社会发展的基本要求（有计划按比例发展）。就整个世界而言，注重社会经济发展规划的主要是社会主义国家和广大发展中国家；发达国家虽然有较完善的社会政策和经济政策，但是相对而言，会更重视市场自由，而反对经济计划。

在第二次世界大战之后，发展中国家在国际组织和本国政府的积极推动下，广泛采用计划策略来促进经济快速增长和现代化。早期的现代化理论主张所有的可利用的资源都被配置到工业投资和其他现代企业里，来推迟消费，而且主张应该减少社会支出，优先保证一个有活力的经济体。在20世纪50年代，联合国提倡采用经济计划促进经济增长，同时发展一种剩余补充的社会福利政策，提供政府的服务给社会极度困难的人口。

到了20世纪60年代，随着对剩余社会福利模式的批判，联合国开始反思原本单纯促进经济增长的模式。反思的结果是联合国在1971年开始提倡联合社会-经济发展计划模式。所以在20世纪70年代，许多发展中国家开始扩展他们的中央计划机构范围，把社会计划也包括进来。更多的社会学家、人类学家和其他社会科学家被招聘并和经济学家一起工作，他们开始尝试用社会术语来界定发展概念。

在20世纪70年代晚期和80年代，许多发展中国家陷入债务危机，许多政府被迫需要新增援助来解决信用问题。这导致国际货币基金组织和世界银行向发展中国家输入有条件的结构调整政策，削减了政府在经济上的干预、减少了社会支出。许多国家的社会计划因此受阻，甚至不再连续执行。

当然，许多国家并没有完全取消联合社会-经济发展计划模式，或者发展出一些新的社会干预措施。在20世纪90年代，世界银行被许多社会发展专家出版的关于世界贫困的综合报告所震惊，关注并消灭贫困成为社会问题的新焦点。联合社会-经济发展计划模式要求政府的社会、经济计划需小心地保持和谐，平等重视经济增长和社会进步，要求经济学家和社会计划者共同投身改善人民的福利。它要求经济学家和社会计划者接受良好的训练，获得专门技术知识以便完成制定和执行有效的社会经济政策；同时，还要求政府投入经济增长和社会进步发展。

②中国社会经济发展计划模式的变迁

中国的社会经济发展计划模式的变迁和世界上其他发展中国家的经历

相类似。在 20 世纪 50 年代中期，中国完成了社会主义改造任务，建立了社会主义生产资料公有制和实行按劳分配等经济制度，并从苏联引入国民经济发展计划模式，制订了中国的国民经济发展五年计划和每年的年度计划等。之后，中国一直是以马克思主义政治经济学为指导，来理解社会主义国家的经济发展，实行计划经济体制。

从 1978 年开始，中国进行经济体制改革的探索，逐渐在原来的计划经济体制中增加自由资源和自由流动的空间。一直到 1992 年中国共产党第十四次全国代表大会确立了社会主义市场经济体制的改革目标，把市场机制作为资源配置的基础机制，同时结合国家的宏观调控措施，引导市场经济的发展。国家的宏观调控措施仍然是强调将科学有效的社会和国民经济发展计划作为整个宏观调控的依据和重要手段，同时配合国家的各项经济政策、社会政策等调节手段，促进市场经济的发展符合国家的发展目标，而且我们国家的发展计划也由原来单一的国民经济发展计划改为社会和国民经济发展计划，增加了教育、卫生、文化、科技、体育、社会福利、计划生育等社会发展计划。

2. 社会策划模式的基本内容①

（1）社会策划模式的基本假设

①社会策划的理论预设

关于人性的预设。认为人是理性的经济人，追求个人利益和效用的最大化是人的本能。因此人们之间的关系一般体现为理性选择的工具性交换关系，但是社会策划模式的持有者并不认为这种关系会导致人际关系的异化和疏离，相反，在理性原则指导下的人际互动会带来社会活动效率的提高、个人满足手段的增多、个人需求的满足等。

关于社会、社区的预设。认为社会系统既建立在个人之上，又是相对客观、独立的一个系统整体，有自己的边界，有自己的平衡机制，也有自己的分化增长机制，各个子系统通过能量交换来实现自己的功能。外部冲击会带来社会系统的失衡，但是系统会通过调整渐渐恢复平衡，并提升原来系统平衡的水平。

关于社会变迁的预设。认为社会变迁是人类有组织、有计划、有步骤的理性发展过程，在人的理性指导下逐步建构、完善和推进，但是这种理

---

① 夏建中主编《社区工作》，中国人民大学出版社，2015，第 107~108 页。

性进步观点是一种主张通过对社会发展规律的系统研究认识，掌握社会发展的内在规律，然后统一计划、管理，促进社会的发展和变迁，或者说是一种控制和引导社会发展的社会工程论。

关于人的行为动机的预设。认为人是理性的，有较强的认知能力和实践能力，会在价值、利益等诱导下理性地追求个人利益最大化。在追求个人利益最大化的过程中，能够不经意地增进公共利益。

②社会策划的现实依据

社区问题的产生源于社区缺少制订和实施科学计划的能力，也就是在人力、物力和组织等方面缺乏资源，尤其是缺乏优质资源，但这些资源又不是短期内就能够填补和提升的，所以最简便、最有效的途径是专业人员的介入和参与。

居民素质有待提升，缺少社区领袖。社区领袖通常是社区的政治领袖和精神领袖，对社区、社区组织和居民来说非常重要，因为他们能够团结和领导有共同信念和利益的居民，争取合理的权益；而且他们能把所属的居民引向独立自主，并使之体现民主社会的参与精神。缺少社区领袖，居民就很难被组织起来，居民的利益也难以被表达出来。

财力资源匮乏。问题社区大多是贫困社区，缺乏足够的物力和财力资源。造成贫穷的原因有三点，一是制度性、结构性的缺陷造成的资源分配不公，二是环境的破坏，三是自身的道德和能力上的缺陷。贫穷削弱了与当权者讨价还价的能力，限制了解决问题和发展自己的能力。经济是基础，有了经济手段，其他问题才容易解决。

缺少利益诉求的组织或已有的组织失去了应有的功能。一个人的力量是有限的，很难解决困扰社区发展的宏观问题。团结就是力量，组织是解决凭个人力量不能解决的问题的根本手段。问题社区积贫积弱，没有合力，症结在于缺少代表他们利益、有着共同目标的组织把他们组织起来，动员起来，把潜藏于他们中的能量激发出来。

（2）社会策划模式的特征

①理性化

理性化是指在选择与决策时明确目标和假设，运用一致的考量标准，全面系统地考虑事实，以客观的理由和逻辑去分析各个可行的方案及可能出现的后果，然后做出最理想、最优化的选择。理性化可以说是策划的中心概念，而所谓合乎理性，应该包括以下特点：清晰的目标及价值取向、列出可以解决问题或达到目标的方案及其可行性、研究及估计各方案的利弊得失及其所需要付出的代价、比较各方案的效果、选出能以最低代价达到效果最佳及效率最高的方案。

②自上而下的改变

社会策划是通过专业技术人员的知识、科学决策的能力自上而下地介入社区，以推动社区的渐进改变。一般的社会策划以公众利益作为出发点和归宿，力争实现帕累托式的最适度情况。

③控制与指导未来

社会策划立足现在、面向未来，通过分析目前与过去的资料，预测将要发生的事情，设计应对之策，从而实现理想的目标。策划需要权力，在策划过程中，为将出现意外、风险及错误的概率降至最低，策划者要尽量集中权力，协调和统一各部门的行动，使策划的各个环节按预设的轨道前进。

（3）社会策划模式的目标①

①社区建设范围的规划目标

社区建设要根据"便于居民自治、便于城市管理、便于社区建设"的原则，调整居民委员会的管理范围，一般以 1000～1500 户居民为宜。如果是成建制、成规模的生活小区可以在增加干部力量的前提下单独设置居民委员会；集体农转非的村庄，可成建制地转为居民委员会。②

②社区组织建设的规划目标

加强社区党组织和社区居民自治组织建设，构建新的社区组织体系是中国城市社区组织体系建设的规划目标之一。当然也有人提出，发展民间非营利组织和社会服务组织，承担社区服务、居民自治功能，同样是中国城市社区组织体系建设的内容之一。

③社区建设管理体制和运行机制的规划目标

探索改革城市基层管理体制，建立与社会主义市场经济体制相适应的社区建设管理体制和运行机制也是中国城市社区组织体系建设的目标之一。

---

① 徐永祥主编《社区工作》，高等教育出版社，2004，第 100～102 页；《中共中央办公厅、国务院办公厅关于转发〈民政部关于在全国推进城市社区建设的意见〉的通知》，中国社区教育网，http://www.shequ.edu.cn/zxllm/zcwj/cbdf9033097748eda9db7bb772bcb74e.htm，最后访问日期：2023 年 12 月 30 日。
② 民政部基层政权建设和社区建设司课题组：《中国城市居民委员会建设研究报告：微型社区与社区建设》，载时正新主编《中国社会福利与社会进步报告（1999）》，社会科学文献出版社，2000，第 27～29 页。

社区建设管理体制的规划目标是"努力形成党委和政府领导、民政部门牵头、有关部门配合、社会力量支持、群众广泛参与的推进社区建设的整体合力"。

④社区服务项目的规划目标

中国城市社区组织体系建设中的社区服务项目有广义、狭义之分。广义的社区服务项目指整个社区组织体系建设的具体项目，包括社区卫生、环境、文化、福利服务等。狭义的社区服务项目指由社区街道办事处的社区服务中心和居委会的社区服务站对社区居民提供的福利服务、便民利民服务、下岗再就业服务和社会保障社会化服务、面向社区单位的后勤保障服务等。就广义的社区服务项目规划目标而言，中国目前的主流看法是重点提升社区生活服务水平，包括社区卫生保健、康复服务，社区文化、体育、科普、教育、娱乐等服务，社区环境净化、绿化、美化等服务，以及社区安全防范、民事调解、法律咨询、缓刑人员和劳改释放人员的帮教等服务。

⑤社区建设人员队伍的规划目标

发展一支专业化人士结合志愿工作者的社区建设人员队伍，采取社会公开招聘、民主选举、竞争上岗等办法，选聘社区居委会干部，改善工作条件和生活条件。

（4）社会策划模式的功能①

①社会策划是开展工作前对社区总体状况的全面总结

社会策划的前提是对社区的总体状况做全面、深入的调查和了解，因此，社会策划是从社区的角度对组织进行的一次较为系统的总结，在总结的基础上找到需要解决的问题，从而确定下一步的目标和任务。

②社会策划是培养社会工作者团队精神和居民社区认同感、归属感的载体

社会策划需要社会工作者、工作机构、社区行政管理人员、居民的参与和认同，而策划的实施则需要社会工作者和参与人员的配合、支持和努力，这就为社区工作者团队精神和居民社区认同感、归属感的培养提供了良机。培养团队精神和社区认同感、归属感是社区工作的核心内容，它可以使社区行为趋向自觉化。

---

① 夏建中主编《社区工作》，中国人民大学出版社，2015，第 106~110 页。

③社会策划是下一阶段社区发展的指路明灯和融洽专业关系的途径

社会策划通过对既有问题的分析和对未来的预测，发现社区工作中存在的问题与不足，为社区以后的发展提供准确的依据，明确下一步工作努力的方向。同时，它还能发挥自身的咨询作用，帮助每一个社会工作者和工作对象对工作有一个整体的客观认识，认识存在的问题，从公众的利益出发，有针对性地制定工作方针，做出符合实际的新决策，让社会工作者和工作对象的关系和谐发展，从而使下一步工作更加顺畅。

3. 社会策划模式的任务和策略

（1）社会策划模式的任务

社会策划因问题而起，所以策划的内容主要是解决这些问题。问题社区通常有至少一种问题，更多的时候是多种问题叠加在一起，需要对其进行系统计划。制定一个科学合理、便于操作的行动方案，在有限的时间内有效地解决这些问题，是社会策划的主要任务。

①社区资源开发规划

制定正确的社区资源开发规划必须在调查清楚社区的区位、地理、交通、自然资源和社会资源状况的基础上，根据市场竞争的"SWOT"（strength、weak、opportunity、threat）分析模型，确定本地区的资源开发利用方向、发展远景、发展速度、发展策略等。社区资源开发规划通常由政府专业职能部门联合组织实施，社会工作者主要是倡导社区资源开发规划、负责联合协调规划、组织居民提出需求和建议。

②社区基础设施规划

社区基础设施规划要根据整个城市或社区经济、社会发展远景的需要以及为此提供的物质条件来制定。社区基础设施规划由政府专业职能部门制定，社会工作者主要是组织居民参与社区基础设施规划、提出相应的需求和建议。

③社区服务规划

社区服务规划主要包括社区卫生医疗康复服务、社区安全防范服务、社区老人照顾服务、社区青少年学习辅导与精神健康服务、社区居民的日常生活服务、社区环境的美化和保护服务、弱势群体的救助、社区合作经济等。社区服务提供的主体可以多方调动，包括专业机构、社区自助服务团体、社会的人力和物力资源等。

④社区组织建设规划

现阶段我国的社区组织建设规划，一是要加强社区党组织建设，使社区党组织真正成为坚强的战斗堡垒，夯实党执政的组织基础；二是要加强社区自治组织建设，使其成为名副其实的居民自治组织；三是加强民间组织建设，充分发挥其社会服务、自我管理、利益诉求的重要功能，弥补因政府失灵和市场失灵带来的管理和服务的真空。

⑤社区文化/精神文明建设的规划

社区文化/精神文明建设的规划包括创建文明市民、文明家庭、文化小区等。

（2）社会策划模式项目的选择原则①

①客观性原则

在社会策划的运作过程中贯彻客观性原则，就是要求社会工作者对策划的项目及相关的各种客观因素进行深入细致的调查研究，广泛收集有关信息资料。首先，要求从社区实际出发，正确地确定策划目标。在对客观现象进行全面分析的基础上，恰如其分地确定策划目标，使其明确而可行，任何超出实施可能性的目标都是毫无意义的。其次，在收集有关信息资料时，应保持信息的完整性和准确性，使信息确切反映客观现实。一般来讲，策划活动中收集的信息应包括三个方面，一是反映策划目标的信息，二是与策划目标有关的各种市场信息，三是对策划目标可能产生影响的环境信息。最后，还要对收集到的各种信息进行加工与整理，使那些分散的、不系统的信息综合化，并在此基础上对这些信息进行深入研究和分析，从而产生理性化的认识，为策划中的创意设计打下基础。

②效益性原则

社会策划的效益包括经济效益和社会效益两个方面。从经济效益方面来看，策划应使经济行为以较少的投入产生较大的效益，这就要求策划主体认真进行经济核算，选择最优方案。通过策划所产生的经济效益，其表现可能是多方面的，一是选择了最优方案，降低了各种费用支出，相对提高了经济效益；二是执行了策划方案，产生了效益的增量，也就是经济效益的提高；三是后续的经济行为产生了持续的高效益。从社会学、社会工作的角度来看，社会策划更应注重以社会公平、人民福祉、能力建设、可

---

① 夏建中主编《社区工作》，中国人民大学出版社，2015，第 111~113 页。

持续发展为考量指标的社会效益。通过社会策划所产生的社会效益，其表现也是多方面的，一是贫富差距、地区差距的缩小；二是居民生活条件的改善、幸福指数的提高；三是居民社区认同感和归属感的提高；四是环境的改善。

③权变性原则。

权变性原则要求策划活动应该根据各种客观条件和因素的变化随机应变，制定适时适事的策划方案，并具有一定的可塑性。在策划的运作过程中，贯彻权变性原则要注意三个方面的问题，一是要做到策划方案具有可塑性，策划方案是一种行动纲领，不能一成不变，而应该富有弹性；二是在策划过程中，策划主体应具有充分的预见性，为方案执行过程中可能遇到的障碍和难点进行预测，对各种环境变化情况进行估计，并事先考虑好各种应对的措施；三是策划主体应争取制定多套方案，使策划的实施具有一定灵活性，以尽可能降低策划的风险，保证策划的效益。

④可行性原则。

要使策划具有可行性，一方面要求策划者在设计方案的过程中力避异想天开、主观臆断，另一方面要求策划者在制定实施方案的过程中，对策划所包含的目的、可行性、时间、步骤、地点、财力、人力、物力等进行认真分析，以一种现实的态度，对策划方案进行周密、具体的布置和安排，避免使策划方案成为一种"科学幻想"。

（3）社会策划模式的策略

①社会策划模式的具体策略

一是理性技术性措施，包括调查社区的问题、收集事实资料、比较分析方案的利害得失、选择最优方案，并学会组织管理、落实方案、监督方案的执行，最后评估方案的成效等。

二是社会关系措施，要根据具体的情景，要么选择冲突性措施，比如游说、倡导、谈判、竞争、抗议、游行、示威、罢工、对抗等；要么采取共识性策略，比如协商、沟通、对话、合作、分包、交换等。

②影响社会策划模式策略的主要因素

社会策划由策划的主体（社会工作者）、策划的客体（社区）及其与环境（自然与社会）的相互作用构成，它受到社区系统、社会系统等多种因素的影响和制约，是众多因素综合作用的产物。这些因素包括社区的地理位置、面积大小、气候条件、资源状况等自然因素和社区的政治状况、经济状况、文化状况、教育状况、法律状况、人口状况、科技状况等社会因素。在这些因素中，对社会策划影响最大的是社区的经济状况、社区的政治状况。

（4）社会策划模式下社会工作者的角色和方法[①]

①社会策划模式下社会工作者的角色

项目的规划者角色，指社会工作者担当专家，完全依靠技术理性，来调查社区问题，分析社区事实条件，评价各种服务方案，规划社区服务。

项目经理的角色，指社会工作者主要担当已经决策的项目的管理人员，充当项目经理，负责项目整个执行过程的业务操作、财务、人事、物资等管理工作，保证服务项目得到有效执行。

监督实施的角色，指社会工作者主要扮演项目执行过程的监督、反馈、协调角色，监督业务的执行进度，收集业务执行过程中的意见和信息，将其反馈给决策者和经理人员，确保项目的良好执行。

专业人员的协调角色，指社会工作者主要服务于各个专业的技术人员，协调好不同专业人员之间的合作，共同完成社区服务、社区建设的任务。

动员居民参与和反馈意见的角色，指社会工作者仍然偏重居民的组织和能力建设，但主要是组织居民参与相关部门的社区建设策划过程，提出自己的需求和意见，接受相关的服务，并就服务方案提出改进意见等。

②社会策划模式下社会工作者的方法

第一，明确和澄清组织的服务理念和目标。社会工作者主要从属于社会服务组织，其行为和服务都受到社会服务组织的服务理念与目标的指引和制约。社会服务组织服务理念和目标的明确和澄清，可以指出组织的努力方向以及现存的社会问题，提升社会工作者的认同感，帮助他们确定工作的内容、方向、范围等。

第二，认识社会工作者和组织的能力。社会工作者在开展服务之前，要对所在社会服务组织的宗旨、使命、资源等进行评估，客观分析自身的优势与不足，从而更好地提供符合自身能力的服务。

第三，分析并调查社区问题。社会工作者应在进入社区之后，分析社区问题的现状、成因、发展特点以及其影响的人数和范围，为后续制订计划打下基础。

---

① 徐永祥主编《社区工作》，高等教育出版社，2004，第109~111页。

第四，明确社区需要。社会工作者在正式制订工作计划前应对社区的具体需要进行评估与确定。社会工作者可以运用的方法主要有以下四种：一是服务对象参与方法，即与服务对象一起明确社区目前的需要；二是服务使用情况方法，即对目前使用对象的人数、使用率等指标进行衡量和判断，从而了解需要；三是社会指标方法，即通过在科学有效的指标体系中进行比较从而推断出社区的需要；四是社区调查方法，即通过问卷调查等定量研究方法或访谈等质性研究方法了解社区居民的实际需求。

第五，建立和界定目标。每个工作计划都需要有目标，目标的存在为工作指明了努力的方向和预期的效果。制定目标有以下要求，一是目标的陈述应明白易懂，同时重在促进服务对象的成长与改变；二是目标可被测量，即可以通过一定的测量方法，结合一定的指标体系对目标的实现程度进行衡量；三是目标具有操作性和现实性，不应是过于宏大或脱离现实的；四是目标应该有明确的时间限制，并有先后次序；五是目标的建立应该与社会服务组织的宗旨使命、总体目标、资源以及社会工作者的能力相符。

第六，明确可动员的资源。社会工作者需要明确在实施工作计划的过程中可以使用的资源，以制订既符合目标要求，又能够在现实中进行实际操作的工作计划。

第七，制定、比较和选择可行方案。在目标建立和资源明确之后，社会工作者需要制定并列出所有能达到目标的具有可行性的方案，并对每个方案进行详细说明，以便进行客观和系统的比较。在选择方案时，社会工作者需要考虑方案的可行性、预期效果、可被社区居民接受和认可的程度。在综合考虑各方面要素之后，选出最合适的方案。

第八，测试方案。在选定可行方案之后，方案执行者可以先进行小规模实验，测试方案的实际可行性，并在这一过程中根据社区环境的变化而进行适时修改，从而在实际的实施过程中有效实现目标。

第九，执行与调整方案。在执行方案的过程中，方案策划者需要进行整体监测，避免方案实施者在工作过程中偏离预定的目标。若在实施过程中遇到问题或受某些因素的影响而导致方案难以执行，方案策划者需要对目标或总体方案进行修改与调整，确保问题的顺利解决。

第十，评估方案。对方案的评估并不是只有在方案执行结束后才能进行，实际上评估包括过程评估和结果评估，其主要包括确定评估目标、建立评估指标、收集和分析相关资料等。评估在整个社会策划模式中是不可或缺的一部分，它的顺利进行能够为下次的工作提供成功经验。评估方案的方法包括逻辑框架法、对比法、参与式评估法、综合评估法等。

（三）社区照顾模式

1. 社区照顾模式的概念与历史

（1）社区照顾模式的概念

社区照顾的概念较为复杂，在这里，社区照顾模式指由社区中的居民等各方人员所组成的非正式网络与各种正式的社会服务机构相配合，形成社会服务网络，为社区内有需求的人在家或在社区中提供照顾与服务，帮助其提高生活能力，在社区中过正常的生活，达到与社区融合，并建立一个具有关怀性的社区的过程。[①]

社区照顾模式的主要服务对象包括社会公众、社区中的老弱病残群体、处于危机中的个人或家庭、长期照顾他人的照顾者。

照顾内涵有以下四个层面的意义：行动照顾，包括照顾起居饮食、打扫居所、代为购物等；物质支援，包括提供义务家具和现金、提供食物等；心理支持，包括问候、安慰、辅导等；整体关怀，包括留意生活环境、发动周围资源以支援等。[②]

从照顾提供者的角度，可以将照顾分为正式照顾（formal care）和非正式照顾（informal care）。正式照顾通常指由政府承担及提供的照顾性服务，而这些正式照顾多由政府人员及专门工作人员提供。不过，随着民间组织和志愿者团体的发展，他们提供的服务也被纳入正式照顾的范畴。非正式照顾则是指由家人、亲友或者邻居基于情感和人伦上的因素及动力而提供的无偿照顾。

因此，社区照顾往往涉及行动、物质、心理和环境等层面，涵盖正式照顾和非正式照顾。只有如此，社区照顾才能满足需要照顾人士多方面的服务需求。

（2）社区照顾模式的历史

①反院舍化运动

19 世纪欧洲各国相继建立了许多院舍，将需要照顾的孤儿、老人、精

---

① 李沂靖主编《社区工作》，中国社会出版社，2010，第 133 页。
② 方奕霖、阮曾媛琪：《社区照顾的概念反思及对香港的启示》，载夏学銮主编《社区照顾的理论、政策和实践》，北京大学出版社，1996，第 44 页。

神病患者等集中于院舍进行照顾。院舍照顾在一定程度上弥补了家庭结构因工业化而遭到削弱的消极影响。随着时间的推移，人们认识到院舍照顾存在诸多不足，甚至影响居住其中接受照顾的弱势群体的身心健康。院舍工作人员往往缺乏主动性，漠视孤儿、老人、精神病患者等的实际需要，要求这些需要照顾的人士严格遵守院舍的各项制度。通过借助社区照顾，可以克服院舍照顾的弊病：儿童得以和成年人建立亲密的依恋关系，老人能够自主地生活，精神病患者能够获得人性化的照顾。

②对福利国家的政策反思

自20世纪70年代以来，西方国家对其福利政策的反思推动了社区照顾的发展。福利国家政策在相当程度上消灭了贫困和疾病，实现了社会公平，西方各国民众从中获益匪浅，但也造成了政府财政负担过重。为了减轻地方政府提供正式服务的压力，西方国家开始鼓励非正式服务和商品化服务的发展。安东尼·吉登斯明确提出改革社会福利国家的新设想，建立"社会投资型国家"（social investment state），建设一个"积极的福利社会"，并在风险和安全、个人责任和集体责任之间建立起新的关系。

在对福利国家进行反思的背景下，西方国家的福利政策发生了变迁，更注重发挥社会各系统在社会福利中的作用。在政府的积极推动下，社区照顾获得了生存发展空间。

③新保守主义的实践

随着新自由主义政策弊病的暴露，20世纪70年代新保守主义在西方迅猛崛起。新保守主义并不歧视弱者，但反对因为这些人过去所受的不公正待遇而普遍地给他们特殊的照顾。新保守主义认为应当区别对待弱势群体。对那些有"天赋"和"才能"的弱者而言，改变其处境的办法不是直接救助，而是给予其平等的机会，由其自己改善自己的生活。新保守主义虽然不从根本上反对社会福利，不反对给需要帮助的人予以援助，让他们靠自己的努力过上体面的生活，但是反对过度地扩大社会福利、反对"福利国家"，主张削减社会福利支出来减少税收。20世纪70年代，西方福利国家面临严重的财政危机。各国政府在保证公民基本社会福利的前提下，推行社会福利改革。虽然政府依旧是社会福利的主要承担者，但政府注重挖掘社会各界力量，共同发展社会福利事业。为了弥补政府对弱势群体照顾的不足，政府鼓励社区照顾发展。这一政策在减轻政府财政负担的同时，也实现了个人自主精神的恢复。从这种意义上说，社区照顾的产生和发展也是新保守主义的实践。

④社会发展的需要

除了上述原因，居民对社会服务现实需求的增长也是社区照顾兴起不容忽视的重要原因，主要包括以下两点。一是养老需求的增长。20世纪70年代后，西方发达国家陆续进入老龄化社会，老年人问题逐渐显露出来，为社会所关注。养老需求的增长加重了社会保障制度的压力，客观上要求更多的服务主体和更多的社会资源介入养老服务，推动了社区照顾的产生。二是随着社会的进步，人们更加关注自身的生存状况，居民要求更加全面、更加周到的社会服务。单纯依靠政府的财政支持，似乎难以满足人们对社会服务的需求，因此引入其他组织提供社区照顾来弥补政府福利制度的不足就成为必然。

综上所述，社区照顾是在特定社会条件下多种因素综合作用的产物。虽然各种因素在其中发挥作用的程度并不相同，但抛开其中任何一方面，都无法准确解释社区照顾的兴起。

2. 社区照顾模式的基本内容

（1）社区照顾模式的基本假设

一是社区环境优于院舍环境。与院舍环境相比，受照顾者更熟悉社区环境，因此也能融入其中，避免因不熟悉陌生环境而产生心理疾病。

二是社区照顾可以有效利用非正式资源。社区照顾可以得到家人、亲友或者邻里提供的非正式照顾，这不仅帮助需要照顾的人士解决了日常生活问题，而且实现了情感交流。

（2）社区照顾模式的特征

社区照顾模式的特征包括协助服务对象正常融入社区、强调非正式照顾的作用、强调社区责任、提倡建立彼此关怀的社区。

（3）社区照顾模式的目标①

①社区照顾的终极目标

社区照顾的终极目标就是努力促成需要照顾的人士留在社区内，尽可能保障其过正常人的生活。

②社区照顾的过程目标

一般而言，建立关怀社区（caring community），即弘扬以人为本的社区

---

① 夏建中主编《社区工作》，中国人民大学出版社，2015，第156页。

精神，创造相互尊重、相互关怀的社区生活，是实现社区照顾终极目标的唯一有效途径。建立关怀社区的过程，就是实现社区照顾终极目标的过程。因此，社区照顾的过程目标是建立关怀社区。

③社区照顾的具体目标

如何建立关怀社区则依赖于社区照顾的具体目标。社区照顾的具体目标包括以下几点协助需要照顾的人士融入社区、培养需要照顾的人士的参与意识、强化居民的社区意识、政府与社区建立伙伴关系。

（4）社区照顾模式的分类

①在社区照顾（care in the community）

"在社区照顾"指将一些需要外来照顾的弱势群体安置于社区的原生住处或小型服务机构中获得专业人员的照顾。"在社区照顾"强调提供服务的"非机构化"，这是相对于院舍照顾而言的，指将服务对象留在社区内，并在社区中发展服务技术、方法和设施等。这样的照顾能够让服务对象感受到人道主义关怀，避免可能因院舍照顾不足而造成的不良影响，推动服务对象积极融入社区，过上正常的生活。

在社区照顾的服务形式主要有三种。第一，将需要照顾的人士重新迁回他们所熟悉社区中的家庭生活，并为其提供社区辅助服务。第二，将社区内的大型机构改建为更符合社区环境的小型机构。第三，将远离市区的大型机构迁回社区，促使机构内的需要照顾的人士有更多的机会接触社区，接触他们所熟悉的人与事。

②由社区照顾（care by the community）

"由社区照顾"指由家人、亲戚、朋友、邻居、志愿者等所提供的支持与服务。这一概念的核心是积极动员和调动社区中的各类资源，发动社区内的家庭成员、亲戚朋友和其他社区居民为需要照顾的人士提供帮助。人们在遇到困难时，通常会先向家人、亲戚、朋友、邻居寻求帮助，因此"由社区照顾"强调非正式社会支持网络在照顾中所发挥的作用，认为社会工作者应识别和整合社区内的非正式社会支持网络，并通过专业的技术与方法建立或强化这些非正式社会支持网络，以帮助处于网络中的各类成员。

这些非正式社会支持网络主要可分为三类。第一类是提供直接服务的网络。这类网络由在社区内的家人、亲戚、朋友、邻居和志愿者等人员组成，以为被照顾者提供各式各样的直接服务为主，并在此基础上建立服务支持系统，从而帮助社区中每一位需要关怀的人。第二类是服务对象之间的互助网络。社会工作者以服务对象为主体，通过建立服务对象之间的互助小组，促使他们以自助、互助的方式相互交流和提供支持，这类小组的成员通常具有某类相同特征，如患有相同的疾病等。第三类是社区紧急支援网络。这一网络的建立是为了帮助个人或家庭预防和应对突发事件，如在社区内建立紧急医疗救助队、进行社区定期治安巡逻等。

③对社区照顾（care for the community）

"对社区照顾"强调在进行社区照顾时，如果只靠家人、亲戚、朋友和社区的努力是远远不够的，无异于"竭泽而渔"，所以为了避免这种情况，社区还需要提供充足的辅助性支持服务，协助照顾者为被照顾者提供服务。这些辅助性支持服务包括日托养老、家务助理、康复训练等。因此，"对社区照顾"的核心是非正式照顾与正式照顾应相辅相成，共同为被照顾者提供适当的帮助。

④为家庭照顾者提供服务

因为社区照顾模式强调由家人等其他成员组成的非正式社会支持网络为需要照顾的人士提供照顾，所以常常会忽略作为照顾者的其他家庭成员自身的需求。因此，社区照顾模式在发展的过程中也强调要给予社区中独立为家人提供照顾的照顾者适当的支持与帮助，如为这类家庭提供劳务帮助、情绪疏导等服务，帮助他们有资源、有能力、有信心继续为其家人提供长期的照顾。

⑤社区倡导

社区照顾要得到真正落实需要获得来自服务对象和社区居民的双重支持，而要想获得他们的支持就需要社会工作者进行社区倡导，给服务对象和社区居民提供能充分表达自己意见和困难的途径，促使社区照顾能贴合他们的实际需要，并最终实现目标。实际上，社区倡导既是推动社区居民了解服务对象的困难与需求，为他们提供支持与帮助的过程，也为服务对象提供了挖掘自身潜能、建立自信的渠道。

3. 社区照顾模式的任务与策略

（1）社区照顾的任务

一是将社区内有特殊困难而自己不能解决并需要长期照顾的服务对象留在社区内接受服务。

二是使有困难的社区居民（个人或家庭）所需要的家庭照顾社会化，减轻家庭的负担。

三是挖掘社区的各种人力资源，建立社区支持网络，使社区居民建立起互助、互帮的责任意识，实现社区居民之间的高度互动，形成社区居民之间的良好关系。

（2）社区照顾的策略

一是确定社区照顾的服务对象群体，与之建立起相互信任的关系。

二是探索服务对象的潜能与资源，帮助他们建立自信心。

三是建立社区照顾网络和自助组织。

（3）社区照顾模式下社会工作者的角色和方法[①]

①社区照顾模式下社会工作者的角色

治疗者。社会工作者会在提供服务的过程中以个案、小组或社区的方式为面临困难的个人或家庭提供心理治疗或其他层面的治疗，帮助服务对象消除畏难情绪，解决对他们造成困扰的问题。

辅导者。社会工作者会作为辅导者，为需要帮助的个人或家庭提供辅导服务，通过培训或互助小组的形式，帮助他们了解相关疾病、有需要照顾的人士的特点以及应对方式，并学习沟通和护理技巧。

经纪人。社会工作者的经纪人角色指的是为服务对象寻找能够为其提供帮助的服务，如为互助小组寻找活动场地，为缺乏照顾能力的照顾者寻找服务机构等。

倡议者。社会工作者会作为倡议者与服务对象一起为实现某一目标，或为某一个人或群体争取权益，通过改变社区中的制度与规范来保护这些新获得的权利，包括为一些面临特殊困难的服务对象争取和倡议与之需求相符的服务、帮助或鼓励家庭照顾者争取福利资源和权益。

建议者。社会工作者的建议者角色指的是社会工作者向服务对象或有关服务机构提供建议，正确引导他们寻求帮助或提供服务。

②社区照顾模式下社会工作者的方法

资源调动。社区照顾需要庞大的人力、物力资源来完成服务，这些资源一部分来自政府福利的正式资源（人、财、物），另一部分来自非正式系统资源——志愿者、民间社团和服务对象的家人，他们也是社区照顾的重要资源。社会工作者需要对这些资源合理地调配使用，使之发挥最大效益。

社区联络。社区联络指维护和发展社区整体良好公众形象的公共关系

---

① 徐永祥主编《社区工作》，高等教育出版社，2004，第144~146页。

工作。

社区教育。社区教育可以理解为在社区居民中广泛开展社区照顾理念的传播和推广的教育。

社区照顾训练。训练是指在社区内对非专业人员进行有关照顾的基本知识与技能的训练，其对象包括与服务对象所接触的邻里、志愿者、各类服务人员、家人，服务对象也可以接受训练。训练内容和程度可以根据服务对象的需要而定，也可以根据服务者的水平而定，还可以根据新知识和新技术的发展与推广而定。

支持服务。支持服务是指在社区建立一支以专业服务机构为依托，通过热线呼叫，为社区有需要照顾的人士提供各类服务的支持系统。支持服务的人员可以是社区从事各种职业的离退休人士、志愿者和下岗再就业人员等。

从上述社会工作者的角色和介入的方法，可以看到社区照顾是社会工作三大方法的整合工作模式。以服务对象的需要为导向，从微观的个案工作方法、中观的小组工作方法到宏观的社区工作方法，每个层面的工作都有人、财、物的调动、管理与服务的整合。

4. 社区照顾模式的实践类型①

（1）英国的社区照顾模式

作为一种服务方法，社区照顾被运用于社会服务的各个领域，即社会服务普遍遵循社区照顾的指导思想，运用社区照顾的工作方式与方法。

①社区照顾的指导思想

尊重需要照顾的人士，为他们创造能够正常生活的自然环境。

②社区照顾的人力资源体系

英国的社区照顾人力资源体系由管理人员、关键工作人员和照顾人员组成，政府对各类人员的任职资格和职责都有明确规定。因此，英国拥有比较正规的社区照顾人力资源体系。

③社区照顾的工作方法

英国开展社区照顾的方法繁多，主要有以下几种。第一，在社区中建立院舍，为愿意或者必须进入院舍生活的需要照顾的人士提供院舍照顾；与传统的院舍照顾不同，这种院舍照顾是开放式的，随自己意愿进入或离

---

① 夏建中主编《社区工作》，中国人民大学出版社，2015，第157~161页。

开院舍。第二，在社区中兴建服务设施，需要照顾的人士可以按照自己的意愿享受社区为其提供的服务，特别是针对不同类别需要照顾的人士的特点，通过免费车接车送组织他们定期聚会，实现情感的沟通。第三，为居住在家中并且行动不便的需要照顾的人士提供必要的家庭服务，如清扫房间、代购生活用品等。第四，照顾管理（care management），即通过评估个案、制订照顾计划、定期反思有关进展等工作步骤，挖掘需要照顾的人士自身的需要及其社会支持网络，结合不同专业和不同机构的服务系统为需要照顾的人士提供服务。

④社区照顾的主导力量

官办民助是英国社区照顾的重要特点。社区照顾的资金主要源于政府，其人力资源也同样以政府为主。从这种意义上来说，英国的社区照顾基本上是官办的，政府是社区照顾的主导力量。社区居民在社区照顾中投入的资金很少，他们主要是作为社会支持网络为需要照顾的人士提供人性化的照顾。

（2）我国香港地区以社区为本的"家居照顾"和"康复计划"

我国香港地区率先在养老服务中引入社区照顾的概念。1973年，老人服务小组提出通过社区照顾帮助老人继续留在社区内生活，并使之成为社区成员。进入20世纪80年代中期，人们把社区照顾的理念及工作方法普遍用于社会服务的其他领域，从而推动了香港社区照顾的全面发展。香港社区照顾的实践经验值得关注，比较具有代表性的有以下两方面。

①以社区为本的家居照顾

家居照顾是香港地区的养老服务模式，也是其社区照顾的典范。香港社区的家居照顾充分体现了以人为本的社区精神，通过家政服务（家居清洁、膳食服务、个人护理等）、日间护理中心等，协助老年人留在社区内生活，保持社区成员身份。这就为原本只能进入院舍的老年人提供了另外的选择。同时，家居照顾被广泛地运用于社会服务的其他领域，如智力障碍人士的社区照顾，其目的也是帮助他们继续在社区内生活。

②以社区为本的康复计划

一般而言，实施以社区为本的康复计划，目的在于用低廉而非专业的介入取代财政支持的昂贵的专业照顾，从而在社区内为需要照顾的人士（主要是残疾人）提供康复服务。

（3）我国内地的社区照顾

随着市场经济的发展以及社会福利的社会化，社区照顾已经成为我国发展混合福利制度可借鉴的重要福利模式。我国的社区照顾随着社区服务的发展而发展，不少城市已经开始通过推广社区服务进行社区照顾方面的实践和摸索，他们在社区照顾的模式和具体实施方面已经积累了有益的经验。

社区照顾模式下的老年人日间照顾服务体系常以社区老年人日间照顾中心的形式，向生活自理能力未受较大损伤的老年人提供日间照顾，实施"白天入托接受照顾和参与活动，晚上回家享受家庭生活"的社区照顾模式。在我国，部分地区已经开展了一系列老年人日间照顾的实践，深圳市是中国内地地区社会发展的前沿地带，与有丰富实践经验的港台地区联系较多，在老年人日间照顾实践中积累了一定的经验。

社区照顾不仅强调对社区内非正式资源的运用和社会支持网络资源的构建，而且强调专业社会工作者作为正式的和专业的人力资源在其中所发挥的作用。社区照顾需要由专业的社会工作者扮演资源整合者、服务提供者、倡导者等多重角色，整合社区资源，促进正式资源和非正式资源的连接，为社区内有需要的居民提供各种形式的照顾。我国的社区照顾实践在推行初期，存在专业化程度不足、重视物质生活养老而忽视精神慰藉、强调解决老年人的问题而忽视发掘其潜能等问题。随着社会工作专业化和职业化的发展，专业社工机构的蓬勃发展和政府购买服务模式的推行，都使得专业社会工作者在社区照顾中的力量和作用受到重视并得以发挥。目前，在很多社区推行的社区照顾实践中，越来越重视与专业社会工作力量的合作。

二 社会发展理论与发展型社会政策

（一）社会发展

社会发展是人类社会自我优化不断适应的过程，是历史与逻辑的辩证统一。社会发展的内涵有宏观与微观之分。宏观的社会发展指社会整体性发展，包括经济、政治和文化等方面；而微观的社会发展指除经济发展之外的其他社会领域的发展，其核心是社会科技文化、教育、社会保障、就业以及人的生活质量的提高等。①

---

① 吴忠民、江立华主编《发展社会学》，中国人民大学出版社，2021，第97页。

从人类历史发展角度来看，社会发展可以划分为以下阶段。第一，工业文明观主导阶段，主要是以工业的增长作为经济发展的衡量指标，追求国内生产总值的提高，往往对生态环境和工业污染付出无法预估的代价。第二，增长极限论主导阶段，这一理论认为经济增长已经达到自然生态承受的极限，应当立即制止和强烈谴责科学技术对环境造成的危害，提倡多元化的发展方式，包括经济、政治、文化、生态和科技等方面，从而形成多维化的发展过程。第三，可持续发展观主导阶段，这一阶段的社会发展建立在生态资源可循环利用的基础之上，协调人与自然的协同发展，正视变革社会关系和权力结构，呼吁社会公平和人民参与，把人的全面发展作为社会发展的根本目的。第四，综合发展观主导阶段，认为社会发展应该是全面的、综合的，把发展看作以民主、历史、环境、物质等方面为根本条件的。以人为中心的发展观阶段，强调物的发展只不过是社会发展的外在表现形式，而人的发展才是社会发展的最终归宿，同时，认为人才既是发展奋斗的关键因素，也是发展的动力源泉。

（二）社会发展理论

20世纪90年代，美国加州大学伯克利分校社会福利学院院长米基利对社会发展理论做了精辟阐释：以社会发展为导向，以福利与经济的互动关系为切入点，强调福利与经济之间不是截然对立的，而是互为根本、互相包含的。

1. 社会发展理论的背景及内涵

（1）社会发展理论的背景

20世纪70年代中期以后，由于福利国家陷入危机，以及新自由主义的兴起，对传统福利国家的批判或反思一直持续至今。反对国家干预、削减政府的福利开支、引进竞争机制、实行私有化或公私合作等，是福利国家批判者共同倡导的改革措施，也是20世纪80年代以来西方福利国家改革的主要内容。然而，削弱国家的干预力量、强调市场的作用会带来一定的社会风险，难以普遍提升公民的社会福利水平，且容易加剧社会的不平等和不稳定性。如果社会不稳定，经济发展也会受到影响。市场竞争的盲目性和有限性，加上全球化的冲击，使每个国家都面临着越来越多的风险和挑战。在这种情况下，改革福利制度、提升福利水平、维护社会稳定，是每个国家和地区面临的现实课题。人们越来越认识到，发展社会福利，既不能依靠以国家为主导的模式，也不能单纯依靠市场，而需要建立一个积极的福利制度，即混合的、多元的福利模式，使社会各个成分都能够充分发挥各自的作用。目前，几乎所有国家的政府都接受了这种观点，但在实践中，政府的能力是有限的，特别是在解决收入差距或提供就业方面，面临很多需要慎重权衡的选择。正是在这样的背景下，社会福利的理论家、实践者以及一些国际组织都在积极寻求一种能融合社会政策不同概念的模式，社会发展理论就是在这样的背景下产生的。

（2）社会发展理论的内涵

当代西方社会发展理论是一个综合的概念，由于对社会发展的理解存在狭义和广义之分，当代西方社会发展理论也可以分为狭义的社会发展理论和广义的社会发展理论。狭义的社会发展理论，是以相对落后的第三世界发展中国家经济政治文化的发展问题为对象，主要探讨了关于这些国家现代化的理论、模式、战略方针乃至具体政策。广义的社会发展理论，则是站在人类社会发展的高度，从宏观的、综合的角度探究人类社会发展规律和发展目标。广义的社会发展理论把现代化作为一个世界性的历史进程，不仅研究发展中国家如何实现现代化，而且研究发达国家是如何从传统农业社会转变为现代工业社会并进而向新的社会变迁的。它们虽然对"社会发展"一词的理解不同，但都认为社会发展是人类社会进化的过程，并在社会发展规律的支配下向一定的方向变动。至此，可以看出，当代西方社会发展理论所说的发展是指人类在特定的历史阶段向着更高的目标前进的社会状态变迁与社会形态转型；这种社会形态转型是一种文明形态的变化，它深刻地体现在人类生产方式和生产力的变化上；这种发展应该是全面的发展，不仅仅是指经济的发展，还包括科技、政治、文化等方面的发展。

2. 社会发展理论的研究进程

（1）传统社会发展理论①

社会发展理论起源于资本主义工业化的起步阶段，其核心是以西方国家为中心，认为西方国家就是现代社会，将非西方国家不加分析地一概划为传统国家，构成了以"传统-现代"为中心的所谓的"古典理论"，即初

---

① 严强、魏姝主编《社会发展理论——发展中国家视角》（第二版），南京大学出版社，2005，第33~45页。

始阶段的西方社会发展理论。孔德、斯宾塞、迪尔凯姆对社会发展理论的最大贡献是他们指出了人类社会不会停滞，是不断地发展的。社会进步与社会秩序是孔德的实证主义理论体系关注的重点。斯宾塞运用生物学的概念阐释社会发展理论，认为社会的发展与进步所遵从的是自然界的生物进化规律，即"物竞天择，适者生存"。迪尔凯姆则从人与社会、社会秩序与社会整合的角度提出了"机械团结"与"有机团结"的观点。这三位学者是西方社会发展理论的发展源头，以社会的进步发展为研究中心，从宏观层面探寻传统社会与工业社会的差异及过渡的问题，而韦伯则是上述"古典理论"的终结者，他阐释了人类的行为从非理性走向理性、人类社会从世袭制度演进为理性制度的过程。卡尔·马克思从批判的视角出发，以唯物史观为基础建立了自己的社会发展理论。美国社会学家帕森斯不仅仅是美国社会学的奠基人，而且在社会发展理论发展的过程中起到了承前启后的作用，他在继承古典社会发展理论基础上创立的结构功能主义以及在空间维度上的"传统"与"现代"两分法开启了现代化研究的先河。帕森斯将他的结构功能分析理论与方法同传统的社会演化理论结合，从而形成了区别于孔德、斯宾塞所创立的古典演化论的新演化理论。20世纪五六十年代，当一些发展中国家努力进行经济、社会、政治、文化的变革，追求现代化的目标时，新演化理论这一本来不关心社会过程和社会变迁的理论却孕育出专门以社会发展、社会变迁为主要内容的现代化理论，使帕森斯成了现代化理论的奠基者。

（2）现阶段社会发展理论①

20世纪以来，西方社会发展理论中具有代表性的，主要包括西方多元文化发展理论、西方马克思主义社会批判理论、现代化和后现代化社会发展理论等。西方多元文化发展理论的主要代表有斯宾格勒、汤因比、亨廷顿等人。他们对"西方中心论"进行了深刻的反思，流露出对西方文明乃至世界文明的忧患。西方马克思主义社会批判理论以批判当代工业文明为主要任务，围绕着对马克思社会发展理论的批判、重建、辩护展开研究，主要代表人物有马尔库塞（Herbert Marcuse）、哈贝马斯（Jürgen Habermas）、柯亨（Gerald Cohen）等。现代化和后现代化社会发展理论以

---

① 严强、魏姝主编《社会发展理论——发展中国家视角》（第二版），南京大学出版社，2005，第45~64页。

描绘人类社会未来发展蓝图为主要任务，提出了如何促进人类社会向更好的方向发展的战略。具体来说，主要包括现代化理论、后现代主义、后现代化社会发展理论。现代化理论是专门探讨发展中国家发展问题的理论流派，主要分为三个阶段，经典现代化理论、依附理论和世界体系理论。20世纪五六十年代占有统治地位的现代化理论，在60年代中后期就受到责难。这种责难，一方面源于理论自身的混乱和不明确，另一方面源于发展中国家发展的实际情况向现代化理论提出的严峻挑战。

作为现代化理论第一阶段的经典现代化理论，立足传统与现代的二元对立，认为非发达国家不能进入现代化是由于其本土文化的传统性，所以必须彻底抛弃传统文化，才能从传统社会进化到现代社会。其存在明显的西方中心主义和保守主义倾向，过于简单的二分法将传统与现代完全割裂。依附理论弥补了经典现代化理论单纯从社会内部看问题的片面性，从发达国家和落后国家之间的掠夺与被掠夺的不平等关系着眼，指出核心化与依附化，发达与落后实际是一个问题的两个方面。它强调摆脱欧洲中心主义；强调发达国家与落后国家之间的"中心-边陲"关系，认为发达国家是落后国家发展的桎梏与制约因素，而不是作为引领者与示范者而发挥作用；提出发展中的经济结构单一导致依附的产生，依附又导致不发达[①]，但其过于强调社会发展的外部原因，而忽视了一些内部原因。世界体系理论不像现代化理论只注重单个国家的现代化，也不像依附理论将世界简单地划分为"中心-边陲"，而是将世界视为一个统一的整体，探讨其整体的发展规律，并从总体的发展过程中分析作为部分的国家和社会的发展。

总体来说，后现代主义是由于对现代性进行批判而形成的一种哲学思潮，其内部又可分为解构性的后现代主义和建设性的后现代主义。后现代化社会发展理论是指以贝尔（Daniel Bell）、托夫勒（Alvin Toffler）、奈斯比特（John Naisbitt）等人为代表的对人类社会未来发展趋势作预测的理论派别，他们提出了"后工业社会""信息社会"等理论。

而后全球化理论出现。全球化理论在现代化理论和世界体系理论的基础上形成，包容了各种政治倾向和学术倾向的观点。有人认为全球化是人

---

① 满其旺：《"依附理论"再认识及其启示意义》，《重庆邮电大学学报》（社会科学版）2015年第1期。

类社会的福音，有人认为全球化对发展中国家是一个灾难。如果说 20 世纪 60 年代是现代化理论的鼎盛年、70 年代是依附理论流行的年代、80 年代是世界体系理论取而代之的年代，那么 90 年代则是全球化理论占主导地位的年代。

全球化理论试图从时间和空间两个维度中全球社会的相互影响来观察世界，对以往的社会发展理论进行综合，对全球历史进程作出新的解释。众所周知，现代化理论只是以西方社会作为参照点，对各种社会进行比较考察，而不是将其看作一种社会之间关系的系统模式的部分，它过分强调现代科学技术和现代西方思想文化传播的进步作用，而忽略了西方国家对发展中国家的剥削和掠夺。依附理论则片面强调中心对外围的剥削和压迫，主张同中心脱钩。世界体系理论虽然承认中心和外围的关系可以相互转换，但它的视野只局限于资本主义世界体系，并认为资本主义世界体系将被社会主义世界体系所代替。这些理论都因其内在的缺陷而变得过时。全球化概念比世界体系概念要广泛得多、开放得多。无论是现代化理论的学者，还是新马克思主义者，或是新自由主义者，都加入了对全球化理论的讨论，试图从各种视角对全球化的定义、特征、内容、表现、后果及对策等进行深入研究，从而形成全球性的介绍和研究全球化的理论高潮。

3. 几种重要的社会发展理论

（1）米基利的社会发展理论

米基利早年在南非获得博士学位后，应聘为英国伦敦大学的教授，后赴美国加州大学伯克利分校专门从事社会福利的研究和教学工作。在社会福利政策领域，米基利的著述甚丰，社会发展理论是他的主要学术贡献。他在 1995 年出版的《社会发展：发展视角下的社会福利》一书中，首次提出了社会发展理论，并在后来的论文和著作中不断强调和完善。

长期以来，人们都是从资源再分配的视角去界定社会福利问题，将社会福利视为国民经济成果的第二次分配，或者说，社会福利仅仅是经济资源的一种消耗。米基利不赞成这种观点，认为这只是一种消极的社会福利观，由此制定的社会福利政策也必然是消极的政策。他主张从社会发展和经济增长互动关系的视角去观察社会福利的功能，要寻求一种新的模式使社会福利的再分配功能得到更加合理的解释。为此，他提出了积极的社会福利思想和社会发展理论，认为要在强调经济政策和社会政策融合的基础上，制订将福利资源用于投资的社会计划，由此提高社会成员的经济参与能力，进而对社会发展做贡献。[①] 概括来说，米基利的社会发展理论主要有以下五个观点。

一是经济发展与社会发展在发展进程中同等重要。没有经济发展，社会发展就没有可能；反之，如果不能显著提升全社会的福利，经济发展就毫无意义。社会发展和经济发展之间不是对立的关系，而是相互融合的关系。经济发展必须是包容的、协调的和可持续发展的，其核心是要让社会的所有成员都能够分享到经济发展带来的成果。

二是社会福利计划有积极与消极之分。积极的社会福利计划可以促进经济增长与社会发展的融合。那种认为维持经济的持续增长就必须大幅度削减社会支出的观点，或者认为减少社会福利支出就能够将重点从消费转向生产、促进就业和提高发展水平的观点，实际上都是片面的，是消极社会福利计划的产物。诚然，脱离经济增长的社会支出会妨碍经济的健康发展。但是，社会发展理论寻求社会政策与经济发展之间的协调，并认同和执行那些对经济增长做出积极贡献的社会福利计划。在社会发展理论的框架下，有关社会福利对经济造成有害影响的言论就不值一提，经济增长与社会福利之间便不再矛盾。[②]

三是社会福利应该以社会投资为导向，即通过人们对经济活动的参与，促进经济的发展。社会发展理论视野中的社会福利计划，就是以社会投资或者"生产性"为取向，通过人们的经济参与对经济的回报率产生积极的影响。

四是为了实现经济和社会政策的整合目标，社会福利必须投资具有促进人力资本、就业、社会资本、劳动技能以及低成本高效益的社会项目，致力于消除社会成员参与经济的障碍，从而提高人们参与经济活动的能力。[③]

五是在社会福利的实施过程中，要强调个人的责任、非营利组织的参与以及国家和市场的共同作用。

总的来看，米基利的理论在当代西方社会福利界产生了很大的影响，

---

① James Midgley, *Social Development: The Developmental Perspective in Social Welfare* (Sage Publications, 1995), pp. 15-28.
② 詹火生、古允文主编《社会福利政策的新思维》，台北：厚生基金会，2001。
③ 梁祖彬：《演变中的社会福利政策思维——由再分配到社会投资》，《社会福利》（理论版）2012年第1期。

成为当前美国主流的社会福利理论。可以说，米基利的社会发展理论所蕴含的积极性社会福利精髓，在降低社会福利开支对经济效率的负面影响以及消除经济与社会的二元对立等方面，具有积极意义。当然，也应该看到，米基利的社会发展理论目前还缺乏系统性，与其说是一种理论，不如说是一种政策主张，而且他过于强调社会福利的经济功能，似有忽视或弱化社会福利的社会功能之嫌。

（2）马克思、恩格斯的社会发展理论

①社会发展主体论

社会发展的规律性与主体选择性相统一。马克思和恩格斯创立的唯物史观认为，社会发展具有其内在的客观规律，这个规律是不以人的意志为转移的自然历史过程。同时，社会发展中的主体选择性也发挥极其重要的作用，在社会发展理论中，人是社会发展的主体，这是因为人可以认识和把握社会发展的客观规律，并按照客观规律的要求做出符合社会发展必然趋势的选择。对社会规律认识的正确与否决定着主体选择的结果。在这一时期要重视渐进式发展，恩格斯认为必须根据形势变化，选择合适的社会发展方式，反对人们在条件不具备的时候采取不恰当的爆发式飞跃的发展方式。

人促进社会进步、改造自我生存环境的能力是主体能动性，人们可以根据自己的意愿，有计划地进行生产活动。社会的主体是促进社会发展的人类，没有了人类的参与，社会就将停滞不前。人们根据自己的意愿不断进行实践活动，间接地改造着世界，创造着属于自己的历史。随着社会的发展，人们所从事的实践活动也发生着变化，促进着社会的发展。在社会发展过程中，人类的实践活动有很多种，包括生产物质资料的活动、变革社会关系的活动、创造各种财富的活动等，在这些实践活动中，以生产物质资料的活动最为重要，因为这项活动满足着人们最基本的生活需求，在社会发展过程中起到了不可替代的作用。

如果从社会分工的角度来讲社会主体问题，各个领域都有相应的负责人，可以将这些社会分工不同的负责人称为社会主体。在人类历史发展的长河中，人类需要促进社会的发展进步，既"一切社会关系的总和"，那么人所生活的群体就已经上升为具有社会意义的群体。正因为如此，马克思才认为，主体即社会。①

---

① 《马克思恩格斯文集》（第2卷），人民出版社，2009，第295页。

在《德意志意识形态》中，马克思和恩格斯从社会主体与生产分工的视角出发，第一次得到了关于人类社会发展形态的新认识。马克思和恩格斯将目光看向社会发展过程中所产生的客观社会结构，产生了"所有制形式"的新概念。同时，马克思和恩格斯对人们生存和发展的现实基础从三个方面进行了分析，分别是现实的个人、他们的活动、物质生活条件。在《雇佣劳动与资本》中，马克思从"社会生产关系""社会关系""社会主体"三个方面进行详细论述，通过对比说明阐述了三者的概念，更加详细和准确地介绍了社会发展理论。马克思提出了"人的发展三形态"论，该理论的提出标志着马克思和恩格斯的社会发展理论取得了巨大的进展。

②社会发展动力理论

马克思和恩格斯通过多个因素来说明社会发展动力理论，包括经济的、政治的、精神的、文化的、历史的、自然地理环境的，其提法主要有终极原因和伟大动力①、最高和最后形式的动力、构成历史真正的最后动力、精神的动力以及隐藏在这些动力后面的动力、历史的直接动力、内部动力、现代历史的动力、总的合力等。② 马克思和恩格斯将生产力、生产关系（交往形式）、生产方式、经济基础（市民社会）及社会革命、人民群众等唯物史观最基本的范畴进行有机融合，并且采用以上的范畴对历史唯物主义进行了系统论述。马克思和恩格斯通过唯物史观的视角，表达了社会发展动力理论的基本观点。

社会发展动力理论的主要内容可以总结为：社会实践是必不可少的，社会发展动力因素都包含着实践；社会发展的程度最终由生产力来决定；社会发展最深层次的动力原因是社会基本矛盾；"历史合力"构成动力机制以促进社会发展；推动社会的动力就是人民群众。

马克思认为，在社会组成中的人的因素、物质因素、精神因素等一系列因素都无法自动发挥它们的功效，这就必须通过人类的实践活动来促使各个因素转变为推动社会进步的原动力。实践活动的过程就是人们社会生活的过程，人们在不同阶段实践活动的对象化就构成了那一阶段现实的社会生活状况。由此可以得出，社会发展的历史是人类在各个阶段实践活动留下的印迹。缺少了实践，社会发展的每一个动力因素都将失去它们存在

---

① 《马克思恩格斯文集》（第 2 卷），人民出版社，2009，第 509 页。

② 《马克思恩格斯文集》（第 2 卷），人民出版社，2009，第 593 页。

的意义，实践是社会发展动力中不可缺少的催化剂。

③社会发展道路理论

马克思认为，社会的发展一共有两条道路。其一，是目前西方国家所处的资本主义社会，只有当社会发展到一定程度，社会内部消灭了剥削和压迫以后，进入"不以雇佣劳动为基础的资本主义私有制"的高级社会阶段；其二，是世界东方的俄国社会所走的社会主义道路，认为俄国可以不必经历以"压榨劳动力而获取利润的资本主义私有制"为基础的资本主义社会，从而减少因资本主义制度而产生的一系列社会问题。

马克思以唯物史观作为理论依据对资本主义社会进行了深入的调查和研究，并高度抽象地总结了人类社会的发展规律，认为人类的社会不可能一次发展到顶峰，都有一个从低级社会形态到高级社会形态的演变过程。人类历史发展道路是统一性与多样性的结合，人类社会总体的发展趋势是统一的，但并不存在一条适用于一切社会的"一般发展道路"，社会的发展具有很大的"偶然性"，其"发展的加速和延缓在很大程度上是取决于这些'偶然性'的"。[①] 对不同的国家和社会而言，是否经历某个社会形态及其持续时间长短都是不同的，每个国家每个民族都需要根据自身的情况来选择其社会发展道路。

实际上，人类社会发展的历史是普遍规律与特殊规律相结合的。首先，当某一特殊地区的社会具备跨越的历史条件，是完全有可能实现跨越的。其次，由于世界上各个国家的发展不能缺少与外界的沟通，国家与国家之间、民族与民族之间的发展都会受到彼此的影响，所以，每个国家的发展都要受到其他国家的制约和影响，不是所有的国家都必须经过资本主义才能进入无产阶级的社会。最后，在社会发展的历史中，雇佣劳动既是"从奴隶制和农奴制的解体中产生的"，也是"从公有制的崩溃中产生的"，还是从各种封建形式的"衰亡中产生的"。[②] 各种社会制度具有统一的方面，但并不意味着可以让每个国家都走上一条规范的道路，也需要考虑其实际情况，每个国家目前所采用的社会制度一定是根据本国的特殊性所确定的。

④社会发展代价理论

马克思对人类社会的发展进步需要以牺牲个人为代价的社会发展规律

---

① 《马克思恩格斯文集》（第10卷），人民出版社，2009，第354页。
② 《马克思恩格斯文集》（第30卷），人民出版社，1995，第15页。

进行了解释说明，他认为，在社会发展过程中，人类素质的发展必然以牺牲多数的个人，甚至以牺牲整个阶级为代价。……但最终会克服这种对抗，而同每个个人的发展相一致；因此，个性的比较高度的发展，只有以牺牲个人的历史过程为代价。①

资本家通过使用货币在市场上雇用工人，其实工人所付出的劳动与得到的货币并不等价，因为资本家的"预期中"还包括工人劳作的"追加量"，"被雇用的劳工只是在以较少的时间生产自己的工资，反而用大部分时间去无偿地为雇主服务"。资本家要求雇工为其服务，才偿付雇工的工资，但是雇工可能因此付出更多的代价。当然，这种资本主义制度，也有它优越性的一面，马克思称之为"资本的文明面之一"，主要体现在有利于生产力的提高、有利于社会关系的发展、有利于更高级的新形态的各种要素的创造。②

社会发展进步是需要付出代价的，而付出的代价会以社会进步作为补偿，所以进步与代价具有统一性。马克思认为要消耗最小的力量、付出最少的代价来实现社会最大限度的发展。马克思和恩格斯分析社会发展历史主要是基于唯物史观的角度，他们认为，今后社会发展的方向是建立"自由人联合体"③，在这个方向上建立起来"各尽所能，按需分配"的未来社会。极高的社会生产力、充足的物质财富、宽广的精神境界这三点就是未来社会的主要特征，然而这也只是大致上的描述和本质的说明。除了以上陈述，马克思和恩格斯并没有给出更多关于未来社会的描述，这是因为他们不想将未来社会固定在僵硬的思维之下，应该建立一个让人无法用言语形容的新时代。

（3）经典现代化理论

经典现代化理论是较早产生的关于社会发展的理论，是西方研究者对广大发展中国家社会发展道路的最初思考。经典现代化理论并不是一个统一的学派，而是一系列不同理论观点的总称。经典现代化理论的基本观点建立在"传统-现代"的二分理论模型之上，它指出发展中国家的落后状态受到社会传统结构的制约，需要在学习西方社会文化价值模式的基础上，

---

① 王晶雄、王善平：《社会发展：反思与超越——马克思主义社会发展理论研究》，学林出版社，2008，第16页。
② 《马克思恩格斯文集》（第2卷），人民出版社，2009，第26页。
③ 《马克思恩格斯文集》（第2卷），人民出版社，2009，第220页。

逐步向现代社会过渡。

①理论背景

该理论兴起于 20 世纪五六十年代，与当时特殊的社会经济背景密切相关。第二次世界大战之后，遭受战争重创的西欧国家百废待兴，同时，一大批刚刚独立的第三世界国家也面临着发展社会经济的迫切任务。寻求一条适合本国的社会发展道路，促进本国社会经济的快速发展，并且解决在发展过程中出现的一系列社会问题，就成为这些国家的一个中心议题。在战后初期，世界面临的众多新问题都是从战争引起的剧烈变动的现实生活中提出来的，其中最重大的问题是，受到战争创伤的所有国家面临重建与复兴的问题，以及战后摆脱殖民统治的新兴独立国家与地区的发展问题。[①]经典现代化理论产生的另一个重要背景，是在两大阵营相互对立的国际政治格局下，发展中国家的发展道路问题也卷入了意识形态的斗争之中。如何使发展中国家走上一条与西方国家相同的发展道路，在政治制度和经济发展上复制西方国家的发展模式，成为以美国为首的西方国家推行其全球战略的重要内容。西方国家为了遏制社会主义模式在发展中国家扩散，构建了符合其国家利益的"全球战略"，加大了对发展中国家发展道路问题研究的支持力度。经典现代化理论的相关研究也致力于为西方国家制定针对发展中国家的对外战略和政策及为第三世界国家进行现代化建设提供理论指导。经典现代化理论的主要代表人物有美国的罗斯托（Walt Whitman Rostow）、英克尔斯（Alex Inkeles）、赫尔（John W. Hall）、赖肖尔（Edwin O. Reischauer）等。

②主要内容

经典现代化理论的核心内容"传统-现代"理想模型脱胎于早期社会学研究者对社会结构和社会变迁趋势的观察和分析。在早期社会学研究者看来，社会结构的变迁呈现由"传统"向"现代"过渡的发展趋势，而社会发展的最终目标就是逐渐摆脱各种传统因素，向具有现代要素的社会类型接近。这种"传统-现代"的"两极化"理论是一种理想的类型模式，在不同社会学研究者那里有不同的理论概括。例如，著名法学家梅因（Sir Henry James Sumner Maine）的"身份社会"和"契约社会"，斯宾塞（Herbert

---

① 罗荣渠：《现代化新论：世界与中国的现代化进程（增订版）》，商务印书馆，2004，第32 页。

Spencer) 的 "军事社会" 和 "工业社会"，迪尔凯姆（Émile Durkheim）的 "机械团结" 和 "有机团结"，滕尼斯（Ferdinand Tönnies）的 "礼俗社会" 和 "法理社会"，以及韦伯（Max Weber）的 "前现代社会" 和 "现代社会" 等。

经典现代化理论的最初研究开始于经济领域。1949 年，美国总统杜鲁门（Harry S. Truman）提出了向第三世界国家提供经济援助的 "第四点计划"。为了配合该计划的实施，美国的一些研究者展开了对第三世界国家发展道路与模式的研究，以探讨如何发展与巩固以美国为中心的世界政治与经济格局。罗斯托的经济成长理论就是这一时期的代表理论，他把现代社会的发展分为 "传统社会"、"起飞前提条件"、"起飞"、"走向成熟" 和 "大众高消费时代" 五个阶段，并且把美国作为发展中国家经济社会发展的样板。[①] 其后，经典现代化理论逐渐拓展到政治、文化、社会等领域。经典现代化理论归纳出现代社会及现代人所具有的一些现代性特征，并且将其视为发展中国家通过追随西方国家的发展模式所要达到的最终目标。

赫尔、赖肖尔等人对 "现代化" 的含义与标准进行了广泛的探讨，并且提出了社会现代化的一些标准："人口较高地向城市集中，整个社会日益以都市为中心组织起来；非生物能源高度利用，商品广泛流通，服务行业发达；社会成员在广泛空间范围内相互作用，社会成员普遍参与经济和政治事务；村社和世袭社会群体普遍解体，个人社会流动性增大，个人的社会表现范围更加多样化；广泛的、具有渗透性的大众传播网；政府、企业、工业等大规模社会设施的建设；各庞大人口集团逐渐统一在单一的控制（国家）之下，各国之间相互作用（国际关系）日益加强"[②]。在一定程度上，这代表了当时西方研究者对现代社会特征的普遍认识。

③理论评析

在经典现代化理论兴起和发展的同时，学术界就没有停止过对其进行批评。

从理论构建角度对经典现代化理论的批评，主要集中在其基于 "传统"

---

① W. W. 罗斯托：《经济增长的阶段：非共产党宣言》，郭熙保、王松茂译，中国社会科学出版社，2001，第 39~40 页。

② 罗荣渠：《现代化新论：世界与中国的现代化进程（增订版）》，商务印书馆，2004，第 37 页。

与"现代"二元对立的假设。首先，把社会发展区分为"传统"与"现代"，本身就带有主观色彩，至于什么是"传统"与"现代"以及二者适用的范围是什么，一直没有明确的答案。经典现代化理论家把"传统"视为"现代"确定以后的"剩余概念"，这一笼统的界定，把一切非"现代"的事物划入了"传统"之中。同时，"现代"本身也是模糊的、笼统的，可以根据研究者们的需要任意取舍。其次，"传统"与"现代"的二元对立本身就是一个假命题，在现实生活中，"传统"与"现代"往往是并存的，二者之间并没有泾渭分明的界限。最后，把社会分为"传统"与"现代"，并且预设了社会发展的替代趋势，暗含了对"传统"的否定性判断。其实，"传统"并不一定都是落后的、应该被否定的，其中的某些部分在现代社会发展中反而会起到积极作用。

从政治角度对经典现代化理论的批评，主要集中在其浓厚的"西方中心主义"色彩方面。经典现代化理论家预设了社会发展的单一线性进化模式，把"现代"视为任何社会发展所要达到的目标，并将"现代"贴上了具有浓厚西方色彩的标签，呈现了显著的"西方中心主义"特征。经典现代化理论的"西方中心主义"色彩集中体现为美国帝国主义的意识形态特征。各国的马克思主义者均认为，经典现代化理论实质上是美国施行对外扩张政策的工具，是其欲在发展中国家推行资本主义发展模式的一种理论工具。

此外，经典现代化理论假定社会中的传统因素是社会发展的阻碍，认为只有抛弃传统才能走向现代。这种对广大发展中国家不发达原因的判断，无疑忽视了不平等的国际格局。发展中国家的不发达或者说"现代化"推进缓慢，很大程度上是源于历史上西方国家的侵略、掠夺和剥削，以及早已形成的以西方国家为中心的不平等的国际秩序格局。

（4）依附理论

依附理论由拉丁美洲和非洲一些发展中国家的研究者提出，它处于现代化理论演变过程的第二个阶段。与经典现代化理论强调"传统-现代"二分理论模型的内因决定论不同，依附理论主要用"中心"与"外围"的关系从外因角度解释发展中国家不发达的原因。

①理论背景

在很大程度上来说，依附理论是对经典现代化理论在拉丁美洲国家实践过程中失败的一种反思和回应。在西方国家的鼓吹以及联合国学者和专家的推动下，拉丁美洲国家纷纷制定并实施了以经典现代化理论为指导思想的社会发展方针和政策。这些措施包括向西方国家开放国内市场，通过外资的引入大力发展工业，以工业化带动现代化的实现。经历了短暂的经济复苏之后，许多拉丁美洲国家纷纷陷入了经济停滞或者"有增长无发展"的境地。经济状况的改善并没有带来社会结构的优化，反而产生了一系列更为严重的社会问题。同时，本国的经济命脉也掌握在西方资本主义国家手中，受到这些国家的控制和剥削。在批判经典现代化理论的过程中，出现了一个以拉丁美洲国家研究者为主体的社会发展学派，他们认为正是现实中资本主义世界体系与非资本主义体系的并立（而不是所谓的"传统"与"现代"的对立），以及发展中国家在世界体系格局中的"外围"或者"依附"地位，造成了其不发达或者低度开发的状态，这些研究者的观点被称为"依附论"。"依附论"的代表人物主要有德国经济学家弗兰克（Andre Gunder Frank），巴西社会学家卡多佐（Fernando Henrique Silva Cardoso）、经济学家多斯·桑托斯（Theotonio dos Santos）、经济学家富尔塔多（Celso Furtado）和埃及社会学家阿明（Samir Amin）等。

②主要内容

在批判经典现代化理论"传统"与"现代"对立的理论假设基础上，依附理论的相关研究者归结出了发展中国家尤其是一些拉丁美洲国家不发达的原因。他们认为，世界体系结构是由资本主义世界体系和非资本主义的国家体系两部分构成，同时，两者在世界体系结构中分处于"中心"与"外围"。正是处于"中心"位置的西方发达资本主义国家对处于"外围"的发展中国家的剥削和控制，才造成了发展中国家对西方资本主义国家的"依附"关系。弗兰克在《不发达的发展》中提出了"宗主-卫星"的理论模型，具体说明了"中心-外围"的关系。他指出，"宗主-卫星"关系不仅存在于国际关系中，还存在于发展中国家内部的都市与外省、外省的城镇与乡村的关系之中，从而构成了一个包含多个层次的"中心-外围"格局；"宗主"从自己的"卫星"中榨取资本和剩余价值，然后把其中的一部分输送到世界性的宗主国。① 普雷维什（Raúl Prebisch）用"核心"与"边陲"来比喻发达国家与落后国家之间的关系，即处于"核心"地位的国家

---

① 弗兰克：《不发达的发展》，载威尔伯主编《发达与不发达问题的政治经济学》，中国社会科学出版社，1984，第145~160页。

通过贸易优势（工业产品价格高）从处于"边陲"地位的国家获取财富。[①]

　　依附论者通过对拉丁美洲国家社会经济发展史的回顾，论述了发展中国家不发达地位的形成与西方资本主义发展的密切关联性。在西方资本主义发展的不同阶段，拉丁美洲国家的社会结构以及经济体系也相应表现出不同程度的扭曲性特征。弗兰克、多斯·桑托斯等人把拉丁美洲国家依附地位的形成大致划分为重商资本主义阶段、工业资本主义阶段和后殖民地扩张时期（跨国公司资本输入阶段）三个阶段。在重商资本主义阶段，早期的西方殖民主义者通过对拉丁美洲国家原料和财富的掠夺，为重商主义政策的执行以及后来资本主义的发展提供了原始资本积累，而广大的被掠夺、被殖民地区则失去了社会发展的财富，同时社会发展的方向被扭曲，社会结构遭到了破坏。在工业资本主义阶段，通过工业革命的推动，西方资本主义国家的生产技术得到了极大提高，生产出大量廉价的商品，它们对广大不发达地区进行商品输出，并且在全世界范围内寻找原料产地，而在资本主义的这一历史发展时期，广大的拉丁美洲地区则形成了"出口导向"的发展格局，通过出口大量廉价的初级产品换取西方资本主义国家的工业产品。这种世界贸易格局扭曲了拉丁美洲国家的社会经济结构，其低度发展状态完全是为了满足西方资本主义国家发展的需要。在后殖民地扩张时期，拉丁美洲国家纷纷获得了独立，建立了自己的主权国家，并且通过实施贸易保护和关税壁垒保护了本国民族工业的发展。西方国家的策略则由"商品输出"转为"资本输出"，通过在这些国家投资建厂，利用过时的机器设备以及技术投入获得高额的资本收入。拉丁美洲国家仅获得了有限的技术支持，却失去了本国经济发展的自主权。同时，跨国公司凭借雄厚的经济实力以及所在母国的支持，对当地的社会发展政策施加影响，进而左右了拉丁美洲国家的政治自主权。总之，依附理论认为，以拉丁美洲国家为代表的发展中国家不发达状态的形成，与西方资本主义的控制、掠夺和剥削密不可分，西方资本主义国家的发展史也是一部拉丁美洲国家依附地位的形成史。

　　依附理论不仅对广大拉丁美洲国家不发达状态的成因进行了分析，还就如何摆脱依附地位、独立自主地发展本国社会经济提出了对策。根据他

---

① 史艳、赵可金：《美国的拉美政治研究：兴起、进展与镜鉴》，《国际政治研究》2020年第4期。

们政治取向及采取策略的不同，大致可以分为革命派方案、改良派方案和中间派方案。① 以弗兰克、多斯·桑托斯为代表的革命派认为，拉丁美洲国家摆脱附属地位和低度发展的唯一途径，就是通过社会主义革命的方式，对内推翻现行保守政权，对外斩断与中心国家的一切联系；而以富尔塔多为代表的改良派，主张在现行的政治框架内进行改革，主要措施包括使广大农民受惠的土地改革、发展民族工业、与外商合作发展制造业等；卡多佐等中间派则提出了走"依附性发展"的道路，即在不斩断与中心国家联系的情况下，通过和平手段推翻独裁政权、建立民主政府。

③理论评析

依附理论是在对经典现代化理论尤其是其关于社会发展轨迹的假设进行批判与反思的基础上形成和发展起来的。依附理论从拉丁美洲国家社会发展的历史事实中总结出：不同国家的发展道路具有多样性，而不是经典现代化理论所标榜的以"西化"为标准的单一发展路径，这无疑使社会发展的理论研究更接近于历史事实。对于拉丁美洲国家不发达的原因，经典现代化理论侧重于从内部因素进行探讨，将其归因于国家内部传统因素的制约和掣肘，而只有通过向西方学习、加强与西方国家的合作才能逐渐摆脱传统因素的影响，逐步走向现代化。依附理论则主要从外因出发，认为由于西方资本主义国家的剥削、掠夺和控制而形成的依附地位，是拉丁美洲国家不发达状态的主因，主张通过减弱、限制乃至隔绝与中心国家的联系，实现独立自主的发展。

（5）世界体系理论

世界体系理论是现代化理论的第三个阶段。世界体系理论运用系统性、整体性的观点，分析世界体系格局中发达国家与不发达国家的不同地位和社会发展的不同轨迹。这种分析方法在一定程度上弥补了经典现代化理论的内因决定论和依附理论外因决定论的缺陷，扩大了人们认识当今世界体系格局的视野。

①理论背景

世界体系理论产生于 20 世纪 70 年代的美国学术界，其领军人物是美国纽约州立大学著名社会学家伊曼纽尔·沃勒斯坦（Immanuel Wallerstein）。他在 1974 年、1980 年和 1989 年出版的三卷本《现代世界体系》中，创造

---

① 刘祖云主编《发展社会学》，高等教育出版社，2006，第 42~46 页。

性地提出并系统论述了"现代资本主义世界体系"。该书第一卷一经推出，就引起了学术界强烈的反应，对诸多社会科学领域产生了广泛的影响。世界体系理论指出，依附理论在解释社会发展方面存在不足，即把世界各国分为中心国家（核心国家）和外围国家（边陲国家）的做法过于简单，这种理论模型不能很好地解释中心国家与外围国家地位的转换关系。沃勒斯坦把自己对社会发展的分析置于世界体系格局，通过构建"核心""半边陲""边陲"的理论体系，阐释了世界体系格局下国家发展的一般逻辑和线索。

②主要内容

世界体系理论认为，在人类社会发展的过程中共有两种体系，一种是小型体系，另一种是世界性体系。以原始种族、部落为代表的小型体系已经消失，而世界性体系又分为帝国体系和全球性经济体系。帝国体系以政治权力的控制和统治为主要整合方式，如历史上的罗马帝国。全球性经济体系在当今表现为"以欧洲为轴心的世界经济体系"，这种世界体系是通过资本主义的发展和世界性市场的形成联结为一体的。各种世界体系都有一套运行机制规约着其内部结构以及关系。

在"以欧洲为轴心的世界经济体系"或"资本主义世界经济体系"中，由于世界范围内劳动分工的不同从而形成了三个承担不同经济角色的组成区域或国家，它们分别被称为"核心"、"半边陲"和"边陲"。核心区域向边陲区域输入资本密集型的商品，并且利用边陲区域的市场、原料和劳动力，在世界经济体系格局中处于优势地位。边陲区域则依赖本国的自然资源、原料和劳动力等条件，生产劳动密集型产品，在世界经济体系格局中处于较为劣势的地位。半边陲区域则处于两者之间，兼具核心区域和边陲区域的特征，半边陲区域代表了从核心到边陲这个连续统一体中的一个中间点。① 随着社会历史进程的发展，世界体系格局中不同国家、地区的"核心"、"半边陲"和"边陲"的地位是不断发生变化的，在不同的历史阶段中，世界大国表现出兴衰起伏的特征，但是无论如何变动，组成世界体系格局的三级差序（"核心-半边陲-边陲"）不会发生变化。

在世界体系格局中处于不同地位的国家的社会发展轨迹也存在差异。发展是指改变在世界体系格局中的位置，由边陲向半边陲或者由半边陲向

---

① 伊曼纽尔·沃勒斯坦：《现代世界体系：十六世纪的资本主义农业与欧洲世界经济体的起源》（第一卷），高等教育出版社，1998，第109页。

核心的上升过程。对处于边陲地位的国家来说，主要是通过把握时机、吸收外资和自力更生三种途径向半边陲国家过渡。边陲国家可抓住核心国家经济发展的衰退期，通过发展民族工业和培育国内市场，促进国民经济的快速发展。在这一时期，核心国家忙于国内经济结构的调整以及内部矛盾的协调，势必会减弱对边陲国家的控制，这无疑是边陲国家发展的最好时机。在世界市场扩张时期，边陲国家可利用本国较为廉价的劳动力和广阔的国内市场，积极引进外资，利用资本和技术来实现自身的较快发展。自力更生方式的特点是推行政治独立、经济增长和社会发展相并行的全面社会改革方案，强调社会经济发展的独立性，较少利用外资。半边陲国家向核心国家的成功过渡，主要依赖于引进先进的生产技术和机械设备，而拥有一个广阔的国内市场也是其中一个重要条件。沃勒斯坦建议用以下方式培育市场：通过增加工资等方式提高本国居民购买力；以比核心国家更低的成本生产同质量、同类型产品，提高本国产品的国际市场占有率；如果本国产品在起步阶段缺乏竞争力，可以与邻国合作共同组建市场或制定关税壁垒以保护本国工业；还可以考虑给出口商品以补贴，使其迅速抢占国际市场。①

③理论评析

世界体系理论最大的创新之处在于，把社会发展的分析单位定位在世界体系格局的层次上，把世界各国置于具有一定结构的世界体系中，使其分析具有整体性、系统性的特征，通过对世界体系格局结构特征、运行规律的分析和考察，对社会发展的规律做出归纳。这种从系统整体解释社会发展的理论，在一定程度上，要比经典现代化理论和依附理论片面强调内因或外因的解释更具有说服力。世界体系理论建构了"核心-半边陲-边陲"的理论模型，以世界体系格局中国家或者地区摆脱边陲或者半边陲地位，向半边陲或者核心上升的动态过程，具体阐释了社会发展的轨迹及特征。核心、半边陲和边陲三者地位的相对性，意味着世界体系格局中国家或者地区的位置并不是固定不变的，不同国家的实力处于消长变化之中，推翻了依附论对"中心"与"外围"地位的宿命论解释，但同时世界体系理论亦存在内在的缺陷。世界体系理论以体系结构解释不同国家、地区的发展过程，但是对处于同一地位的国家为何有不同的发展轨迹却没有具有说服力的解释。这是由于世界体系理论把世界体系格局的形成仅仅归因于国际

① 刘祖云主编《发展社会学》，高等教育出版社，2006，第51页。

社会中的分工地位，而忽视了政治因素、文化因素对经济体系的影响，无法解释一国社会发展的特殊性。与经典现代化理论和依附理论不同，世界体系理论主要是由沃勒斯坦个人创建的，其与社会实践的结合也不如前两者紧密，但是它却寄寓了沃勒斯坦等人对改变不平等的国际关系体系，建设公平合理、民主自由新世界体系的美好愿望。

4. 中国社会发展理论

（1）社会发展理论的运用——毛泽东

新中国成立前，中国社会发展需要"打碎一个旧世界，才能建立属于无产阶级的新世界"。通过阶级斗争和武装革命驱逐帝国主义在中国的势力和封建主义、官僚资本主义等在中国的统治，建立一个民主、自由、进步的新民主主义中国，就是当时中国社会发展的现实任务。毛泽东高度重视共产党执政后的社会发展问题，结合新中国成立伊始现代化基础薄弱、百废待兴的基本国情，依循社会发展的科学维度，通过坚持科学原则、确定科学目标、把握科学规律、制定科学方针等，开创了新中国社会发展的新局面。他在重视社会发展客体性的同时，也十分重视社会发展的主体性，也就是既重视社会发展的科学维度又重视社会发展的价值维度，真正做到了合规律性与合目的性的有机统一。在社会发展的价值维度方面，毛泽东坚持人民群众的主体地位，维护人民群众的根本利益，主张采用民主的方式等来正确处理人民内部矛盾，重视思想政治工作，通过反对官僚主义来密切党群关系，进一步提高社会发展的整体水平。

坚持实事求是的科学原则，提出社会发展的重要任务。毛泽东高度重视共产党执政后社会建设中的社会发展问题，他继承和发展了马克思社会发展思想。在中国人民解放战争即将取得全面胜利的前夕，召开了党的七届二中全会，着重讨论了党的工作重心转移，强调共产党执政后的任务是一步一步地学会管理城市和建设城市，并将恢复和发展城市中的生产作为中心任务。[1]

确定社会发展的战略总目标是实现国家的社会主义现代化。毛泽东展望中国社会发展的未来，认为要"由农业国变为工业国"。这一社会发展的战略总目标既反映了中国革命与社会发展的客观实际及规律，也反映了通过改造经济结构将中国发展成为一个强大的社会主义现代化国家的客观实

---

[1] 《毛泽东选集》（第4卷），人民出版社，1999，第1428页。

际，同时也为党和国家的社会发展活动奠定了基础、指明了方向。

实现社会发展必须探索、掌握和遵循社会发展和建设规律。新中国成立后，如何对待商品生产是经济建设中的一个现实问题，也是关乎社会发展的一个十分重要的问题，毛泽东针对当时党内一些人避而不谈商品和商业的错误认识，多次强调要按价值规律办事，他认为要通过积极利用价值法则的形式来发展社会主义商品生产。①

解决社会发展中的各种矛盾，要坚持"统筹兼顾，适当安排"的方针。社会发展如何"调动一切积极因素，团结一切可能团结的人"，毛泽东根据唯物辩证法的普遍联系和永恒发展的观点，坚持对立统一规律，针对"又发展又困难"的矛盾现实，科学地提出了解决这一问题的方针是"统筹兼顾，适当安排"。毛泽东的"统筹兼顾"不是要打造"万能政府"，而是把政府的社会发展职能重点放在"管理自己该管的"权限中，在这样的一个职责范围内，对各种社会发展事项进行统筹兼顾，适当安排。②

坚持人民主体地位。毛泽东坚持唯物史观关于人民群众是历史创造者的基本原理，认为"只有人民，才是创造世界历史的动力"③。他充分尊重和相信人民群众，在各项工作中坚持群众路线，高度重视党同人民群众的血肉联系。他认为"一切物质因素只有通过人的因素，才能加以开发利用"④。各级政府及工作人员要努力改进工作作风和方法，坚持群众路线、密切联系群众，这样政府才能成为真正代表人民利益的政府。⑤

正确处理社会发展中的人民内部矛盾。社会主义国家的人民虽然在根本利益上是一致的，但是在具体的社会发展活动中仍然需要处理大量的人民内部矛盾。毛泽东认为，解决人民内部矛盾"只能用民主的方法，让群众讲话的方法"。⑥

加强社会发展中人的思想政治工作在社会发展的各要素中最为重要，处理好发展主体之间即人与人之间的关系是最为核心的内容。在毛泽东看来，要处理好与人有关的一切社会发展事务，必须加强思想政治工作。他

---

① 中华人民共和国国史学会：《毛泽东读社会主义政治经济学批注和谈话》，中华人民共和国国史学会，1998，第61、494页。
② 中共中央文献研究室编《毛泽东文集》（第7卷），人民出版社，1999，第228页。
③ 《毛泽东选集》（第3卷），人民出版社，1999，第1031页。
④ 中共中央文献研究室编《毛泽东文集》（第7卷），人民出版社，1999，第34页。
⑤ 莫志斌：《毛泽东管理思想与管理方法》，湖南师范大学出版社，2008，第150页。
⑥ 中共中央文献研究室编《毛泽东文集》（第8卷），人民出版社，1999，第291页。

认为思想政治工作是一切工作的生命线，全党全社会都要加强思想政治工作。

（2）社会发展理论的创新——邓小平

1978 年底召开的党的十一届三中全会，是中国走向改革开放新时代的序曲，开启了建设中国特色社会主义的新航道。中国共产党人在这一历史时期根据对世界历史发展新特征的准确把握，通过对世界各发达国家经验教训的批判借鉴吸收，以及对自身历史经验教训的客观认识，对"中国向何处去"这一问题进行了自觉的理论反思并对新发展道路开始了努力探寻，提出了"什么是社会主义，怎样建设社会主义"的时代课题。这是邓小平理论的历史起点和逻辑起点，当然也是邓小平关于中国特色社会主义社会发展思想的历史起点和逻辑起点。邓小平等中国共产党人开启了对中国特色社会主义发展道路的开创性工作，因而其在社会发展理论中主要探讨的是社会发展前提、社会发展战略、社会发展动力、社会发展路线等内容。

社会发展前提是认清社会主义本质。邓小平首创性地提出社会主义本质这一基本范畴。社会主义本质就是社会主义制度在根本上区别于其他社会制度的东西，即社会主义本身的内在规定性。邓小平认为，中国社会的发展有许多经验教训和有待解决的问题，其中最重要的一条就是要在思想上认清进行社会主义建设的根本性问题，即什么是社会主义，怎样建设社会主义。[1]

社会发展战略是"三步走"战略目标。社会发展作为人们通过理性自觉依据相应的社会条件而推动实施的社会活动，是有计划、有目的的过程。这种计划性的目的不是某一些具体发展目标的实现，而是某一个具体社会在一定发展阶段所要实现的社会整体发展的宏观战略问题。在经济建设方面，邓小平设计了 20 世纪走两步达到温饱和小康、21 世纪再走一步达到中等发达国家水平的"三步走"战略目标。[2] "三步走"战略目标不但把中国自身发展的初始起点作为对比标准，而且将视野扩展到全球范围，把中国的发展战略放在世界经济发展的范围内加以对比考察，从而确定了合乎实际的追赶目标，体现了对中国特色社会主义现代化建设的全新战略设计。

改革是社会发展动力。邓小平继承和发展了马克思、毛泽东的社会基

---

[1]　《邓小平文选》（第 3 卷），人民出版社，1993，第 116 页。
[2]　《邓小平文选》（第 3 卷），人民出版社，1993，第 251 页。

本矛盾理论，将生产力水平远远不能满足人民和国家的需要确定为主要矛盾。① 解决这个主要矛盾的根本办法就是改革。改革作为人们有意识的一种社会实践活动，是人们在理性指导下对阻碍社会发展的各种束缚进行革新的自觉选择，因此，改革在一定意义上构成实现社会顺利发展的重要动力，它本身对生产力的发展会起到积极的促进作用。改革的目的"就是扫除发展社会生产力的障碍"。通过不断改革生产关系、上层建筑中与生产力发展不相适应的那些弊端，生产关系与生产力之间、经济基础与上层建筑之间会形成一种动态的适应关系，社会主义制度的优越性就会得到更加充分地体现和发挥。正因如此，改革也起着促使社会主义自我完善和发展的动力作用。

社会发展路线是"一个中心、两个基本点"。路线问题是中国共产党在历史发展的重大关头总要面对的重要问题，社会发展路线在某种意义上决定着前进道路的方向。首先，以经济建设为中心是中国特色社会主义国家的兴国之要，它是由社会主义初级阶段的主要矛盾所决定的。主要矛盾的解决必须以提高落后的生产水平、大力发展经济、积累丰富的物质财富为基础，如果偏离了这个中心，就有丧失物质基础的危险，因而各项工作的开展必须紧紧抓住经济建设这个中心不放松。其次，改革开放是中国特色社会主义国家的强国之路，它是社会主义社会发展的强大动力。一方面，通过改革来解放生产力，使社会主义生产力得到充分发展；另一方面，通过开放来吸纳外国的资金、技术和人才，学习外国先进的经验，吸收外国的文明成果。

（3）社会发展理论的深化——江泽民

以江泽民同志为核心的党的第三代中央领导集体在对中国共产党的历史方位进行科学判断的基础上，面对"建设什么样的党，怎样建设党"的课题，提出了"三个代表"重要思想。作为中国特色社会主义理论体系的重要组成部分，"三个代表"重要思想实质上反映了当代世界和中国的发展变化对党和国家工作的新要求。②

社会发展目标是人的全面发展。"三个代表"重要思想的基本着眼点是要代表最广大人民群众的根本利益，这也是"三个代表"重要思想的最终归

① 《邓小平文选》（第 3 卷），人民出版社，1993，第 182 页。
② 《江泽民文选》（第 2 卷），人民出版社，2006，第 536 页。

宿，它要求党和政府在确定各项方针、制定各项政策时必须充分考虑到不同方面群众的利益，使全体人民能够在现实的社会条件下实现最大化的全面发展。在 2001 年庆祝中国共产党成立 80 周年大会的讲话中，江泽民明确将促进人的全面发展看作马克思主义关于建设社会主义新社会的本质要求。这不仅是建设社会主义新社会的本质要求，同时也是广大人民群众根本利益的现实体现。适时地、分阶段地提出人的全面发展的社会目标，也是对社会主义初级阶段主要矛盾发展的深刻把握。①

社会发展战略是科教兴国战略和可持续发展战略。这两大战略从全局的角度为社会整体发展提供了最为根本的人力资源支持和可持续发展的科学理念。科教兴国战略是"代表中国先进生产力发展要求"的最直接部署，是"科学技术是第一生产力"思想的重要体现。符合中国社会发展需要的先进的科学技术和教育因素作为上层建筑的重要内容，体现着中国先进文化的前进方向，对社会发展起到积极的推动作用。科教兴国战略作为一个根本性的总战略，实际上就是对经济建设这一重心转移的进一步具体深化和发展，它已经带动并且会继续推动生产力实现更大的发展。江泽民对可持续发展战略多次发表重要讲话，1995 年时指出，在社会主义现代化建设中，必须把贯彻实施可持续发展战略始终作为一件大事来抓②。对中国社会而言，可持续发展不是那种为了满足无度的欲望而单纯地开发具有"掠夺自然"性质的生产力的思路，而是一种使生产力具有"文明发展"性质的发展理念，符合人类面向未来的整体发展的利益。在当代中国，就思想观念来说，可持续发展理念也代表了中国先进文化的前进方向。

社会发展思路是紧紧抓住发展这个执政兴国的第一要务。"三个代表"重要思想进一步阐明了发展是党执政兴国第一要务的社会发展新思路。江泽民强调："要把发展作为党执政兴国的第一要务，这一点十分重要。只有紧紧抓住这一条，'三个代表'要求才能真正得到落实。"③通过在全党和全社会树立起发展是执政兴国第一要务的理念，先进生产力得到充分发挥，先进文化得到充分发扬，广大人民群众的根本利益得到充分实现。社会在经济、政治、文化等各方面取得全面进步，从而使人的全面发展所需要的各项基础更加坚实。通过在各方面把握住"发展"这个"第一要务"，社会

① 《江泽民文选》（第 2 卷），人民出版社，2006，第 294 页。
② 《江泽民文选》（第 2 卷），人民出版社，2006，第 294 页。
③ 《江泽民文选》（第 3 卷），人民出版社，2006，第 515 页。

的全面进步与人的全面发展得到统一。在整个社会坚持"发展是执政兴国第一要务"的前提下,江泽民对发展问题进行了多方面的阐释并提出了要求,主要包括以下几点。第一,强调"发展要有新思路"①。第二,用发展的办法解决前进中的问题。第三,坚持以实践检验一切,扫除所有构成发展障碍的内容。②

(4) 社会发展理论的动态化——胡锦涛

科学发展观着眼于"实现什么样的发展,怎样发展"这一核心问题。科学发展观"是马克思主义关于发展的世界观和方法论的集中体现",科学发展观的"第一要义是发展,核心是以人为本,基本要求是全面协调可持续,根本方法是统筹兼顾"③。

第一要义是发展。科学发展观是对马克思主义社会发展理论的丰富和发展。胡锦涛同志提出,科学发展观"不能离开发展这个主题"。这个主题的实质是推动实现中国特色社会主义的现代化发展,他在不同的场合反复强调"发展是解决中国所有问题的关键"④,"离开了发展,科学发展观就成了无源之水、无本之木"。⑤

核心是以人为本。科学发展观将"以人为本"作为自己的理论核心,这是对马克思主义最高价值原则的坚持和发展。马克思运用唯物史观对现实的人进行了科学分析,他从实践出发,认为人的本质是在实践基础上多方面属性的辩证统一⑥,在其现实性上,人的本质是"一切社会关系的总和"。胡锦涛在2004年人口资源环境工作座谈会上的讲话中指出:"坚持以人为本,就是要以实现人的全面发展为目标,从人民群众的根本利益出发谋发展、促发展,不断满足人民群众日益增长的物质文化需要,切实保障人民群众的经济、政治和文化权益,让发展的成果惠及全体人民。"⑦ 人是

---

① 《江泽民文选》(第3卷),人民出版社,2006,第533页。
② 《江泽民文选》(第3卷),人民出版社,2006,第539页。
③ 胡锦涛:《高举中国特色社会主义伟大旗帜为夺取全面建设小康社会新胜利而奋斗——在中国共产党第十七次全国代表大会上的报告》,人民出版社,2007,第12~15页。
④ 人民出版社编《胡锦涛主席2011年对美国进行国事访问时的讲话》,人民出版社,2011,第11页。
⑤ 胡锦涛:《在全党深入学习实践科学发展观活动动员大会暨省部级主要领导干部专题研讨班上的讲话》,人民出版社,2009,第14页。
⑥ 何锋、马彬:《试论人的本质与思想政治教育的关系》,《学术交流》2005年第11期。
⑦ 《胡锦涛在人口资源环境工作座谈会上讲话原文》,中国政府网,https://www.gov.cn/ldhd/2004-04/04/content_ 11478. htm。

目的，而物是实现人的全面发展的手段。① 这与社会主义本质在根本上是一致的。社会主义本质在根本上是以生产力的解放和发展来促进经济建设，为的就是最终实现全体人民的共同富裕，在这里，手段与目的的关系是合乎实际的正确关系，反映了在社会主义初级阶段的基本国情下物质发展与人的发展的高度统一。以人为本在根本上是将社会全面发展和科学发展结合起来，创造更加丰富的物质财富和精神财富，最终是要实现广大人民的根本利益，促进人的全面发展。

基本要求是全面协调可持续。落实科学发展观的基本要求是在中国特色社会主义现代化建设过程中推动人与社会全面发展、协调发展和可持续发展，它体现了以人为本，建设和谐社会的本质要求。推动人与社会的全面发展是科学社会主义理论的基本要求，社会有机体的形成和发展可以看作一个整体的历史结果的形成和发展。按照唯物史观的"历史合力"思想，任何最终历史结果的出现都不是单一因素作用的，各种因素在不同的方向上与其他因素之间是相互作用、影响、制约的，这样就由无数个力的平行四边形构成一个"历史合力"，即历史的结果。科学发展观所强调的全面发展，在内涵上包括经济、政治、文化、社会和生态环境这五大领域的发展，一方面，全面发展包括各领域的同步发展，也就是在同一时间内不同领域都要实现一定范围和一定程度的发展，若某一领域没有发展，就不是全面发展。另一方面，同步发展并不意味着每一个领域之间是平均发展的，并不意味着社会要为之付出均等的时间、资金、技术、人力资源支持等。幻想有这样的发展，就是在社会发展问题上没有坚持对立统一规律的重点论，而犯了"平均论"的错误。

根本方法是统筹兼顾。在社会全面发展过程中，涉及不同的领域在发展规模、比例、速度、互相促进和制约条件等方面的关系，因而就存在一个相互间如何协调的问题。协调发展是要运用"五个统筹"的根本方法，将城乡发展、区域发展、经济社会发展、人与自然和谐发展、国内发展和对外开放等方面全部统筹起来，从而促进经济基础和上层建筑以及人与自然、社会的协调发展。② 在运用"五个统筹"根本方法来统筹兼顾社会发展各个方面的过程中，需要格外重视并科学处理好以下两个方面的协调关系。

---

① 李景源、吴元梁主编《科学发展观与和谐社会建设》，江苏人民出版社，2008，第 77~78 页。
② 谭萍、刘灵光：《中国化马克思主义社会发展理论的内涵及意义》，《理论月刊》2009 年第 9 期。

一方面，处理好自然与人、社会之间的关系，促使自然与人和社会协调发展；另一方面，处理好社会有机体内部各领域之间的关系，促使经济、政治、文化、社会和生态之间协调发展。

（5）社会发展理论的最新发展——习近平

与时俱进，不断进行理论探索和创新，是中国共产党作为马克思主义政党保持长久生命力的根本保证。[①] 习近平新时代中国特色社会主义思想贯穿我国经济、政治、文化、生态以及军事和党的建设等领域，既坚持了历代中国发展的理论思想和先进经验，又开辟了新的思想领域和发展方向，实现了马克思社会发展理论与中国具体实际相融合的新跨越，并为中国特色社会主义注入新的科学内涵，更加凸显了中国特色社会主义的民族特性和时代特征。自党的十八大以来，以习近平同志为核心的党中央，立足国内外形势新变化和实践新要求，"勇于进行理论探索和创新，以全新的视野深化对共产党执政规律、社会主义建设规律、人类社会发展规律的认识"[②]，"明确坚持和发展中国特色社会主义的基本方略，提出一系列治国理政新理念新思想新战略，实现了马克思主义中国化时代化新的飞跃"[③]。

一是习近平新时代中国特色社会主义思想具有鲜明的时代主题，为全面掌握现代的发展脉络创造了机遇。二是习近平新时代中国特色社会主义思想具有科学的理论指导，为加快制定正确的行动方向做了充足的准备。三是习近平新时代中国特色社会主义思想具有强大的实践伟力，为努力实现远大的宏伟目标提供了现实基础。四是习近平新时代中国特色社会主义思想具有真挚的为民情怀，为自觉践行无私的担当精神做了后盾。五是习近平新时代中国特色社会主义思想具有坚定的政治自信，为更加巩固社会的长治久安做了铺垫。六是习近平新时代中国特色社会主义思想具有深厚的文化底蕴，为大力弘扬社会主义核心价值体系创造了条件。七是习近平新时代中国特色社会主义思想具有深远的历史眼光，为携手构建共同的世界家园指明了方向。八是习近平新时代中国特色社会主义思想具有总体国家安全忧患意识，为推进祖国完全统一提供了依据。九是习近平新

---

① 刘从德：《新时代中国共产党原创性理论的内在品格》，《华中师范大学学报》（人文社会科学版）2022 年第 6 期。

② 习近平：《高举中国特色社会主义伟大旗帜 为全面建设社会主义现代化国家而团结奋斗——在中国共产党第二十次全国代表大会上的报告》，人民出版社，2022，第 17 页。

③ 习近平：《高举中国特色社会主义伟大旗帜 为全面建设社会主义现代化国家而团结奋斗——在中国共产党第二十次全国代表大会上的报告》，人民出版社，2022，第 6 页。

时代中国特色社会主义思想具有新发展理念，为人与自然协调发展做出了贡献。①

5. 促进民族社会发展的相关理论

现阶段，有众多学者针对民族理论进行研究，而关于民族社会发展理论的研究较少，现就促进民族地区社会发展的重要理论进行简述。

（1）社会融合理论

综观国内外研究，社会融合理论可以划分为一个基础和三个层次。一个基础，即社会融合的基础理论、社会距离理论和社会排斥理论。三个层次，即社会融合理论的宏观、中观和微观层次，一是社会融合的宏大叙事，这部分起源于迪尔凯姆的社会团结理论和马克思的社会主义思想，后被帕森斯、洛克伍德、哈贝马斯和吉登斯等演化为社会整合理论；二是社会融合的族群模式，这是社会融合概念较早使用的研究领域，主要用来研究外来群体与流入地当地居民之间的社会关系，包括克雷夫科尔的熔炉论、帕克的族群关系循环论和戈登的同化过程理论以及多元化模式；三是社会融合的心理建构，主要从微观个体的心理层面研究社会融入和社会接纳，包括社会认同理论、自我认同理论和社会接纳理论。②

促进民族社会发展的社会融合理论主要采用 2003 年欧盟在关于社会融合的联合报告中对社会融合的定义：社会融合是这样的一个过程，它确保具有风险和社会排斥的群体获得必要的机会和资源，他们能够通过这些资源和机会，全面参与经济、社会、文化生活。

下列关于社会融合的观点得到了很多学者的赞同。第一，社会融合不是一个静态的事情，它是一个对现状一直进行挑战的动态过程；第二，社会融合既是目的，也是手段；第三，没有人可以通过强制力量达到社会融合，社会融合不仅是制度性的，也是主体性的融入；第四，社会融合是多维度的，包括经济融合、政治融合、社会融合、制度融合、文化融合以及心理融合；第五，社会融合是多层面的，既有全国范围的社会融合和城市范围的社会融合，又有跨国家的区域社会融合，既有宏观层面的社会融合和中观层面的社会融合，也有微观层面的社会融合。③ 当少数民族群体进行

---

① 李纪红：《马克思社会发展理论及其当代价值》，硕士学位论文，吉林农业大学，2018，第28~30 页。

② 黄匡时、嘎日达：《社会融合理论研究综述》，《新视野》2010 年第 6 期。

③ 嘎日达、黄匡时：《西方社会融合概念探析及其启发》，《国外社会科学》2009 年第 2 期。

迁移或者流动时，社会要确保他们有更多参与生活和获得基本权利的决策机会。

（2）多元文化主义理论

多元文化主义（multiculturalism）是在加拿大和美国首先兴起并伴随着20世纪后期的全球化浪潮蓬勃发展的一种政治哲学思潮。作为20世纪下半叶新生的政治哲学思想，它包括三种主要形式：以查尔斯·泰勒（Charles Taylor）为代表的共同体主义的多元文化主义；以威尔·金里卡（Will Kymlicka）为代表的自由主义的多元文化主义；以艾利斯·马瑞恩·扬（Iris Marion Young）为代表的批判的多元文化主义。虽然三者的具体观点不同，但其共同点是坚持以社会平等和公正为方向的当代多元文化主义基本理念，主张尊重差异，保护弱势群体，追求多元文化的平等共存、共同繁荣。与以往自由主义理论中的多元主义（pluralism）、文化多样性（cultural diversity）、文化多元主义（cultural pluralism）等理论之间最大的不同在于，当代多元文化主义不是一般地主张主流群体与少数群体的文化共存，而是从规范的意义上要求平等地对待少数群体，承认其价值、赋予其地位。总的来说，多元文化主义要求在尊重差异、承认价值的基础上保护黑人、妇女、穷人、残疾人和同性恋等少数或弱势的多元文化群体的平等权利和地位，其核心诉求是族群之间的价值平等，其理论基点是平等的政治哲学理念。[1]

多元文化主义理论反对自由主义的文化中性论和国家中立论，强调文化对个人生存和发展的重要性，认为弱势少数群体之所以遭受压迫和不公正待遇，主要是因为掌握文化霸权的社会主流群体对他们文化的歧视和扭曲。因此，迈向族际真正平等和社会公正的第一步，就是变革导致弱势少数群体被边缘化的主流话语及其影响下的社会制度和社会关系，承认导致弱势少数群体不同身份和弱势地位的文化多样性差异。[2] 所以，"差异政治""承认政治""身份/认同政治"等术语成为多元文化主义的代名词。多元文化主义从理性和结构转向历史和文化，形成了承认异文化、非西方文化，支持被歧视被边缘化的性别、族群、宗教、阶层（级）、地域，质疑和否定

---

[1] 周穗明：《西方多元文化主义理论述评——对右翼民粹主义政治思潮崛起之源的一个政治哲学解析》，《国外理论动态》2019年第7期。

[2] 威尔·金里卡：《少数的权利：民族主义、多元文化主义和公民》，邓红风译，上海译文出版社，2005，第89~91页。

普世主义、基础性、权威性和中心性的思想基调。①

多元文化主义就是针对"盎格鲁-撒克逊"文化所独享的尊崇地位的批判而提出的。1915 年，霍勒斯·卡伦在《民族》杂志上撰文，对带有强制性同化色彩的美国化运动进行了批判，提出了多元文化共存的思想。卡伦认为，美国化运动同其他同化理论和实践一样，表现出一种"独裁主义的文化一元论"（authoritarian monism of culture），这种专制的文化一元论应该被新兴的文化多元主义所取代。

不同族裔背景的公民在广泛的社会交往中学习如何在理解和尊重文化差异前提下彼此相处，平等地参与社会政治生活。对多元文化权利的承认和尊重，可最大限度地化解和避免不同文化集团之间可能产生的张力，可起到促进经济繁荣、社会稳定的积极作用，不仅有益于"多元移民融入现存的政治体系"②，而且能够提升这些多元文化国家的政治包容度。

作为一种现代国家建构的理念，多元文化主义最重要的贡献在于提供了在文化平等的基础上建构公民认同的全新理念。多元社会的认同不一定非要建立在一种语言或一种文化的狭隘基础之上，还可以在传统的文化认同之外建构公民对国家的认同。国家建构的正确思路，不是取消人们原有的认同和文化联系，而是在新的地域基础上建立一种公民之间的政治的和社会的联系纽带。所有公民无论在信仰、族属和语言文化上有何种差异，只要服从宪法和法律，在不损害他人权利的前提下，都可以享有语言和文化的自由，坚持自己的生活方式和自己的文化。公民认同自己文化的权利，既不是对他者的歧视和排斥，更不能与自我封闭、拒绝交往和对话等同。多元文化主义不拒绝交往和交流，也不拒绝在交往共处中彼此适应彼此改变，它所拒绝的只是国家文化建构上的排斥性，提倡的是通过平等和包容建立民族间正常交往和自愿合作的思路，促进了人们对多元社会文化关系的深刻反思和真诚探讨。在多元文化主义树立的文化平等这面镜子前，多元社会需要对自己历史上的行为进行深刻反思：是否在要求别人承认、尊重自身文化特性的同时，也能以文化平等为原则，承认并尊重他者的文化和权利？这种反思，可以促进当代多民族国家重新审视其建构历史和建构

① 王建波：《多元文化主义国家建构的理论逻辑和实践争议》，《岭南师范学院学报》2020 年第 1 期。

② 威尔·金里卡：《少数的权利：民族主义、多元文化主义和公民》，邓红风译，上海译文出版社，2005，第 158 页。

手段，重新思考现代国家的性质、职能与合法性，推动现代国家在尊重人权的基础上不断地调适国家这个政治共同体所追求的目标，不断地探寻实现多元文化和多种认同在同一政治共同体内和谐相处的途径，把对文化差异的承认和尊重以及多重身份认同包含于国家的一元建构，而不必让构建一种公共文化和国家认同的目标成为激化民族、文化之间的张力和社会冲突的根源。

以多元文化原则所进行的现代新型国家的建构焦点是建立一种"以一涵多"的结构关系，其中包含的价值理性和工具理性，使一些多民族国家在保持了广大国土的同时，保存了民族和文化的多样性，避免了社会的动荡和分裂，显示出了现代国家包容差异、化解张力、与时俱进的能力，还对全球化时代族际关系和人际关系的和谐局面产生了深远而持久的正面影响。①

（3）马克思主义民族理论

①马克思和恩格斯的民族理论

在19世纪中叶，马克思和恩格斯在特定的历史条件下，在继承、批判和超越以往民族理论的基础之上，开创了马克思主义，形成了以"民族平等""民族发展""人类解放"为科学体系和以"人民性""实践性""全球性""超越性"为基本特征的马克思主义民族理论。马克思和恩格斯民族理论包括"民族及民族问题的一般理论""民族关系理论""民族解放运动理论""民族文化理论""民族发展理论"。

一是民族及民族问题的一般理论。马克思和恩格斯认为，民族作为社会发展到一定阶段的产物，其产生、发展乃至最后的消亡都遵循着一定规律。人类社会发展到社会三大差别消失的时候，在民族融合因素不断发展和积累的前提下，当阶级、国家消亡后，民族也会实现融合并最终走向消亡。民族问题也将和民族一样，随着阶级和国家的消失而消失。

二是民族关系理论。民族关系理论中最重要的是民族平等理论和民族团结理论。民族平等理论是对旧的唯心主义的民族平等观的改造。在马克思和恩格斯看来，民族平等体现在基本权利上的完全平等。民族只有大小之分，而没有高低优劣之分，一切民族都应该完全平等，要实现民族的最终平等，就要将民族问题和阶级问题结合起来，并且将争取民族平等的斗

---

① 王建娥：《多元文化主义观念和实践的再审视》，《世界民族》2013年第4期。

争同社会主义革命结合起来，通过消灭剥削、消除压迫，最终消除民族间的特权和歧视。马克思和恩格斯的民族团结理论是指，各个民族中的无产阶级基于共同的平等利益，应该摒弃民族间的成见和隔阂，需要联合起来共同反对资产阶级的阶级剥削和民族压迫。

三是民族解放运动理论。马克思和恩格斯的民族解放运动理论区分了革命的民族运动和反动的民族运动，他们将民族解放运动定义为一项基本政治权利和义务，是国际无产阶级合作的基础，民族解放运动有多条道路和多种方法，但其运动主力仍然是广大人民群众。

四是民族文化理论。马克思和恩格斯将文化分为三个层面，物质文化、精神文化和制度文化。并且，民族文化理论提倡宗教信仰自由、尊重民族的文化和风俗习惯。

五是民族发展理论。马克思和恩格斯对民族发展理论做出的最大贡献，集中体现在确立了生产力是民族发展的最终决定力量这种唯物主义观点上。作为一种特定共同体下的生产关系，民族的生产关系也是随着生产力的发展而发生变化的。[1]

②列宁民族理论

在19世纪末20世纪初的世界政治格局及民族解放运动的国际背景下，列宁与第二国际展开了关于民族问题的争论，十月革命后，列宁在遵循马克思主义民族理论基本原理的基础上创建出苏联这样一种新的国家形式，并在苏联新生社会主义政权巩固和国家建设过程中，进一步推动着马克思主义民族理论的苏联化，使马克思和恩格斯的民族理论更加饱满。列宁逝世以后，斯大林结合变化着的世界形势和苏联民族关系，在民族及民族问题理论方面提出了一些新观点和新思想，在一定程度上发展了马克思主义民族理论。列宁的民族理论在指导十月革命的实践，以及建立一个各民族自由联合、统一的苏维埃国家中发挥了至关重要的作用，并对其后的国际共产党运动产生了深远的影响，直到今天仍然是马克思列宁主义思想中最为耀眼的部分之一。[2] 列宁的民族理论主要包括以下几点基本内容。

一是列宁关于民族殖民地问题的基本理论。列宁根据帝国主义时代的特点，在继承马克思和恩格斯关于民族殖民地问题的基本原理的基础上提

---

① 张会龙：《马克思主义民族理论及其中国化研究》，中国社会科学出版社，2017，第23~34页。

② 张会龙：《马克思主义民族理论及其中国化研究》，中国社会科学出版社，2017，第46页。

出，帝国主义时代的民族应该划分为压迫民族和被压迫民族；他在指出资本主义民族问题发展趋势的同时，把民族殖民地问题与推翻帝国主义的问题联系起来；他宣布了民族殖民地问题是国际无产阶级革命总问题的一个组成部分。

二是列宁关于民族自决权的基本理论。民族自决权要符合无产阶级斗争的利益，这是无产阶级的民族自决权与资产阶级的民族自决权的根本区别；反对无条件的民族自决权，关于民族自决权的理论是有前提的。民族自决权的理论是服从于无产阶级整个阶级运动及无产阶级利益的理论，所谓民族自决就是在符合无产阶级部分民族的共同利益及被压迫民族利益的条件下的民族自决。

三是列宁关于民族平等的理论。列宁的民族平等是在批判资产阶级民族平等的虚伪性中逐渐形成的，其特点是不仅要实现形式上的、原则上的平等，还要实现事实上的平等，这也是无产阶级的民族平等观与资产阶级的民族平等观的重要区别。列宁认为民族平等的实质是任何民族都没有特权，具体而言就是各民族在政治上、经济上、文化上、语言上完全平等。他主张以国际主义代替民族主义，反对任何形式的民族主义。[1]

四是列宁的民族地区过渡论和少数民族干部论。列宁认为，培养党的少数民族干部，一方面可以通过民族地区的党组织选拔任用优秀的少数民族干部，另一方面可以吸收对苏维埃政权比较忠顺的当地的旧知识分子参加苏维埃机关工作，同时利用共产主义大学培养一批新锐的少数民族干部，重视教师，特别是少数民族教师在干部培养中的作用。[2]

（4）"中华民族多元一体"格局理论

1988 年秋，费孝通在香港中文大学做了题为《中华民族的多元一体格局》的演讲，首次系统提出并阐释了"中华民族多元一体"格局理论，之后还多次做了进一步的阐述。[3] 从历史过程来看，我国的汉族和少数民族是分散聚居的。以农业为主要经济形态的汉族大部分生活在我国东部地区，以牧业为主要经济形态的少数民族大部分生活在我国西部地区。随着社会

---

[1] 张会龙：《马克思主义民族理论及其中国化研究》，中国社会科学出版社，2017，第 47～54 页。

[2] 张会龙：《马克思主义民族理论及其中国化研究》，中国社会科学出版社，2017，第 55～56 页。

[3] 费孝通主编《中华民族多元一体格局（修订本）》，中央民族大学出版社，1999，第 80 页。

和经济的发展，从最初农牧产品的交换，到多民族参与的市场不断得到完善，经济联系也日益密切。通过这些经济活动和文化交流行为，汉族与少数民族之间的联系不断加强，这就促成了多民族实体的交融，形成了56个民族共同的文化认同与民族凝聚力。尤其是近代以来，56个民族共同面对列强的侵略，形成了休戚与共的民族命运感。总的来说，56个民族生活在相同的地域环境、社会环境和文化环境中，形成了强烈的文化认同，进而在共同民族使命感和民族命运感的感召下，凝聚成中华民族多元一体格局。

对于"多元一体论"的内涵，费孝通先生认为，中华民族是经过长期的分化与同化而形成的，在习俗、语言、文化等方面，民族间的差异与整合、民族的兴盛与衰落是中华民族发展的强大动力，而我们需要做的就是在保留民族多元化的同时，促进多元结合，凝聚一体。换句话说，"中华民族的'一体'，是指各兄弟民族的'多元'中包含不可分割的整体性"①。

（5）中华民族共有精神家园理论②

中华民族共有精神家园是中华民族伟大复兴的坚强基石，也是中国特色社会主义文化崛起的重要支撑。自从党的十七大提出"中华民族共有精神家园"的理论命题以来，中华民族共有精神家园的研究成为学术界一个持久的学术热点。

"中华民族共有精神家园"是基于我国多民族构成的基本国情、基于"中华民族共同体"自身历史演变特点及与时俱进的发展需要而形成的一种理论描述，反映了学界对民族与国家关系、对民族与民族之间关系的认识和思考③，对其内在意蕴的界定是展开研究最为基本的前提。关于中华民族共有精神家园的界定，理论界并未形成一个普遍接受的权威性定义，但是，中华民族共有精神家园内蕴的三个本质特点，得到了理论界较为普遍的认可。具体而言，第一，中华民族共有精神家园是对中华民族历史文化的传承，是"中华民族历史形成并发展着的、具有精神支撑功能的精神文化系统"④。第二，"中华民族共有精神家园的基础是中华民族文化"⑤。第三，中华民族共

① 徐杰舜、韦小鹏：《"中华民族多元一体格局"理论研究述评》，《民族研究》2008年第2期。
② 朱碧波：《中华民族共有精神家园研究述评》，《创新》2012年第4期。
③ 来仪、杨莹慧：《再论中华民族共有精神家园的内涵及现实意义》，《西南民族大学学报》（人文社科版）2019年第1期。
④ 李德顺：《关于"共有精神家园"的几点思考》，《北京日报》2009年4月20日，第17版。
⑤ 高永久、陈纪：《论中华民族共有精神家园的内涵与价值核心》，《科学社会主义》2008年第2期。

有精神家园是中华民族民族精神的寄寓。中华民族共有精神家园就是"使各民族人心归聚、精神相依，形成人心凝聚、团结奋进的强大精神纽带"①，是"全体中华民族成员的精神支柱、情感寄托和心灵归宿"②。

"中华民族共有精神家园"的基本特征如下。第一，民族文化的文脉延承。中华民族共有精神家园是中华民族共有的精神财富和精神依托，集中体现了中华民族一脉相承的民族品格，具有独特的民族性。第二，时代文化的内在彰显。中华民族共有精神家园与中华民族现代的社会生活和社会实践紧密联系在一起，集中体现为中华民族改革创新的时代精神，具有鲜明的时代性。第三，世界文化的兼容会通。中华民族共有精神家园将民族优秀文化传统、现代文化精魂和外来健康有益文化熔铸于一体，集中体现了中华民族在文化心理上的开放性和包容性。③ 第四，社会文化的多元整合。中华民族共有精神家园以中华文化为旗帜，激励中华儿女树立了应有的民族身份感、民族文化意识和民族责任心，集中体现了中华民族经久不衰的向心力和凝聚力，具有强大的整合力。④

（6）中国特色社会主义民族理论

中国特色社会主义民族理论是马克思主义民族理论中国化实践的重要理论成果之一，是中国特色社会主义理论的重要组成部分。中国共产党历届领导机构在我国革命、建设、改革的各个历史时期，把马克思主义民族理论和中华民族发展问题的具体实际相结合，提出了一系列与时俱进的民族理论，开创了具有中国特色的解决民族发展问题的道路，使中国各民族获得解放，走上了社会主义繁荣发展的道路。中国特色社会主义民族理论，以毛泽东民族观为起点，以邓小平民族理论的确立为标志，经历了以江泽民同志为核心的党的第三代中央领导集体、以胡锦涛同志为总书记的党中央的丰富与发展。新时代，以习近平同志为核心的党中央从党和人民事业发展全局和战略高度出发，全面总结了我们党解决民族问题、做好民族工作的经验教训，进一步深化了中国特色社会主义民族理论，为新时代我国

---

① 《以铸牢中华民族共同体意识为主线 推动新时代党的民族工作高质量发展》，《光明日报》2021年8月29日，第1版。
② 尹世尤、沈其新：《中华民族共有精神家园建设与当代中华民族凝聚力的增强》，《马克思主义研究》2008年第11期。
③ 周伟洲：《中华文化与中华民族共有精神家园的建设》，《民族研究》2008年第4期。
④ 邓名瑛：《建设中华民族共有精神家园的几点思考》，《文史博览》（理论）2011年第7期。

解决民族问题、做好民族工作提供了基本遵循和根本指导。①

①起点与基础：毛泽东民族观

毛泽东的民族观是把马克思主义民族理论的基本原理与中国革命和建设进程中民族问题具体实际相结合的产物，是马列主义民族理论在中国的运用和发展，是被实践证明了的关于中国革命和建设进程中解决民族问题的正确的理论原则和经验总结，是中国共产党第一代中央领导集体智慧的结晶。

毛泽东的民族观是中国特色社会主义民族理论的起点，"中国共产党人，正是以毛泽东的民族理论为指导，制定了适合中国国情的民族政策，比较成功地解决了国内民族问题，走出了一条具有中国特色的解决民族问题的正确道路，为马克思主义解决民族问题谱写了历史的新篇章"②。

在新中国成立以前，毛泽东就以马克思主义民族理论为根据，科学分析和高度概括了中华民族的形成、发展和基本特点。③ 在领导党和国家进行史无前例的民族识别的基础上，毛泽东还分析了我国各民族所处发展阶段和所有制形式的多样性，以及新的历史条件下我国各民族互相依存和帮助的民族关系等。④ 对中华民族及其构成这种整体与部分、共性与个性兼顾的综合分析，为新中国成立初期正确认识和科学处理我国的民族问题提供了依据，指明了方向。

毛泽东从我国民族问题的实际出发，在指导党和国家进行民族识别的工作中，妥善地处理了对民族问题的科学研究与政治治理之间的关系。他指出："科学的分析是可以的，但政治上不要去区分哪个是民族，哪个是部族或部落。"⑤ 这既肯定了对民族问题科学研究的必要性，又避免了其在政治领域产生的负面影响，充分体现了党的民族平等的根本原则。同时，他探索了民族消亡的客观规律；他还认为，我国的"民族问题将会在很长时

---

① 邓新星：《论习近平对中国特色社会主义民族理论的丰富和发展》，《北方民族大学学报》（哲学社会科学版）2018年第6期。

② 杨荆楚主编《毛泽东民族理论研究》，民族出版社，1995，第12~13页。

③ 余梓东：《毛泽东同志对马克思主义民族理论的新发展》，《中国民族》2004年第1期。

④ 国家民族事务委员会政策研究室编《中国共产党主要领导人论民族问题》，民族出版社，1994，第114页。

⑤ 黄光学、施联朱主编《中国的民族识别——56个民族的来历》，民族出版社，2005，第117页。

期里存在着"①。

毛泽东的民族思想中关于解决民族问题的基本原则。一是民族平等团结及维护国家统一的原则。1957 年,毛泽东同志强调:"国家的统一,人民的团结,国内各民族的团结,这是我们的事业必定要胜利的基本保证。"②二是促进和帮助各民族实现发展繁荣的根本立场。他指出,帮助各少数民族,让他们得到进步和发展,是整个国家的利益。三是坚决反对两种民族主义,重点反对大汉族主义。毛泽东强调:"无论是大汉族主义或是地方民族主义,都不利于各族人民的团结,这是应当克服的一种人民内部矛盾。"③

毛泽东的民族思想中关于处理民族问题的基本政策,主要有以下几个方面:民族区域自治的理论和政策、大力培养少数民族干部的政策、建立和发展对民族上层人士的统一战线政策、尊重少数民族的语言文字和风俗习惯。关于促进少数民族发展繁荣的理论,毛泽东认为要高度重视民族地区的经济发展,民族地区要发展就必须进行社会改革。

②创立与形成:邓小平民族理论

邓小平民族理论是对毛泽东民族思想的继承与发展。邓小平民族发展理论是为了探寻什么是社会主义,以及如何在我国的民族地区建设社会主义,促进民族地区和少数民族的经济社会全面发展,通过参与改革开放,共享发展成果的民族发展理论。邓小平民族发展理论结合改革开放的时代特点,解放思想,遵循实事求是的思想路线,运用新的实践经验,对民族发展理论做了新的论证,实现了马克思主义民族理论与中国实际相结合的历史性飞跃。④

邓小平认为社会主义时期民族问题具有长期性、重要性和复杂性的基本特点,是关系国家命运的重大问题;他阐明了民族问题与社会主义现代化建设的相互关系,从我国现代化建设进程中民族及民族关系的发展趋势角度,揭示了我国的民族问题只有在社会主义现代化建设进程中才能逐步解决,明确了社会主义民族关系的本质属性。邓小平明确肯定:"我国各兄

① 国家民族事务委员会政策研究室编《中国共产党主要领导人论民族问题》,民族出版社,1994,第 167 页。
② 中共中央文献编辑委员会编《毛泽东著作选读》(下册),人民出版社,1986,第 757 页。
③ 国家民族事务委员会政策研究室编《中国共产党主要领导人论民族问题》,民族出版社,1994,第 145 页。
④ 赵金亮:《中国特色社会主义民族发展理论研究》,博士学位论文,西南交通大学,2012。

弟民族经过民主改革和社会主义改造，早已陆续走上社会主义道路，结成了社会主义的团结友爱、互助合作的新型关系。"①

邓小平处理民族问题的基本原则如下。一是"真正立足于民族平等"②，邓小平多次强调"我们的民族政策是正确的，是真正的民族平等"③。民族平等不是权宜之计，而是对待和处理我国社会主义民族问题的基本立场和出发点。二是加强中华民族大团结的思想，争取达到中华民族大团结的基本要求。首先，要加强党的团结，特别是党的领导核心的团结是实现中华民族大团结的前提；其次，要树立汉族和少数民族"两个离不开"的民族团结观念；最后，要在爱国统一战线的基础上实现中华民族大团结。三是"要使各少数民族聚居的地方真正实行民族区域自治"④，他强调："解决民族问题，中国采取的不是民族共和国联邦的制度，而是民族区域自治的制度"⑤。四是实现全民族发展，他强调发展是"民族的要求，人民的要求，时代的要求"⑥。五是实现各民族共同繁荣，这是社会主义的本质要求，他强调："社会主义与资本主义不同的特点就是共同富裕，不搞两极分化。"⑦

邓小平解决民族问题的经济社会发展战略主要有以下几点。第一，稳定是维护中国各民族根本利益的前提。第二，发展生产力是民族工作的根本任务。这是实现各族人民共同富裕，解决民族问题的根本途径。第三，改革开放是各少数民族发展繁荣的必由之路。民族地区要发展必须打破自然条件的封闭，走向全国，走向世界。邓小平指出："真正兴旺发达的民族，是开放的民族。"⑧ 第四，关于"两个大局"的战略思想。邓小平推动民族地区实现共同富裕的思想，集中体现在"两个大局"的战略思想中，即"沿海地区要加快对外开放，使这个拥有两亿人口的广大地带较快地先发展起来，从而带动内地更好地发展，这是一个事关大局的问题。内地要顾全这个大局。反过来，发展到一定的时候，又要求沿海拿出更多力量来

---

① 《邓小平文选》（第 2 卷），人民出版社，1994，第 186 页。
② 《邓小平文选》（第 3 卷），人民出版社，1994，第 246 页。
③ 《邓小平文选》（第 3 卷），人民出版社，1994，第 362 页。
④ 《邓小平文选》（第 2 卷），人民出版社，1994，第 339 页。
⑤ 《邓小平文选》（第 3 卷），人民出版社，1994，第 257 页。
⑥ 《邓小平文选》（第 3 卷），人民出版社，1994，第 357 页。
⑦ 《邓小平文选》（第 3 卷），人民出版社，1994，第 123 页。
⑧ 《国家统一是各族人民的最高利益（四）》，央广网，http://xj. cnr. cn/mzzj/t20051222_504144900.html，最后访问日期：2024 年 11 月 12 日。

帮助内地发展，这也是个大局。那时沿海也要服从这个大局"①。

邓小平民族理论从关于认识我国民族问题的基本思想，到关于解决我国民族问题的基本理论和政策方面的思想，再到处理民族问题的基本原则、方针和目标方面的思想等，基本形成了一个完整科学的理论体系。所以，可以将邓小平民族理论的确立看成中国特色社会主义民族理论形成的标志。

③丰富与发展：江泽民的民族理论

江泽民同志认为做好我国社会主义民族工作的基本原则有以下几点。一是坚决维护国家统一，反对民族分裂。在同民族分裂主义分子斗争的过程中，必须把握好政策，严格区分和正确处理两类不同性质的矛盾，始终立足于信任，争取、团结最大多数群众，以利于坚决、准确地孤立和打击极少数敌对分子。二是坚持和完善党对民族工作的领导。首先，领导干部特别是高级干部要重视民族工作，切实提高正确处理民族问题的能力；其次，努力培养一支高素质的民族工作干部队伍是党的领导的重要环节；再次，各级党委统战部门和政府民族工作部门，要当好党和政府在民族工作方面的参谋和助手；最后，要大力加强民族地区的基层党组织建设。三是巩固和发展平等、团结、互助的社会主义民族关系。②

以江泽民同志为核心的党的第三代中央领导集体非常重视党的民族理论建设，多次从理论高度全面总结和系统概括党关于民族问题的基本观点和政策。1990年，江泽民在新疆考察工作时，就从五个方面对党的马克思主义民族观进行了高度概括。③ 在1992年的中央民族工作会议上，江泽民从八个方面对我们党观察、研究和处理民族问题的基本观点和政策做了系统的阐述。④ 在2001年初召开的中央工作会议上，我们党根据江泽民的有关论述，又进一步从十个方面做了新的概括。⑤ 这些全面深刻的理论概括和论述，充分说明我们党关于民族问题的理论和政策已经形成了系统的成熟

---

① 《邓小平文选》（第3卷），人民出版社，1994，第277~278页。

② 《江泽民在中央民族工作会议暨国务院第三次全国民族团结进步表彰大会上的讲话》，央视网，http://news.cntv.cn/china/20111222/114958.shtml，最后访问日期：2025年1月5日。

③ 国家民族事务委员会、中共中央文献研究室主编《民族工作文献选编》，中央文献出版社，2003，第2~3页。

④ 国家民族事务委员会、中共中央文献研究室主编《民族工作文献选编》，中央文献出版社，2003，第40~41页。

⑤ 国家民族事务委员会、中共中央文献研究室主编《民族工作文献选编》，中央文献出版社，2003，第304~305页。

的理论体系。

④发展与完善：胡锦涛的民族理论

自党的十六大以来，以胡锦涛同志为总书记的党中央在继承毛泽东民族观以及邓小平、江泽民民族理论的基础上，面对新形势，在民族工作中就民族发展问题从理论和实践上进行了新的探索，提出了一系列新思想、新观点、新论断。

以胡锦涛同志为总书记的党中央深入贯彻落实科学发展观，把握共同团结奋斗、共同繁荣发展的主题，把发展作为解决民族问题的根本途径，把保障和改善民生作为民族工作的出发点落脚点，坚持和完善民族区域自治制度，不断加强少数民族干部和人才队伍建设，巩固和发展全国各族人民大团结的良好局面。

一是坚持民族区域自治制度不动摇。"民族区域自治作为党解决我国民族问题的一条基本经验不容置疑，作为我国的一项基本政治制度不容动摇，作为我国社会主义的一大政治优势不容削弱。"① 坚持民族区域自治制度不动摇，必须加强民族立法工作。

二是构建平等、团结、互助、和谐的社会关系。我国一贯重视构建平等、团结、互助、和谐的社会主义民族关系，努力实现民族团结和社会稳定，在科学发展观的指引下，坚持走符合我国国情、具有中国特色的解决民族关系问题的正确道路。在构建社会主义和谐社会背景下，胡锦涛同志认为和谐是民族工作追求的根本目标，也是评价民族工作的最重要的标准。这是中央在构建社会主义和谐社会中对我国民族关系本质的再认识。构建新时代和谐民族关系，胡锦涛同志号召大家要坚持改革发展与团结稳定"两手抓"的思想。

三是共同团结奋斗、共同繁荣发展。共同团结奋斗、共同繁荣发展是新世纪新阶段民族工作的主题。共同团结奋斗，就是要把全国各族人民的智慧和力量凝聚到全面建设小康社会上来，凝聚到建设中国特色社会主义上来，凝聚到实现中华民族的伟大复兴上来。民族工作要通过推动和加快少数民族和民族地区社会、经济、科技、教育、文化发展，实现区域协调发展，逐步缩小与发达地区间的发展差距，促进各民族共同繁荣发展，为民族团结打下坚实的物质基础。胡锦涛同志还十分关心区域发展的协调问

---

① 《民族区域自治符合各民族共同利益》，《人民日报》2009 年 7 月 22 日。

题，特别是东西部地区的协调发展问题。

四是以科学发展观统领民族地区经济社会全面发展。党的十六届三中全会提出要坚持以人为本，全面、协调、可持续的科学发展观，并提出要统筹城乡发展、统筹区域发展、统筹经济社会发展、统筹人与自然和谐发展、统筹国内发展和对外开放。这是胡锦涛同志从新世纪新阶段党和国家事业发展全局出发提出的重大战略思想，揭示了经济社会发展的客观规律，反映了中国共产党人对发展问题的新认识。牢固树立和认真落实科学发展观，对于解决当代的中国民族问题，推进民族地区全面建设小康社会，实现各民族的共同发展和共同繁荣，具有十分重要且深远的意义。

五是加强少数民族干部队伍建设和民族地区人才资源开发。胡锦涛同志把人力资源能力建设与民族素质和民族发展联系起来，丰富和发展了具有中国特色的民族发展理论，为在民族发展工作中进一步体现和贯彻以人为本的精神指明了方向。

六是推动人口较少民族的发展。加大国家对少数民族和民族地区的投入，是加快少数民族和民族地区经济社会发展、实现区域协调发展、改善各族群众生产生活条件的重要举措。[1]

七是促进民族地区各项社会公益事业的发展。加快少数民族和民族地区的发展，不仅要以经济建设为中心，还要大力发展各项社会事业。胡锦涛同志从战略高度重视少数民族和民族地区各项社会事业的发展，提出了一系列富有时代特征的理论。

⑤新时代的民族发展理论：习近平新时代中国特色社会主义民族理论[2]

自党的十八大以来，中国特色社会主义进入新时代，创立了习近平新时代中国特色社会主义思想，同时，形成了习近平新时代中国特色社会主义民族理论。

第一，继承。首先，新一代领导集体民族工作思想的指导原则和中国特色民族理论体系一脉相承。中国共产党对民族工作一直十分重视，民族宗教无小事早已成为共识，自党的十八大以来，以习近平同志为核心的党中央依旧高度重视民族工作，习近平等多位中央领导人多次前往新疆、宁

---

① 胡锦涛：《在中央民族工作会议暨国务院第四次全国民族团结进步表彰大会上的讲话》，《今日民族》2005年第6期。

② 青觉主编《2016年国内民族理论与民族政策热点研究报告》，民族出版社，2018，第28~32页。

夏、内蒙古、云南、青海等民族地区调研，掷地有声、旗帜鲜明的会议精神和重要讲话直指民族问题，切实帮助了少数民族和民族地区发展。新时期，新一代领导集体民族工作思想将马克思主义民族理论作为指导思想，对民族平等、民族团结根本原则的强调贯穿于该时期民族工作思想的始终，对民族团结的强调更是达到了历史的新高度。虽然新时代民族工作的现实场域、社会环境发生了很大的变化，但是对民族平等、民族团结根本原则的坚持在新时期的民族工作思想中并没有被弱化，反而通过不同形式的创新继续保持着话语体系的"原汁原味"。

其次，新一代领导集体民族工作思想遵循了中国特色民族理论政策体系的基本框架。中国特色民族政策体系包括马克思主义民族理论体系和中国特色的民族政策体系，新时期民族工作思想基本遵循了该体系的结构框架，例如对民族工作目标即"各民族共同团结奋斗，共同繁荣发展"的完善、对民族区域自治制度的强调、对中国共产党领导的坚持、对依法治国的坚守、对少数民族干部的培养等，涉及的理论内涵、奋斗目标、现实基础、领导力量、治理途径等都在中国特色民族理论政策体系内，只是针对部分内容做了进一步的强化和阐述。因此，无论是指导思想，还是基本框架，新一代领导集体民族工作思想都深深地体现了中国特色民族理论政策体系的底蕴，是新时期对该体系的不断完善。

第二，创新。新一代领导集体民族工作思想结合了当前中国民族发展的现实情况，继承了中国共产党民族理论政策的优良经验，是马克思主义民族理论中国化的最新成果。虽然新一代领导集体民族工作思想的指导思想、基本框架都与中国特色民族理论政策体系一脉相承，但是由于民族工作环境的变化、民族问题出现新特点等，该时期民族工作思想在特点属性、部分内容方面更加创新，符合当前民族工作的需求，具有一定的时代意义。

首先，新一代领导集体民族工作思想的部分内容是对中国特色民族理论政策体系的创新。习近平总书记在2014年北京召开的中央民族工作会议上深刻阐述了"各民族共同开发了祖国的锦绣河山、广袤疆域，共同创造了悠久的中国历史、灿烂的中华文化""形成了你中有我、我中有你，谁也离不开谁的多元一体格局"。[1]"中华民族一家亲，同心共筑中国梦"等阐

---

[1]《中央民族工作会议暨国务院第六次全国民族团结进步表彰大会举行》，中国政府网，http://www.gov.cn/xinwen/2014-09/29/content_2758816.htm，最后访问日期：2023年12月30日。

述，都是以习近平同志为核心的党中央审时度势，认真分析民族工作面临的挑战与问题，结合历史经验进行的创造性尝试，体现了新一代领导集体对民族工作的高度重视，更体现了国家做好民族工作、促进民族发展的巨大决心勇气。

其次，新一代领导集体民族工作思想的时代特点也是对中国特色民族理论政策体系的创新。话风文风直接反映党风，新时期民族工作思想无论是通过重要会议精神的传达，还是重要场合讲话的反映，都体现了简洁凝练、生动活泼的特点，例如，"中华民族和各民族的关系，是一个大家庭和家庭成员的关系，各民族的关系，是一个大家庭里不同成员的关系"①，让广大群众十分容易理解，而且这种家人意识对开展宣传教育十分有利；"各民族成员要像石榴籽那样紧紧抱在一起"，这是对民族团结十分形象化的表述；"团结稳定是福，分裂动乱是祸"，这样肯定和否定并列的简短的话语通俗易懂，生动形象地表达了民族工作思想。除了具有简单凝练、生动活泼的特点，新一代领导集体民族工作思想也十分具有针对性，往往一针见血，直指问题的实质，例如对民族区域自治制度取消论，习近平总书记回复："取消民族区域自治制度这种说法可以休矣。"② 这样简短直接的话语对统一思想、凝聚人心具有一定的促进作用。

综上，中国特色民族理论政策体系是中国共产党带领广大人民群众，在马克思主义的指导下，结合中国具体的实际情况，经过长期的实践而形成的。中国特色民族理论政策体系主要分为理论部分和政策部分。在理论部分，以民族实体、民族问题、民族关系、民族发展为主的概念阐述、结构框架、特征属性、核心内容等构成了中国特色民族理论体系；在政策部分，以民族平等、团结为基本原则，以民族区域自治制度为核心，形成了以民族干部政策、语言文化政策、风俗习惯政策等为主的中国特色民族政策体系。

中国特色民族理论政策体系经历了产生、发展、完善等阶段，从中国共产党成立之初到新中国成立之前，中国共产党通过深入民族地区，广泛

---

① 国家民族事务委员会编《中央民族工作会议精神学习辅导读本》，民族出版社，2015，第29页。

② 《取消民族区域自治制度这种说法可以休矣》，中华人民共和国国家民族事务委员会，https://www.neac.gov.cn/seac/c100474/201710/1083769.shtml，最后访问日期：2024 年 10 月 31 日。

接触少数民族群众，不断地深化理论认识，总结民族工作的经验，这是中国特色民族理论政策体系的初步形成时期；在新中国成立之后，中国特色民族理论政策体系根据社会发展和民族工作的阶段性特征，不断进行创新和发展，形成了较为完善的体系，成为开展民族工作、解决民族问题的指导方针。新时期，以习近平同志为核心的党中央在宏观把握国际形势的基础上，针对国内民族理论出现的质疑与反思、民族工作遇到的新问题等，通过重要会议精神和讲话作出了新部署、新论述，形成了比较完善的民族工作思想，对坚定方向、凝聚人心、切实做好民族工作具有重要的指导意义。

（7）共生互补理论

共生（symbiosis）是生物科学中的一个重要基本概念，涉及众多生物学分支学科，由德国微生物学家德贝里（Anton de Bary）于 1879 年首先提出。共生理论作为种群生态学的核心理论之一，主要研究内容就是种群之间信息传递、物质交流、能量传导及合作共生的模式和环境，这决定了生物共生理论在民族关系研究中具有很好的兼容性和适用性。民族关系的核心问题就是民族如何共同发展的问题。共生理论的理论范畴和研究内容为民族关系研究提供了一种新视角，即认为民族交往过程既是各个民族在自我完善的自组织过程，也是共生民族的共同优化过程。民族共生关系反映了民族交往过程中的一种共生互补关系，这种关系的产生和发展，使民族共生系统朝更有生命力的方向演化。共进化反映了共生系统的普遍本质，共生理论的哲学核心是"双赢"和"共存"。我国现阶段的民族关系内涵是社会主义民族关系，其本质是和谐、平等、团结、互助的新型民族关系，其哲学本质就是"双赢"和"共存"。两者哲学层面的兼容为我们提供了理想的目标范式——对称互惠共生条件下的一体化共生模式。[①]

袁年兴和许宪隆以生物学中的共生理论为参照，基于生物共生理论的理论范畴和分析方法，结合生物共生理论在其他领域的研究成果，把"共生互补"作为构建我国散杂居地区和谐社会的实践理念。"共生"具体体现在民族关系上的"共生"，即"我族"向"他族"的一种开放的社会结合方式，是各民族间彼此承认不同于自己民族生活方式的人们，拥有相对自

---

① 袁年兴、许宪隆：《民族共生理论：散杂居民族关系及目标范示研究》，《青海民族研究》2009 年第 1 期。

由的活动和相互参与活动的机会，并能够在彼此之间建立起联系的一种社会结合。"互补"一般指两个有差异的事物存在趋同的要求和态势，互补是差异中的互补，差异是双方互补的必要前提。"互补"意味着在与"他族"的比较中，更突出本民族的特点，意味着"我族"与"他族"通过相互吸收彼此的长处来弥补自己的不足。

所以，"共生互补"可以理解为，人类的活动及其结果要确保社会系统和自然系统的和谐共生、优势互补、协同进步和发展。它既包括人与自然的共生互补，又包括人类世界中的共生互补（个人与个人、个人与社会、集团与集团、民族与民族的关系等）。从社会共生论的视角来看，它强调共生单元间的优势互补，互相借鉴；共生单元间相互依存、互补共赢；共生单元间有竞争和冲突，要在竞争中产生新的、创造性的互补性合作关系，这种关系是共生系统中的任何一个单元都不可能达到的一种高水平关系；共生单元只有在尊重其他参与方（包括文化习俗、宗教信仰等）的基础上，才能扩大共享领域。①

基于此，袁年兴和许宪隆提出了民族共生目标范式以及实现途径。第一，民族共生现象是一种社会自组织现象，民族共生过程是各个民族在自我完善过程中的自组织过程，是一个民族在内在机制的驱动下不断地提高自身的复杂度和精细度的过程。第二，散杂居民族共生过程是共生民族的同步优化过程，也是特定时空条件下的必然优化过程，共同优化、共同发展、共同适应是共生的深刻本质。第三，民族共生关系的存在，主要体现为形成一种共生能量，这种共生能量可以体现共生关系的协同作用和创新活力。第四，对称性互惠共生条件下的一体化共生是民族共生关系的高级形式。②"我国是一个统一的多民族的国家，在长期的历史发展中形成了多元一体的政治格局，不可分割。按照共生互补的理念，任何民族，无论其人数多少，历史长短，经济、政治、文化水平高低，都是共生体系当中自主的共生单元，只有平等相处，取长补短，相互学习，相互帮助，才能提高共生的关联度、亲近度，即民族团结，才能协调多元民族关系，减少共生阻力，加快缩小民族之间在经济、政治、文化上的差距，和谐共处，共同发展，共

---

① 许宪隆、沈再新：《共生互补：构建散杂居地区和谐社会的实践理念》，《中国民族报》2008年8月29日。

② 袁年兴、许宪隆：《民族共生理论：散杂居民族关系及目标范示研究》，《青海民族研究》2009年第1期。

同进步，走向繁荣与富强。"①

要促进少数地区民族的社会发展，在"共生互补"理念的具体践行方面应做到："一是要处理好五大共生互补关系，即处理好人与自然的共生互补关系，处理好城乡之间的共生互补关系，处理好区域之间的共生互补关系，处理好民族间以及各民族内部的共生互补关系，处理好经济与文化之间的共生互补关系。二是逐步完善五项民族关系调控机制，即民族政策调控机制、法律调控机制、民族意识调控机制、民族关系协调机制及民族矛盾预警机制，使这些机制在民族关系发展的不同态势中能够切实发挥作用，并产生正面和良性导向作用。"② 建立起体现平等、团结、互助、和谐的人际互动关系，最终让各民族群众用"天下大同"的心态和视野来共享社会发展的成果。

（8）民族识别工作及其相关理论

民族识别是新中国成立以后，党和政府领导的一次大规模的、前所未有的民族工作。它坚持科学的理论指导和实践标准，成功地解决了我国社会主义民族大家庭的成员构成问题，是中国共产党把马列主义的民族理论和中国民族问题的实际相结合的成功范例。③

黄淑娉认为民族识别的构成要素包括民族构成、民族自称与他称、民族族源与历史记忆、民族语言与文字、民族文化。④

民族识别工作的具体做法如下。一是重视语言、地域、经济生活和心理素质等民族特征的调查研究。二是充分尊重本民族的意愿，并重视有关民族的意见。尊重本民族的意愿，照顾该民族的发展利益和各民族之间的团结，是识别民族的又一项十分重要的原则。三是重视民族语言的识别。民族语言是民族传统文化的核心载体之一，如果语言消亡了，那么使一个民族得以延续、绵延、发展的有效载体也将不再存在。⑤ 四是注

---

① 本刊记者：《共生互补：构建和谐的散杂居民族地区——访中南民族大学民族学与社会学学院院长许宪隆》，《中国民族》2008 年第 1 期。

② 本刊记者：《共生互补：构建和谐的散杂居民族地区——访中南民族大学民族学与社会学学院院长许宪隆》，《中国民族》2008 年第 1 期。

③ 王红曼：《我国民族识别工作的理论依据和实践标准》，《西藏民族学院学报》（哲学社会科学版）2000 年第 3 期。

④ 黄淑娉：《民族识别及其理论意义》，《中国社会科学》1989 年第 1 期。

⑤ 祁进玉：《中国的民族识别及其理论构建》，《中央民族大学学报》（哲学社会科学版）2010 年第 2 期。

重民族文化。民族识别工作充分考虑到"表现在共同文化上的共同的心理素质"这一民族要素，借鉴民族学的有关理论，决定以构成民族的最主要的特征——共同文化特点作为识别民族的标准，坚持了实事求是的科学精神。①

促进民族地区的发展需要根据不同民族的不同特点进行服务，民族识别能进一步帮助我们全方位、多角度地了解各民族的特点，更加具体地开展相关民族工作。

（9）民族互嵌理论

1944 年卡尔·波兰尼（Karl Polanyi）第一次提出了"嵌入性"的学说②，把嵌入性理论带入社会学研究领域。格兰诺维特（Mark Granovetter）将嵌入性理论的内容引申至社会关系网络层面，并着重探究社会网络对组织的自利行为的影响，将嵌入性理论研究推向新阶段。③ 郭毅和罗家德在格兰诺维特的理论基础上更加重视社会资本的功能，提出社会资本嵌入性概念。④ 祖琼和迪马吉奥（Sharon Zukin & Paul Dimaggio）则把"嵌入性"的概念加以扩展，从结构、认知、文化、政治四个视角，对嵌入性理论进行分类。⑤ 经过多年的努力，嵌入性理论逐渐形成完整的体系。

"民族互嵌"是嵌入性理论的创造性发展。2014 年 5 月 29 日，在第二次中央新疆工作座谈会上，习近平总书记强调要"推动建立各民族相互嵌入式的社会结构和社区环境"⑥。民族互嵌是指以中华民族多元一体格局理论为指导，以各民族共同团结奋斗、共同繁荣发展为目标，以法治为基础，破解民族相对聚居造成的社会区隔和发展不平衡，推动各民族相互嵌入式

① 黄淑娉：《民族识别及其理论意义》，《中国社会科学》1989 年第 1 期。

② 卡尔·波兰尼：《大转型：我们时代的政治与经济起源》，刘阳、冯钢译，浙江人民出版社，2007，第 37~58 页。

③ 兰建平、苗文斌：《嵌入性理论研究综述》，《技术经济》2009 年第 1 期。

④ 郭毅、罗家德主编《社会资本与管理学》，华东理工大学出版社，2007，第 31 页。

⑤ Sharon Zukin, Paul Dimaggio, *Structures of Capital: The Social Organization of the Economy* (Cambridge University Press, 1990), pp. 1-449.

⑥ 《习近平在第二次中央新疆工作座谈会上强调 坚持依法治疆团结稳疆长期建疆团结各族人民建设社会主义新疆 要坚持教育优先，培养优秀人才，全面提高入学率，让适龄的孩子们学习在学校、生活在学校、成长在学校》，中华人民共和国教育部网站，http://www.moe.gov.cn/jyb_xwfb/gzdt_gzdt/201405/t20140530_169584.html，最后访问日期：2023 年 12 月 30 日。

的就业、就学、居住、社会交往等，保障各民族公民合法权益的民族工作战略。① 民族互嵌作为一个社会学基本概念，着重于社会秩序的重构。民族互嵌不等于民族"混居"，也不等于民族"交错杂居"，而是在此基础上文化、理念、生态等的交往交流交融。学术界针对民族互嵌的解构是多种维度的，具有代表性的主要有以下几种。一是从"三个离不开"的思路出发，建构互嵌的定义；二是从"建构利益共同体"的视角来叙述民族互嵌的内涵；三是从"社会结构与重构"的角度以及以"在场与不在场"理论为视角展开论述，但截至目前，民族互嵌尚未有一个比较清晰的思路和路径选择，这值得学术界深思。②

各民族相互嵌入式的社会结构和社区环境的建构不能仅仅停留在利益共同体和情感共同体的层面，而是要以建构命运共同体为价值追求。民族互嵌不仅仅是形式互嵌，更是文化、经济、生态等的互嵌，在各民族相互嵌入式的社会结构和社区环境建构的过程中，应该避免以下几个误区。一是民族问题是治理策略问题，而不是社会结构问题；二是认为融合能解决一切民族问题；三是把国外民族互嵌模式奉为神坛；四是重形式互嵌，而不注重人口结构的调整。因此，结合我国国情、省情和区情，建构各民族相互嵌入式的社会结构和社区环境：一是坚持以现代文化为引领，共筑民族互嵌的先导；二是民生工作继续深入推进是实现民族互嵌的根基；三是深入挖掘我国民族地区互嵌本土经验，实现真正的互嵌，建构起一个相互包容、相互尊重、和谐共生的命运共同体。③

6. 民族社会发展的方向与路径④

（1）民族社会发展的理论适用

通过对社会发展理论的相关分析，可以看出在实现社会发展的目标、模式以及方式方面，不同的理论有不同的认识和观点。从经典现代化理论到依附理论，再到世界体系理论，理论之间存在批判关系。由此可知，理论的适用范围及解释力都有一定的时空范围，超出了限定，就不一定能与变化多样的社会现实相符合。正如有的研究者指出，相当多的西方学者不

---

① 沈桂萍：《构建城市民族工作的"嵌入式治理"模式》，《湖南省社会主义学院学报》2015年第1期。

② 刘成：《民族互嵌理论新思考》，《广西民族研究》2015年第6期。

③ 刘成：《民族互嵌理论新思考》，《广西民族研究》2015年第6期。

④ 高永久编著《民族社会学概论》，南开大学出版社，2010，第10页。

仅不再坚持这种理论的"普遍适用性",甚至对这种理论赖以确立的前提和基础也不断进行检讨和批判。① 所以,在民族地区的社会发展过程中,无论哪种理论模式都具有一定的指导和借鉴意义,应该根据中国的国情,走出一条具有中国特色,同时还具有民族特色的社会发展道路。这种具有中国特色的社会发展理论,究竟是一种怎样的理论,如何处理与现代化已有经验和成果的关系,如何在适合中国特殊国情的同时又具有普遍意义,这些都是值得深入思考的问题。根据相关理论成果,本书将对这种社会发展理论的普遍性与特殊性、统一性与多样性作简单的探讨。②

从普遍性与特殊性的关系来看,符合民族地区社会发展状况的发展理论具有很强的针对性,是一种符合本地区的社会发展逻辑而又具有相对独立性的社会发展理论。这种社会发展理论要考虑到少数民族社会的特殊性,如自然和社会环境的特殊性、迟发展效应等问题。同时,这种具有"特殊性"的社会发展理论,还蕴涵着社会发展的普遍性因素。"特殊性"与"普遍性"并不是相互排斥的关系,而是在"特殊性"中表现出"普遍性"的一般特征。因此,中国民族地区的社会发展应该是在中国特色社会主义框架之下的发展,发展的内容包含着现代社会所具有的一切特征和要素。这些具有现代性的特征和要素体现在社会、政治、经济、文化和观念等层面。美国学者赫克特(Michael Hechter)在研究英国内部民族发展差距问题时,提出了内部殖民主义模式,把一国内部发达民族地区对不发达民族地区之间的控制和剥削关系,与国际社会秩序中发达国家与不发达国家之间的依附关系相类比。③ 中国民族地区的社会发展虽然具有一定特殊性,但仍然是在社会主义制度框架之下的社会发展,社会主义制度使民族地区的发展依然是沿着国家发展的普遍性道路进行的,并不存在所谓的内部殖民关系。

从统一性与多样性的关系来看,无论是民族地区还是非民族地区,都是中国社会发展进程中不可或缺的部分,在社会主义制度的总体框架之下,民族地区的社会发展和非民族地区的社会发展,都是社会主义发展的组成部分,尽管二者在具体的实践模式上存在差异。民族地区与非民族地区的差异,决定了各自社会发展模式的差异,即使是在民族地区内部也会呈现

---

① 景天魁:《社会发展的时空结构》,黑龙江人民出版社,2002,第188页。

② 景天魁:《社会发展的时空结构》,黑龙江人民出版社,2002,第189~192页。

③ 马戎编《西方民族社会学的理论与方法》,天津人民出版社,1997,第79~90页。

多元化的状态。

（2）民族社会发展的动力机制选择

分析了民族社会发展的理论适用问题，下一步就要考察如何实现民族社会发展，换句话说，需要对民族社会发展的动力源进行探讨。

扩散模式把国家发展过程分为三个阶段。第一个阶段是前工业化阶段，在这一阶段，核心地区与边缘地区在经济、文化和政治组织方面均存在显著的不同。随着核心地区与边缘地区的接触日益频繁，国家发展进入第二个阶段。这一阶段开始于工业化发生之时，随着"核心-边缘"互动的增加，边缘地区在追赶核心地区的发展过程中，文化模式也会发生与核心地区趋同的现象。到了第三个阶段，边缘地区与核心地区的差异在工业化过程中被逐渐抹平，边缘地区的文化形式也与核心地区保持了一致，二者因为共享社会发展的福利、同样的待遇以及文化内容，而逐渐融为一体。[1] 扩散模式提出了一种通过外部引入的方式实现较落后民族地区发展的途径，是一种外源型的社会发展理论。

自新中国成立以来，国家对民族社会发展的支持、援助，在一定程度上与这种外源型的扩散模式相类似，更加贴切地说，是一种"扩散-供给"模式（扩散后中央负责边疆地区的财政拨付，最后发展成一种依赖型经济）。[2]"扩散-供给"模式一方面忽视了民族地区内在发展动力的培养，导致民族社会发展很大程度上依赖中央财政的支持；另一方面忽视了与当地社会经济文化环境的相互作用、相互配合，大量的经济投入和大型工程建设的开展不仅没有带来民族社会经济的同步发展，还产生了一种"人文生态失调"现象。[3] 民族地区内在发展动力的缺失以及人文生态失调现象的出现，让人们认识到民族社会发展外部介入与内部发展能力的培养都不可或缺，同时，社会发展要与民族地区的社会人文环境相契合。

在反思西方社会发展理论与思考中国社会发展问题的过程中，有学者提出了具有创造性的观点，其中二源动力聚合转换理论对中国社会发展具有很强的指导作用。二源动力聚合转换理论认为，外源动力是欠发达地区社会发展启动的前提，外源动力的输入是为了激活内源动力，从而实现社会转型，最终过渡到内源扩张型发展。这一动力聚合转换过程具体分为三

---

① 马戎编《西方民族社会学的理论与方法》，天津人民出版社，1997，第83~84页。

② 马戎：《民族与社会发展》，民族出版社，2001，第347页。

③ 费孝通：《费孝通论西部开发与区域经济》，群言出版社，2000，第313页。

个阶段,外源动力输入阶段、内外源动力聚合阶段和内源动力扩张阶段。三个阶段的关系为外源动力输入是先导,内外源动力聚合是关键,内源动力扩张是目的。① 这一理论对中国民族地区的社会发展具有重大的指导意义,民族地区的社会发展要在国家支持和扶持的情况下,通过提高民族成员的科学文化素质和人文素质,培养群众进取、开放和务实的精神,从而实现由外源动力输入到内源动力扩张的最终转换。

（3）民族社会发展的路径选择

发展路径主要涉及民族地区社会发展的具体方式和道路问题。在确定了民族地区社会发展内外动力源聚合转换的情况下,中国的民族社会发展应主要处理好以下三对关系:经济发展与社会发展的关系、传统与现代的关系、兴边富民与生态建设的关系。

①经济发展与社会发展相协调

社会发展理论以及人类社会发展观的演变过程,向人们揭示了发展的内涵不仅仅包含经济发展,还包含社会发展。发展不是单纯的经济增长,还应该包含经济与社会的相互协调、和谐发展。当然,对处于相对落后状态的民族地区而言,需要将经济发展提到一个重要的位置,因为只有实现了经济的发展,才能为科学、教育、文化等社会发展内容提供坚实的物质基础。首先,针对西部民族地区对中央财政依赖度较大的情况,需要加大财政转移支付力度,调整财政支出结构,提高财政支出效益（经济效益、社会效益和生态效益）。其次,改变民族地区经济发展的传统思路,由倾向于发展资源密集型产业和资本密集型产业,转向对知识密集型产业、劳动密集型产业的发展资本投资。最后,加大社会发展的投入力度,培育内在的动力源机制。提高民族成员以健康、教育文化水平为标志的生活质量,消除知识贫困,实现可持续发展。②

②传统与现代相协调

民族地区正在进行的现代化建设,激发了人们对于如何认识传统与现代关系的相关讨论。现代化理论从"传统-现代"二分的理论模型出发认为,现代化的实现过程,也是人们抛弃和失去传统的过程。这种认识并不

---

① 刘敏:《山村社会:西北黄土高原山村社会发展动力研究》,甘肃人民出版社,2000,第3~12页。
② 胡鞍钢、温军:《社会发展优先:西部民族地区新的追赶战略》,《民族研究》2001年第3期。

符合社会发展的真实情形，同时也使一些照搬西方模式、亦步亦趋走向现代化的国家和地区，在发展中付出了沉痛的代价。传统与现代的关系，实质上可以置入民族地区社会发展动力的讨论。传统不仅仅是民族固有生活方式、民族特征、价值观念以及思维方式等，还是民族认同和民族凝聚力的重要因素和分子，也是现代因素植入民族肌体，通过民族成员思维观念和行为模式转变，进行传统的创造性转化的关键。"重视由民族文化特征所赋予其的价值观念、道德意识、行为偏好等，这些都积淀成为民族经济生活中的基本要素。"[1] 因此，传统与现代的关系就不仅仅是现代化过程中对民族文化和生活方式进行保存和延续的问题，还关系到民族社会发展动力源泉的转换问题。进一步来讲，能否在创造性地利用民族传统的基础上，把现代因素和分子植入民族传统的思维和观念，将是民族地区社会发展动力源聚合的关键。少数民族传统中精华的保存和延续将是处理传统与现代关系的基础，同时还要在社会发展中通过民族成员的积极参与，使民族成员真正成为现代观念的践行者。

③兴边富民与生态建设相协调

少数民族广泛分布的西部地区是生态环境较为脆弱的地带，生态建设在当地的社会发展中占有重要地位。西部民族地区是中国最为重要的生态屏障和世界性的水源保护地带，其生态环境的改善和保护，影响着中华民族未来的生存与发展。[2] 因此，在民族地区的社会发展过程中，要协调兴边富民与生态建设的相互关系。在民族地区的社会发展中，把生态建设提高到一个重要位置，实质上也是通过当地生态环境的改善为民族地区社会发展内源动力的培养创造基础和条件，进而为民族地区社会发展动力源的聚合转换提供支持。

（三）发展型社会政策

1. 产生背景

20 世纪 70 年代以后，以"高增长、高福利、高税收"为特征的福利国家制度，一方面，由于"高增长"的逐渐衰落、人口老龄化等社会问题，

---

① 叶坦：《全球化、民族性与新发展观——立足于民族经济学的学理思考》，《民族研究》2005 年第 4 期。

② 胡鞍钢、温军：《社会发展优先：西部民族地区新的追赶战略》，《民族研究》2001 年第 3 期。

政府的福利开支增长率超过经济增长率，加重了政府财政赤字。另一方面，由于高水平的社会保险，社会形成了"福利依赖症"，许多人宁愿在家休息也不愿出去工作，加上经济不景气，失业率急剧上升，福利国家面临危机。特别是进入90年代后，随着科技产业的快速发展以及经济全球化和欧洲一体化的不断推进，社会贫富差距越来越大，中下层人员普遍没有安全感。面对危机，各国进行了福利国家制度的改革，重点是社会保障和社会政策等领域，以及国有企业的私有化。

在对福利国家制度进行批判性反思的基础上形成了一个新共识，即福利的提供既不能完全依赖政府，也不能单纯依靠市场，而是需要构建一种积极型社会政策，使社会各个成分都能够在福利体系中充分发挥作用。这种积极型社会政策将传统的属于经济政策范畴的"发展"概念引入分析的中心，彻底改变了经济政策唱主角、社会政策当配角的传统社会政策观，因而也被称为"发展型社会政策"。西方学者从不同角度对这一新的社会政策范式进行了建构，如米基利（James Midgley）提出"社会发展理论"、彼得·泰勒-古比（Peter Taylor-Gooby）论证"新福利主义"、吉登斯（Anthony Giddens）倡导"积极型福利社会"等。

2. 西方发展型社会政策

（1）吉登斯

著名社会思想家吉登斯（Anthony Giddens）极力倡导建立"社会投资型国家"，提出用"社会投资型国家"的概念取代"福利国家"的概念。因为，社会投资型国家适用于推进积极的福利政策。与传统的福利国家相比，社会投资型国家不仅关心经济福利，还关心"心理利益的培育"。

（2）谢诺登

美国华盛顿大学的教授迈克尔·谢诺登（Michael Sherraden）将"社会投资"理念进一步发展为"资产为本的社会政策"。在1991年出版的《资产与穷人》一书中，首次提出"资产为本"的社会政策观，主张社会政策的重点不应再是传统的收入再分配，而是应该强调授权于个人，促进个人资产的长期积累，以推动个人、家庭和社区的发展，并以这种发展构成社会整体的长期发展。谢诺登认为拥有资产除了能延迟人们的消费，还可能产生其他积极的影响，包括更明确的未来观、更稳定的家庭、更多的人力资本投资、更妥善的财产管理、更积极的社区参与等。"资产为本"的社会政策观的提出，在全球掀起了一场从理念到实践的社会政策革命。①

（3）米基利

詹姆斯·米基利是发展型社会福利模式的主要倡导者之一，强调经济发展和社会福利发展的融合，主张以社会投资为导向的社会福利政策。他和同事试图提出"社会政策的发展模型"或者"社会发展的视角"。他认为，将社会资源分配于具有生产性和以投资为导向的社会计划，能够提高社会成员的经济参与能力，进而对社会发展做出积极的贡献。米基利在讨论了南非参与社会发展的问题同时，还就一份发展社会福利的白皮书进行了探讨，他认识到社会服务是政府对强调基本需求和人力资本投资平等发展战略承诺的一个组成部分，并且实施发展型社会福利政策将促进经济增长，同时还能够提高该国贫困人口的生活水平。另外，他在《美国的福利、工作和发展》中提到，人们一直认为社会福利计划损害了经济发展，称此方案抑制了工作激励，将稀缺的投资资源转用于"非生产性"社会服务会造成大量个人依赖，但是通过讨论美国的福利改革方案并得出结论，发现福利改革方案对经济发展和贫穷的影响都很小。②

总的来说，米基利的社会发展理论主要有以下几个观点。经济的发展必须是包容、协调和可持续的发展，其中的核心是要让社会的所有成员能够分享到经济发展所带来的成果；社会福利应以社会投资为导向，其目的是提高人们参与经济的能力。要实现经济与社会政策的整合目标，社会福利必须投资于具有促进人力资本、就业、社会资本、劳动技能以及低成本高效益的社会项目。③

（4）沃克

艾伦·沃克（Alan Walker）提出社会质量理论，认为社会政策与经济政策都从属于社会质量。为了达到可接受的社会质量水准，必须满足四个条件。其一，人们必须有机会获得社会经济保障，无论是来自就业还是来自社会保障，从而使自己免于贫困或其他形式的物质剥夺。其二，在劳动力市场之类的主要社会经济制度中，人们必须体验社会融入，或使其所遭

---

① 钱宁、陈立周：《当代发展型社会政策研究的新进展及其理论贡献》，《湖南师范大学社会科学学报》2011 年第 4 期。

② James Midgley, "The United States: Welfare, Work and Development," *International Journal of Social Welfare* (2002): 284-293.

③ James Midgley, "Kwong-leung Tang. Introduction: Social Policy, Economic Growth and Developmental Welfare," *International Journal of Social Welfare* 4 (2001): 244-252.

受的社会排斥最小化。其三，人们应能够生活在以社会整合为特征的社区和社会中。其四，人们必须在一定程度上自主并被赋予一定的权能，以便在社会经济的急剧变迁面前，有能力全面参与。这四个条件提供了社会关系朝社会质量方向发展的机会。社会质量理论对社会政策的价值在于，它提供了使需求、政策行动者和政策三者联系起来的必不可少的连接。可见，社会质量理论的最大贡献是提醒人们如果一味强调社会政策的社会投资功能，依旧会陷入为经济政策服务的陷阱，而忽视了本身的价值追求和社会目标。①

3. 中国发展型社会政策

近年来，学者们对发展型社会政策的基本思路或基本内容提出了不同的看法。随着党的十七大报告的发表，中国发展型社会政策的基本内容清晰地呈现在人们面前。例如，优先发展教育，建设人力资源强国；实施扩大就业的发展战略，促进以创业带动就业；深化收入分配制度改革，增加城乡居民收入；加快建立覆盖城乡居民的社会保障体系，保障人民基本生活；建立基本医疗卫生制度，提高全民健康水平；完善社会管理，维护社会安定团结。

上述社会政策是中国共产党在总结我国几十年改革开放的经验、借鉴全球化背景下社会福利的改革趋势后提出的重大战略决策。从内容上来看，我国发展型社会政策既克服了对计划经济制度化的路径依赖，也吸收了各种规范性社会政策理论的优势。它不是解决具体社会问题的技术方案，而是缓解社会不平等、维护社会公正、提高人民福利水平的宏伟蓝图。

科学发展观的核心是以人为本，这为社会政策的制定与实施提供了理论基础和现实条件。如何将国外的经验与中国社会发展的实践相结合，构建具有中国特色的社会政策体系是今后中国社会发展的重点。正是在这一背景下，中国学者开始探讨构建中国发展型社会政策的原则和路径。

李培林认为，"中国经验"的特殊性为中国学者构建社会政策提出了挑战。只有从"中国经验"出发，我们才能真实地了解中国发展中诸多社会风险的临界点在哪里，这些临界点单凭既有的规则是推论不出来的。因此，李培林建议建立一个不同于经济核算的"社会核算"体系，不仅要核算收

---

① 艾伦·沃克：《21 世纪的社会政策：最低标准，还是生活质量》，载葛道顺、杨团主编《社会政策评论》第 1 辑，社会科学文献出版社，2007，第 3~27 页。

入，而且要核算各种可能的代价和支出，还要核算各种支出的使用效益。这样才能摆脱"有增长无发展"的窘境，使科学发展观落到实处。①

王思斌认为，科学发展观具有深刻的社会政策意涵，它的提出预示着中国社会政策时代即将到来，"社会政策时代是一个国家或地区，以改善困难群体的生活状况和普遍增进社会成员的社会福祉为目的的社会政策普遍形成，并且作为制度被有效实施的社会发展阶段。显然，社会政策时代包含社会政策的性质（类型）和水平（程度），以及时间、空间等特征，它揭示的是：社会政策成为突出的社会现象，不同领域的困难群体和更广泛的社会成员的生存状态被普遍关注，并得到政府政策上的关怀的社会状况作为那个时期的社会特征而凸显出来"②。中国现今的社会政策应该具有这样一些基本特征，首先是社会公平被普遍认可，其次要具备完善的社会政策，最后还要有制度和法规为社会政策的实行奠定基础。

张秀兰分析了发展型社会政策与科学发展观的内在联系，认为发展型社会政策能够为科学发展观在社会政策领域提供可操作的模式，并提出了构建发展型社会政策的思路：投资现在和未来的劳动人群；增强全社会抗击风险的能力；在政策设计中逐步纳入并强化发展的维度；建立发展型的公共支出体系。③

此外，还有很多学者对发展型社会政策进行了研究，取得了一些重要成果。同时，中国政府也开展了一系列社会政策的实践，积累了一些可贵的经验。

4. 中国发展型社会政策建构应遵循的原则和路径④

（1）以公正为基础

公正是制度安排的一种基本价值取向，但必须通过一定的载体才能在现实社会中得以体现。就社会层面而言，公正必须通过社会政策体系才能得到具体体现。从这个意义上来讲，社会政策是公正在社会领域的具体化，公正的社会功能在很大程度上是通过各种各样的社会政策来实现的。因此，在制定发展型社会政策时要坚持公正的原则，包括确保社会成员的生存底

①　徐道稳：《社会发展与发展型社会政策》，《深圳大学学报》（人文社会科学版）2006 年第 3 期。

②　王思斌：《社会政策时代与政府社会政策能力建设》，《中国社会科学》2004 年第 6 期。

③　张秀兰：《发展型社会政策：实现科学发展观的一个操作化模式》，《中国社会科学》2004 年第 6 期。

④　向德平：《发展型社会政策及其在中国的建构》，《河北学刊》2010 年第 4 期。

线和基本尊严的规则、机会平等的规则、按照贡献进行分配的规则以及社会调剂的规则。① 在目前社会转型的过程中，强调获得正义和交易正义对社会财富的重新分配，不仅是可能的，而且是必要的。

（2）以提高社会福利为目标

福利作为一种再分配方式，是维护社会公平和社会稳定的重要手段，社会保障制度的建设关系到整个社会的抗风险能力，而全社会的抗风险能力，是基于以整个社会和整个社区的公共价值为标准所设计的社会政策之上的。社会政策以提高社会福利为目标，完善社会福利机制，提高人民的福利水平和生活质量，切实维护全体社会成员的利益。

（3）以民主为手段

在现代社会中，民主不仅具有规范价值，还具有工具价值。民主的本质就是参与决策，社会目标由民主参与来确定，社会问题也通过民主参与来解决，只有这样，社会政策才能反映广大人民的利益要求，才能满足广大人民的福利需求。充分的民主参与使每个人都有机会表达意见，通过理性沟通达成共识，因此，民主参与可以防范由政府政策失误导致的政策问题，还能有效地保护社会福利资源。

（4）以人力资本为核心

发展型社会政策的核心理论是将社会政策看成一种社会投资行为，其基本依据是社会政策对提高劳动力的素质有直接的作用，并关系到国家的可持续发展。在知识经济社会，"人力资本在经济活动中居中心地位，对人力资本进行投资一方面可实现经济增长，另一方面又能推动福利国家的改革，能实现经济增长与福利国家改革的良性互动。因此，在人力资本上投资是治本之策"②。当代世界经济的增长和国家财富的构成，主要是人力资本带来的结果。因此，发展型社会政策特别注重对人力资本的投资和社会的发展。

（5）以资产建设为抓手

谢诺登将资产作为一种不同于收入的新参照系。③ 资产建设是指将目前

① 吴忠民：《从平均到公正：中国社会政策的演进》，《社会学研究》2004 年第 1 期。
② 安东尼·吉登斯：《失控的世界：全球化如何重塑我们的生活》，周红云译，江西人民出版社，2001，第 101 页。
③ 迈克尔·谢若登：《资产与穷人——一项新的美国福利政策》，高鉴国译，商务印书馆，2007，第 203 页。

以收入、支出和消费概念为核心的福利政策转变为以积蓄、投资和资产积累概念为核心的福利政策。谢诺登认为，以收入为基础的反贫困政策是不充分的，对收入进行修补是无济于事的，必须制定以资产为基础的政策[①]，主张以人的发展为根本目标，提倡由传统的、单纯以再分配为主的消极救助方式转变为积极的福利政策。

（6）以社会政策能力建设为保障

政府在社会政策的制定、实施中扮演重要的角色。面对新的发展机遇和风险，为了更好地实现经济社会和人民全面发展的目标，政府必须加强自身社会政策能力的建设。所谓社会政策能力，是政府科学地制定和有效实施社会政策的能力，即政府审时度势适应经济社会发展的需要，协调各利益群体的关系，前瞻性地制定出符合国情（社情）的社会政策，进而建立起社会政策的实施系统，从而有效地实施政策，达致社会政策目标的能力。社会政策能力建设包括敏感的社会政策意识、科学决策和有效实施政策能力的建设。这就要求政府注重动员经济、政治和社会资源，运用政府架构和社会系统来发挥社会政策的功能。毫无疑问，这就需要社会政策制定及实施系统方面的制度，包括在各级政府系统普遍加强社会政策意识，具有反思性地实施社会政策并对之进行科学评估，积极地发展社会福利机构，实现政府与非营利组织在社会政策领域的良好合作。[②]

在我国，社会政策遇到的一个重大挑战是解决执行问题或社会政策被扭曲、被截留的问题。随着中央与地方关系的变化，中央政府推动的许多社会政策和发展政策的落实成为人们担心的问题，如农村新型合作医疗制度、农村最低生活保障制度、新农村建设等重大政策的贯彻、执行和落实，都说明实施社会政策是复杂的社会过程，而这反映了我国的社会结构和利益群体关系，并从某一方面具体地反映了我国的社会发展过程。研究社会政策的实施既有利于促进社会政策能力建设，又有助于分析我国的社会结构和社会发展过程。

---

① 王思斌：《社会政策时代与政府社会政策能力建设》，《中国社会科学》2004 年第 6 期。
② 王思斌：《社会政策时代与政府社会政策能力建设》，《中国社会科学》2004 年第 6 期。

第二节　社区营造与少数民族社区发展

一　社区营造

（一）社区营造的发展及内涵

1. 社区营造的发展

（1）美国

美国"公众参与"与"社区设计"的出现不仅是学术界的反思，更多的是美国居民面对种族、社会以及反文化等一系列社会问题而采取的措施。几经抗争，美国民众参与城市规划的决策最终被采纳，同时构建了一定的社区认同感与归属感，"公众参与"也成为西方国家城市规划与环境管理的重要决策机制。[①]

（2）英国

随着1969年庇护邻里行动的成功，英国达成了居民与建筑师共同工作的构想；同年，首个以社区服务为主的建筑咨询组织成立，这是专家进入社区的初步尝试。1976年皇家建筑师协会开始在全国范围内推动社区建筑咨询组织的建立，而1983年技术协助中心协会的成立更是标志着英国的社区建筑开始转向强调使用者参与。[②]

（3）日本

1968年日本政府颁布了《城市规划法》，城市规划的决策权由国家政府逐渐转移到地方政府，扩大了地方政府在城市规划决策方面的自主权。20世纪70年代，在改革型政府的政策驱动下，城市规划的重心开始从以往的城市硬件基础设施建设向以居住环境改善等为中心的"社区营造"转变，日本民众逐渐参与城市规划。[③]

日本的公众参与社区设计源于环境保护运动和历史资产保护运动。日

---

① 赵园生：《北京旧城传统居住空间更新机制探析——以前门鲜鱼口历史文化保护区草厂、长巷地区为例》，硕士学位论文，北京建筑工程学院，2007。
② 赵园生：《北京旧城传统居住空间更新机制探析——以前门鲜鱼口历史文化保护区草厂、长巷地区为例》，硕士学位论文，北京建筑工程学院，2007。
③ 张舒：《公众参与在东京城市规划中的制度化实践》，《全球城市研究（中英文）》2021年第2期。

本在第二次世界大战之后经历了经济高速增长，人口向城市聚集，城市高度发展，许多自然与历史资源面临严峻形势，促成了日本人对故乡自然资源与历史资产保护的共识。

2. 社区营造的内涵

（1）社区与社区营造

"社区"一词由 community 翻译而来，源于德国社会学家斐迪南·滕尼斯（Ferdinand Tönnies）1887 年出版的《共同体与社会——纯粹社会学的基本概念》，他认为"社区"是人们在长期共同的生活互动中自然形成的，通过血缘、邻里和朋友关系建立起来的人群组合，也就是聚居在一定范围内的人们所组成的社会生活共同体。这个社会生活共同体富有人情味，有着共同的价值观念。

社区营造是社区的经营与创造，以社区共同体对本社区具有认同感作为前提，通过社区居民达成社区共识，发展自主能力，积极参与地方公共事务，共同经营"文化产业化"、"产业文化化"及其他相关的社区发展活动等，从而使本社区的生活空间获得改善，居民的生活品质得以提升，文化、产业和经济得以复兴，进而促使社区活力再现，这种由居民自主参与社区经营创造的过程，被称为社区营造。简要地概括就是充分运用社区内的各种资源条件，凝聚社区共识，改善生活环境，延续文化精神，重塑社区活力，实现可持续发展的行动。

（2）社区营造的内容

日本社区营造专家宫崎清主张将社区营造分为"人、文、地、产、景"五大方面，在共同的社区意识基础上，对社区进行开发和实践。其中"人"是社区营造的核心力量，指的是认同感和社区意识的构建，是社区共同体的形成；"文"指的是传统文化的延续，民间工艺及艺术活动的传承与经营；"地"指的是地方建筑的保护与再利用；"产"指的是特色产业的创新经营；"景"指的是公共空间的改善、景观的特色经营等。[1]

社区营造的先驱陈锦煌主张：社区营造是一个全面改造文化地貌、景观环境和生活品质的长期工程，从事社区营造要根据社区特色，分别从不同角度切入，再带动其他相关项目，逐渐整合成一个总体的营造计划。[2]

---

[1]　胡澎：《日本"社区营造"论——从"市民参与"到"市民主体"》，《日本学刊》2013年第 3 期。

[2]　朱蔚怡、侯新渠编著《谈谈社区营造》（上），社会科学文献出版社，2015，第 2 页。

社区营造是一个舶来品，目前学界关于社区营造的定义尚未达成共识。美国经济发展委员会认为社区营造为增强社区的规范、社区支持和问题解决能力而做出的持续而全面的努力。[①] 日本建筑学会将社区营造定义为，以地域社会既存资源为基础，在多样化的主体参与和协作下，对居民附近的居住环境进行渐进的改善，旨在提高社区活力与魅力，以实现"生活品质向上提升"的一系列持续的活动。[②] 台湾大学建筑与城乡研究所名誉教授夏铸九提出"社区营造，其实就是社区培力和维权"。[③] 清华大学的教授罗家德结合自己主导的社区营造实践指出"社区营造就是要政府诱导、民间自发、NGO 帮扶，使社区自组织、自治理、自发展，帮助解决社会，经济发展，社会和谐的问题。在这个过程中提升社区的集体社会资本，达到社区自治理的目的"。[④] 考虑到社区营造的本土性特色，本书决定采用闵学勤对社区营造的界定，即"社区营造是指由社区空间更新和美化引发的，以社区居民美好生活为愿景，依托社区地缘文化，汇聚社区各组织、各阶层力量的可持续协同行动"[⑤]。

（3）社区营造的原则

自下而上原则。"自下而上"、"社区参与"和"公共意识"是社区营造的精髓。只有社区居民具有共同认知并付诸行动，社区营造才有成功的可能性。居民自行组织，并在非政府组织（NGO）和专家学者的引领下，依据社区实际需要，规划经营社区，保持地方文化特色，美化环境空间、提升生活品质水准、兴盛地方产业经济，重现社区活力。如果由政府部门主导，居民只是被动地接受援助和建设，就偏离了社区营造的核心价值。

地方化原则。把握地方环境内在的特殊潜质，尊重地方的传统文化，保证传统文化的保护与延续。以地方作为思考的出发点，基于地方的特色、地方的条件、地方的人才来传承传统文化、保护地域建筑，发展特色产业、

① O. Weil Marie, "Community Building: Building Community Practice," *Social Work* 5 （1996）: 481-499.
② 樊星、吕斌、小泉秀树：《从打招呼开始东京谷中地区如何再造魅力》，《公关世界》2017 年第 19 期。
③ 朱蔚怡、侯新渠：《社区营造书系 谈谈社区营造》（上），《中国社会工作》2017 年第 19 期。
④ 罗家德、帅满：《社会管理创新的真义与社区营造实践——清华大学博士生导师罗家德教授访谈录》，《社会科学家》2013 年第 8 期。
⑤ 闵学勤：《社区营造：通往公共美好生活的可能及可为》，《江苏行政学院学报》2018 年第 6 期。

经营生产景观。

可持续经营原则。建立长期的社区学习机制，让居民学习社区的传统文化和接受技能培训，提高对社区的了解与认识，从而形成自主保护和传承意识，激发根植于社区底层的潜在保护力量。

（4）社区营造的组织①

社区营造需要依托社区社会（自）组织进行。社区社会（自）组织是由社区居民发起成立，在社区开展为民服务、公益慈善、邻里互助、文体娱乐等活动的社会组织。培育发展社区社会（自）组织，对加强社区治理体系建设、推动社会治理重心向基层下移、打造共建共治共享的社会治理格局具有重要作用。社区社会（自）组织分为专业社区营造组织和专项型社会组织。这些组织既包括在民政部门注册的社会团体、基金会、社会服务组织，也包括在社区备案的社区自组织。

①专业社区营造组织

作为社区级别自发性、内生性、支持性、枢纽性的社会组织，专业社区营造组织致力于扩大居民参与、培育社区文化、促进社区和谐，为推动社会组织专业化、规范化发展提供了一系列的服务和支持。

在基层党组织领导下，专业社区营造组织可以发挥其内生扎根社区、贴近群众的优势，广泛动员社区居民参与社区公共事务和公益事业。引导社区各类社会组织协助社区居委会推动社区居民有序参与基层群众自治实践，依法开展自我管理、自我服务、自我教育、自我监督等活动。引导社区居民在参与社区社会组织活动过程中有序表达利益诉求，协商解决涉及社区公共利益的重大事项、关乎社区居民切身利益的实际问题和矛盾纠纷，协助提升社区矛盾预防化解能力，参与物业纠纷、家庭纠纷、邻里纠纷调解和信访化解，参与群防群治及平安社区建设，助力社区治安综合治理。鼓励社区社会组织参与制定自治章程、居民公约和村规民约，拓展流动人口有序参与居住地社区治理渠道，促进流动人口社区融入。

要发挥专业社区营造组织在完善社区公共文化服务体系中的积极作用，丰富群众性文化活动，提升社区居民生活品质。鼓励社区社会组织参与社区楷模、文明家庭评选等各种社区创建活动，弘扬优秀传统文化，维护公

---

① 《社区营造及社区规划工作手册》写作小组：《社区营造及社区规划工作手册》，清华大学出版社，2019，第44~46页。

序良俗，形成向上向善、孝老爱亲、与邻为善、守望互助的良好社区氛围，增强居民群众的社区认同感、归属感、责任感和荣誉感。

②专项型社会组织

专项型社会组织是主动融入城乡社区便民利民服务网络，为社区居民提供在社区内的健康、环保、文化、教育、体育、扶贫帮困、公共事务等某一领域或某几个领域活动的社区社会组织。在其专业领域，针对服务对象的不同特点，提供专业化、差异化的产品、服务及解决方案，承接社区公共服务项目，满足老、中、青、少、幼的所有社会需求，实现社区居民自我服务与自我管理。

基于社区的需求，可以把社区专项型社会组织分为以下七大类。

一是公共事务类。它指基于公权的、跟社区居民权益息息相关的公共事务，这一类型的专项型社会组织表现形式如社区互助会理事会、业主大会、业委会、业主参事议事会。

二是健康类。健康包括生理和心理两个方面，健康类活动包括医治病人、帮助残疾人，同时促进公众理解和认识健康风险、疾病和残疾等，表现形式可以是居家养老、心理咨询、瑜伽练习、老年大学等。

三是环保类。环保问题与每一位社区居民息息相关，社区居民应成为环保的主体，努力地成为具有主体意识的环保人，积极主动地参与环保活动，投身环保事业。环保类活动致力于保护环境和传递绿色生活观念，表现形式可以是垃圾分类、环保教育、公益屋等。

四是文化类。文化是以精神文明为导向的，凝结在物质之中又游离于物质之外，能够被传承的国家或民族的历史、地理、风土人情、传统习俗、生活方式、文学艺术、行为规范、思维方式、价值观念等，表现形式可以是社区沙龙、英语角、美食烹饪、摄影、阅读等。

五是体育类。体育运动是人们遵循人体的生长发育规律和身体的活动规律，通过身体锻炼、竞技比赛等方式达到增强体质、提高运动技术水平、丰富文化生活目的的社会活动，如羽毛球、乒乓球、篮球、足球、网球、轮滑等比赛活动。

六是教育类。社区教育是运用本社区的教育、文化等资源，面向本社区全体居民，以促进本社区人的发展与社区发展为目标的各类教育活动。教育类活动为各年龄段社区居民提供学习机会，从幼儿教育到老年教育，覆盖全生命周期，同时促进先进教育理念的普及，如社区学院、"明志书屋"、"无敌少儿团"和"小建筑师"等。

七是扶贫帮困类。扶贫济困、乐善好施是中华民族传统美德，社区开展扶贫帮困类活动可以更好地发扬互济互助的传统美德，营造和谐温暖的社区氛围。

基于社区营造组织的特征，一方面，推动社区营造意味着必须先从成立专业社区营造组织开始；另一方面，专项型社会组织的类型也决定着其萌芽和发展的难易程度。例如，即使无法得到支持和帮助，社区中的各文体队伍也可以一直保持活跃性。因此，无论是何种类型，只有社区社会（自）组织履行自身的职责，社区营造才可顺利开展。

（二）我国城市的社区营造[①]

1. 城市社区营造的背景

中国城市社区存在各种形态，从物理区域上可分为封闭式社区和开放式社区；从价值上可分为高、中、低档社区；从购买方式上可分为商品房社区、经济适用房社区、安置房社区；从产权方式上可分为产权房社区、小产权房社区、公房社区、集体房社区；从新旧程度上可分为老旧小区和新建小区等。

在社区治理类型中，传统型社区特指没有任何行政力量、市场力量影响的社区。在现实中，传统型社区已基本不存在。自治型社区特指没有任何行政力量影响，而完全靠社会自治来实现的社区，在我国的现实中也几乎不存在。在社会转型过程中，我们清醒地认识到，一个善治的社会需要政府、市场和社会多元力量之间互相吸收补充而结合重构的良性互动。在全面打造共建共治共享的社会治理空间格局的时代背景下，社区营造的实务操作工作者面对不同形态的社区，在挖掘社区资源促进居民参与的过程中，需要对其中呈现的治理主体的结构特点进行识别，以便更清晰地认识不同形态社区的治理问题和着手点、侧重点。

从社区治理的视角出发，根据治理主体呈现的不同形态及其主要问题，可以将目前在城市社区营造实务工作中面临的社区形态分为行政依赖型、委托市场型、发展参与型、共识共治型。从行政依赖型到共识共治型可以

---

① 《社区营造及社区规划工作手册》写作小组：《社区营造及社区规划工作手册》，清华大学出版社，2019，第6~96页。

说是社区治理变化连续过程的体现,凸显了三个主要特征的变化:一是社区治理主体逐渐从单一走向多元;二是社区治理路径逐渐从以自上而下为主转变为自上而下和自下而上相结合;三是社区治理手段逐渐从单一化走向多元化。

2. 城市社区营造的类型

(1) 行政依赖型

这种社区形态中出现的社区治理主体较为单一,对行政力量的依赖度较高,行政手段是社区治理的主要方式,社区治理路径以自上而下为主。这种社区形态主要出现在老街区、城中村、无物业管理的零散老旧小区、拆迁安置小区、农民安置社区、村改居社区、经济适用房小区、廉租房小区等,主要依靠政府提供公共服务,或由政府购买社会组织服务,没有物业企业或是准物业服务状态,居民对社区公共事务没有积极性。

社区治理主体是社区两委(党委、居委会)。

在社区营造着手点方面,可采用以社区党委和居委会为核心,结合管区居民代表形成管委会的机制,居民代表参与社区网格化管理,分梯级展开居民议事体系,细分每个梯级的权利和义务,提高居民参与社区事务的能力,从而有效进行基层社区治理。

(2) 委托市场型

这种社区形态多出现于聚集高净值人群的高档小区、别墅区,居民更认同自身的业主身份,对小区有强烈的封闭性要求。他们将提供小区服务的职责委托给市场力量如物业企业,希望享受高品质的专业服务,但不希望外界过多介入日常生活;居民之间缺乏交流沟通,公共事务参与度低,矛盾和问题多聚焦于居住者与房地产企业或物业服务公司之间。

社区治理主体是物业、业委会。

在社区营造着手点方面,这类社区由于社区内人员相对稳定,物业或者业委会拥有较多话语权,甚至于不需要社区居委会的介入。此时,社区居委会或社区营造的社会组织可将工作重点放在业委会的赋能和居民的文化活动上,从而培育社区自组织,激发居民自身对社区参与的热情和积极性。这种社区生活形态也对物业企业提出了比较高的专业要求,因此物业企业也可以引入社区营造理念,以满足此类社区中业主的精神文化需求。

(3) 发展参与型

这种社区形态的特点是社区治理主体较单一的局面开始出现变化,社区治理路径仍以自上而下为主，但自下而上开始出现。这种形态出现在绝大多数商品房社区，因为居民需要基础的公共服务，对政府有一定的期待和要求；社区各方矛盾较多、需要居委会协调矛盾；居民之间缺乏交流沟通，虽有一定数量基于兴趣爱好聚集的小团体，但公共事务参与度较低。

社区治理主体是物业、业委会、居委会、社会组织、居民。

在社区营造着手点方面，大量的发展参与型社区都会出现社区中组织力量不均衡的情况。在这种情况下，建议社区居委会做好本职工作，进行政策梳理和倡导，引导政策和资金进入，赋权社区组织，并进行长期有效的赋能和培力。此外，社区居委会可将网格化管理与业委会管理结合起来，网格负责人与业主代表结合，避免多头管理。业委会作为业主共有资产共同决定的主体，必须通过业主大会选举出真正能够代表业主的委员，完善小区管理制度，同时强化单元（楼栋）代表、片区代表等多层级议事制度，建立涵盖小区制度建设、建筑规划、设备设施、安保、卫生、景观绿化等专业委员会，对小区物业服务进行指导和监督，同时避免寡头业委会的出现。努力挖掘没有私心、不违背良心的社区领袖，培育社区自组织。

（4）共识共治型

这种社区形态的社区治理主体多元化，自上而下的行政主导手段与自下而上的社区自治协商全面融合，居民有较高的社区认同感和满意度。其中，各种社区组织的力量相对均衡、优势互补；居民有一定趋同性，人员组成相对稳定，社区生活舒适度较高；居民主动参事议事，有相似的生活追求，愿意为了实现共同的目标进行努力以及妥协；会经常出现矛盾，但也较易通过协商妥善解决。

社区治理主体包括社区自组织、居民、物业、业委会、居委会、社会组织。

在社区营造着手点方面，可以说这是社区营造所望实现的理想社区类型。各方力量协同合作，尤其是社区自组织发挥在社区治理中的积极作用，能够活跃社区氛围。

3. 城市社区营造案例

快速城镇化进程侧重于新城建设，老城的社区公共空间往往缺少充分维护，存在环境衰败、设施缺乏、资源外溢、活力不足等问题，需通过城市社区更新的手段来维护和改善。

究其本质，城市社区更新是在城市存量规划和社区治理的语境下，以改善社区环境、促进社区发展为目标，兼用城市社区更新和社区治理的综合手段而开展的社会工作与空间建设活动。城市社区更新关注社区公共空间新陈代谢的现实需求，遵循城市存量发展的更新逻辑，以高品质的公共空间营造为纽带，协同社区内部调整与外部干预力量，不断完善社区功能、提升环境品质、优化社区服务、传承社区文化，持续强化治理能力、提高社区宜居性、加强社区归属感。①

（1）公共空间营造：成都城市社区的"街头魅力"

城市社区更新中的公共空间营造要寻找地方优秀传统和特色场所精神，反思当代城市千篇一律的规划布局模式，通过对社区内部空间结构要素的更新调整来塑造有特色的公共空间。这一过程需要政府制订计划、出台政策法规和提供空间资源保障；需要鼓励市场机制下的资本恰当介入公共空间塑造与持续运营；需要尊重地方传统的社区力量参与并激发创新。

后文的三个案例将描述在三种不同力量主导下，成都如何保证以特色街区为载体的社区公共空间营造的品质和活力。这些案例展示了传统街头文化的传承、现代城市形象的提升、基层治理手段的创新，实现了城市与社区发展的宏观导向、微观操作与持续发展。

成都的城市社区更新强调同时具备"天府味"与"国际范"，表现出明显的国际视野和在地特色。在"场景营城"的思路下，成都的城市社区更新在当前的全球语境和地方治理交织中探索出了一条独特的城市空间文化发展和社区复兴之路。其核心理念是尊重历史传统和地方特色，以街头巷尾为载体，运用精致的创意设计，营造兼具真实性和戏剧性的街区生活场景。各类特色空间场景注重美学导向，强调"以人为本"，秉承"人、城、产"的空间发展逻辑，激发社区消费活力，增强人才吸引力，进而实现具有传统内涵的"高品质、高能级生活城区"和"国际消费中心城市"理想。

第一种，政府主导。青羊区少城街道的宽窄巷子历史文化街区，代表着成都的城市形象，其相邻街区的更新备受瞩目，这些都少不了政府的主导。以宽窄巷子为核心，包括支矶石街、泡桐树街、实业街、小通巷栅子街、奎星楼街、吉祥街等在内的鱼骨状街道网络，是老城中心老旧而鲜活

---

① 赵炜、李春玲、石杨：《街头的魅力：成都城市社区更新中的公共空间营造之道》，《建筑学报》2022年第3期。

的生活街区。在从策划到实施的整个过程中，城市社区更新坚持党建引领，社区引导，调动驻区单位、居民骨干、居民小组长、商家等主体参与，建立"街长制"网格化管理，形成"共建、共治、共享"机制。社区在过程中进行了详细的需求调研，并借助"宽门工作坊"等社治平台，汇聚社区规划师、居民、商家、文创从业者等多方意见，形成了具体的工作方案。总体来看，少城街道 6 个社区的更新是政府主导、市场和社区参与，在物质空间环境、运营管理以及社区治理等方面，均展现了较高品质。

第二种，"草根"参与。武侯区玉林片区建成于 20 世纪 90 年代初期，是成都市最早建成的商品房小区之一，也是代表成都生活品位的标志性老旧小区之一。设计团队"一介建筑工作室"（以下简称"一介"）以"草根"的力量，在这里成功地塑造了名为"巷子里"的社区微更新项目。该社区的需求是公共空间不够，党群服务中心的垂直交通只有一个楼梯间，对老年人来说不够安全和便利，那么如何进行空间的整理、延展和持续利用成为关键问题。设计希望营造一个尽可能满足各种使用需求和场景的多功能公共空间，平衡不同社会角色所代表的不同社会利益，提升空间在物理上的开放性，并保障使用的便利性和权利的公平性。一个优雅的小品建筑就在这样的设计框架下诞生了。平面上，满足了不同人群的使用需求，打造了更多样的空间；立面上，通过室内空间与室外平台等不同的开放度，与外部街道以及自然环境产生了更多的对话。"一介"介入了"巷子里"的维护和运营，在第一年邀请了不同文化和主题背景的咖啡店来进行 1~3 个月快闪形式的经营。他们将展览、杂货、音乐等青年人的生活方式带入老社区，社区居民看到自己的社区来了这么多新人，也变得更加富有自信心和凝聚力。

第三种，资本介入。成华区望平社区是毗邻锦江、与核心商圈太古里隔河相望的老旧社区，空间资源类型丰富，同时具有工业遗产、办公建筑、传统街巷、单位大院和现代商品住宅等多类建筑。成都市的城市有机更新行动提出了营造"八街九坊十景""一环路市井生活圈"等标志性公共空间，滨河的望平街恰好是其中的重要节点。街区依托区域化党建格局创新性地建立"街区综合党委""Dream One 街区联合商会"，形成街区与商户的互助合作网络，从而提升街区的公共服务水平、提升社区综合治理效能。从设计手法来看，该社区更新案例的主要特点是围绕望平街和滨河路的商业活力空间，结合对工业记忆和地方传统文化符号的使用，以艺术设计点亮街区。望平街区的更新成效是在万科集团商业化运营逻辑（EPC+O）和"一核多元"治理结构的共同支撑下实现的。从望平街区的更新实践来看，其基于商业化运营逻辑，通过整体营造、风貌整治、文脉延续、产业提升等方面的系统优化，有效提升了街区文化消费活力，成为承载"老成都"市井万象与"新天府"开放包容的微观缩影。

社区公共空间对街头文化的包容、对新经济活力的渴望、对创新设计的鼓励，造就了成都城市社区更新行动中公共空间营造的典型案例。在不同的营造与治理的机制下，通过社区公共空间的营造，重塑街头文化传统，形成地方场所精神和街道公共空间魅力，提升公共空间的实用性、规范性、艺术性与开放性，这是成功经验所在。[1]

（2）自组织社区营造：南京雨花台区"翠竹互助模式"

党的十九大报告指出：要打造共建共治共享的社会治理格局，完善党委领导、政府负责、社会协同、公众参与、法治保障的社会治理体制，加强社区治理体系建设，推动社会治理重心向基层下移，发挥社会组织作用，实现政府治理和社会调节、居民自治良性互动。随着工业化、信息化和城镇化的步伐加快，基层社会结构与利益关系也经历着深刻的转变。因此，探索居民自治型社区治理途径，促进社区的自治发展，具有重要的现实意义。雨花台区雨花街道翠竹园社区经过多年探索和实践，摸索出了一条自组织参与社区治理的翠竹互助之路，被称为"翠竹互助模式"。[2]

第一，中高端商品房社区对居民参与社区治理的探索。翠竹园社区居民以知识分子居多，社区商品房的定位为中高端商品房小区。社区成立初期，居民来源广泛、人口结构复杂导致人文环境的陌生和疏离，催生了翠竹园社区互助中心，其后发展为南京互助社区发展中心。互助中心初创人员通过调研，对社区人口、设施、组织、景观、文化、治理等状况进行归纳梳理。同时，秉承"相信、参与、承担、互助"的价值观，通过多种方式发掘到一批愿意并有能力投入社区互助精神倡导的社区领袖。在这一过程中，专项型的社区自组织不断组建，专项型的社区活动不断开展，社区居民复杂的、复合性的、多样化的、模糊的、呈点状分布的各类需求逐渐

---

① 赵炜、韩腾飞、李春玲：《场景理论在成都城市社区更新中的在地应用——以望平社区为例》，《上海城市规划》2021 年第 5 期。

② 孙丽莎：《自组织社区治理模式衍生路径比较研究——以南京雨花台区"翠竹互助模式"的复制和衍变为例》，《中共南京市委党校学报》2018 年第 3 期。

被挖掘并被梳理归类，成为一个个单一的、精确的、清晰的需求。最初的一年多时间，互助会的架构是金字塔体系，即互助会处于各个俱乐部的最上层。随后，原来的金字塔体系逐渐演变为树状体系。互助会不断发展社区新领袖，激发人们通过社区营造实现自我价值，走上社区建设和社区治理的道路。

翠竹园社区从趣缘性社会自组织到互助中心再到互助会的发展过程体现了社区互助网络的建构过程。社区自组织建构连接了社区内的人力资源，催生了社区归属感和幸福感，又助推了社区自组织的迅速成长和壮大；社区互助网络的构建强化了社区内的互助平台，催生出社区信任机制和互助机制，又助推了协商民主平台的产生和发展。

第二，混合型社区的治理模式，党政主导的赋权增能。D 社区同样位于雨花台区，属于传统村居与商品房小区并存的混合型社区，2012 年实施"村改居"成为村社合一社区之后，拆迁安置的原住人口和外来人口混合居住，社区居民彼此之间互不相识，对社区的归属感和认同感较低，邻里关系冷漠疏离。D 社区作为混合型社区，其社区居民参与意愿、参与能力、参与深度都不及翠竹园社区。精准调研并进行科学分析之后，D 社区在社区党组织的领导下，在区民政局注册成立了"D 社区互助中心"，互助中心对 D 社区党组织负责，翠竹园社区互助会工作人员进驻"D 社区互助中心"，作为专职工作人员帮助 D 社区进行互助中心的日常管理和社区营造；同时，本社区居委会工作人员在入驻专业社会工作人员的带领下，全程参与互助中心的日常管理和社区营造。在这一过程中，政府对社区治理不再进行直接的行政干预，而是通过制度激励、资金扶持的方式，引入专业力量对社区人员进行能力建设，从向居委会工作人员赋权增能，到向社区居民赋权增能，最终实现社区居民的自我管理和自我服务。

"D 社区互助中心"从成立到运营都是由社区党组织主导推进的，探索出党政主导下的自组织社区治理发展之路。党政组织解决了最基本的人力、物力、财力问题，疏通了制度障碍，专业社会工作人员解决了活动的组织协调问题，为组织活动提供技术支持，社区居民从最初的被动参与逐渐走向主动参与。

第三，多维社区的治理，党建引领、政社企居校联动、多维协同共治。Y 社区居民参与社区营造的难点在于社区下辖小区的多维性。小区分布位置多维，以雨花台烈士陵园为中心，东西南北四个方向都有分布，小区之间距离远人心就远，小区与社区之间距离远归属感就不足；小区居民层次分布多维，包括高端别墅区、中端商品房、村改居等，居民动员难度大、整合难度高、众口难调困难多。Y社区治理的发展之路为，通过社区购买服务的方式与翠竹园社区互助中心合作。翠竹园社区互助中心入驻后，一方面，以Y社区紧邻的全国爱国主义教育基地——雨花台烈士陵园为依托，通过社区党建工作的引领，打造"红色文化家园"党建品牌。另一方面，基于Y社区内不同小区的多维特征，互助中心以"一居一品一特色"作为多维社区的基本治理架构，通过对不同小区社区居民需求的深度挖掘，提炼出适合各小区发展特色的治理目标，Y社区的营造难点反而成了自组织社区治理模式的又一突破。让社区居民从关注自己的小区、关注自己的切身利益开始，引导邻里关系由陌生疏离到信任扶持，培养社区居民的志愿者意识和公益精神，逐渐将社区居民的视线投向更高、更大的社区平台，通过搭建社区中各个组织之间有效的协商民主平台，让社区居民有机会在社区参事议事，承担社区公共事务，改变社区冷漠逃避、缺乏参与的现状，实现了社区居民自我服务、自我管理的综合治理目标。

由上述可见，Y社区治理模式是"党建引领、政社企居校联动、多维协同共治"，具体体现为：通过党建引领，协调辖区内政府、社会组织、企业、社区居民、学校等多方力量，挖掘社区治理的社会资源；发展社区内的党员群众成为社区领袖，拓展居民参与渠道；通过翠竹园社区互助中心的带动，挖掘小区的特色治理项目，提高小区的居民关注度；通过小区特色治理项目推进，吸引小区居民聚集；进行多层次、多领域的协同合作，促进社区治理的良性发展。

从互助中心模式在不同社区的社区营造可以看出，内生型自组织参与社区治理模式的社区营造路径的形成具有一定偶然性，而要实现在不同类型社区的落地，从偶然性向必然性转化则需要人为介入，通过赋权增能和协商民主这两大关键举措来完成。通过对D社区、Y社区两个外生型自组织参与社区治理案例的分析可以发现，与内生型自组织参与社区治理模式相比，外生型自组织参与社区治理模式的实现一般因社区缺乏内生型自组织产生的偶发性特征，而呈现需要借助外力满足自组织孕育成长的主客观条件的必然性特征。外生型自组织参与社区治理模式的主观条件是社区居民参与意识和参与能力的提升，客观条件是自组织互助网络的建构。

从两个社区的自组织参与社区治理的路径来看，需要满足三个条件，一是社区居民对社区有利益诉求；二是社区有能力满足社区居民的利益诉求；三是利益诉求得以满足的成本不高。满足这三个条件，就能推动社区居民参与社区治理的理性回归。要满足这三个条件，一是通过精准调研抓住社区居民社区利益和社区诉求的关键点，有效地将社区居民的注意力转移至社区内部，引发社区居民对参与社区治理行为的兴趣；二是社区内培育扁平化自组织作为社区治理主体，代替由政府安排和动员下的社区参与，构建社区共建共治共享的组织结构，为社区居民参与社区治理行为提供组织归属；三是搭建协商民主议事平台，通过制度建设保证协商民主的公平公正有效，为社区居民参与社区治理行为提供制度保障。

D 社区和 Y 社区这两个案例均突出了党建引领，充分发挥基层党组织在推动社区居民参与社区治理中的作用。无论是 D 社区的直接由党组织推动社区营造和社区治理模式的发展，还是 Y 社区的通过党建的引领作用和红色文化为抓手凝聚社区成员，都率先由基层党组织发力，突出基层党员的先锋模范作用和基层党组织的战斗堡垒作用，以此带动更大范围的群众参与和组织联结，最终实现共建、共治、共享的社区自治模式。

（三）我国农村的社区营造①

1. 农村社区营造的背景

基层社会治理包括农村基层治理及其创新与发展，已经成为我国进入新常态后国家治理的重要议题。党和国家多次明确提出创新社会治理机制、社会治理方式，从 2017 年的稳步推动社会治理创新，到 2018 年的全面提升城乡社区治理水平，再到 2019 年的完善"三治"结合的城乡基层治理体系，这些举措都有效地推动了基层社会治理的变革与发展。2019 年，中共中央办公厅、国务院办公厅印发《关于加强和改进乡村治理的指导意见》，强调要推进乡村治理体系和治理能力现代化，夯实乡村振兴基层基础。②2020 年印发的《中共中央关于制定国民经济和社会发展第十四个五年规划和二〇三五年远景目标的建议》中也明确提出要"优先发展农业农村，全

---

① 房亚明、周文艺、黄建栩：《社会工作机构嵌入农村社区营造的机制建构》，《社会工作与管理》2021 年第 4 期。

② 《中共中央办公厅 国务院办公厅印发〈关于加强和改进乡村治理的指导意见〉》，《农村工作通讯》2019 年第 14 期。

面推进乡村振兴"。① 党的二十大报告提出"完善社会治理体系""建设人人有责、人人尽责、人人享有的社会治理共同体"等发展任务。② 党的二十届三中全会审议通过的《中共中央关于进一步全面深化改革 推进中国式现代化的决定》强调，"健全党组织领导的自治、法治、德治相结合的城乡基层治理体系，完善共建共治共享的社会治理制度"。③ 农村社区是乡村振兴和脱贫攻坚战略实施的重要阵地，也是社会治理和满足人民美好生活需要的重要场域。要加强和改进乡村治理，需要加强对"人"的营造，即通过联动农村社区的群团力量、凝聚村民的社区意识、重建社区共同体，实现村民自组织、自治理、自发展。乡村治理创新需要探索新形式和新机制，以有效地回应和解决农村社会面临的一些新情况和新问题。

社区营造是解决乡村治理困境的有益探索和有效机制。我国关于社区营造的研究及实践，最早源于台湾地区对农村社区营造的相关探索。近年来大陆也开始了社区营造的探索和实践，并率先在北京、上海、成都和广东等地开展，取得了一定的成效，形成了一些具有推广价值的操作规范和制度安排。有学者开始从社区营造的视角探讨农村社区发展的方向和路径，如刘勇等基于"社区营造"的视角从"人、文、地、产、景"五个方面对村庄的保护和发展进行研究，实现人力资源的有效利用、民俗文化的保护和弘扬、传统格局和古建筑的保护和再利用、公共空间改善和景观再造、特色产业的创新经营④；彭永庆则从社区营造出发，系统探讨民族村乡村文化和文化空间的建设问题⑤；朱同鑫等聚焦于文化在乡村社区营造中的思路与方案，通过因子分析，发现农事流程文化、传统文化观赏、文化体验个

---

① 《中共中央关于制定国民经济和社会发展第十四个五年规划和二〇三五年远景目标的建议》，中国政府网，http://www.gov.cn/zhengce/2020-11/03/content_5556991.htm，最后访问日期：2023 年 12 月 30 日。

② 《习近平：高举中国特色社会主义伟大旗帜为全面建设社会主义现代化国家而团结奋斗——在中国共产党第二十次全国代表大会上的报告》，中国政府网，https://www.gov.cn/xinwen/2022-10/25/content_5721685.htm，最后访问日期：2025 年 1 月 9 日。

③ 《中共中央关于进一步全面深化改革 推进中国式现代化的决定》，中国政府网，https://www.gov.cn/zhengce/202407/content_6963770.htm? slb=true.html，最后访问日期：2025 年 1 月 9 日。

④ 刘勇、韩力、侯全华：《"社区营造"视角下的历史文化名村保护规划探析》，《建筑科学与工程学报》2017 年第 4 期。

⑤ 彭永庆：《社区营造与民族地区乡村文化建设》，《华南农业大学学报》（社会科学版）2017 年第 3 期。

性、乡村风情文化、乡土饮食文化这五个消费者对乡村文化体验的偏好[①]；黄建以社区营造为视角审视我国农村精准扶贫工作，提出科学优化我国农村社区营造的外部体制环境，创新内部运作功能，实现多元治理主体在社区平台中的协同共治[②]。刘镭从社会变迁的视角探究我国台湾地区农村社区营造的机理，认为农村社区营造的基础是符合工商社会逻辑的产业构建，营造路径是自主治理，营造的社会资本是市民社会的成长并向农村扩散。[③]刘祖云、王太文提出以符号方式呈现乡村性、地方性、乡土美，并打造具有生活感的物理空间、具有社区感的社会空间、具有家园感的文化空间的理论构想，"社会关系的再造"是乡村社区营造的方向。[④] 这些关于农村社区营造的研究为我们思考新发展阶段乡村振兴提供了新思路和新路径。

当前，北京"大栅栏社造实验基地"在社区社造化、组织社造化和行政社造化三个方面的建设[⑤]以及上海嘉定社区睦邻点和睦邻节的建设[⑥]都已经形成了较为规范的实践路径和工作流程，可供其他地方借鉴和学习，但从学术领域对这些实践探索及其经验展开的考察较少，以及从中观层面探讨农村社区营造的研究也较少，尤其是对社会工作机构在农村社区营造的作用及其实践机制的探讨更为罕见。其中既有社会工作在农村发展相对滞后的因素，也有学者们对社会工作在农村社区营造中的作用缺乏关注的原因。在实施乡村振兴战略的时代背景下，我国农村社区发展面临机遇与挑战并存的二元悖论，推动实施以社区和谐发展为目标的社区营造，是我国乡村发展适应新时代的要求，也是进行城乡治理创新的一个必要而有效的途径。将一些农村社会治理中通过社区营造取得的有益探索和成功经验特别是制度化成果予以推广和运用，对乡村振兴战略的实施和农村社会发展具有特殊价值。

社区营造是农村社会治理现代化的重要实现机制，也是多元主体协同

---

① 朱同鑫、蒋依娴、高静：《贫困乡村文化社区营造路径研究——基于消费者偏好的视角》，《统计与管理》2019 年第 6 期。

② 黄建：《社区营造：一种农村精准扶贫的新视角》，《宏观经济管理》2018 年第 7 期。

③ 刘镭：《社会变迁中的台湾农村社区营造》，《中南民族大学学报》（人文社会科学版）2019年第 1 期。

④ 刘祖云、王太文：《乡村社区营造的基本方略：符号化与空间化——基于安徽省香泉-温泉小镇社区营造的观察》，《南京农业大学学报》（社会科学版）2022 年第 2 期。

⑤ 罗家德、梁肖月：《社区营造的理论、流程与案例》，社会科学文献出版社，2017，第 12 页。

⑥ 曾凡木、赖敬予主编《睦邻·自治·社区治理》，社会科学文献出版社，2017，第 259 页。

共治的有效平台。在治理现代化的背景下，社会多元主体参与社区协商共治已成为社会治理的热点。在工业化和城镇化浪潮的双重作用下，仅靠"自上而下"的政府力量或"自下而上"的民众力量来推动乡村"社区营造"效果不佳，相关协调发展机制式微，仍需一个介于两者之间的媒介来衔接这两种力量。近些年来，社会工作机构扎根城乡社区，利用社会工作专业方法，为弱势群体和困难群体等提供多元社会服务，并建立社区自治组织，推动社区经济、文化、生态可持续发展，已经成为社会治理的中坚力量。引入社会工作机构进行社区营造，不仅能唤起政府、社区和社会三方主体的共同意识，而且能够发挥各主体的"正能量"，最大化地实现社会多元治理。

2. 农村社区营造的类型

关于社区分类研究，当前主流的分类方式是以地理指标和功能指标为主。[①] 在地理指标方面，可以根据社区的空间地貌分为山村、渔村、平原村等。在功能指标方面，可以根据实践中生产方式的不同将农村社区分为种植业社区、林业社区、牧业社区、渔业社区。[②] 根据社区的构成要素进行综合划分，可以从社区精英和社区记忆两个维度对农村社区进行分类。[③]

社区类型理论认为，每个社区都具有独特的社区性，这是社区运行的基础，而社区的社区性源于各个社区的土地、空间、人口、社区关系等方面；由于社区性各方面都存在差异，社区呈现不同的特征，可以划分为不同的类型。结合社会空间理论和社区类型理论，本书将农村社区划分为集镇型、城郊接合部型、传统型农村社区。集镇型农村社区是以一批不从事农业生产劳动的人口为主体组成的社区；城郊接合部型农村社区在地域空间上处于城市和农村的结合地带，是城市的边缘地区；传统型农村社区是广大农村社区的典型形态，主要以农业生产为生活方式、以乡土礼俗及公共舆论为行为规范。[④]

---

① 袁小平：《空间、社区类型与农村社区动员能力比较》，《南通大学学报》（社会科学版）2022年第1期。
② 张静波、周亚权：《乡村治理视角下的北京农村社区类型与社区参与》，《新视野》2018年第6期。
③ 贺雪峰：《村庄精英与社区记忆：理解村庄性质的二维框架》，《社会科学辑刊》2000年第4期。
④ 刘华芹：《类型学视角：城镇化进程中的农村社区分化和乡村振兴重点》，《河北学刊》2019年第1期。

根据城市化的进程，农村向城市过渡的过程可以分为三个阶段，第一个阶段是农村社区，在农村社区中包含农村村落和新型农村社区；第二个阶段是过渡阶段，在这个阶段中产生了城中村社区、拆迁小区、回迁安置房社区和外来人口集中区；第三个阶段就是城市社区，其中包含商品房社区、老旧社区、产业型社区和外国人集中社区。

在农村城市化的进程中，又可以将目前的农村社区划分为以下六种类型。一是空间城市化的社区，即伴随城市扩张，已经置身于城市中，基本达到城乡融合的社区，如城中村、城乡接合部社区等；二是撤村并居社区，即对多地进行农民宅基地集中整治试点工作的通俗化称呼，主要分为被纳入城市规划和村庄"空心化"两类，也被称为"撤村建居""新农村建设""新民居工程""村改居"等；三是正在消亡的社区，即住户少，资源稀缺劳动力外出后不愿再返乡并把家人接到城镇生活的社区；四是外出人口永久转移城市的社区，即年轻人定居城市使留守人口逐渐人口老龄化的社区；五是外出人口叶落归根社区，即外出务工人员对家乡的认同感使其在人生的某个阶段返回家乡形成的社区；六是就地城镇化的社区，即具有一定产业支撑，可吸纳大部分社区人口就业，有希望实现就地城镇化的社区，包括现代农业社区、工业社区、商业或旅游业社区。综上，第一类农村社区当前及今后发展的趋势是空间的城市化，第二、第三、第四类具体情形有所差别，但最终都将走向人口转移的城镇化。第五类社区尽管青壮年外出务工，在生产、生活方式和价值观念上也不同程度地受到城市化的影响，但因为外出人口大都最终返乡，作为农村社区还将长期存在。第六类农村社区虽然在产业结构、生产和经营方式上多种多样，但总体趋势是生产和生活方式的就地城镇化。因此，第五、六类农村社区是当前以及未来中国农村的主体。①

农村社区营造要依据不同的农村社区类型进行精准分析，在进行农村社区营造之前要定位农村的类型。农村的社区营造在很多地方发展出后现代的小农经济，它们重文化多样性、社区生活重建、生态保育等方面，发展品牌农业、特色农业、观光农业、食材特供基地、休闲旅游、深度旅游等。这拉近了城乡间的差距，在部分地区解决了乡村空心化的问题，为新

---

① 刘华芹：《类型学视角：城镇化进程中的农村社区分化和乡村振兴重点》，《河北学刊》2019年第1期。

城镇化找到了城乡平衡发展的道路。

3. 农村社区营造案例

(1) "整合型"社区营造：袁家村模式①

袁家村位于陕西省咸阳市烟霞镇，是一个拥有一千多年历史的古村落，地处关中平原腹地，坐落在世界最大的皇家陵园唐太宗昭陵，具有浓厚的关中历史文化遗存和较强的地域特色，2013 年入选中国传统村落名录。

2007 年，陕西省委省政府贯彻落实中央关于新农村建设的规划方略和发展目标，鼓励有条件的村庄发展农家乐。袁家村作为试点，充分抓住发展机遇，以关中农耕文化为底蕴，以农民为创业主体，建成了以乡村传统文化、传统民俗、传统建筑、传统作坊、传统小吃为特色的"关中民俗体验地"，拉开了乡村旅游的序幕。2016 年，陕西省委省政府一号文件明确提出"袁家村模式"并予以推广。袁家村的社区营造最初以产业振兴为开端，逐渐蔓延到"人、文、地、产、景"五大方面②，由"外延式"转为"内涵式"发展，村庄自主和村民主体的"社会性"越来越强，最终形成整合型的社区营造。

袁家村的社区营造不是既有外来模式的生硬嵌入，而是将自上而下的政府推动和自下而上的社区实践相结合，即社区营造一方面取决于国家为农村提供的外在环境和资源，另一方面取决于农民的主动参与及社区内部各种关系的有机协调与健康发展。以共同需求、共同利益、共同目标为纽带，依靠社区两委会及社区社会组织等载体，开展议事、协商、评议、监督等工作，形成政府、社会和农民共同参与、共同治理的共建共享格局。

农村社区营造案例提供的借鉴意义有以下几方面。在营造目标方面，社区营造不仅是服务社区居民更是培育社区居民的过程，推动社区居民积极参与社区事务。在营造策略方面，从"社区动员-社区互助-社区参与"，培育社区社会组织；从"我"到"我们"，培育社区居民的认同感、归属感和凝聚力。在营造模式方面，政府提供政策及资源支持，确立顶层设计；社会通过组织行动发挥协同作用。在营造维度方面，从产业发展出发，逐渐增强具有社会性意涵的"人、文、地、产、景"发展路向，五大维度规划整合型的社区营造。在营造成效上，构建具有持续生命力的内生机制，

---

① 张红、杨思洁：《乡村社区营造何以成功？——来自关中袁家村的案例研究》，《西北农林科技大学学报》（社会科学版）2022 年第 1 期。

② 曾旭正：《台湾的社区营造》，台北：远足文化事业股份有限公司，2007，第 11~18 页。

形成富有内涵的社区精神；将社区营造嵌入乡村社会治理和社区建设的制度框架，构建一个发展型社区。

（2）提升"内生性"的社区营造：百美村宿模式①

城乡转型引发了乡村式微，表现为"空地、空宅、空村"形态的废弃空间大量出现。对其进行利旧植新式的社区营造，对地缘特征存续、人居环境活化、乡村建设成本把控等方面都具有积极意义。前期"自上而下"主导逻辑的延续导致乡村建设主体错位，村民"失语"现象频发。在此语境下，探索内生发展理论引领的乡村建设实践，有利于我国农村社区营造的丰富和发展。

20世纪60年代末，学者们批判西方模板中发展本体对第三世界的错误导向，新生出构建一种反映本土文化及制度的内生模式的兴趣。② 国内关于内生发展理论的最早研究可追溯至2001年出版的《内发的村庄》，陆学艺提出，内生发展模式是中国农村发展的理想形态。③ 通过分析内生发展理论的变迁，发现内生发展是区别于国家的地域性模板，它强调村民的开发和受益主体地位，引借外部力量驱动，延续乡村风貌，构建具有地区优势的复合型产业体系。细化为乡村废弃空间的社区营造可分三点：其一，为挖掘乡村自然生态和人文符号，转译为地方设计语汇，并应用于恢复物质空间"原型"；其二，为强调"人、文、地、产、景"一体化建构，在保护生态环境本底的基础上，搭建乡旅与文创融合的产业体系；其三，为确保全过程以村民为主体，包括基于村民意愿的规划设计、公众参与和自组织结构的建立等。

"百美村宿"模式采用"多方合力"的发展模式，明确内生发展导向，以中国扶贫基金会作为组织方与理念输出方，组建联结全体村民利益的股份制合作社。同时，联合援建方（企业、政府、公益组织等）、设计方、运营方与社会组织（NGO组织、NPO组织、高校学者、文旅乡创专家等），推进村落规划布局、产业运营管理和村民参与获益等过程，创建产业为基的"造血式"扶贫机制，以达成村民自组织结构建立的最终目的。目前，

---

① 郝卫国、朱雅晖：《基于内生发展理论的乡村废弃空间社区营造实践》，《景观设计》2021年第6期。

② 霍华德·威亚尔达主编《非西方发展理论：地区模式与全球趋势》，董正华、昝涛、郑振清译，北京大学出版社，2006，第1页。

③ 陆学艺主编《内发的村庄》，社会科学文献出版社，2001，第5页。

该模式已在河北省南峪村、四川省雪山村、湖南省拉毫村等乡村运营中得到验证，并成功入选联合国可持续发展（SDG1）消除贫困代表案例（2020年）。这里以北姜古村为例，介绍内生模式在废弃地民宿改造中的具体实践。

北姜古村坐落于河南省濮阳市台前县夹河乡，东隔黄河与山东省相望，是黄河滩区上拥有 400 多年历史的"落河村"。北姜古村项目是"百美村宿"模式在乡村废弃空间进行的一次内生动力激活实践。首先，在组织方助力、企业捐赠和政府配套的支持下，提升空间整体风貌以建立内生发展基础。其次，引入第三方运营团队就地域特色进行"民宿+生活"产业引导，依托乡村旅游合作社，统筹城乡资源，激发市场活力。最后，在村民自组织构建的前提下，渐次归权于民，以搭建可持续的乡村内部生长模式。

内生发展理论指导的"百美村宿"乡村建设是在外力推动下进行的内部复杂演变，与自组织演化过程相符。引借其模型对各系统间关系进行推演，可概括为，乡村建设中输入的外部因素使原本松散的资源、居民、产业等乡村子系统在负熵的作用下，与外界因素相互耦合，触发乡村发展系统局部竞争与协同关系加强，继而形成有序发展的乡村自组织结构。"百美村宿"模式中资金、建设、业态、能人等外部因素[①]，即激发北姜古村系统从无序化转向自我重组的序参量，通过乡村风貌重建、内外人员流动、区域信息交流等促进内部涨落与外部影响稠合的发展。当序参量接近自组织的临界阈值，乡村物质空间、产业品牌便实现有序化发展。序参量随之减少，牵头方、捐款方、运营方逐步退出，让权于合作社，使其逐渐成为村庄资源管理、运营和经济收益分配的主体，从而构建适用于废弃空间的自组织结构模式，持续推动物质性与非物质性文化景观、经济产业、乡村社会等方面的内生发展。

总的来说，乡村废弃空间的可持续发展在于外发性驱动后进入的内生性发展阶段，即自组织结构建立后的村民自治。因此，对比后期发展疲软的乡村表层建设，"百美村宿"模式将理论核心与改造目标设立为乡村自组织结构的建立，使其成为可脱离于具体地区的乡建范本。

---

① 郭艳军、刘彦随、李裕瑞：《农村内生式发展机理与实证分析——以北京市顺义区北郎中村为例》，《经济地理》2012 年第 9 期。

二　社区营造与民族社区发展

（一）民族社区的内涵与变迁

1. 社会工作视野中的民族社区

社会工作视野中的"民族社区"应当是"行动对象意义上的民族社区"。

第一，社会工作实践中的"民族社区"和民族学、人类学、社会学等学科视野下的"民族社区"是不同的。前者更侧重于社区中不同民族、文化的互动以及对民族和文化敏感性的要求以及对社会工作实务的重视，不会把过多的焦点放在"社区人口构成主体是不是少数民族"等学理性问题上。在前者看来社会工作实践中的"民族社区"定义是，民族社区是以一个或多个民族群体（ethnic）为构成，在地缘的基础上进行社会互动，形成有一定民族（ethnic）特色的文化和社区归属感的社会生活共同体（community），一定的地域性、民族群体、社会互动和族际互动、一定的民族文化特色和居民的归属感等是构成民族社区的重要因素。[①]

第二，社会工作实践中的"民族社区"是广义上的民族社区，包括少数民族聚居社区、少数民族散杂居社区和外国族裔社区三种。所以，除了纯粹意义上的民族社区，还包括以下情形的两种社区。第一种为少数民族散杂居社区，即一个社区人口以汉族为主的同时，还居住着少部分有明显民族文化特征的其他民族。第二种为作为少数族裔的外国人聚居或散杂居的社区。如果一个社区居住着以汉族为主的居民，同时还居住着来自不同国家、不同族裔的流动人口或移民，那这个社区也属于民族社区的范畴。把这两种社区纳入民族社区范畴遵循了欧美等国"民族敏感的社会工作实务"以及反歧视、反压迫的社会工作实务的传统。

第三，社会工作实践中广义上的民族社区对地缘的界定比较弱化。"一定的地域"可以是行政区划人为设定的，也可以依据社区内的民族群体传统的居住圈或居住格局来划定社区，这体现了社会工作以人为本的理念。同样，自然的民族村寨如云南的绿寨等也可被视为民族社区。此外，美国的唐人街、广州的黑人村、北京的牛街等也属于民族社区的代表。这类社区超越传统的地域限制、强调社区内的互动关系、强调居民的认同和社区

---

① 高永久等编著《民族社会学概论》，南开大学出版社，2010，第146页。

文化的发展。

第四，社会工作实践中广义的民族社区履行社会功能、执行民族宗教政策、公民有序参与基层民族社会建设和民族社会管理的基本单元及体系的结合点。民族社区同样是社会工作实务场所，是社会工作服务对象生活的重要环境和系统。

第五，社会工作实践中广义的"民族社区"不等同于"民族地区"。"民族地区"在中国的社会学、民族学的学术界和政府文献中习惯指少数民族地区，一般指民族自治地方。

2. 民族社区的变迁

随着时间的推移，在内部因素和外部因素的共同作用下，社区各组成要素会发生演变和发展，导致各要素之间及其与社区整体的关系发生改变，从而使社区结构发生量或者质的变化，这就是社区变迁。社区变迁是对社区结构系统的动态考察，反映了社区在时间维度上的演变和发展过程。民族社区变迁的突出表现为民族社区构成要素的变迁。各种要素在内外因素的综合作用下发生变化，要素之间及其与社区整体的关系发生改变，从而推动着民族社区的变迁。

（1）民族社区变迁的内容

社区变迁以结构变迁为特征，因此，对民族社区变迁的分析，首先要从社区结构要素的变迁谈起。下面主要从民族社区结构要素中环境、人口、组织和文化四个方面的变迁展开论述。

①环境变迁

这里的环境既指民族社区所处的外部生态环境，包括资源、地理、气候等要素的组合，也指社区居民生产、生活所形成的空间布局环境。环境主要反映了人与自然之间的关系，是人群聚居、生存和发展的物质载体以及空间结构。一些民族社区在环境资源丰富的情况下，社会繁荣、人口稠密、文化繁盛，而当赖以生存的环境恶化乃至威胁到人们的生存，则会导致社区本身的衰落乃至消亡。民族社区空间布局环境的变迁，涉及居住格局、区位划分、功能区分等方面的演变。空间布局环境的变迁会影响到社区内的民族关系、公共资源利用效率、组织的功能配合等方面。人们可以通过有意识地改变居住格局，即促使空间环境变迁，按照理想的民族人口比例来调节社区中人口的比例，从而在某种程度上改善民族关系的状况。

②人口变迁

人口变迁涉及人口数量、质量、分布、构成等方面的变化。社区的发展需要适度规模的人口数量，过少或者过多的人口数量，都不利于社区经济和社会发展，也不利于公共资源的合理利用。人口质量关系到人力资源利用和开发的效果，关系到民族成员素质的发展。由人口迁移导致的人口分布改变，对流入地社区和流出地社区都具有重大的影响。民族人口构成方面的变迁，包括年龄、婚姻、民族、宗教、阶层、职业等方面结构的变化。民族社区的民族结构决定了社区的民族基础，一些传统的民族社区在大量外来民族人口流入的情况下，会造成民族人口比例及关系变动，产生社区文化的异质性，从而影响到民族社区的民族性特征。

③组织变迁

组织能够满足人们达成集体目标、组织化参与社会生活的需要。组织的变迁不仅包括组织本身的性质、功能和目标的变化，还包括与组织运行密切相关的制度和规范的变化。随着现代社会的发展，民族社区的传统组织形态和结构发生着变化。从组织的性质来看，以血缘、宗族、文化等为纽带的血缘性组织，日益受到基于职业、地缘、事务关系的业缘组织的冲击。从组织的功能来看，传统民族社区的功能单一且专业性不强，而在现代社会中，组织的细密分化及其承担功能的专一性，成为社区发展和效率最有力的保障。与组织密切相关的制度和规范的变化，对组织运行的效率和功能的发挥也具有重要的作用，当制度和规范发生变化时，组织也会随之发生变迁。以新中国成立以来民族社区基层组织形态的发展演变为例，可以看出外部制度和规范对组织变迁的制约作用。随着中国由计划经济体制向社会主义市场经济体制转变，民族社区基层组织形态也由农村社区中的人民公社和城市社区中的单位制，向一些具有自治性、社会性、多种所有制结构的组织形态转变。

④文化变迁

对文化内涵的理解不同，导致人们对文化变迁的内容有不同的看法。社区的观念意识形态主要有价值观念、思维方式、行为模式以及归属意识等内容。作为社区文化的最深层次结构，观念意识形态的变迁较为缓慢、滞后，是在社区物质文化、制度文化发生变迁之后，依然能够发挥认同、凝聚作用的持久力量。在民族社区中，各种观念意识形态中最为核心的内容是民族的认同意识，表现为民族成员对本民族及民族社区的热爱、责任和义务。

民族社区结构变迁的上述几个方面并不是各自单独运行的，它们之间往往存在相互联系、相互作用的关系，作为民族社区结构的整体发挥作用。当民族社区的外部环境发生变迁时，社区的生产、生活结构会随之发生变化，导致社区本身的组织运行和制度结构发生演变，进而带来文化形式和特征的变迁。同时，这些结构的变迁及其相互关系的演变，也会使民族社区整体特征的其他方面发生变化。

（2）民族社区变迁的影响因素

地理、政治、经济、文化、民族关系的性质和状态等因素，通过介入、影响民族社区的发展过程，改变民族社区变迁的方向、性质、范围等。下面将对这些因素在民族社区变迁中的影响作简要分析。

①地理因素

社区的地理区位、资源分布等因素影响到社区的变迁。有研究者在对比和分析北京市马甸和牛街两个回族聚居区的发展过程时指出，牛街能够继续存在并且获得新的发展生机而马甸则不断衰落的原因，在于两个聚居区在城市中的不同地理位置。马甸位于北京城市扩展的地理位置上，没有统一的行政管理机构为社区的发展进行管理和争取利益，牛街则恰好相反。[①] 此外，地理环境条件的优劣也会对社区的变迁造成关键性的影响。

②政治因素

国家与社会的不同关系状态、社会政治经济改革的性质和形式以及国家的民族政策等政治因素，都会对民族社区的变迁产生重大的影响。从国家与社会的视角来看，新中国成立直至改革开放，国家与社会的关系表现为强国家-弱社会的模式，民族社区的结构受到国家力量的影响。改革开放后，社会力量增长，民族社区的自组织力量开始萌发。

③经济因素

经济因素对民族社区变迁的影响是根本性的。生产力和生产关系的变化是民族社区变迁的根本性动因。民族学中的"经济文化类型"是根据经济（主要是指生产方式）与文化形态的相互关系对不同类型民族社区的划分。"经济文化类型"反映出了民族文化与经济之间的密切关系。

---

① Wang Wenfei, Zhou Shangyi, Fan C. Cindy, "Growth and Decline of Muslim Hui Enclaves in Beijing," *Eurasian Geography and Economics* 2 (2002): 104-122.

④文化因素

民族社区是一个开放的系统，在现代社会中，完全独立隔绝的民族社区几乎不存在。随着商贸活动、人口流动、传播媒介的发展，民族社区之间的文化交流与互动越来越频繁。一个民族社区通过与其他民族社区文化的相互接触，发生一方的文化或者双方的文化模式发生变迁的现象即涵化，是十分常见和频繁的事情。文化涵化使得一个民族社区不断地借用、吸收、改造、整合异质的文化要素，从而促使本民族社区的文化内容发生变迁。

⑤民族关系的性质和状态

民族社区变迁还受到民族关系的性质和状态的影响。在民族社区间民族关系和谐、社会文化交流频繁的情况下，民族社区变迁的速度要快一些，幅度要大一些；而民族社区之间产生对立乃至发生冲突，会导致民族社区处于自我隔绝、自我防卫状态，此时民族社区变迁则较为缓慢。

总之，民族社区变迁受到多种因素的作用和影响，需要综合各项因素进行全面的分析。

（二）民族社区的发展

1. "社区发展"的研究背景

"社区发展"（community development）研究产生于工业化最先启动和发展的西欧国家。随着工业化、现代化以及城市化的推进，西欧国家在实现社会经济极大发展的同时，也迎来了一系列"城市病"问题。大量人口涌入城市所带来的失业、贫困、卫生、管理等一系列问题，使西欧国家原来以教会为主的救济方式难以应对，于是需要调动基层社区的力量和资源，通过培养社区居民的自治精神和互助精神，共同参与改善社区生活条件的各项活动。

"社区发展"作为一个正式概念，由美国社会学家法林顿在其1915年的著作《社区发展：将小城镇建成更适合生活和经营的地方》中提出。之后的学者们又进一步完善和发展了这一概念的理论体系。1939年，美国社会学家桑德斯和波尔斯在《农村社会组织》一书中，详细论述了社区发展的基本理论和方法。①

---

① 中国大百科全书总编辑委员会《社会学》编辑委员会、中国大百科全书出版社编辑部主编《中国大百科全书·社会学》，中国大百科全书出版社，1992，第359页。

社区发展在世界范围内的推广及最终发展成为一项世界性的运动和研究要归功于联合国。二战之后，广大的发展中国家普遍面临着就业、疾病、贫困、经济发展缓慢等问题。解决这些问题，单纯依靠政府的力量是不够的。一种通过调动社区成员的力量和资源，发挥成员之间的互助和自治精神，通过基层民间力量实现社会发展的方案应运而生。在"社区发展"由一种构想转化为制度规范和实施方案的过程中，联合国发挥了巨大的作用。在组织结构设置方面，1951 年，联合国经济社会理事会通过了 390D 号议案，计划建立社区福利中心以推动乡村的发展；1954 年，改组社区组织与发展小组，建立了联合国社会事务局社区发展组，致力于在世界各国家和地区开展社区发展计划。在阐明社区发展目标和任务方面，1955 年，联合国发表了名为《通过社区发展促进社会进步》(*Social Progress Through Community Development*) 的专题报告，指出社区发展的目的是动员和教育社区内居民积极参与社区和国家建设，充分发挥创造性，与政府一起大力改变贫困落后状况，以促进经济的增长和社会的全面进步。① 在具体活动开展方面，由最初对发展中国家农村社区的扶贫救助，拓展到指导对城市社区一系列发展问题的解决，之后越来越重视指导对社会与经济的协调发展、社区居民的参与和管理水平等问题的解决。

"社区发展"在中国的提出具有特殊的社会历史背景，与经济体制转型和城市管理体制的改革具有伴生关系。随着经济体制的改革，原有的计划经济体制下已有"归属"的"社会人"，由"企业办社会"的社区管理和服务模式，也在"单位制"解体之后成为历史。社区管理和公共服务在原有提供主体解体的情况下，需要靠等级结构进行承担。中国的城市化进程同样也带来了一系列的城市社会问题，而在解决这些问题时，政府需要社会力量的支持和协助。总之，基层社会整合的迫切需要、社区管理和公共服务主体的缺位以及政府资源的有限性，构成了"社区发展"产生和发展的客观条件。

在中国，"社区发展"最初是由民政部在 20 世纪 80 年代以"社区服务"的形式提出的，被当作一种以社区内部烈军属、孤老户、特困户、残疾人等为服务对象的社区扶贫救助手段。进入 90 年代后，在青岛、天津、上海、南京等城市社区建设的示范和带头作用下，社区建设和社区管理开

---

① 徐永祥：《社区发展论》，华东理工大学出版社，2000，第 2 页。

始在全国范围内展开。2006 年 3 月，十届全国人大四次会议通过的《中华人民共和国国民经济和社会发展第十一个五年规划纲要》，把社区建设列为"十一五"时期公共服务的重点工程。社区建设作为一项社会建设工程，由国家的政策加以明确规定。随着中国城市化、工业化和市场化的快速发展，社区建设和社区服务也被注入了越来越多的时代内容。

2. 民族社区发展的基本内容

社区发展是一种有计划、有目的的正向社会变迁。在社区变迁的自然演进过程中，不可避免地会出现一些由于外部环境的压力以及内部结构互动所产生的问题，社区发展便是人们有规划，有目的地动员、整合社区内的力量和资源，重新组合及协调社区要素和其关系，实现社区良性和谐发展的过程。

（1）民族社区发展的定义

民族社区发展是社区发展的相关内涵、理论和方法在民族社区中的具体运用和展开。民族社区发展指在以民族社区为单位的地域社会内，由政府、民族成员以及各种社会团体为参与主体，利用和调动社区内一切可利用的资源和力量，解决民族社会发展所面临的各种社会问题，以改善生活环境、完善各项公共服务、培育民族成员共同精神和社区意识为目标的过程。

（2）民族社区发展的原则

民族社区发展是由民族成员、政府以及各种社会团体共同参与，为了达到特定目的、有计划的社会变迁过程。在这个过程中，需要遵循以下原则。

一是民主性原则，民族社区发展的目的是满足民族成员生存发展的现实需要，因此，对各种社区发展项目、计划的制订和实施，民族成员最有发言权。在制订各种关系民族成员切身利益的社区计划时，要贯彻民主的原则，保证程序民主、民族成员的充分参与以及广泛听取民族成员的意见和建议。只有在民主的前提下，各项社区发展项目和计划，才能有利于社区问题的解决，也才能更容易得到贯彻和实施。

二是主体性原则，民族社区发展的实施主体是多元的，民族成员参与社区可以通过个体的形式表达意见及贡献财力物力等，也可以通过民族社会团体进行组织化的介入。明确民族社区发展中民族成员的主体地位，才能更好地保障民族成员的利益和权利，才能调动民族成员参与和管理的积极性，才能最大限度地利用社区内的各种资源。同时，民族成员的主体地位要与政府的支持和辅助相配合。政府的财力支持、技术支持和人力支持，在社区发展过程中会起到关键性作用。

三是针对性原则，针对性是指民族社区发展应遵循解决问题的原则。民族社区的问题涉及民族成员社会生活的各个领域，并且对社区发展具有不同程度的影响。因此，要在民族社区资源有限的情况下，确定社区问题的重要程度以及解决的优先次序，要优先解决关系到民族成员社会生活和切身利益的重大问题。

四是全民性原则，社区是所有居民的社区，需要社区内每一个居民的积极参与和互动。强调民族社区发展的全民性，就是为了强调社区的发展和建设离不开每一个民族成员的贡献和参与，需要群策群力，动用一切可利用的资源，改善公共环境、提升社区整体服务水平以及提高社区全体成员的生活质量。此外，只有民族社区内所有成员共同参与、互动，才能在相互了解的基础上，形成共同的情感和归属意识。

五是协调性原则，民族社区发展既包括"硬件"建设，也包括"软件"建设。"硬件"指社区的基本公共服务设施、信息系统设施和准公共以及其他社区服务设施。"软件"有广义和狭义之分。广义的"软件"指社区的文明程度、政府效率指数、社会公平化水平、信息化水平、知识化水平、竞争力水平、生态水平以及道德水平等；狭义的"软件"指社区的精神文明建设、社会治安状况、社区周边环境、邻里氛围、居民素质、生活质量、教育资源、文化娱乐等方面。[①]"硬件"建设为"软件"建设提供一定的物质基础和设施保障，而"软件"建设的顺利开展，则有利于保障社区基础公共服务设施的顺利供给、构建合理的民族社区结构。

（3）民族社区发展的现状

随着现代化和城市化的发展，西部地区的少数民族人口大量涌向东部沿海城市，中东部的汉族人口又大量流向西部地区和民族地区，全国的民族关系和民族问题呈现新的特点。

第一，城市民族社区里的民族和族群更加多元和复杂。如大量农村的少数民族人口涌入城市尤其是东部沿海城市；大量的汉族人口也涌入民族地区的城乡社区；跨国跨界民族婚姻问题，如越南缅甸新娘数量逐步增多；

---

① 王铁志：《澳大利亚的民族社区和社区服务》，《世界民族》1996年第1期。

跨国跨界族裔社区如广州黑人聚居区、上海虹桥日本人聚居点等越来越多。城市社区中的各民族聚居和杂居的格局呈现动态变化；社区中异族的族际通婚数量上升，人们对异族通婚的接纳度逐渐提升。

第二，城市社区的民族问题尤其是民族关系问题具有敏感性、群体性、频发性、全国性、复杂性、反应性、连锁性等特点。不同的民族人口在迁入地的城市社区，因为生存和发展引发竞争关系进而引发民族矛盾和文化冲突；某个城市社区发生的民族问题会引起本地民族关系的恶化，也会牵动其他城市和民族地区乃至全国的联系。

第三，传统社区逐渐解体，少数民族传统文化正在消失，社区亟待重建。1992年中国开始加快政企分开、社企分开的步伐，而伴随着政治体制改革的深入，城市里的中国人从单位人向社区人转变。企业剥离出来的社会服务和社会管理转移到了社区；而"社区"作为一个舶来品，人们对它的认同感和归属感较弱；社区参与和社区行动缺乏积极性。自1995年以来中国开展的社区建设也存在明显的结构性缺陷，如何做到用行动回应社区居民的需求、做到社区福利社会化、引导社区居民成为社区建设的主体、建立互助合作和人文的社区、增强社区居民对社区的归属感和认同感、最终造福于社区居民提高其生活品质是社区重建的重要面向。

第四，因为专业限制和文化识盲，传统的社区工作者、社区民族宗教工作者、基层社会管理者等在新形势下开展工作具有极大的挑战和难度，必须吸纳更为专业的社会工作者；同时，在社区管理、社区服务和社区发展等方面使用新的理念、知识和方法开展工作。

3. 民族社区发展的服务重点

民族社区发展主要包括改善生态环境和完善社区服务等内容，其特殊性在于主体主要是民族成员、社区公共服务的提供具有一些民族性特点，以及民族文化的保护和发展。

（1）改善生态环境

民族社区的社会发展需要一定的外部环境，而生态环境直接影响到民族社区的发展，同时也是民族社区发展的一项重要内容。自然生态环境通过资源、地理、气候等要素的组合，在很大程度上决定了社区发展可利用的自然条件。一些生活在偏远地区的少数民族对自然环境有更大的依赖性，自然生态环境的好坏直接关系到这些民族社区能否存续和发展。虽然部分城市社区摆脱了对自然环境的依赖，但是城市生态环境的状况也直接关系到人们的生活质量。生态环境的改善，包括自然环境与人们生活的和谐、城市卫生整洁、绿化优美、环境污染的治理等内容。在实现生态环境与民族社区和谐发展的过程中，要处理好以下关系：资源保护与满足民族成员需要的关系，要在资源保护与满足民族成员需要之间寻求平衡；权利和义务的关系，民族成员既有实现社区发展的权利，也有保护环境和资源的义务；民族成员参与的主体性与政府外部支持的关系，民族成员不仅要出工出力，还要参与管理和决策；乡土知识的利用与提高社区发展能力的关系，要在尊重民族传统文化基础上，提高民族成员的参与和管理能力。

（2）完善社区服务

对民族成员来说，社区服务可以分为两大类。一种是一般性社区服务。这种性质的社区服务与非民族社区的社区服务内容一致，主要有基础设施、科教文卫、社会保障等方面的服务。另一种是特殊性社区服务，即应民族成员的特殊需要而生的服务。例如帮助少数民族更快地融入社区的公共服务、提供少数民族需要的社区服务等。完善特殊性社区服务，是民族社区发展的一项具有民族性的内容，在这方面，可以参考澳大利亚的做法。在澳大利亚，社区服务的特点是实施为少数民族服务的项目[①]，这些项目以非英语背景的移民为实施对象，通过对他们在适应社会时所遇到的一些实际问题提供具体的帮助和服务，如就业指导、语言翻译、文化广播、教育、医疗等，帮助他们更好地融入当地环境。

（三）民族社区营造

1. 民族古村落的社区营造

民族古村落的最大特点就是具有自身的文化特色，但同时大多数民族古村落还存在生态环境脆弱的特点，较为封闭的地理环境，也会给少数民族地区的人民带来语言不通、交通不便利等现实问题。因此，在少数民族地区的社区营造要更加注重发挥独特的文化魅力和对生态环境的保护，古村落的社区营造重心要放在古村落的保护与更新上。

首先，要对古村落的历史价值有新的认识，要寻找"可见""可忆""可营"的历史要素。其中"可见"的历史要素包括自然环境、规划格局和建筑形态等；"可忆"的历史要素即集体记忆，是一个组织对共同经历实践

---

① 王铁志：《澳大利亚的民族社区和社区服务》，《世界民族》1996 年第 1 期。

的一种记忆，包括方言、名人轶事、民间传闻等；"可营"的历史要素即可以活化的地方文化经济产业，包括特色产业、传统手工艺、饮食、民间表演艺术、社会风俗、礼仪、节庆等。广东梅州客家古村落的发展充分挖掘梅州客家的历史价值，从"人、文、地、产、景"五个方面寻找分析梅州客家古村落的资源优势及分布，找到各自社区营造的切入点。[①]

其次，要对古村落社区营造的参与进行引导。许多古村落的保护工作目前还处于一种"自上而下"的政府行为阶段，村民基本还停留在"象征性参与"层面，离"实质性参与"相距甚远。[②] 在对梅州客家古村落的社区营造中发现村民社区参与严重不足，这主要是由于缺乏社区认同感、缺少利益诱导与制度环境的不完善。因此，利用"宗族功能"、公共利益与私人利益的结合和构建合理的社区参与机制提高社区认同感，如村落环境的整治、配套设施的完善、居住条件的改善、就业机会的增加等。只有真正实现村民的社区参与，古村落才能得以保护和更新。

最后，从"人、文、地、产、景"五个方面进行古村落活力的整体提升。不同类型的古村落保护与更新要用不同的"营造策略"，因此要因地制宜、与时俱进地根据古村落的区位特点以及历史要素的特色采用不同的动力机制，选取适宜的更新与经营策略。社区营造的核心是"人"的参与，是一种认同感和社区意识的构建以及社会共同体的形成，在胡家大庄村的保护工作中，最大程度地动员村民参与到保护工作中，将"象征性参与"转变为"实质性参与"，确定"政府主导、村民主体、企业参与、技术支持"的运行原则；梅州客家古村落针对文化资源优势突出的村落进行"文"的产业营造，如大埔县的名人文化效应与平远的船灯民间艺术；针对传统民居资源丰富且特色明显的客家古村落，如兴宁市，其每个古村落都是一座围屋古城，可利用其建筑的特色创造更高的再利用价值，恢复古村落的活力，进行"地"的再利用营造；针对传统手工艺或地方产业保护较好的客家古村落，如五华县的石雕工艺、蕉岭县的茶艺，可通过"产"的经济营造避免古村落衰败，确保传统产业的传承发展后继有人；针对自然景观资源优势较为突出的客家古村落，如丰顺县地热资源得天独厚，温泉遍布，

---

① 黄璐：《社区营造视角下的梅州客家古村落保护与更新策略研究》，硕士学位论文，华南理工大学，2012，第42页。

② 魏成：《政策转向与社区赋权：台湾古迹保存的演变与经验》，《国际城市规划》2011年第3期。

可结合旅游发展进行"景"的特色营造，形成旅游收入反哺古村落保护的良性循环。

古村落的保护工作是一个错综复杂、循环往复的过程，还涉及国家政策、相关制度、社会经济及管理机制等其他方面。

2. 民族互嵌的社区营造

民族互嵌式社区是指一定比例的不同民族人口居住在一起，生活上、情感上、联系上深度融合，彼此包容、相互尊重、守望相助，成为有机和谐利益共同体、情感共同体。首先，在居住地域方面，大家要生活在一定地域范围之内，此处的地域范围既可以是一定行政区划的社区，也可以是一个片区，至于地域范围大小可以视当地的具体情况而定。其次，在社区居民的民族构成方面，要有一定比例不同民族的居民在一起居住，至于具体比例的大小则根据不同地域的实际情况而定，但一定要有利于民族间的交往交流交融和民族关系的和谐稳定。最后，在社区居民的相互关系方面，尽量淡化不同民族之间的"边界"意识，通过加强民族间的交往交流交融，增进不同民族之间的了解，引导不同民族之间相互尊重、相互理解、相互包容，形成一个有共同利益的、情感共融的紧密共同体。[①] 在新形势下，如何有效地建设民族互嵌式社区，是城市民族工作必须解决的重要问题，也对民族统战理论创新提出了新要求。

在上海市杨浦区 Y 街道进行的民族互嵌式社区营造的实践中发现，在居住空间维度上，呈现多民族共居格局，不存在族际居住隔离，但少数民族居民与其他民族成员合住意愿较低；在行为交往维度上，族际交友情况普遍，互动交流较为频繁；在情感认同维度上，社区归属感较强，具有高度的国家认同感。Y 街道民族互嵌式社区建设坚持以"共同团结奋斗、共同繁荣发展"为主线，从认识、体系、机制、方式、内容等方面不断推进社区各项民族工作的全面发展。[②]

在认识上，高度重视。Y 街道定期召开社区民族工作例会，明确每位成员的工作职责，形成党工委统一领导、有关部门密切配合、社会合作的治理体系。在党工委的核心引领下，积极整合社区党政资源，使社区民族工作由传统的"单独干"转变为"一起干"，逐步建立社区少数民族人口信息

---

① 高进、阿达莱提·图尔荪：《边疆地区民族互嵌式社区营造路径探析——以新疆地区为例》，《边疆经济与文化》2018 年第 10 期。

② 李佳佳：《上海社区治理创新案例调研与分析》，上海社会科学院出版社，2018，第 8 页。

共享、少数民族利益诉求表达、少数民族权益保障、矛盾纠纷协调处置和防范等工作机制。

在体系上，健全体制。建立"街道民族工作领导小组、社区民族联分会、居民区联络员"的民族工作体系。充分发挥社区民族联系的纽带作用，使其成为党和政府联系少数民族群众的重要桥梁和纽带，成为做好民族工作的重要力量。在防范和化解社区矛盾纠纷方面，在某些关键时刻，有些话、有些事由少数民族代表人士去说去做，群众更能接受，效果可能会更好。

在机制上，有效运行。街道党工委搭建多方联动平台，发挥社区民族联分会、社会工作者、居委会、驻区单位等主体积极作用，实现民族工作的服务网络化、管理网格化、联络覆盖化和方法温情化。一是服务网络化。近年来，街道依托社区各种资源，为少数民族群众提供切实有效的服务，创建了以"民族工作""娱乐联谊""丝路来客"为内容的微信群，重点为来沪少数民族同胞，尤其是为开展饮食业的穆斯林同胞服务，还把社区有特色的清真食品推荐到微信平台，既为清真食品做了广告，又为周边穆斯林同胞提供了就餐的便利，也为促进他们与当地居民感情交流、互通信息、资源共享搭建了新平台。二是管理网格化。Y街道已经开始尝试探索与派出所合作，利用网格化管理平台方式进行少数民族人口信息管理和服务。三是联络覆盖化。每个居民区配备2名少数民族联络员，实现了"街道民族工作领导小组、社区民族联分会、居民区联络员"三点连成一线的"直通车全覆盖网格"。充分发挥居民区联络员身处基层、贴近少数民族的优势，倾听民声、体察民意，并在第一时间把民族同胞的呼声和需求反馈给领导，领导又在第一时间组织力量，实施就近服务、贴心服务，真正做到民族同胞有所求，街道就有所应。同时，自2015年以来，Y街道与多个相关单位建立社区民族工作共建协议，形成服务社区少数民族的合力。Y街道在民族联分会的基础上，成立了全区第一支少数民族志愿者团队，积极倡导志愿者精神。少数民族志愿者的身影活跃在各个社区，用自己的实际行动，温暖人心、凝聚人心。

在方式上，党建引领。党建工作是社区民族工作的引导者与保障者，由党建引领统战，既创新了党建工作，使党建工作得到有效开展，也带动了统战工作的提升，不断让党的组织和政治优势转化为统战工作和社区民族工作发展的优势，实现党的建设、统战发展与社区和谐的多赢格局。党工委通过组织多样化、个性化、情感化、社会化的活动引导来沪少数民族同胞融入社区，促进民族团结、社区和谐、增进友谊。

在内容上，注重服务。Y街道始终把"以人为本"的理念贯穿社区民族工作始终，特别注重依托各类公共服务，开展社区民族工作，强调做好社区民族工作要与为少数民族服务相结合。在街道社区事务服务中心设立"民族之窗"接待窗口；在"民族之家"内坚持实施民族志愿者值班制度，保证反映问题、寻求帮助、投诉渠道的畅通，并开通一条24小时的热线电话，为社区少数民族居民和来沪少数民族同胞排忧解难，帮助社区少数民族同胞的就业发展、来沪创业、子女就学、纠纷解决、维权服务等事项。

但Y街道在开展民族工作的过程中仍面临一些问题和挑战，主要表现为以下几点。一是部分社区工作者对社区民族工作不重视。因少数民族人员相对较少所以不太重视，有的居委会工作人员对党的基本民族政策了解较少。二是少数民族参与社区治理的程度较低。由于各种因素的影响，部分少数民族居民的观念意识、文化水平与社会治理参与资质要求之间尚有较大的差距。三是社区民族联分会存在团队组织建设不完善、梯队结构不够合理等问题。社区民族联分会一直是做好社区民族工作的重要力量，但是当前队伍建设方面也存在结构不合理的问题，如专业技能型人员偏少、梯队不完备、后备人才断层，而且对来沪少数民族群众吸纳还不够。四是民族互嵌式社区注重空间建设，忽略文化引领。社区内各民族相互接触机会最多的是居住场所。因此，需要加入社区营造的方法，将民族互嵌式社区与社区营造相结合，打造"人、文、地、产、景"多方面的城市民族社区。

3. 民族社区进行社区营造的意义

在民族社区中运用社区营造，不仅能够打造一个和谐的社区环境、促进社区发展，还能够将少数民族自身的优秀文化特色融入社区，从而促进各民族之间的交流，增进彼此之间的了解。

社区营造以人为本的中心理念与少数民族的社区发展需要相契合，通过培育社区自组织，社区居民能够进行自我管理与发展，这与我国少数民族政策是相符的，也是少数民族社区所需要的。将社区营造应用于少数民族社区，有助于推动社会工作在中国民族社区的发展与实践，有助于进一步在民族社区层面解决相关的生态、人口、传统文化保护、灾后重建、群体性事件等民族（社会）问题，为促进民族社区发展、建立良好的民族关系做出一定的贡献。

　　综上所述，社区营造不仅能够很好地促进社区的发展，还能够从更高的角度促进民族文化的交流与传播、增进民族之间的情感交流、增强少数民族对国家向心力与归属感，达到民族大团结、国家大团结，达成社区和地方的可持续循环发展，但就目前而言，我国的社区营造体系还不成熟，耗费的资源也较多，在少数民族社区开展社区营造实践的方法和经验还不足，需要国家与更多的专家学者加大支持力度与研究力度。

第五章　少数民族社会服务探索

王思斌根据我国民族地区、少数民族面临的问题，提出我国民族社会工作应以发展和文化的视角，以经济发展和文化持守为向度，以群体（族群）、个人（家庭）为层次，建构民族社会工作的任务结构框架。[①] 基于"我国社会主要矛盾已经转化为人民日益增长的美好生活需要和不平衡不充分的发展之间的矛盾"的重大理论判断[②]，考虑到民族地区劳动力外流、弱势群体在社区需要照顾的现实，本章将着重探讨少数民族生计服务、少数民族社区照顾以及文化与少数民族福利。

第一节　少数民族生计服务

一　与"生计"相关的概念

（一）生计[③]

"生计"（livelihoods）概念在西方是随着学者对贫困问题的深入研究而产生的。最初人们对贫困问题的研究是经济意义上的，随后人们利用多种研究方法揭示贫困多维度的本质，收入和消费已不再是贫困的唯一度量标准。[④]"生计"和"可持续生计"往往是被放在一起综合讨论的。在世界环境与发展委员会的报告中，生计是指拥有足够的粮食和现金储备以满足基本需求，可持续性是指可以长期维持或提高资源生产力。家庭可以通过多

---

① 王思斌：《民族社会工作：发展与文化的视角》，《民族研究》2012 年第 4 期。
② 习近平：《决胜全面建成小康社会　夺取新时代中国特色社会主义伟大胜利——在中国共产党第十九次全国代表大会上的报告》，人民出版社，2017，第 11 页。
③ 尚前浪：《云南边境傣族村寨旅游发展中的生计变迁研究》，博士学位论文，云南财经大学，2018，第 5 页。
④ 苏芳、徐中民、尚海洋：《可持续生计分析研究综述》，《地球科学进展》2009 年第 1 期。

种方式获得可持续的生计安全，如通过稳定的就业获得适当的报酬。①

在上述定义的基础上，Chambers 和 Conway 提出了关于"生计"和"可持续生计"的新的解释②，"生计是谋生的方式，该谋生方式建立在能力（capabilities）、资产（assets）（包括储备物、资源、要求权和享有权）和活动（activities）基础之上"③。可持续生计意味着能够应对压力和冲击并从中恢复，维持或增强其能力和资产，还能为后代提供可持续谋生的机会，并能为当地和全球范围内的其他生计方式提供近远期的净效益。这个定义的重要特征就在于它直接关注资产和在实践中所拥有的选择之间的联系，而在此基础上追求创造生存所需的收入水平的不同的行动。④

"生计"概念在不同的研究视角下也有着不同的内涵和外延。从文化人类学的视角来看，生计是"人们维持生活的计谋或办法"⑤，生计的形成是在周边自然环境和社会环境的综合复杂互动作用下形成的⑥，并受到科学技术进步的影响⑦，也可以说生计是环境和技术综合作用下的产物。正是由于生存环境的多样化，人类才形成了不同的生计活动。Sen 提出把"能力"看作人类生计的功能。⑧ 在 Sen 对能力的定义范畴内，Chambers 和 Conway 概括了生计中能力的几种表现形式。例如，在一定生存环境中，个人具备处理胁迫和冲击的能力、发现和利用机会的能力。⑨ Scoones 认为实现不同生计的能力依赖于个人拥有的物质和社会资产以及有形和无形资产。⑩

生计的定义可以是不同层面上的，包括个人、家庭、群体和社区等，

① WCED, *Our Common Future: Brundtland Report* (Oxford University Press, 1987), p. 49.

② Roberbt Chambers, Gordon R. Conway, *Sustainable Rural Livelihoods: Practical Concepts for the 21st Centry* (Institute of Development Studies, 1992), pp. 52–69.

③ 李斌、李小云、左停：《农村发展中的生计途径研究与实践》，《农业技术经济》2004 年第 4 期。

④ Frank Ellis, *Rural Livelihoods and Diversity in Developing Countries* (Oxford University Press, 2000), pp. 26–78.

⑤ 周大鸣主编《文化人类学概论》，中山大学出版社，2009，第 103 页。

⑥ 罗康隆：《论民族生计方式与生存环境的关系》，《中央民族大学学报》2004 年第 5 期。

⑦ 孙秋云主编《文化人类学教程》，民族出版社，2004，第 11 页。

⑧ Amartya Sen, "Edirorial: Human Capital and Human Capability," *World Development* 25 (1997): 1959–1961.

⑨ Roberbt Chanbers, Gordon R. Conway, *Sustainable Rural Livelihoods: Practical Concepts for the 21st Centry* (Institute of Development Studies, 1992), pp. 52–69.

⑩ Ian Scoones, "Sustainable Rural Livelihoods: A Framework for Analysis: IDS Working Paper 72," *Subsidy or Self* (1998): 1–22.

最常用的是家庭层面的，指的是共同使用炉灶生火做饭的人类群体。虽然在家庭内部并不是所有的成员生计都是等同的，比如妇女、儿童和成年男子的生计有所不同。根据 Chambers 和 Conway 的解释，家庭层面的生计内涵包括人口（people）、活动（activities）、资产（asses）和产出（gains & outputs）四个方面。①

对一个民族来说，其生计方式是自然环境与社会环境综合作用的结果。一个民族的生计方式是针对其所生存的自然环境而积累的结果，但是自然环境并不是一个民族生计方式形成与确立的全部因素，"与自然环境相比，社会环境对民族生计方式形成的影响更为直接，而这无须经过预先加工就可以直接作用于该民族的生计方式"②。

（二）可持续生计

"可持续生计"（sustainable livelihoods）的概念最早在世界环境与发展委员会的报告中提出，指具备维持基本生活所必需的充足的食品与现金储备量以及流动量。该报告将可持续生计的安全与基本的人类需要、粮食安全、可持续农业和贫困联系起来，认为"可持续生计"是对粮食安全和环境退化至关重要的综合性概念，并将其作为报告的核心内容。③

可持续生计观念有着悠久的理论渊源。自 20 世纪 70 年代以来，西方学者在总结发展中国家农村反贫困经验的基础上，通过多年研究，逐步深入、系统地论述了贫困农民脱贫发展的一种新思想理论，即可持续生计观念。④ 20 世纪末，较典型的文章有 Scoones 的《可持续性农村生计：一个分析框架》以及 Farrington 等学者的《可持续性生计实践：概念在农村的早期应用》，他们对可持续生计框架进行的概括和讨论，是该理论的重要参考。Scoones 认为，一个完整的生计维持系统包括能力、资产（包括物质资源和社会资源）以及维持生活所必需的活动。只有当一个生计维持系统能够应

---

① Roberbt Chambers, Gordon R. Conway, *Sustainable Rural Livelihoods: Practical Concepts for the 21st Centry* (Institute of Development Studies, 1992), pp. 52-69.

② 罗康隆：《论民族生计方式与生存环境的关系》，《中央民族大学学报》2004 年第 5 期。

③ WCED, *Our Common Future：Brundtland Report* (Oxford University Press, 1987), p. 49.

④ 王三秀：《国外可持续生计观念的演进、理论逻辑及其启示》，《毛泽东邓小平理论研究》2010 年第 9 期。

对压力和打击并可从中恢复过来，它才是具有可持续性的①，要重视自身能力的发展。Farrington 等学者认为，可持续生计目标是多元的，包括收入的增加、更多的福利、脆弱性的减少、自然资源的持续利用等。

社区发展和可持续生计观念在很多方面存在共同点。首先，两者都是在 20 世纪末受新发展观念的影响下提出的，可持续生计观念"以人为本"的原则和社区发展中对贫困和弱势群众的人文关怀是一致的。其次，对社区本土文化知识的尊重和利用是社区参与的核心问题之一，而可持续生计观念中知识是包含在"人力资本"范畴内的，这种联系有利于理解知识的层面和不同类型知识组合的方式，也为丰富和拓展不同层面的"生计资本"提供了可能。

（三）生计资本

生计资本包括自然资本、物质资本、金融资本、人力资本和社会资本。

第一，自然资本（natural assets）：描述自然资源存量的术语，泛指生计的资源流及相关的服务。

第二，物质资本（physical assets）：包括用以维持生计的基本生产资料和基础设施，其意义在于提高贫困人口的生产力。

第三，金融资本（financial assets）：在消费和生产过程中人们为了取得生计目标所需要的积累和流动，这里主要指金钱，但往往其他的实物也能起到金钱的积累和交换作用。

第四，人力资本（human assets）：代表着知识、技能、能力和健康状况，能够使人们去追求不同的生计手段并实现相应的生计目标。

第五，社会资本（social assets）：在可持续生计背景下，社会资本意味着人们在追求生计目标的过程中所利用的社会资源。

在五种生计资本中，社会资本与外部变革中的组织机构和程序规则最为密切，可以简单地把它看成这些组织机构和程序规则外部环境的产物。

（四）可持续生计途径和生计策略

自可持续生计观念提出以来，一些机构提出了"可持续生计途径"

---

① Ian Scoones，"Sustainable Rural Livelihoods：A Framework for Analysis：IDS Working Paper 72，" *Subsidy or Self*（1998）：1–22.

（Sustainable Livelihood Approach，SLA），并用以指导扶贫工作。随着其影响的不断扩大，SLA 逐渐形成了具有丰富内涵、分析框架、指导原则和应用案例的理论体系。

可持续生计途径以人为中心，探索人们是如何把他们所拥有的资本转化成积极的生计成果的。这个战略认为人们要取得积极的生计成果，必须拥有不同类型的资产；单靠一种类型的资产不可能实现人们所追求的生计多样化的结果。

可持续生计途径的目标就是要促进农户可以进行的选择、利用的机会和经营的多样性，这突出表现在关于生计策略的研究和确定上。生计策略是指人们通过对资产利用的配置和经营活动的选择，来实现他们的生计目标，其中包括生产活动、投资策略和生育安排等。在不同的资产状况下，生计活动具有多样性，并且相互结合起来呈现出不同的生计策略。[①]

（五）生计方式和生计变迁

每一个民族或群体在自身的历史发展过程中都形成了适应周围环境的生计方式。由于生计活动的开展与周围自然和社会环境密切相关，当生计所围绕的这些因素发生改变时，生计方式也就相应地发生变化，可以称之为"生计变迁"。有学者将"生计变迁"等同于"生计转型"，并将生计转型定义为"当地居民赖以生存、生活的职业或产业发生根本转变的过程"。[②]

生计具有文化特质，可以从文化变迁的角度理解生计变迁的内涵。生计有文化的一面，从表面上看是其表现出来的生计活动、生计资本和谋生能力等，实质上这些内容反映的观念、知识和活动等都是文化的构成。变迁是永恒的，所有的文化都会历时而变迁，对周围环境的适应过程也是变迁的过程。马林诺夫斯基认为，文化变迁是现存的社会秩序，包括它的组织、信仰和知识，以及工具和消费者的目的等，或多或少发生迅速地改变的过程。[③] 也就是说，一个民族生活方式上发生的任何改变，都可以被称为文化变迁。可见，生计变迁属于文化变迁，文化变迁的内涵包含生计变迁的内容。

---

① 苏芳、徐中民、尚海洋：《可持续生计分析研究综述》，《地球科学进展》2009 年第 1 期。
② 王新歌、席建超：《大连金石滩旅游度假区当地居民生计转型研究》，《资源科学》2015 年第 12 期。
③ 马林诺夫斯基：《文化论》，费孝通等译，中国民间文艺出版社，1987，第 4 页。

从生计变迁的定义中可以看出其特点。第一，生计变迁是文化变迁的一部分，具有文化变迁的特质；第二，生计的稳定、持续是相对的，变迁是永恒的；第三，生计变迁不仅注重生计的突变或转型，也关注生计内容的变化。从这个意义上，生计变迁应该具有更为宽广的含义，即包括生计活动、生计方式的突变以及变化过程中的渐变。也就是说，应该包括生计所有方面的变化在内。这也是"生计变迁"和"生计转型"的不同之处，二者在内涵上并不相同，生计转型强调的是生计活动或生计方式的"根本转变"或"突变"，"转型"也突出了生计变化的目标性，而生计变迁则包含变迁的结果和过程。因此，生计转型是包含在生计变迁之内的，重点体现了生计变迁的某一阶段结果；除此之外，生计变迁还包括生计变化的渐变过程。

二 传统生计方式的转变

我国民族地区的传统生计方式类型主要包括采集渔猎型、高山草场畜牧型、山林刀耕火种型、丘陵稻作型和混合过渡型五种。[①] 少数民族的传统生计方式的主要特点包括受制于自然条件、生态友好、群体内部的资源共享程度高。[②]

在研究民族村寨经济转型的同时，学者们也注意到，中国各民族作为整体性存在的传统生计方式在当代已发生部分转型。[③] 基于滇西南山区少数民族农户实地调查的数据，考察农户在 2002~2007 年和 2007~2012 年的生计方式及其演变过程时发现，山区少数民族农户生计方式发生大幅变化，生计方式整体的调整方向是：粮食作物生产—偏粮食作物生产—偏经济作物生产—纯经济作物生产。[④]

差异化的生存环境产生了多样化的生计方式，生计方式的转型和少数民族所处的自然和社会环境是密不可分的。罗康隆探讨了民族生计方式与

---

① 余晓慧、陈玉柱：《浅析西南少数民族地区的经济文化类型》，《和田师范专科学校学报》2008 年第 1 期。

② 郑宇、曾静：《社会变迁与生存理性：一位苗族妇女的个人生活史》，《民族研究》2015 年第 3 期。

③ 郑宇、曾静：《社会变迁与生存理性：一位苗族妇女的个人生活史》，《民族研究》2015 年第 3 期。

④ 吴海涛、王娟、丁士军：《贫困山区少数民族农户生计模式动态演变——以滇西南为例》，《中南民族大学学报》（人文社会科学版）2015 年第 1 期。

生存环境之间的关系，认为生态环境不能产生生计方式，只能稳定生计方式，社会环境对民族生计方式的形成更具影响力。[①] 很多学者以民族志研究方式描述了藏族[②]、傣族[③]、土族[④]、瑶族[⑤]、土家族[⑥]、侗族[⑦]等民族生计方式与生态环境、社会环境之间的关系，认为各少数民族在长期的历史发展过程中形成了适应各自环境的生计方式和互利互惠、优势互补的民族关系格局。

少数民族独特的地方性知识也影响着其生计的变迁。针对广西龙脊梯田景区黄洛瑶寨的个案研究，分析了少数民族传统文化如何被建构生成并影响红瑶妇女的生计变迁。[⑧] 在对苗侗的研究中，发现民众把原始宗教应用于生产生活之中并加以信奉，希望神灵解决实际困难，因生计需要产生对原始宗教的信奉也更加现实。苗侗民众将生计与信仰相连，把生计秩序与村寨生活秩序统一，共同构建起和谐共存的生产生活秩序。[⑨]

近几年，国内学者开始研究旅游与生计，这类研究迅速成为热点。学者们一致认同的是，旅游开发使当地居民生计发生了较大的变迁，在一些地方实现了由传统"农民"到现代"市民"的生计转变[⑩]，农户生计方式发生分层和空间极化[⑪]，而对民族村寨而言，则表现为以传统农业为主的生

---

① 罗康隆：《论民族生计方式与生存环境的关系》，《中央民族大学学报》2004年第5期。

② 魏乐平：《云南藏区乡村多元生计变迁的经济人类学分析——以云南德钦县茨中村为例》，《经济问题探索》2012年第4期。

③ 郭家骥：《西双版纳傣族的水文化：传统与变迁——景洪市勐罕镇曼远村案例研究》，《民族研究》2006年第2期。

④ 田俊迁：《甘肃土族生计结构变迁探析》，《云南师范大学学报》（哲学社会科学版）2011年第3期。

⑤ 张瑾：《民族旅游语境中的地方性知识与红瑶妇女生计变迁——以广西龙胜县黄洛瑶寨为例》，《旅游学刊》2011年第8期。

⑥ 姜爱、刘伦文：《人地关系与土家族生计变迁六十年——湘西龙山县草果村的再研究》，《西南民族大学学报》（人文社会科学版）2013年第3期。

⑦ 杨军昌：《侗族传统生计的当代变迁与目标走向》，《中央民族大学学报》（哲学社会科学版）2013年第5期。

⑧ 张瑾：《民族旅游语境中的地方性知识与红瑶妇女生计变迁——以广西龙胜县黄洛瑶寨为例》，《旅游学刊》2011年第8期。

⑨ 李向玉：《生计、信仰与秩序——苗侗民族原始宗教在生产生活中的作用考察》，《贵州民族研究》2015年第1期。

⑩ 王新歌、席建超：《大连金石滩旅游度假区当地居民生计转型研究》，《资源科学》2015年第12期。

⑪ 席建超、张楠：《乡村旅游聚落农户生计模式演化研究——野三坡旅游区苟各庄村案例实证》，《旅游学刊》2016年第7期。

计方式向以文化谋取为主的生计方式转变。① 同时，基于可持续生计途径（SLA），学者们开始探讨农户生计资本、生计策略、生计结果之间的相互关系②，以及生计资本和生计结果的评价指标体系③。国内外学者关于乡村旅游发展与当地生计的众多研究表明，旅游发展不可避免地会对当地经济结构、社会文化和生态环境产生直接影响，改变居民的生计活动类型，影响其生计策略选择，从而促进当地的生计变迁。

三　生计转型的驱动力与阻力④

（一）驱动力

1. 环境驱动力

农户的初始生计选择往往对自然环境具有强烈的依赖性，这在贫困地区尤为明显。民族地区贫困农户多分布在自然条件严酷、资源匮乏、基础设施落后的深山区、偏远区、高寒区等，受自然和地理因素所限，只能采取低水平的务农或务农+务工的生计方式，这正是生成贫困并导致贫困人口长期陷入贫困状态的重要原因。易地扶贫搬迁从改造贫困的空间和地理因素入手，通过迁移改变农户所处的环境，帮助他们摆脱因空间和地理因素造成的资源缺失或受市场约束的状态。易地扶贫搬迁安置点的选址综合考虑了水土资源条件和城镇化进程，靠近交通要道，并配套建设水、电、路、通信网络等基础设施，教育、医疗、商贸市场等公共服务体系也较为完善。在相对优越的安置环境中，搬迁农户更易于获得和使用各种外部资源，进而形成更高水平的生计方式。特别是那些具有地方文化特色的民族村寨，通过整体搬迁打破了交通不便、接待设施缺失的束缚，从而具备发展乡村旅游的可进入性和接待能力，能够吸引并容纳外来旅游者进行旅游消费，使得搬迁农户选择参与乡村旅游生计方式的机会也大大增加。

---

① 李辅敏、赵春波：《旅游开发背景下民族地区生计方式的变迁——以贵州省黔东南苗族侗族自治州郎德上寨为例》，《贵州民族研究》2014 年第 1 期。

② 张海盈、姚娟、马娟：《生计资本与参与旅游业牧民生计策略关系研究——以新疆喀纳斯生态旅游景区为例》，《旅游论坛》2013 年第 4 期；左冰、陈威博：《旅游度假区开发对拆迁村民生计状况影响——以珠海长隆国际海洋度假区为例》，《热带地理》2016 年第 5 期。

③ 王瑾、张玉钧、石玲：《可持续生计目标下的生态旅游发展模式——以河北白洋淀湿地自然保护区王家寨社区为例》，《生态学报》2014 年第 9 期。

④ 邓秋霞：《乡村旅游发展推动民族地区易地扶贫搬迁农户的生计转型：动力与阻力》，《西昌学院学报》（社会科学版）2020 年第 3 期。

2. 政策驱动力

易地扶贫搬迁和乡村旅游扶贫的一系列扶持政策的叠加，催生了大量推动民族地区旅游发展的有利因素，成为易地扶贫搬迁农户生计转型的重要引擎之一。在易地扶贫搬迁政策下，安置区的基础设施建设、公共服务供给大大优化了乡村旅游发展环境，旅游扶贫激励政策则进一步明确了乡村旅游发展中旅游建设用地、金融扶持、财政补贴、税收优惠等扶持措施，有助于吸引社会资本投资乡村旅游业和相关项目，吸引易地扶贫搬迁农户参与乡村旅游。当前，我国正在全面实施乡村振兴战略，乡村旅游作为其中的一个重要抓手，在推进农村现代化、农民致富、城乡融合发展等方面发挥着重要的作用。可以预见，乡村振兴战略的实施将会持续推动乡村旅游产业的快速发展，乡村旅游业态也将成为民族地区易地扶贫搬迁农户就业增收、生计转型的新增长极。

3. 生计资本驱动力

生计资本是构建农户生计策略的基础。民族地区易地扶贫搬迁农户的原生生计资本十分薄弱，很难靠自身改善，但是在外部的政策支持以及环境的改变下，他们的生计资本尤其是自然资本发生了巨大的变化，进而影响着他们对生计策略的选择。

土地是民族地区农户最基本的生产资料，是农户自然资本的重要组成部分。尽管目前的易地扶贫搬迁政策明确了农户原有的土地承包经营权在搬迁后保持不变，但由于迁出地与安置地有一定的距离，受物流成本、劳动成本以及时间成本等因素制约，部分搬迁农户最终放弃了原有土地的承包权或使用权。还有部分地区的搬迁农户则是在安置地被重新分配土地，因受现实条件制约，土地面积与迁出地相比减少很多。土地资源的减少或缺失，使搬迁农户对土地的依赖性降低，其生计策略必然会向非农化、多元化方向发展。同时，在乡村旅游扶贫政策的支持下，针对搬迁农户的优惠措施如统一规划保留地方建筑特色的安置房、组织免费的旅游技能培训、对搬迁农户利用土地流转入股旅游项目给予额外补助、为开展旅游经营的搬迁农户提供免担保免抵押的无息贷款等，都在一定程度上帮助了搬迁农户快速积累物质、人力、金融等生计资本，而在离开了地理封闭、自然环境较差的原住地后，搬迁农户与外部社会的联系明显增强，并有机会加入社区或旅游合作社等农民合作组织，社会资本得以提升。

（二）阻力

1. 生计资本限制

在环境和政策的影响下，民族地区搬迁农户的生计资本得到了较大的提升，但受到自身客观因素的制约，他们参与乡村旅游生计活动仍存在一些短板。比如兴办民宿与农家乐等经营实体的重要基础是家庭有闲置住房，在当前搬迁政策下，为了避免出现因搬迁而举债的情况，安置房的建设基于解决搬迁农户基本住房需求的角度，建设面积不得超过 25 平方米/人的标准，因此大多数搬迁农户的住房仅能满足自住，无法用于经营，而且搬迁工程中除了政府补贴，农户还需要自行承担部分费用，这往往会花费他们大部分甚至全部的积蓄，使得后续参与旅游经营的资金缺口较大。

在人力资本方面，民族地区搬迁农户教育水平相对较低，很多人只会说本地方言或民族语言，各项培训工作开展的难度很大。此外，一些地方的培训方式缺乏针对性，多是定点定向定时开展，搬迁农户参与率低，人力资本提升的效果不佳，旅游就业、创业仍存在困难。

2. 心理阻碍

深度贫困的民族地区大多偏远、环境闭塞、生产生活条件恶劣，这不仅造成了经济发展的落后，也导致地区文化的封闭。一些农户长期从事传统小农生产，思想观念较为保守，即使搬离了原来的生活环境，也不愿意轻易改变自身习惯。在长期的封闭环境下，他们往往拥有自身独特的社会文化认知和思想价值观念，与现代市场经济之间存在较大的断层，搬迁农户对新的生计方式存在天然的畏惧，害怕有风险、害怕新的尝试会失败，无法积极参与旅游项目的开发与经营。此外，贫困农户搬迁后，在开放的环境中，贫与富的落差给他们带来了巨大的冲击，很容易产生群体性的自卑心理，抑制了他们脱贫的内在动力。

在缺乏心理准备和技术准备的情况下，生计方式的根本性转型给人口较少民族的社会成员的心理带来一定的冲击。在突如其来的转型面前，一个民族长久赖以维系的生存方式、饮食习俗、居住格局、家支血缘关系网络、宗教信仰等传统趋于碎片化，传统生计惯性带来的对新型生计方式的种种不适应会在一定程度上使人们感到无所适从。

3. 生计空间受挤压

在漫长的历史时期内，地理位置偏僻、交通闭塞等因素一直是阻碍人口较少民族地区与外界交流的屏障，但也使其拥有相对自由广阔的生计空间。然而，随着改革开放和国家人口的不断增长、迁移，以及现代化社会建设对自然资源的巨大需求，对人口较少民族地区的开发则成为历史的必然。

生计策略的变迁是为了追求更好的生计结果，只有从变迁后获得期望的利益，搬迁农户才会将其作为生计策略的选择。目前，民族地区的产业大多集中在旅游业，在此以民族地区旅游产业为例。在民族旅游如火如荼开展的今天，人口较少民族因其"少、新、特"等先天优势，其民族传统建筑、服饰、饮食、歌舞艺术皆成为旅游市场争相开发的宝藏和卖点。作为上述资源持有者的人口较少民族本应作为当地民族特色旅游的直接策划者和受益者，在旅游市场中占有一席"摊位"，然而事实往往是从旅游规划、招商引资、基础设施建设，直至营销和运作中都很难看到人口较少民族的身影，真正的"大老板"多是外来的其他民族人口。人口较少民族无论是在金融资本、物质资本还是在人力资本、社会资本方面，都无法与大量涌入的携带强大资本的其他民族人口抗衡。处于环境恶劣地区的少数民族由于长期的闭塞，基本依靠体力或者种地为生，并没有其他的就业技能，也无法发展其他的产业，当搬迁或者变更生计方式时，他们可能面临失去土地就没有办法获得收益的现状。

四 社会工作介入生计服务①

（一）生计服务的领域与内容

1. 链接资源

部分民族地区地理环境封闭、各项资源稀缺导致经济落后，社会工作者在介入生计服务时，要考虑能否为其链接相关资源。

首先是正式资源。国家相关的政策资源，比如经济政策的支持，教育资源的倾斜，创业、搬迁等各项政策的帮扶；以及社会相关组织对少数民族的社会活动是否有相关资源的支持。民族社会工作者要先了解这些资源是什么、在哪里、怎么用，才能保证后续生计服务的有效开展。

其次是非正式资源。大多数民族地区更注重宗亲、血亲，处于血缘社

---

① 董海珍、和晓蓉、都吉只玛：《少数民族生计方式变迁的社会工作服务介入路径探索——基于对德钦县藏族×村的调查》，《民族论坛》2020年第3期。

会，重视伦理关系，有宗教信仰的民族更是如此，民族社会工作者就要具有充分的文化敏感性和敏锐的观察力，识别哪些亲戚、朋友能够为服务对象提供所需的相关资源。

最后是对资源的整合。民族地区的人文风俗极具魅力，独特的建筑结构、风土人情、山水地貌等是吸引外来人口的资源，社区的能人精英、村规民约、一草一木都可能成为村庄社区建设的资源，社区周边的环境、建筑等也是资源，如何整合这些资源，使其发挥作用，是民族社会工作者要考虑的问题。

2. 扶贫开发

部分民族地区整体社会发展特别是经济发展相对落后。因此，社会工作者对其提供的生计服务很大一部分是扶贫开发项目的生计服务。

第一，教育扶贫。民族贫困地区教育扶贫政策精准度不高，曾经是限制贫困群体"获得感"提升的最大障碍。要最大限度地提升扶贫对象的教育获得感，就必须结合民族贫困地区的区域特点和发展需求，强化贫困群体在教育扶贫中的主体性地位，提升扶贫对象的文化素质、技术能力和心智水平，培养其生存和发展的核心能力。[1]

第二，产业扶贫。基于民族地区特色产业开发扶贫的价值，提高产业扶贫精准度的关键是要解决产业发展方向缺乏精准定位、市场稳定发展缺乏精准政策、扶贫成果缺乏精准保护三个方面的问题。可以从创新产业精准扶贫机制、精准落实"因地制宜"、建立产业分类动态预警机制方面进行民族地区特色产业精准扶贫的路径选择。[2]

第三，健康扶贫。健康扶贫的内涵是多维度的。一是基于可行能力缺失视角，将健康贫困视作贫困者参与健康保障的机会丧失与获取确保自身健康的医疗卫生资源的能力被剥夺。[3] 二是基于健康风险的视角，将健康风险视为健康贫困发生的逻辑起点，认为健康扶贫作用的机理是降低健

---

① 李锋：《"获得感"提升视角下民族贫困地区教育扶贫的困境与出路》，《民族论坛》2017年第3期。

② 马楠：《民族地区特色产业精准扶贫研究——以中药材开发产业为例》，《中南民族大学学报》（人文社会科学版）2016年第1期。

③ 孟庆国、胡鞍钢：《消除健康贫困应成为农村卫生改革与发展的优先战略》，《中国卫生资源》2000年第6期。

康、经济与社会三重脆弱性，以此斩断贫困—疾病—贫困恶性循环传递链。① 三是基于贫困与疾病间的关系视角，认为健康扶贫集中反映了贫困与疾病之间的多重联结与交织。四是基于人力资本理论的视角，将贫困归因于以教育和健康为核心的人力资本的缺失，认为教育与健康所体现出来的人力资本成为影响农民收入水平的核心因素，尤其强调健康对农民收入的突出边际效用，健康水平在提高农户收入以及缩小农户收入差距方面有着积极的正向功能。总之，健康扶贫是基于对贫困与疾病交互关系的认知，以提升贫困地区健康卫生服务能力，确保贫困人口获取健康服务的机会与可及性，全面提高贫困人口抵御健康风险能力，防止因病致贫、因病返贫的产生，并致力于促进健康权公平的一系列与健康有关的政策措施与过程。

3. 对口支援

民族社会工作者具有专业的人际沟通能力、较丰富的民族知识、较高的文化敏感性，是专业的关系协调者。他们可以参加各种少数民族对口支援工作，开展相关服务，促进经济社会文化发展，更好地助力生计的现代化转型。

4. 生态环境

民族地区虽然有独特的地理环境，但也可能面临生态环境脆弱的问题，盲目开发使用会对环境造成不可逆的破坏，如何合理地利用独特的生态环境、生物资源，在人与自然和谐相处的情况下促进民族地区的发展，也是民族社会工作者需要思考的。

5. 就业

就业问题与少数民族的生计问题直接相关。少数民族人民可能由于语言、文化、习俗等问题难以就业，民族社会工作者可以通过链接相关就业政策、就业岗位，提供就业技能培训、职业生涯规划，甚至可以通过因地制宜开发就业岗位等途径，帮助少数民族人民就业、再就业等。

社会工作要根据民族地区不同的致贫原因，开展精准扶贫工作，转变生计方式，帮助民族地区找到合适的可持续生计方式，实现民族地区的可持续发展。

---

① 翟绍果、严锦航：《健康扶贫的治理逻辑、现实挑战与路径优化》，《西北大学学报》（哲学社会科学版）2018 年第 3 期。

（二）生计服务的目标

1. 实现各民族共同富裕

社会工作从多方面为少数民族提供生计服务，首要目的是帮助民族地区的人民增加收入，消除贫困，加快经济转型，建立民族地区的特色现代化经济体系，在保证经济效益不断提高的前提下，保障经济的可持续发展，缩小与发达地区间的生活差距，提高人民群众的生活水平与质量，早日实现各民族共同富裕。

2. 实现生态环境的绿色发展

社会工作者提供的生计服务是绿色可持续发展的生计服务，对民族地区生物资源、生态环境、古老建筑、独特文化等进行充分保护，力求实现环境与经济的可持续发展。

3. 增强中华民族共同体意识

经济的发展是物质生活和精神生活的保障，改善少数民族的生活水平、提高少数民族的经济收入，能够促进民族平等与发展，提高认同感、归属感与凝聚力，加强民族团结，铸牢中华民族共同体意识，更好地构建中华民族共有精神家园。

（三）生计服务的视角与方法

1. 优势视角

从优势视角出发，能够充分挖掘少数民族群体的主体优势，助力民族生计方式的转型。社会工作者长期以来秉持着优势视角的重要理念，不断激发案主的自身潜能和主观能动性，这是解决案主问题的重要途径。印度经济学家阿马蒂亚·森指出了正确处理民族传统文化的重要性，任何一个国家的经济发展都离不开传统文化的强大支撑，它们是一种相互依赖的紧密关系。当传统与现代之间发生矛盾与冲突时，最好的方法就是公开，让公众知情，并让他们参与问题讨论，最终共同做出合乎他们利益与需求的决定。①

在中国早期的扶贫工作中，地方政府对农村社会指导较多，政府强调扶贫应以发动群众积极性为目标从而促成"造血"的效果，现实中却多是

---

① 阿马蒂亚·森：《以自由看待发展》，任颐、于真译，中国人民大学出版社，2002，第24页。

自上而下的动员，地方群众较少有机会参与表达他们的需要和对扶贫项目的意见。这样，扶贫项目不仅可能引起地方政府与群众的冲突甚至可能会使群众陷入困境，或造成返贫的情况。① 这一观点给予社会工作服务较大的启发和思考，社会工作者要始终尊重少数民族的主体地位，深入少数民族社区认真倾听少数民族群体的声音，了解他们的需求，发现少数民族群体的主体优势以及了解他们在解决问题时所运用的方法，让少数民族群体参与社区问题的解决，并与少数民族群体共同应对其在社区发展中遇到的问题，从而激发其构建新的生计方式的动力与决心，这是社会工作介入民族社区生计服务的前提和基础。②

2. 综合服务法

少数民族的生计服务是一个复杂的过程，采用综合的社会工作服务方法对少数民族社区进行干预是一种有效的方式。

以德钦县藏族村的服务为例，首先深入少数民族社区进行调查，了解社会经济发展状况，并与当地人民一起针对该地生计方式转型过程中存在的问题成立社区互助合作组/社。社区互助合作组/社是由村民小组干部牵头、社区社会工作者辅助、藏族居民参与形成的三位一体的社区互助组织，主要负责促进社区藏族居民生计方式转型。该组织的形成有利于社区成员形成集体主义观念、增强社区凝聚力和增加社区成员的社区归属感，积极的社区氛围有利于社区问题的共同解决。在社区互助合作组/社中，村民小组干部负责组织和发动藏族居民参与生计方式转型问题的解决；社区社会工作者负责运用专业社会工作的方法对这一过程进行指导，激发和引导藏族居民思考和找到解决问题的途径与方法；藏族居民则要主动参与社区事务，思考自身的需求、表达愿望、积极寻求解决问题的途径与方法。同时，社区社会工作者要充分挖掘少数民族社区的主体优势和资源，协助藏族居民找到社区生计方式转型的途径和方法。在藏族社区，社区社会工作者通过组织影片播放、舞台表演、座谈、就业培训等多种形式对藏族居民进行生态环境保护知识的培训与指导，增强藏族居民的环境保护意识和多门路就业意识；同时鼓励村民小组干部充分利用传统的少数民族习俗和村规来约束和规范藏族居民的采集行为，发挥民族传统文化的优势。社区社会工

① 古学斌、张和清、杨锡聪：《地方国家、经济干预和农村贫困：一个中国西南村落的个案分析》，《社会学研究》2004 年第 2 期。
② 王思斌主编《社会工作概论》（第二版），高等教育出版社，2006，第 13 页。

作者通过充当资源人、倡导者的角色，链接资源，整合旅游知识、中药材种植技术等与藏族居民切身利益相关的就业技能培训，从而拓宽藏族居民的就业渠道和门路，形成促进藏族居民生计方式转型的积极社区氛围。与此同时，将个案工作方法运用于藏族居民个人与家庭的困境解决，如对藏族居民的心理适应、就业信息咨询、外出务工的社会适应问题等方面进行具体方法的辅导。①

可以看出，在社会工作服务介入少数民族生计方式转型的过程中，可以运用以社区为本的介入取向，既要关注社区微观层面（个人、家庭）的改变，也要关注社区宏观层面（地区、区域）的改变，努力与少数民族群众共同建立一种自然环境友好、社会环境友好、符合少数民族利益需求的新型生计方式，以促进少数民族农村社区的现代化与可持续发展，这是民族地区社会经济发展的总体趋势与现代化发展的必然要求。

（四）案例分析

本部分以广东绿耕社会工作发展中心开展的西南少数民族村落反贫困社会工作项目为例，探讨社区经济的乡村减贫实务路径及方法策略。②

第一，以社区资产和社区生计为本推动乡村产业兴旺。社区经济的发展应该坚持以社区为本和以资产为本的实务理论，充分利用社区内未被善加利用的如个人拥有的传统技艺与经验、社区内潜在的资产等，推动产业兴旺。基于对以往扶贫工作的反思，在优势视角和资产视角的指导下，社会工作者组织村民重新评估村庄的资产和自身的能力，将目光投向不被村民和主流市场认可的"老品种"资产，创造性地将社区的内生力量、优势资产与食品安全问题、村民生计问题有机结合，促使社区经济顺利发展。在恢复"老品种"种植、改善村民生计的同时，保护生态环境。正是通过城乡合作、公平贸易，村民在凭借"老品种"的经济和生态价值获得合理劳动收入的同时，其耕作技艺和能力也得到欣赏和肯定。

第二，以社区组织保障生产者民主参与共同富裕。自愿合作、民主参与是社区经济的核心要素和基本保障。在P村，社会工作者培育的生态种

---

① 董海珍、和晓蓉、都吉只玛：《少数民族生计方式变迁的社会工作服务介入路径探索——基于对德钦县藏族×村的调查》，《民族论坛》2020年第3期。
② 张和清、闫红红：《乡村振兴背景下社区经济的乡村减贫实务模式研究——以西南少数民族村落反贫困社会工作项目为例》，《社会工作》2020年第6期。

植合作社为社区经济的发展奠定了坚实的组织基础。合作社强调互助合作、集体决策，即使是耕种自家责任田，也倡导"帮工""换工"等互助合作模式。此外，通过合作社和互助组定期、不定期聚会讨论，确保集体议事、互相监督。同时，合作社坚守计划生产、共同销售、提取公益金服务社区等基本原则，促使社区经济的主体性、公共性落到实处，推动乡村内源性发展。

第三，以城乡合作模式促进生产者和消费者利益最大化。P 村的经验证明，社区经济不仅建立生产者的联合体，而且建立生产者与消费者的联合体，在村民之间、城乡之间、消费者之间建立社会联结。社会工作者通过建立生产者合作社、消费者互助网络、生产者与消费者直销的城乡合作平台，促使生产者、消费者在城乡合作网络中实现利益最大化——生产者获得劳动报酬、消费者得到健康食物，实现产销双方利益的最大化。

第四，以公平交易的原则，尝试建立各种交易平台（消费者网络、农夫市集等），最大限度保障生产者和消费者的权益。社区经济的发展不仅需要解决产供销的问题，而且需要转变人们的思想观念，生产者和消费者应接受公平交易的理念，以消费的力量重建可持续生活。如前所述，绿耕利用每次城乡合作活动，融入公平交易的教育，推动消费者认同公平交易及其背后的社会、文化、生态价值等。除了通过健康食物讲座、城乡互动活动、乡村"老品种"体验等活动增强消费者的意识，实现公平交易，社会工作者还费尽心力陪伴生产者"不用化肥、农药老品种耕种"，最艰难的时刻莫过于秋后成吨的"老品种"稻米滞销，村民一整年的劳动落空……值得欣慰的是，直到目前，P 村的"老品种"种植依然在继续，城市的社会企业店铺和消费者网络也在持续坚守公平交易和"社区支持三农"。

在目前的研究中，直接以少数民族生计服务为研究对象的并不多，从社会工作视角研究少数民族生计服务的则更少，与少数民族生计服务相关的多是"精准扶贫""易地搬迁"等项目，社会工作大多是帮助当地居民适应环境的人文关系处理。帮助少数民族生计转型的项目则以各种类型的旅游业为主，社会工作者除了从优势视角，运用综合服务法，因地制宜地为少数民族群体提供生计服务，还可以从社区营造的角度进行地区营造，通过多学科、多专业、多主体的合作，依托独特的地理环境或者特色建筑、文化等，挖掘民族地区的内生动力，让该地区人民参与地区建设，打造符合自己需求，同时能吸引资本的地区环境，形成可持续发展的社区。这样不仅能够调动民族地区人民的参与感和积极性，培养主人翁精神，促进社区发展，还能够很好地继承和发展其独特的民族文化，激发其民族自豪感和荣誉感。

第二节　少数民族社区照顾

社区照顾是指整合全部社会资源，运用正式照顾和非正式照顾网络，在家庭或者社区为需要照顾的人士提供全面照顾，帮助其过正常的生活。照顾对象，广义上主要是社区内需要照顾的群体，特别是老年人、残疾人和儿童等群体。

一　老年人

（一）定义

世界各国对老年人的年龄划分标准不一，《中华人民共和国老年人权益保障法》中明确规定我国的老年人是指年龄在六十周岁以上的公民。

（二）现阶段养老模式

1. 养老模式的分类

目前关于养老模式的提法很多，如"养老方式""养老制度""养老形式"等。从宏观来看无外乎两大分类，家庭养老和社会养老；从微观来看，在具体的养老服务提供中要考虑老年群体需求的共性，也要注意到需求的差异性，所以在具体服务的提供和模式的构建中，由于出发点和立足点不同就有了家庭养老、居家养老、机构养老、社区养老的划分，这些养老模式各有特点。

从传统文化与养老模式选择的关系来看，传统文化在养老模式选择方面有着重要的影响。在研究中西养老模式的差异时，我国学者以"文化自觉"为导向，以"和而不同"为原则，在"未富先老"的状况下探索出一条能充分发挥传统"孝"文化优势、更适合中国国情的养老之路[①]；也有学者从传统文化中亲子互动的角度解释了中国社会的代际关系以及由此引发

---

① 李璐、张旭：《文化和而不同：对中西养老模式的比较思考》，《南昌教育学院学报》2011年第1期。

的关于中国特色养老模式的讨论①。

2. 存在的问题

现有养老模式存在的问题，可以从政策、机构、服务、设施、人员素质等方面进行阐述。在机构养老方面，存在养老机构缺少专业人才、养老机构利用率低下、养老机构服务质量不高、收费标准和消费能力之间有矛盾以及养老机构"形象不佳"等问题②；在社区养老方面，存在养老服务配套设施缺乏、养老服务专业化人才队伍紧缺、社区居家养老服务功能薄弱等问题③。

从养老模式研究的对象角度来看，众多学者以城市的养老模式作为主要侧重点，认为我国养老模式研究的对象以城市为主，更关注人口老龄化背景下我国城市养老模式的选择；随着经济社会的发展，农村的空巢老人家庭增加，农村人口的结构也渐渐发生变化，关于农村老年人口的养老问题也得到越来越多学者的关注，认为养老社会化是我国农村养老保障发展的必然方向，农村老年人口也是老年人口的重要组成部分，关系到社会的稳定和经济的发展。因此结合农村特点进行养老研究很有必要。

（三）老年人的社区照顾

1. 民族社区的养老困境

（1）养老负担过重

老龄化的迅速发展与家庭结构的小型化、核心化导致赡养负担过重。随着人们生活水平的提高，人均寿命延长，加之计划生育政策和大多数的民族地区经济落后的影响，家庭结构迅速小型化，家庭收入也相对较低，部分家庭的养老负担非常重。

（2）老年人家庭地位下降

家庭收入结构的改变导致老年人的家庭地位下降。在传统社会中，老年人是一个民族历史经验和集体智慧的象征，是民族智慧和民族文化的主要载负者和传播者，因此各少数民族自然就形成了尊老敬老习俗。在自给

---

① 陈皆明：《中国养老模式：传统文化、家庭边界和代际关系》，《西安交通大学学报》（社会科学版）2010年第6期。
② 米吉格：《老龄化视角下养老机构存在的问题及对策——以乌审旗养老机构现状为例》，《北方经济》2022年第9期。
③ 赵娜：《社区居家养老服务存在的问题及其对策》，《经济研究导刊》2021年第8期。

自足的自然经济下，绝大多数村民的活动范围局限在几十平方公里的区域内，婚姻圈也局限在附近几个村的小范围内，老年人在生产技能、经济和社会关系网络方面的优势是十分明显的。因而在传统社会中，老年人的地位为人们的敬老观念和家庭养老模式提供了可能性。

然而随着城镇化和工业化的不断推进，进城务工的青年农民越来越多，农民家庭中的非农业收入大量增加。老年人土地耕种的丰富经验不再重要，因而农村老年人的权威开始下降，在家庭中的地位也开始下降。

（3）民族地区养老需求多样化

民族地区因受现代化缓慢影响，与其他较发达地区相比，孝文化氛围仍然比较浓厚，家庭养老仍是最主要的养老模式。少数民族农村家庭养老受少数民族传统道德观念影响较大，具有强烈的尊老、敬老的民族意识，家庭能够为老年人提供物质的和精神的生活照料，所以，其家庭养老模式比较稳固，传统的家庭养老模式在民族地区具有较强的延续性。

但是不同民族的生活习惯、生活方式、文化特色差异很大，许多老年人对养老服务有不同的需要，有些注重精神文化，有些注重娱乐享受，有些注重物质方面的满足，还有些对健康保健诉求强烈。农村劳动力的转移和人口流动加速导致空巢老人增多；农村基层社会治理功能弱化，对不孝行为缺乏必要约束；代与代之间生活方式、观念和习惯差别较大且互动失衡；市场经济环境下传统家庭伦理道德观念的淡化等都影响了传统养老方式。虽然家庭养老仍是民族地区最主要的养老模式，但其功能逐渐弱化已是不争的事实。由于供养渠道单一、供养类型不够多样，除了勉强满足经济供养，其在社会、心理、娱乐等方面的供养尤其薄弱。社区养老将成为民族地区未来养老模式发展的重要趋势，成为家庭养老不可缺少的补充形式。

2. 社区照顾：养老新途径

社区照顾是解决老龄化社会养老问题的新途径。老年人照顾需求的增加是社区照顾兴起的主要原因之一。老年人照顾需求的增加一方面表现在需要照顾的老年人数量的急剧增加；另一方面表现在随着社会的发展进步，老年人的照顾需求不仅在于生活照料，而且拓展到精神慰藉、文化娱乐、社会交往等方面的需求，这使得老年人的照顾工作难度更大。按照中国人的养老习惯，大部分老年人不愿意离开自己熟悉的地方去机构生活。机构养老难以满足当前的老年人照顾需求，而且家庭养老的功能也在逐步弱化，仅仅依靠传统社会中的支持网络很难使留在社区中的老年人获得高质量的照顾服务。

因此，从"机构照顾"到"社区照顾"，是社会福利输送模式的转变，也是社会福利发展的新方向。"社区照顾"的发展不但可以为弱势群体提供更多的社会支持，还有利于社会福利制度的改革和社会福利朝"以人为本"的方向发展。① 社区照顾重视不同资源和社会网络之间的相互配合，与其他照顾方式相比具有较为明显的特点，例如能实现长期照顾、去机构化、重视发挥非正式资源的作用和以需求为导向的作用，并且成本较低。②

2006年2月9日，我国颁发了《关于加快发展养老服务业的意见》，提出了要逐步建立和完善以居家养老为基础、社区服务为依托、机构养老为补充的服务体系③，为我国社区养老服务的发展提供了政策依据。

3. 社会工作的介入路径

社区照顾重视正式照顾与非正式照顾的结合，能够在满足民族地区老年人家庭养老需求的同时补充家庭养老的不足。目前社区照顾的理念和实践更多地集中在社区养老照顾方面。在养老领域，我国目前正在大力倡导与推行"机构养老"和"家庭养老"之外的第三种模式"居家养老"。由于社区照顾与居家养老二者之间在内涵和服务模式等方面存在许多共通之处，政府和社会越来越重视社区照顾的理念和方法在居家养老模式中的运用。

针对当前我国社会工作介入民族地区居家养老的路径探索，学者的讨论大多集中在以下几方面。

第一，增强民族地区社会工作者的能力，促进社会工作机构的成长。社会工作介入民族地区养老服务，既要探索本土化的工作方法，也要提升自身的综合能力和服务质量。社会工作者要立足民族地区的实际养老需要，以符合当地需求的方法开展服务，提高民族地区居家养老服务质量。适宜本土化的工作方法，就是要推进民族社会工作本土化建设，将社会工作岗

---

① 钱宁：《"社区照顾"的社会福利政策导向及其"以人为本"的价值取向》，《思想战线》2004年第6期。

② 李伟峰、梁丽霞：《浅析老年人社区照顾及其对中国的本土实践启示》，《人口与发展》2008年第3期。

③ 《国务院办公厅转发全国老龄委办公室和发展改革委等部门关于加快发展养老服务业意见的通知》，中国政府网，https://www.gov.cn/gongbao/content/2006/content_245668.htm，最后访问日期：2024年10月31日。

位纳入社区建设范畴，从而激励社会工作者。① 此外，政府对社会工作机构和养老项目也要提供合理的资金支持，来促进民族地区社会工作机构的发展。

第二，推动政府职能转变，保证政府财政资金的长期支持，推动民族地区养老保障机制形成。我国民族地区居家服务目前还存在政府资金投入不足、管理体制不健全、宣传不到位和社会服务体系不完整等问题，可以从法律保障、组织管理、资金保障出发，构建一个符合民族地区需要的农村社区居家养老保障体系。

第三，促进传统文化与现代居家养老模式相结合。在民族地区开展居家养老服务要结合民族养老习俗，推动民族地区养老问题的解决。可以保护和传承少数民族文化习俗，主动营造良好的孝文化氛围。② 促进民族传统文化在现代居家养老模式中的发展有利于民族地区居家养老的发展，是社会工作者进行民族地区居家养老服务探索的路径之一。

第四，整合资源，发掘本土养老优势。民族地区资源相对匮乏，社会工作者要有效挖掘和整合民族社区资源，利用传统民俗活动、传统民族文化等资源，使其为民族地区养老服务带来宝贵的本土经验。

二 残疾人

（一）定义

联合国《残疾人权利公约》将残疾人释义为肢体、语言、听力、精神、智力或多重存在长期损伤的人，这些损伤与各种障碍相互作用，或可阻碍残疾人与健全人一样在平等的基础上充分和切实地参与社会。

（二）残疾人社区照顾的重要性

残疾人的社区照顾是依托社区、充分利用社区资源力量为残疾人解决困难，促进残疾人平等参与社会生活的一项工作。残疾人社区服务是社区

---

① 李迎生、方舒、卫小将、王婭郦、李文静：《社会工作介入社会管理研究——基于北京等地的经验》，《社会工作》2013年第1期。
② 张邦辉、杨乐：《农村苗族社区居家养老供给研究——以道真仡佬族苗族自治县为例》，《贵州民族研究》2017年第3期；苏雪：《民俗与养老——借鉴回族养老习俗解决同心县养老问题的思考》，《合肥学院学报》（社会科学版）2010年第4期。

建设的重要组成部分，是我国残疾人事业为适应经济和社会发展而开辟的业务领域。由于身体状况和经济条件的限制，残疾人对社区的依赖程度较高，对社区的归属感更为强烈。残疾人之间、残疾人与社会之间的信息沟通和交流，要求社区提供必要条件；残疾人的康复、教育、培训等活动大多在社区进行；残疾人的文化体育娱乐由社区安排；残疾人的救助、就业指导离不开社区的扶持和帮助；建立残疾人的社会保障体系，也需要社区发挥作用。可以说，社区与残疾人联系密切，相依相成。

我国残疾人人口基数庞大，地域分布范围广，社会经济发展水平差异较大，用"社区照顾"理念指导残疾人社会照顾服务体系具有很强的现实意义。社区康复是指以社区为主导、社区居民参与或社会资源开发型的康复。残疾人康复往往具有长期性，去专业康复机构就诊不方便且服务费用高昂，在社会服务小型化、精准化的过程中，残疾人社区康复服务越来越有必要。这种服务方式可以最大化地促进残疾人挖掘自身潜能，同时，可以很好地利用社区的相关资源为残疾人进行社区康复。

（三）残疾人的社区照顾

1. 民族地区残疾人社区照顾的困境

（1）基层服务断层

随着我国社会的快速发展和城市基层管理体制的改革，我国的社区建设全面推进，不断探索针对残疾人的社区保障和社区服务，残疾人的基本生活得到了很大的改善。然而，民族地区社区建设滞后于城镇化进程，社区残疾人服务覆盖率低且缺少特色，社区基础设施建设还有待完善。残疾人很少参与社会生活，他们在工作、婚姻中受歧视的现象仍然存在。社会工作专业的发展为残疾人社区服务体系建设带来了契机，但在未来一段时间内，欠发达民族地区残疾人社区服务的质量和水平还难以达到健全人群社区服务的质量和水平。

（2）忽视残疾人的主体地位

从社会服务的理念来看，无论是我国残疾人工作的"平等、参与、共享"理念，还是专业社会工作秉持的"优势视角""赋权""自我决定"等原则，都反映出尊重残疾人主体地位的价值取向。我国的残疾人社区工作正逐步由管理为本向服务为本转变，表现之一是在现有残疾人工作体系中引入专业社会工作的方法，自下而上地提高社会政策实施的质量，只有促进传统社区服务与专业社会工作融合，才能重新构建残疾人的主体地位。[①] 民族地区残疾人与健全人两个群体的生存状况差距有持续拉大的趋势，大多数残疾人没有固定的工作收入，他们的生活费用更多地由其家庭来承担。[②] 在残疾人的社区照顾中，残疾人的主体地位被忽视。

（3）基础设施落后

只有实现良好的基础设施建设，残疾人才能融入社区的正常生活。2016年，国家发展改革委和中国残疾人联合会等部门出台的《基层残疾人综合服务能力建设"十三五"实施方案》明确提出，要依托城乡社区综合服务设施，加强残疾人康复、托养、就业、文化、体育、维权等服务功能，配备相应的服务设施和无障碍环境，为辖区内残疾人提供"一站式"服务。[③]根据各地实际状况，通过在社区层面整合各类残疾人所需的服务资源，挖掘社区服务供给潜力；促进残疾人融入社区生活，进而降低残疾人服务成本，有效缓解政府的财政负担和家庭照护负担，是未来残疾人公共服务体系建设和完善的重要方向[④]，但目前民族地区针对残疾人的社区基础设施建设还有待完善。

2. 社会工作的介入

（1）服务理念的土色化

有学者提出"土色化"（authorization）的社区照顾服务理念。这里的土色化是指识别本土系统真正和本质的内在，以在未来建立成熟、相关及独创性的模式。土色化的过程也可以理解为根据一个国家的社会、文化、政治和经济特征创建一个符合本土的社会工作模式。引入土色化理念并不是排斥外来的社会工作知识和技巧，而是要发展契合本土的理论和实践。就我国少数民族残疾人领域而言，服务理念需要土色化的理由有两点。第一，在专业社会工作引入该领域之前，原有的民族工作和残疾人工作针对各自的服务对象都发挥着作用。产生于西方政治、经济和文化背景下的专业社会工作，其价值理念与本土的契合性需要在实务的价值碰撞中得以反思、

① 陈安娜：《反思个人模式下残疾人主体地位的缺失——以武汉市徐东社区的残疾人社区服务为例》，《江汉大学学报》（社会科学版）2011 年第 6 期。

② 包学雄、王浪花：《完善民族地区社区残疾人服务探析》，《广西社会科学》2008 年第 3 期。

③ 《基层残疾人综合服务能力建设"十三五"实施方案》，中华人民共和国国家发展和改革委员会网站，https://www.ndrc.gov.cn/xxgk/zcfb/ghwb/201611/t20161125_962206.html，最后访问日期：2024 年 7 月 5 日。

④ 金昱彤、焦若水：《残疾人社区照顾：社会工作视角》，《上海城市管理》2018 年第 3 期。

沉淀以至最终建立土色化的服务理念。第二，一些地区对残疾现象的诊断与现代医学并不吻合。

（2）服务手法的本土化

本土化（indigenization）是指修正外来的概念以符合本土的需求，即在西方孕育和产生的社会工作在为其他国家所借鉴和学习的时候，需对其进行调整以适应本土文化环境。前文所提及的三阶段模式、社会模式以及传统社会工作的三大手法（个案、小组和社区），都需要根据本土的情况做出相应的改变。例如，在民族地区开展小组工作，很难有一个不被打扰的空间，通常会有其他村民围观，社会工作者就面临着多重角色之间的转化，还需要灵活运用社会工作的各种手法，以实现其工作目标。此外，少数民族文化是开展社区工作时的重要资本，也是社会工作者在民族地区开展残疾人社会工作时要挖掘的资源。例如，社会工作者可以通过苗族地区的苗鼓、刺绣等具有民族特色的文化，开发民族地区残疾人的生计项目，对其进行培训，解决其生存问题。

社会工作作为一个倡导社会公正、推进社会进步和发展的专业，理应在推动少数民族残疾人事业的进程中发挥社会功能，并致力于提升该服务人群的潜能，从而促进其社会参与，使其能够分享社会成果，与其他社会成员一起构建一个和谐的社会。因此，利用社区照顾模式、提高照顾者的文化敏感性、内化"土色化"的服务理念，能够落地少数民族残疾人社区照顾，整合各种力量消除社区对残疾人的歧视，为残疾人基本生活提供基础设施支持，为"在社区照顾"残疾人创造良好的环境。同时，需要发展社会力量参与社区照顾，建立覆盖社区的服务照顾网络，织密残疾人的社会支持网络，为残疾人在社区正常生活、实现"由社区照顾"提供条件支撑。进而，扩建对社区的支援系统，提供"对社区照顾"的资源，为实现残疾人在社区正常生活提供持续的动力。只有这样才能发展和完善中国特色的残疾人社区服务体系，为我国残疾人福利事业作出更大的贡献。

三 儿童

（一）定义

根据《中华人民共和国未成年人保护法》以及联合国《儿童权利公约》规定，儿童是指 18 周岁以下的任何人。

（二）儿童社区照顾的实践经验

英国作为最早发起并实行社区照顾的国家，已经发展了几十年，社区照顾模式已取得丰富的经验以及丰硕的研究成果，形成了比较完善的服务体系。英国社区的儿童照顾服务尤其受政府的重视，不仅儿童享受政府津贴，儿童的父母也享受津贴，以此来支持儿童的养育；此外，英国政府还通过儿童法案，对儿童进行多方位的援助、照顾和保护，其法案除了对儿童提供直接的照顾服务，还包括为家庭提供帮助而进行的间接照顾。[①] 在英国的儿童照顾中，非常强调家庭以及社区的责任，然而这种理念的实现并不是那么容易，仍要在各个层面进行广泛的动员。

加拿大的社区儿童服务和照顾也取得了比较大的成就，它的发展是基于一个高福利国家、社区功能成熟以及弱势儿童群体不可避免等背景，主要服务内容体现在图书服务、儿童托管、为儿童而建设的社区行动计划等项目上，其发展社区儿童服务和照顾的经验可以为我们所借鉴和学习，如政府的强有力支持、相关配套的政策支持系统、完善的社区管理、充分动员社区的全民参与和发挥高校教师队伍的积极作用等。[②]

日本在社区儿童服务方面，以社区儿童设施为中心提供儿童服务，实施"指定管理者制度"推行政府购买，最大的特色在于鼓励多元主体为儿童提供服务和照顾，如开放 NPO、社区团体、民营企业等多元主体参与服务供给，为社区儿童服务注入了新的活力。[③]

在丹麦，国家非常重视对儿童福利的保障，为儿童提供满足其需求的照顾和服务，因此，一般家庭都不会过于担心子女养育的问题。在儿童高福利水平下，对儿童的社区照顾服务包含多项内容，如儿童日间照顾服务、校外中心和俱乐部服务、儿童健康服务、儿童文化活动服务、儿童咨询服务等，为儿童提供多样化的服务，保障儿童的福利需求。

我国社区照顾经过多年的发展，在养老方面取得了比较丰富的成果。基于此，有学者从社区照顾养老模式得到启发，将其运用到其他领域和群体，如将社区照顾应用于刑满释放人员、残疾孤儿、留守儿童、社区儿童的照顾。社区照顾运用于儿童照顾起步较晚，无论是在实际操作层面还是

---

① 王思斌、夏雪銮、程为敏：《英国的社区照顾》，《中国社会学报》2001年第3期。
② 严仲连、韩求灵：《加拿大发展社区儿童服务的经验》，《学术界》2017年第6期。
③ 李智：《日本社区儿童服务的多元主体供给》，《外国中小学教育》2016年第9期。

在研究层面，都尚不成熟，而且目前关于儿童社区照顾的研究主要集中在对困境儿童及特殊儿童群体照顾、农村留守儿童照顾、流动儿童照顾方面，对民族社区儿童照顾的研究仍处于起步阶段。

孤残儿童以往基本是生活在封闭式的福利院、孤儿院内，而随着社区照顾模式在我国的发展，也将社区照顾运用于对孤残儿童的照顾，通过链接专业的服务，鼓励孤残儿童回到自己熟悉的社区内生活。目前，以家庭养护为基础的孤残儿童社区照顾模式已初步形成，并且由"孤残儿童福利事业"逐渐向"儿童福利事业"转变①，但也面临着很大的困境，即专业人员的缺乏及专业服务质量不高的问题。

随着我国城镇化进程加快，大量农村青壮年劳动力向城镇转移，造成大量儿童留守农村。部分儿童由于情感需求得不到满足产生了心理问题，这就需要优化农村地区社区环境，使农村地区的社区发挥应有的功能和作用，利用农村的资源对留守儿童提供照顾和帮助，包括由专业的社会工作者为留守儿童提供心理辅导或情感支持等服务。

流动儿童是我国城乡一体化建设进程中出现的独特群体，他们带着对城市美好生活的憧憬，与父母一起从农村奔赴经济相对发达的城市。然而，因户籍、家庭经济等因素的限制，流动儿童在城市的生活面临诸多困境。流动儿童社区照顾就是动员并链接正式和非正式资源为流动儿童提供服务和照顾，并针对流动儿童的需求，开展一系列照顾服务，如课外文化活动、学业指导、个案辅导、助学服务、家庭服务、儿童健康成长指导，来满足流动儿童多元化的需求。例如，社区儿童之家的"四点半课堂"所开展的一些服务，包括作业辅导、兴趣小组、文娱活动、优势发掘、同伴关系协调等，以及针对儿童的一些特殊需求提供个性化的服务，能够促进儿童的全面发展。

此外，在社区照顾模式嵌入社区服务体系的相关研究中，有学者介绍了社区与辖区单位创建的"金宝贝书屋"，以及利用社区志愿者团队建立的关怀青少年健康成长的泽田心灵驿站，其开设暑假公益辅导班等照顾服务②，实现了对儿童的"由社区照顾"。社区作为居民生活共同体，存在

① 刘继同：《院舍照顾到社区照顾：中国孤残儿童养护模式的战略转变》，《社会福利》2003年第10期。
② 马贵侠、周军：《社区照顾模式在社区服务体系中的嵌入——以合肥市标准化示范社区建设为例》，《学理论》2010年第33期。

十分丰富的资源，而目前大量社区资源被忽视、闲置，甚至被浪费，如果能够挖掘这些资源并加以整合、运用，服务社区的居民，可以有效地促进或实现儿童照顾问题的解决，甚至是其他一些社区问题的解决。①

（三）儿童社区照顾的研究

目前对儿童社区照顾的研究主要集中在对儿童社区托管服务的研究方面，学者们一致认为，儿童托管的兴起是社会流动的结果。由于工作节奏快、压力大，父母没有时间和精力接孩子放学、照顾孩子、辅导孩子做作业。因此，社区内的儿童托管服务应运而生，社区照顾服务的提供者可以按是否以营利为目的区分。

社会工作机构不同于其他营利性的儿童托管服务机构，他们更注重社会影响。在服务过程中，社会工作机构可以使用专业的社会工作理念和方法建立专业关系，根据儿童的个人需求，提供各种儿童服务和有针对性的个案成长服务，以培养儿童的人际交往能力，促进其全面发展，为儿童的健康成长奠定基础。无论是营利性托管机构还是公益性托管机构，在发展过程中都会遇到很多问题。② 我国目前仍然属于应试教育向素质教育的过渡阶段。一些父母过分看重孩子的学习成绩，却忽略了他们的心理健康，一些父母甚至认为孩子思想观念的形成主要取决于学校的教育课程。这种单纯依靠学校教育的观念，不仅忽视了家庭教育的重要性，也使社会工作机构无法在托管服务中发挥作用。③

综上所述，目前社区照顾的理念和实践更多集中在社区养老照顾方面，而对其他群体关注较少，尤其是在残疾人、儿童方面的社区照顾应用较少。根据社会工作的视角，家庭照顾属于社区照顾中非正式照顾的一种，也是社区照顾的重要切入点，在寻找非正式资源和建立被照顾的支持系统时亲属关系十分重要。对我国的弱势群体来说，家庭照顾是最需要的，也是最能给予服务对象全方位照顾的类型，因为家人往往最了解服务对象的身心情况。我国对家庭照顾的研究多集中于护理学、医学等领域，缺少对家庭

---

① 续文念、程刚、赵丽远：《英国社区照顾模式的当代中国解读——基于社区儿童照顾的视角》，《中国社会科学院研究生院学报》2013年第5期。
② 任晓秋、周纯义：《社会工作介入社区"四点半学校"初探》，《现代教育科学》2011年第10期。
③ 康丽颖、贾丽：《中美儿童托管教育的比较分析》，《比较教育研究》2011年第12期。

照顾者身心状况的研究。

因此，可以将家庭照顾融入社区营造和社区照顾，对家庭照顾者进行多方面的知识培训，如专业的护理知识、如何与被照顾者相处等，同时也关注家庭照顾者的身心状况，对其进行干预和治疗，为家庭照顾提供相关护理资源、医疗器具，以及定期的专业医护人员回访等，积极关注家庭的经济状况与家庭关系等。在为少数民族家庭开展家庭照顾时，作为资源提供者的工作者也要注意文化敏感性，在尊重其习俗的基础上提供服务。

第三节　文化福利与福利文化

民族社会工作的文化议题，是以文化作为民族/族群生存发展的福祉，把发展和繁荣民族文化当作实现不同民族社会福利发展的基础。运用文化福利理论和文化福利权理论开展文化服务，帮助人们尊重和发展民族文化，使不同民族能够在文化变迁中创新自己的文化，形成应对生活危机、价值危机挑战的能力。

一　社会福利体系中的文化福利

（一）文化福利的内涵与外延

1. 文化与福利

（1）何为文化

广义的文化指的是人类在社会历史发展过程中所创造的物质财富和精神财富的总和，包括物质文化、制度文化和心理文化三个方面；狭义的文化就是在历史上一定的物质生产方式的基础上发生和发展的社会精神生活形式的总和，指社会的意识形态以及与之相适应的制度和组织机构。1871年，英国文化学家泰勒在《原始文化：神话、哲学、宗教、语言、艺术和习俗发展之研究》一书中提出了狭义文化的早期经典学说，即文化是包括知识、信仰、艺术、道德、法律、习俗和任何人作为一名社会成员而获得的能力和习惯在内的复杂整体。[①] 联合国教科文组织（UNESCO）在《世界文化多样性宣言》中将"文化"定义为某个社会或某个社会群体特有

---

① 爱德华·泰勒：《原始文化：神话、哲学、宗教、语言、艺术和习俗发展之研究》，连树声译，广西师范大学出版社，2005，第1页。

的精神与物质、心理与情感方面的不同特点之总和；除了文学与艺术，文化还包括生活方式、共处的方式、价值观体系、传统和信仰。不管"文化"有多少定义，文化的核心问题是人。有人才能创造文化，文化是人类智慧和创造力的体现，不同种族、不同民族的人创造不同的文化，人创造了文化，也享受文化，同时也被文化所约束，最终又不断地改造文化。

文化在它所涵盖的范围和不同的层面发挥着主要的功能和作用。其一，文化具有整合作用。社会群体中不同的成员都是独特的行动者，他们基于自己的需要，根据对情景的判断和理解采取行动，文化是他们之间沟通的中介，如果能够共享文化，他们就能够有效地沟通，消除隔阂，促成合作。其二，文化具有导向作用。文化可以为人们的行动提供方向，通过共享文化，行动者可以知道何种行为在对方看来是适宜的、可以引起积极回应的，并倾向于选择有效的行动，这就是文化对行为的导向作用。其三，文化具有维持秩序的作用。某种文化的形成和确立，意味着某种价值观和行为规范得到了认可，也意味着某种秩序的形成；而且只要这种文化在起作用，由这种文化所确立的社会秩序就会维持下去。其四，文化具有传续作用。文化作为一种精神力量，能够在人们认识世界、改造世界的过程中被转化为物质力量，对社会发展产生深刻的影响。这种影响，不仅表现在个人的成长历程中，而且表现在民族和国家的历史发展中；人类社会发展的历史证明，一个民族，物质上不能贫困，精神上也不能贫困，只有物质和精神都富有，才能自尊、自信、自强地屹立于世界民族之林。

（2）何为福利

狭义的福利代指劳动者享有的待遇，瞿秋白在《文艺杂著·欧文的新社会》中提到，工人应当用另一种方法达到自己的福利，建设人类未来最光明的新社会。广义的福利代指人们能够受到的益处和幸福。联合国社会发展研究所把人们的日常生活需求分为三类：第一类是营养、居住、保健等人类最基本的生存需求；第二类是教育、娱乐、休闲等人类基本的文化需求；第三类是人类的生存需求和文化需求得到满足后更高层次的生活需求，这一部分就被称为"福利"。社会福利则被定义为社会服务与机构间的有组织联系，在于协调个人和团体，在契合其家庭和社区需求的原则下，获得生活、健康及人际关系等方面的满足，使其能充分发挥潜能以增进福祉。李琼提出，福利就是能给人带来幸福的因素，其中包含物质的因素，也包含精神和心理的因素。① 这里提到的福利实际上指的是社会福利，也就是一种公共的社会保障、一种能够让全体社会成员享受更好生活的举措。

社会福利实践涉及广泛的人类社会生活，包括社会问题的调控，社会需要的满足和实现人的发展潜能，社会福利制度是为达到社会福利状态而做出的集体努力，它的制度目标比提高经济水平要宽泛得多，它不应该是仅仅以经济为目的的社会保障制度的一个部分。借用《中国社会工作百科全书》的概念，"福利"一词按其字义和一般人的观念，通常被理解为有关改善社会成员物质、文化生活的一切举措。在社会工作专业领域里，有广义和狭义两种理解，在世界许多国家，特别是在西方发达国家，大多把"社会福利"当作"社会保障"的同义词。如《简明不列颠百科全书》将社会保障解释为"一种公共福利计划"，属于对"社会福利"一词的广义解释。在另一些国家，如美国、日本等，社会福利仅指社会保障制度中一个特定的范围和领域，通常是指专为弱者所提供的带有福利性的社会服务与保障，如儿童福利、老人福利、残障人士福利等，在这个意义上，"社会福利"一词便具体化为"社会福利服务"或"社会福利事业"，属于对社会福利的狭义理解。在《中国劳动人事百科全书》中，"社会福利"被看作国家、地方或社会团体举办的以社会成员为对象的福利事业，如教育、科学、环境保护、文化、体育、卫生等设施，为城乡居民支付的救济金和各项补贴，为残疾人和丧失劳动能力的人举办的各项社会福利设施、服务以及保险事业。

威伦斯基等人在研究了美国社会福利制度之后，根据国家在社会福利供给中承担的职能，区别了两种主要的社会福利类型。一是"补缺型"，认为国家的社会福利机构只有在其他正常的供给渠道（如家庭和市场）不能维持时，才应为遇到困难的人提供帮助；二是"制度型"，把社会服务当作工业社会正常的和第一线的功能，认为提供福利和促进社会福利发展应该是制度化的。②

日本社会福利学者一番ケ瀬康子在《社会福利基础理论》一书中提出，当我们考虑构筑社会福利学的理论时，需要明确的一点是社会福利并不是单纯地作为目的、概念以及活动的方法而成立的，它同时又是在社会的实

---

① 李琮主编《西欧社会保障制度》，中国社会科学出版社，1989，第 145 页。
② 王思斌：《我国适度普惠型社会福利制度的建构》，《北京大学学报》（哲学社会科学版）2009 年第 3 期。

际运行中，作为一种制度或者政策而存在的。[1] 也就是说，对社会福利的理解要在理论和实务两个部分进行。从理论层面上来看，社会福利的概念产生于工业革命之后，对他人的救助不再是君主对臣民的仁慈，而是公众对社会的责任。社会福利往往来自组织、机构和政府对社会问题的反思，面对失业、贫困、疾病、灾害等问题，社会福利制度能够聚集公众的力量来对抗社会问题。随着现代福利国家的普遍建立，社会福利逐渐进入公共政治领域，保障公民权利，维护社会稳定，促进社会进步等政治目标逐渐成为社会福利得以完善的原因。[2] 从实务层面上来看，社会福利的内涵不只是对社会问题的剖析，还要有解决问题的工具性、实用性思考，社会福利需要立足于现实社会中的经济市场、社会生态等实际问题。本节的"社会福利"主要采用广义的概念。

2. 文化对福利的作用

（1）文化在社会福利制度建立中的作用

为什么经济发展水平大致相同的国家却选择了不同的福利制度？为什么有的福利国家能够灵活应对福利国家的危机，而有的国家却不能应对？学界在研究现代福利国家时通常对其进行多样化分类，而以往常用的社会福利制度建立和发展的解释来自两个视角——结构功能主义和政治因素。[3]

在结构功能主义的视角看来，影响社会福利制度发展的关键因素是社会工业化程度和经济发展程度，因为在工业化水平达到一定程度的社会中，社会结构的决定性因素不再是文化、政治、人际关系等，而是技术。功能主义学家威廉斯基在《福利国家与平等》一书中指出，影响社会福利规模的关键性因素是社会人均经济水平，政治结构只是无关紧要的变量。功能主义者认为工业化在社会福利制度的发展中扮演了不可或缺的角色。一方面，工业化带来经济增长，社会经济水平的大幅增长使得社会福利的费用支出成为可能；另一方面，工业化也带来了家庭结构、产业结构、劳动力结构的改变，社会福利的发展有了其目的性和必要性。

---

① 一番ケ瀬康子：《社会福利基础理论》，沈洁、赵军译，华中师范大学出版社，1998，第94页。

② 钱宁：《社会公正、公民权利和集体主义——论社会福利的政治与道德基础》，云南大学出版社，2011，第11页。

③ 朴炳铉：《社会福利与文化——用文化解析社会福利的发展》，高春兰、金炳彻译，商务印书馆，2012，第4~5页。

在政治因素的视角看来，工人运动对社会福利制度发展的作用重大。安德森在研究瑞典的社会福利制度发展后提出了福利国家的经典分类，认为不同的政治结构会促使国家形成不同类型的社会福利制度，安德森以去商品化、分层制度以及养老金中公私支出占比三个标准来衡量一个福利国家的类型，但随着社会权力结构的复杂化，越来越多的学者认为工人运动的力度并非与国家的社会福利制度相联系，当权力集中于中央层面时，执政群体会用更有力的手段来维持他们想要的社会福利制度，且随着企业社会责任的增强，工人的福利待遇不再由政府单方面承担，因此工人运动对社会福利的影响力会相对下降。

无论是工业化和社会经济发展，还是工人运动的推动，社会福利制度在不同国家的发展最终还是要受到本国文化的影响，这种影响体现在社会福利制度的保护对象、责任划分、问题界定等方面。以阶级差异为例，在崇尚自由、竞争的社会中，只要能够确保每个人有生存的能力，人与人之间的不平等并不是需要解决的问题；但在强调集体利益、共同富裕的社会中，构建所有社会成员间的平等是国家和社会的长期目标之一。同一国家和社会中会存在多元的文化，但也存在一种在众多文化中占据主导地位、起到支配作用的文化，即主流文化。① 例如，在美国和英国个人主义文化是主流文化，在德国和日本阶层主义占据主导地位，而在瑞典平等主义文化才是主流文化。伴随工业化出现的经济增长和权力资源可以为社会保障制度的产生提供必要条件，但其服务形式取决于各国所固有的主流文化传统，因此在不同国家会形成不同的社会福利制度。某一国家或地区的社会福利水平高低受到该国或地区独特的历史、人文因素的影响，虽然各国的主流文化是经济、政治等因素共同作用的结果，但显然已经成了影响社会福利的重要因素，引导社会福利制度形成不同结构和趋势。例如，"福利橱窗"式的福利国家能够在以瑞典为代表的北欧等国建成，是因为瑞典长期选择一种独特的"混合主义"的经济政治模式，宣扬政府对社会生活的干预与责任，加上第一次世界大战和第二次世界大战的创伤，导致人们普遍要求一种稳定、安全的保障制度与心理环境，在富足小国的特殊国情下国家财政水平较为乐观；而拥有强大经济实力的美国却始终没有建立包罗万象的完整社会福利体系，是因为主流文化对自由和个性的追求，在这种人文基础上，国家对社会

---

① 毕云天：《社会福利场域的惯习》，中国社会科学出版社，2004，第60页。

福利的过多介入会被看作侵犯公民自由。

（2）文化在社会福利发展中的作用

文化影响着人类生活的方方面面，社会福利的建设和发展趋势也颇受社会文化氛围的影响，可以借用文化理论来说明不同社会文化的具体影响。

文化理论由人类学家玛丽·道格拉斯创立，政治学家阿伦·威尔达夫斯基将其应用于政治决定过程。文化理论学者将社会成员共有的价值和信念定义为文化偏好，认为文化偏好影响人们的社会关系和生活方式，社会关系和生活方式又反过来影响人们的文化偏好。在文化理论中，每个人的选择都是他们所接受的一种文化形态，每个人都有把自己所属的社会组织加以合理化的价值和信念体系。道格拉斯认为，按照人与人之间的差异来看，人们对同一事物应当有着不一样的态度以及相对应的行为，但实际上，几乎所有人对"脏污"都是排斥的，因此至少在这一问题上人们有着相似的分类，但不能由此得出文化对不同人群和社会的影响是片面的，道格拉斯指出，干净和脏污的概念并不是自然形成的，而是在人类文化影响下而形成的。[①]"群体"是人们与外部环境之间形成的边界，同一个群体内的人们具有群体性，个人的群体性越高、受群体影响的程度越深；"格栅"是个人生活受到外部法律法规、道德伦理等约束的程度，社会中的格栅越明显，个人自由生存的空间越小，人与人之间的差异越难改变，根据群体和格栅的强弱程度可以划分出四种文化类型（见表5-1）。

表 5-1　玛丽·道格拉斯的四种文化类型

格栅的强度	群体的强度	群体的强度
	弱	强
弱	个人主义文化	平等主义文化
强	命运主义文化	阶层主义文化

个人主义文化中规制较少、集体意识薄弱，追求异质性，弱化同质性，同时排斥不平等的阶层秩序，需要的是个人立场上的平等协商。在个人主义文化中，人的本性被看作对自由的追求，人与人之间是相互独立的社会关系，成功与失败是个人的事情。因此，来自外部的约束是不正当，也是不必要的，国家这只"看不见的手"需要做的就是缩小人与人之间的差距，

---

① 玛丽·道格拉斯：《洁净与危险》，黄剑波、柳博赟、卢忱译，民族出版社，2008，第6页。

实现社会总体上的平等。

平等主义文化最显著的特点是人与人之间的平等关系，群体成员有着较强的集体意识和认同感，但群体内部并没有严格的权力结构。在平等主义文化中，每个人需要做的是实现自己的价值，为群体做贡献，同时维护群体内的平等环境。在这样的文化下，追求自我并不是首要目标，人与人间相互关心、相互合作被看作更重要的目标。平等主义文化反对会造成个人间差距的制度，希望成员在平等的位置上直接参与群体的决策。

命运主义文化中的个人有着明确的社会位置，需要履行固定的职责；同时又游离于群体之外，缺少群体提供的支持和保护，始终处于孤立的状态。与阶层主义文化相似，命运主义文化同样构建的是不平等的社会，每个人被社会明确定义下的地位和价值是有差异的，个人虽然会对此感到不满，但仅凭个人力量无法挑战市场。

阶层主义文化是最具有规则的文化，人与人之间有鲜明的阶层划分，群体内有严格的制度约束。阶层主义文化的理想状态是每个人各司其职，共同为群体的发展而努力。阶层主义文化主张人性本恶，每个人都有为个人发展而不择手段的野心，因此需要用集体意识和集体规范约束个体，将权威制度化、将特权合法化，使每个人接受彼此间不平等的地位，以此维护群体的稳定。

不同的文化类型对社会福利的发展轨迹会有不同的影响。以平等主义文化下的社会福利为例，在没有更多的社会约束但对群体有高度归属感的平等主义文化中，制度性社会保障制度有充分发展的可能性。在平等主义意识普及的社会，满足个人基本需求的责任不在个人，而在社会，即贫困、疾病、失业等问题的产生并不是因为个人性格上的缺陷，而是根源于社会自身的矛盾，解决问题的主体当然也不是个人，而是国家。这种国家或社会的责任意识使政府能够制定解决社会问题的政策方案，确立以社会全体成员为对象的制度型社会保障制度。如果说在阶层主义文化中，社会保障制度的确立是基于政府对市民控制的目的，那么在平等主义文化中，社会保障制度是基于所有社会成员都属于共同体的集团意识而确立的。

在《预算与治理》的后记中，阿伦·威尔达夫斯基和布莱登·斯瓦德洛结合以上四种文化类型阐述了不同社会福利预算的形成原因，布莱登·斯瓦德洛对此进行了梳理。文化理论对不同政治体制下人们使用资源的动机与行为策略的解释，被视作提供了一种对话框架，通过这样一种对话框架，预算过程将会按照人们对生活方式的不同偏好被塑造或重塑。正如一个行动如果支持了该行动者的生活方式而具有社会合理性一样，如果政府预算使存在于特定时间地点的政治体制得以维持，则该政府预算就具有政治上的合理性。[①]

（二）　文化福利与福利文化

1. 文化福利

文化是人类生存、生活中不可或缺的一部分，在人类社会进步中起着举足轻重的作用。文化福利指的是使人们实现幸福、正常生活状态的文化要素的总称，即能使社会成员的生活信念得以建立，归属感得以增强，进而使其生活保持幸福、正常状态的具有文化内涵的资源与条件。文化福利的外延指的是文化发挥福利功能的外部载体。本部分根据将文化分为物质文化、制度文化和精神文化的"三层次说"，从系统结构的角度将文化福利的外延分为物质文化福利、制度文化福利和精神文化福利三个层次。[②]

（1）物质文化福利

物质文化福利指的是文化福利的物质载体，具体包括提供文化服务与开展活动的场所和设施，及文化福利的传递载体——文化产品与文化媒介。

文化福利的发展需要政府和社会为文化服务与活动的提供与开展提供必要的场所和设施。

文化产品指的是舞台艺术、电影电视节目、书刊、音像制品、电脑软件等承载、传递文化福利的物质产品；文化媒介指的是文化产品的传播渠道，包括电影、电视、广播、网络等。文化产品与文化媒介的发展受制于当代的科技文化发展水平，但它们突出地反映了社会整体的精神文明发育程度与意识形态导向。文化产品与文化媒介的使用并非文化福利发展的终结，其实质上是一种深受纵向的社会发展脉络与横向的社会关系影响的社会行为。

（2）制度文化福利

制度文化是为了满足人们社会交往与社会组织方面的需要而形成的，

[①] 阿伦·威尔达夫斯基、布莱登·斯瓦德洛：《预算与治理》，苟燕楠译，上海财经大学出版社，2010，第19~22页。

[②] 李艳华：《少数民族转型社区老年文化福利发展研究——以昆明沙朗白族社区为例》，九州出版社，2018，第42页。

家庭制度如此，其他各种形式的组织与制度也是如此。因此，制度文化可以用于处理人与他人及组织之间关系。人类社会中的文化要素不是简单、偶然堆积，而是有其特定的配置原则与组织保障，以此为基础发挥福利功能，这就是制度文化福利。文化的创造、传承与发展，文化福利功能的发挥，均依赖于特定的社会制度。制度文化福利一方面体现为文化福利发展的指导理念、宗旨与愿景，即文化福利发展的意识形态观——关于文化福利的价值判断与主张，它影响着文化福利发展的制度建立及相关政策的选择，另一方面体现为包含文化福利发展共有准则在内的正式与非正式的社会制度。

根据文化福利的供给主体及供给体系的形成机制，可以将制度文化福利划分为正式制度中的文化福利和非正式制度中的文化福利。正式制度中的文化福利指的是以文化福利意识形态为导向，即由以政府部门为主的公共部门及社会组织提供，社会政策进行维系的文化福利。目前以政府部门为主导提供文化福利的内容与路径主要体现为公共文化服务，即以保障公民的基本文化权益为目的，以政府部门为主的公共部门向公民提供公共文化产品与服务的制度和措施。

非正式制度是以文化价值为导向，以家庭、亲属、邻里、朋友等非正式网络为福利供给主体，由民间的礼仪、习俗和道德规范等加以维系的福利制度。非正式制度中的文化福利主要体现为礼仪中的文化福利、习俗中的文化福利和道德规范中的文化福利三个方面。社会成员所珍视的价值是其文化的核心部分，而价值常常通过社会成员所创造的特殊符号及独有礼仪体现出来。由礼仪所构成的意义体系是文化认同的核心，而文化认同是文化福利产生的动力机制。礼仪使社会成员可以在一个安全的环境里、在特定的条件下练习及发展所在文化希望自己拥有的美德，有助于身份的认同、道德的表征、秩序的维系，进而可对共同体的整合发挥关键性的作用，有助于增强社区、族群等共同体的内聚力。习俗是社会成员在自己所处的社会环境中习得的思维方式、生活方式和行为习惯，同一个族群通常拥有共同的文化习俗。文化习俗中很多体现社会成员间关怀与互助的意识与行为，均具有增进社会成员的生活满意度和促进社会整合的功能。习俗中的文化福利供给主体是多元的，最主要的是家庭和社区。道德规范则是通过后天的社会化而形成的理想状态的观念，是人类通过对生活的反省与自觉而形成的重要价值系统，它告诉人们应当如何行为，从而协助人们确立人生目标，将欲望控制在理性的范围之内。道德规范的压力使社会成员能够以合理的方式来追求自己的幸福，有利于社会保持和谐有序，这样的状态既可提高个体追求幸福的效率，也有助于社会幸福的最大化。

（3）精神文化福利

精神文化福利指的是一个人群共享的价值信念、宗教信仰，是所开展的文化服务与活动中蕴含的文化福利。精神文化福利是以无形资源所构成的精神框架，它为群体中的个人提供共同的思考方式，是文化福利的内核。精神文化福利主要蕴含在价值信念、宗教信仰、文化服务与活动三类文化要素中。

价值信念是人们执着追求的观念，是对有益行为模式的价值判断。价值信念中蕴含的文化福利主要体现在幸福追求的价值尺度、共同体凝聚的内核、协调问题的解决机制三个方面。人类个体是一个有机的系统，潜意识里的价值信念操控着人们对事情的价值进行排序，并根据价值高低来进行抉择。文化影响着社会和个人价值观的确立与发展目标的确定，从而影响所有社会成员对幸福的判断、选择和追求。在相同文化中成长的人，由共享的价值信念、记忆与期望而凝聚在一起，价值信念凝聚功能的发挥是共同体满足其成员各层次需要的前提。文化是一种解决人类社会中反复出现的协调问题的系统化方法或适应性工具，作为人类社会解决复杂协调问题的文化机制，价值信念使人类社会及个体都具有了更强的适应性，因而体现出福利功能。

宗教是人们在神圣的目标下把握世界和生命的一种独特方式和文化现象，无论从纵向的人类历史还是横向的世界范围来看都具有深远影响。宗教信仰是某种特定宗教的信奉者在思想、感情上对该宗教所奉神圣对象（包括特定的教理教义等）的尊奉，并以此指导和规范自己在世俗社会中的行为。宗教生活中蕴含的文化福利，指的是宗教信仰的拥有与宗教活动的实施对于信教者的幸福增进所具有的正功能。宗教社会学功能主义代表人物托马斯·F.奥戴归纳了宗教所具有的心理调适与慰藉、提供人生意义、教化、社会控制、增进社会认同、推动个体社会化等正向功能。[1] 宗教生活成为信教者重要的解压渠道与情绪调节机制。在知识与个体所拥有的实际

---

[1] 托马斯·F.奥戴、珍妮特·奥戴·阿维德：《宗教社会学》，刘润忠等译，中国社会科学出版社，1990，第157页。

控制力量均不奏效的领域，信教者通常确信祈祷能降低或消除危害，增加幸福降临的机会。这类心理的自我暗示与希望的自我建构有利于缓解身心压力，减少内心积郁，进而增强自我控制感，产生积极愉快的情感体验。

当基础性的生存与安全需要得到基本满足之后，人们会有高层次的精神文化需要，希望丰富生活、实现自我发展，文化服务与活动便是回应人们的精神文化需要而出现的产物。文化服务，指以文化事业单位、文化类和社会服务类社会组织为主体，运用特定文化要素满足民众精神文化需求的服务。文化服务可分为基础性文化服务与专业性文化服务两类。基础性文化服务指的是以实现民众基本文化权益为目的的日常性文化服务，如图书馆服务、博物馆服务、文化室服务等；专业性文化服务指的是将文化人类学关于文化的理解与社会工作关于福利需要满足的专业理念、知识、方法相结合，以文化类、社会服务类社会组织为主导，整合在地文化要素，以增进生活幸福为目标，通过文化心理调适、文化福利发展能力提升和社会支持网络强化等途径为民众所提供的身心灵调适服务。

综上所述，文化福利就是使社会成员的精神文化需求得到满足进而保持幸福、正常状态的具有文化意识的各种条件、制度与措施的总称。在各层次的文化福利中，精神文化福利是深层的、内隐的文化福利，统领着物质层面、制度层面的显性的文化福利。

2. 福利文化

"福利文化"一词最早由英国学者罗伯特·平克在《日本和英国的社会福利的比较研究——社会福利的正式和非正式的内容》一文中提出和使用。福利文化产生于人类的社会福利实践，又反作用于人类的社会福利行动，与福利制度存在内在互动机制。在社会福利模式差异的比较中，福利文化是"形塑"社会福利模式多样性的重要变量；在构建和完善福利制度中，福利文化为福利制度提供思想基础和理论支持；在具体福利实践中，福利文化是社会成员的心理认同和整合号召的"符号"。如果以广义的概念界定文化，那么福利文化可以被界定为塑造人们的福利心理及福利行为模式的文化子系统。理论上，所有影响人的福利及福利行为的文化因子都属于福利文化的范畴，因此，所谓"文化对福利的影响"实际上是指文化中的福利文化对福利的影响。

就其内涵来看，福利文化作为文化的一部分，包括在社会福利实践活动中存在和体现出来的各种思想、意识、心理、态度等观念要素；就其外延来看，福利文化涉及福利模式观念、贫困观念、救济观念、养老观念、生命价值观念、疾病观念、教育观念和宗教福利观念等八个要素。在中国的历史长河中，思想家们提出了大量福利思想，其中相当一部分经过长期的历史考验和选择，被人们普遍接受和传承，例如，在民本思想指导下一些朝代初期采取的休养生息、安民保民措施，以孝文化为基础而长期流行的具有高度弹性的家庭保障机制，以浓厚的慈善文化为基础开展的慈善救助活动等。与西方福利思想不同，从正式制度角度而言，中国传统福利制度并没有系统建立起来，仅孤立地存在一些，如隋唐时期的义仓制度等。但从非正式制度角度而言，中国古代存在丰富且成体系的福利制度，其中最典型的就是传统社会规范中包含着大量有关福利的内容。

3. 二者的异同

从词语结构上来看，"文化福利"与"福利文化"可被扩充为"文化的福利"与"福利的文化"，前面的名词是定语，后面的名词是中心语。因此"文化福利"被看作人民群众在文化方面可以获取的福利，如文化服务、文化产品等；而"福利文化"则是在福利方面形成的文化，如福利观念、福利制度等。二者相辅相成，文化福利在不断地完善和发展过程中会形成新的福利文化，福利文化的完善也会影响文化福利的具体举措和表现形式。

二　文化福利的功能与发展

（一）文化福利的功能

文化因服务于人类个体及社会的需要而产生，文化福利的功能指的是文化对增进人们的幸福所发挥积极作用与价值。文化福利的功能主要体现在提供社会保护机制、防止社会生活失序、修补社会关系"脱嵌"、避免精神生活"失意"四个方面。

1. 提供社会保护机制

文化福利的社会保护功能主要体现在人类处理人与自然的关系、不同文化之间的关系以及社会保护机制的建立三个方面。首先，在处理人与自然的关系方面，当面临自然灾害等威胁时，文化会形成一套协调机制，促使社会成员共同应对灾难。其次，在处理不同文化之间的关系方面，当遭受来自文化共同体之外的侵犯时，文化的感召力会使文化共同体内的成员凝聚起来，共同抵御外敌，以保护本文化共同体成员的安全。最后，在社会保护机制的建立方面，文化共同体会保证本文化共同体的成员不致滑落到生存安全的底线之下。例如，家庭层面的保护作用体现在家庭内外两方面，在家庭内部，代代相传的文化赋予家庭成员间相互照料的义务；在家庭外部，核心家庭能够获得更多来自父母辈与祖父母辈的资源，其社会联结更为广泛，在经济、情感、社会等方面能够获得的支持更加充足。

2. 防止社会生活失序

文化因调节相互依赖的个体之间的活动而得以出现。在发生作用的过程中，文化不但使人类所获得的需要满足超出靠个体所能及的范围；同时人类需要的满足，又与个体被文化所赋予的诸多义务相匹配，使个体愿意为公共利益而放弃一部分自由，以减少和避免冲突，保持社会生活的有序进行。首先，文化福利具有维持社会秩序的功能，体现在道德规范中的文化福利可以达到维持良好的社会秩序及满足社会成员尊重需要的目标，很多传统习俗也正是为了满足人类群体的社会规范需要而建构出来的。其次，文化福利影响福利资源的分配方法，文化共同体内部所分享的价值信念对社会成员的需求判断与福利资源的分配方式有着决定性的影响，社会福利制度的运作是福利政策制定者、社会福利机构、社会福利工作者与社会福利接受者相互作用的过程，在这一过程中，相关各方的态度和行为都必然受到文化价值的影响，不同文化背景下的同类社会群体可能会有不同的社会地位，获得不同的社会福利。文化福利通过以上两种功能防止社会生活失序。

3. 修补社会关系"脱嵌"

社会学家贝克以"脱嵌"概念阐述"社会个体化"命题，认为在流动性大量增加的现代社会，人与人之间、人与社会之间的联系淡化，人们从束缚自己的各种范畴（包括组织）中"脱嵌"而出，更加自由和自主是社会发展的必然趋势。个体幸福的实现是社会支持的结果，因此修补社会关系"脱嵌"所带来的不良影响是福利发展的任务之一，文化福利的发展对社会关系"脱嵌"所导致的不良后果具有一系列的修补作用。

其一，文化福利能够满足归属需要。文化共同体因人们共享的语言、习俗、价值观和关于集体身份的意识凝聚而成，所以文化能够为共同体成员赋予意义感、身份感和根基感，为共同体成员运用文化知识来表达或维护自己的社会身份提供条件。通常人们会对熟悉的口音、服饰、食物、习俗和仪式有更多偏好，说明文化能够满足人们对归属的需要。其二，文化福利能够提供社会信任和社会支持。良好的社会支持有利于身体健康是社会支持研究领域的共识，社会支持能够给社会成员个体带来心理上的安全感、情感的支持和物质上的保障，并促进社会融合，因而对社会成员的福利提升具有重要意义。其三，文化福利能够营造积极向上的社会氛围。与基本的生理需要相比，安全的需要、爱与归属的需要、尊重的需要、自我实现的需要等高级需要的满足有更多的前提条件和特定的外部条件，良好的社会氛围所营造的良好的社会关系就是其中之一。文化福利的发展有利于构建公共文化空间，提供平台推动社区成员参与公共文化事务的讨论与决策，能够引导人们进行健康有益的知识学习、社会交往与文化娱乐活动，营造积极向上的社会氛围。其四，文化福利能够促进社区凝聚。文化福利所具有的社区凝聚功能的发挥对建立共同体意识、增强社区的发展动力与发展能力、维系社区成员的文化尊严、提高社区成员生活质量具有重要意义。

4. 避免精神生活"失意"

如果一个社区因为社会环境与条件的转变而丧失其民族文化传承场域的功能，则会导致整体意义体系的空洞化，产生许多"空心"的社区成员，使其在世代传承的过程中产生断层感与失根感。失去延续感与家园感会令社区成员无法从精神涣散的日常生活中获得灵魂的安宁，甚至产生深深的失落感。这样的趋势一旦发展下去，社区成员关于存在的意义感也将被抽离，从而导致他们在精神世界的"失意"。文化福利的发展通过认知需要的满足、意义的储存与传承、精神生活的丰富、个体与社会发展的促进对社区成员避免精神生活"失意"方面具有重要意义。

首先，文化福利的发展有助于通过满足人们的认知需要而提升个体的福利水平。功能主义提出，认同一个相对同质性的文化能够为个体提供确定的答案来解决他们面对的问题，由此产生认知安全感。文化是一个被文化共同体成员广泛共享的知识系统，而且被频繁地运用于日常生活交流，这种"共享性"特征使构成文化的那些共享的观念、态度被认为更正当，并被更多地运用于指导人们的行为。其次，文化福利能够储存、传递生命意义，并赋予社会成员新的生命意义。一方面，文化是价值体系的建筑基地，文化的灵魂——文化价值能够为人们提供存在的意义；另一方面，作为共享知识的文化能够产生共享的意义。最后，文化福利的发展有助于提高民众的文化修养、提升民众的生活质量。文化福利的发展使社会成员能够享受娱乐、接受教育、感受文明，满足社会成员不同层面的精神需求，奠定其自我发展的基础。从社会发展的角度来看，文化福利的发展对社会文化整体的发展、社会活力的增强、文化自信与文化自觉的提升、积极健康国家形象的塑造等都具有深远意义。

（二）文化福利发展的目标

文化福利发展指的是能够增进人的幸福的文化要素的发展，也就是对文化所具有的福利功能在纵向的深化与横向的扩展。作为增进幸福的一种途径，文化福利的发展不仅追求对社会成员基本文化权益的保障，还强调更高层次的目标，即满足人们的精神文化需求。

1. 基本目标

《国家"十一五"时期文化发展规划纲要》于 2006 年 9 月颁布，明确提出"实现和保障公民基本文化权益、满足广大人民群众基本文化需求"的公共文化服务发展目标。《关于加快构建现代公共文化服务体系的意见》进一步明确，保障民众的基本文化权益是构建现代公共文化服务体系的主要目标。公共文化服务发展是文化福利发展的基础，因此，保障民众的基本文化权益应该是文化福利发展的基本目标。

基本文化权益是文化权益的最基础部分，它既是一项普遍的、平等的文化权益，又是与一段历史时期的公民基本文化需求相适应的、必须由国家和政府加以保障的、最低限度的、必要的文化权益。从我国实际来看，现阶段我国公民基本文化权益至少包括参与文化活动的权利、共享文化成果的权利、文化成果收益得到保护的权利、传承本民族或本地区文化生活方式的权利、接受基本文化教育和培训的权利，以及由此所获取、支配和享有的文化利益。① 除了上述基本文化权益所包含的内容，本章探讨的文化福利发展还包括对文化价值、宗教信仰、礼仪习俗、道德规范等文化特质中有助于增进幸福要素的正功能进行发掘与发挥，所以涵盖的范围更大；但是，基本文化权益的保障仍然应是文化福利发展的基本和首要目标，保障民众的基本文化权益是实现积极文化要素增进幸福的前提与基础。

2. 根本目标

本章最根本的意图在于说明文化福利理念和文化福利内核对人们生活

---

① 夏国锋、吴理财：《公共文化服务体系研究述评》，《理论与改革》2011 年第 1 期。

幸福所产生的影响。"福利"的本质并非单纯满足物质需要，而是通过生活信心的输送，让人们感到生活是安全的、有保障的、有意义的。物质福利水平的高低并不能决定人们对福利的感受，与之相反，在物质福利水平很高但文化福利理念缺乏的情况下，福利的发展会带来另外的问题，例如导致人们过于追求舒适、休闲的生活而放弃对生活本身的自主性和参与性，所以福利发展不是简单地提供物质生活保障。让民众通过福利发展感觉到生活的舒适、便利只是表层的效应，而非福利发展最核心的目标。文化像空气一样包裹着人类，是人们生活幸福的源泉。来自文化的保障不是具体的、有形的"吃饱""穿暖"，人们看不见、摸不着，但文化福利功能的有效发挥却可以营造一个柔软的、无形的福利环境，让民众获得价值感与信念感，找到生活的意义与合理性，所以文化福利最核心的理念是文化福利能够给人们提供生活的价值、意义和信心。文化福利的最终实现意味着从基本文化权益的保障到以文化提高生活品质、增进幸福的变迁过程。因此，以文化增进幸福是文化福利发展的终极目标。

第四节　少数民族社区服务案例

一　云南省怒江傈僳族自治州易地扶贫搬迁社区服务案例

建设老人和儿童友好关系是促进易地扶贫搬迁社区（以下简称"搬迁社区"）"稳得住、能发展"的基础。2020 年 6 月，云南大学民族学与社会学学院社会工作服务队通过前期调研，发现搬迁社区的常住居民以老人和儿童为主，搬迁社区主要存在代际关系疏离、情感需求难以满足等问题，因此策划了"老少携手向明天-云南怒江易地扶贫搬迁社区友好代际关系建设志愿服务项目"，主要服务有"一老一小"跨代成长共融营、为儿童开展职业启蒙、安全环保及心理健康教育等。

（一）服务缘起

怒江傈僳族自治州位于云南省西北部，处于怒江中游，因怒江由北向南纵贯全境而得名。怒江州是中缅滇藏的结合部，有长达 450 千米的国界线。全州总面积 14703 平方千米，辖泸水市、福贡县、贡山独龙族怒族自治县、兰坪白族普米族自治县 4 个县（市），27 个乡（镇）、258 个村民委员会、42 个社区。① 根据第七次人口普查数据，截至 2020 年 11 月 1 日零时，怒江傈僳族自治州常住人口为 552694 人，少数民族人口占总人口的89.31%。② 根据第六次人口普查数据，怒江傈僳族自治州拥有 39 个民族，其中人数大于 1 万人的民族有汉族、彝族、白族、傈僳族、普米族、怒族，共计 6 个民族。③

怒江傈僳族自治州（以下简称"怒江州"）曾是全国深度贫困的"三区三州"之一，是易地扶贫搬迁的"主战场"，也是国家乡村振兴的重点帮扶地区。在怒江州开展搬迁社区老人与儿童的友好关系建设是巩固拓展脱贫攻坚成果与乡村振兴有效衔接的创新服务，有利于促进搬迁社区群众的新社区适应，也有利于教育和引导大学生扎根基层、厚植爱国情怀，提升社会责任感。

（二）需求调研情况及结果分析

2020 年怒江州完成易地扶贫搬迁，将 10.1 万人带出大山。从大山到城镇，搬迁群众面临着从生产到生活的全方位变化。自 2020 年 6 月以来，云南大学民族学与社会学学院社会工作服务队先后 6 次组织师生到怒江州的和谐社区、锦绣社区、团结社区三个搬迁社区，通过问卷调查、深度访谈、座谈会等形式开展调查，发现社区常住居民中老人和儿童面临以下困难。一是新社区生活适应困难，如一些老人不会使用电梯、电器，不认识阿拉伯数字，甚至找不到自己所居住的楼栋；二是部分儿童学业困难，学习意愿不足，存在厌学情绪；三是儿童与老人之间情感疏离，代际支持不足；四是民族文化传承不足，儿童对本民族的文化了解甚少。

（三）服务目标

根据需求评估分析，服务以促进社区友好关系建设为切入点，以促进民族地区的乡风文明建设和文化振兴为目标，具体包括以下几点。一是构

---

① 《州情概况》，怒江傈僳族自治州人民政府网站，https://www.nujiang.gov.cn/2024/0805/13035.html，最后访问日期：2024 年 8 月 5 日。

② 《怒江州第七次全国人口普查主要数据公报》，怒江傈僳族自治州人民政府网站，https://www.nujiang.gov.cn/xxgk/015279200/info/2021-163931.html，最后访问日期：2023 年 12 月 30 日。

③ 《2010 年怒江第六次全国人口普查主要数据公报》，怒江傈僳族自治州人民政府网站，https://www.nujiang.gov.cn/xxgk/015279200/info/2011-16565.html，最后访问日期：2023 年 12 月 30 日。

建儿童和老人互相关心和尊重的社区氛围，满足其情感需求，提高其对新社区的认同和归属，促进乡风文明建设；二是促进民族地区优秀传统文化的传承，促进民族地区的文化振兴；三是促进汉族大学生与少数民族群众的交流和交融，促进民族团结进步，铸牢中华民族共同体意识。

（四）服务开展

一是以社会服务激发儿童的助人意愿，组建了社区儿童志愿服务队服务老人，树文明新风。服务以儿童服务为先导，激发儿童助人意愿。服务团队开展了 20 次儿童成长性团体服务及 8 次儿童人身安全教育、文明礼貌、同伴交往、环境保护等主题课堂，服务 1400 余人次。[①] 服务结束后，通过自愿参与的方式招募了一批儿童志愿服务骨干，组建了一个社区儿童关爱老人志愿团队，定期开展独居老人探访等志愿服务，增强社区儿童志愿助老服务的意识，树立起社区尊老敬老的文明新风。

二是以民族文化传承活动促进老人与儿童的代际友好。针对搬迁社区青壮年外出打工、一老一小缺乏情感温暖与社会支持较弱等问题，服务团队与泸水市康德社会工作服务中心合作开展了 16 期"一老一小"跨代融合暑期成长共融营活动，服务 1120 余人次。活动以傈僳族传统文化为载体，组织老人教给儿童及青少年傈僳歌曲、舞蹈、文字，促进了老人潜能的挖掘和特长的发挥，提升了老人的自我价值感和自尊，也加深了儿童对本民族文化的认识，促进了老人与儿童的代际友好。

三是以文化反哺促进社区融合。服务团队带领社区儿童志愿服务骨干教老人学习普通话及简单汉字，促进老人的新社区适应。在此过程中，社区儿童志愿服务骨干成为爷爷奶奶的"小教师"。这类文化反哺服务加深了"一老一小"两代人之间的沟通，增进了彼此之间的了解，建立了和谐的代际关系。文化反哺服务共计开展 10 次，服务 800 余人次，在推进整个社区居民的社会适应和社区发展中发挥了重要作用。

（五）服务对象的收获

第一，儿童方面。儿童对代际关系的主观评价明显改善，服务后的调查发现，认为代际关系亲密的增长了 21%，认为代际关系偏疏离的减少了

---

① 数据来自作者调研资料。

41%，43%的儿童表示养成了尊老爱老助老的意识。另外，儿童学习了民族文化，提升了民族文化自信，有了初步的职业规划意识，学习积极性增强。

第二，老人方面。一是居住环境适应提高了68.04%，新邻里关系适应提高了32.99%，同时也使老人获得了精神慰藉；团队服务打破了老人封闭的生活状态，缓解了老人的情感孤寂，增强了老人的社会支持。二是老人和儿童之间疏离的代际关系得到了改善，情感慰藉需求得到了一定满足，促进了老人新社区生活适应。

第三，老人与儿童对双方的印象得到改善，代际关系更加和谐，营造了尊老爱老的社区氛围。

（六）团队成员收获

第一，见证了国家脱贫攻坚取得的巨大成果，感受到了党的杰出领导力。作为青年教师和学子，更加坚定了听党话、跟党走的信念，志存高远，勇于奉献。

第二，强化了团队中社会工作学生投身公益的职业理想。他们看到服务确实让服务对象产生了正向的改变，增强了其毕业后投身公益事业的决心。

第三，促进了汉族大学生与少数民族群体的交流交往，加深了汉族大学生对少数民族的认识，铸牢了中华民族共同体意识。服务团队成员与少数民族老人和儿童从陌生到熟悉，一起载歌载舞、以心交心，打成一片，促进了不同民族之间的交融，充分体会到中华民族像"石榴籽一样，紧紧抱在一起"。

（七）服务创新能力的体现

一是服务理念创新。以"助人自助、开拓创新"为服务理念，以提升搬迁社区老人与儿童的获得感和幸福感为目标，以良好学习与行为习惯养成、社会生活技能学习、未来职业探索、传统文化传承、国家通用语言文字推广等为主要服务内容，构建多方参与的基层社会治理新路径。将"奉献、友爱、互助、进步"志愿服务精神融入大学生思政教育，形成"向基层青年党员干部学习，为民族地区乡村振兴做贡献"的团队文化。

二是服务机制创新。构建政府、高校、社区、社会组织与社区志愿者参与的"五位一体"的多元共治格局，促进易地扶贫搬迁社区群众的民族团结，铸牢中华民族共同体意识。以怒江州三个搬迁社区友好关系建设为切入点，联动复旦大学、华东师范大学、保山学院等高校志愿服务队，整合怒江州本地志愿服务力量与社会组织力量，与州民政局、教育局、妇联、乡村振兴驻村工作队等政府部门合作，携手居民志愿者打造多方参与的治理格局。

三是充分利用新媒体技术，扩大志愿服务的示范性、可持续性和影响力。除了运用传统媒体开展项目宣传，还通过互联网、微信公众号、微视频、微电影、全国性研究生案例大赛等途径，广泛传播项目成果和经验，扩大项目在全国的影响力。服务结束后，志愿者与当地学校的困境学生开展了手牵手计划。除驻地服务之外，还通过网络平台彼此交流，传达关爱和支持，增强服务对象对未来生活的信心，服务的可持续性得到加强。

二　内蒙古生态移民社区文化能力建设服务案例①

自 20 世纪 90 年代以来，全国各地出台了一系列生态移民工程，将生态环境脆弱地区或自然保护区内分散居住的农牧民转移出来集中居住在政府建设的"生态移民村"，以达到保护和恢复生态环境、改善农牧民生活、促进经济发展的目的。内蒙古生态移民社区文化能力建设服务案例针对内蒙古一个少数民族生态移民社区在城镇化、现代化进程中面临的发展困境，开展了以文化能力建设为核心的民族社会工作行动研究。一系列干预性行动，尤其是多元主体合作式文化能力建设，促进了当地民族文化的保护与开发，加强了社区共同体构建，促进了社区治理与社区和谐发展。

（一）服务缘起

内蒙古 Z 旗 Y "嘎查"（蒙古语，译为行政村）是一个整体搬迁的生态移民社区。20 世纪八九十年代实行草场承包责任制以后，牧民由原来的"逐水草而居"的游牧生活转变为定居生活，实行定居畜牧，但是随着牲畜数量日益增多，过度放牧问题日益严峻，Y 村草场植被减少、土壤沙化现象加重。为了缓解生态环境的不断恶化和帮助农牧民脱贫致富，内蒙古从2002 年起逐步实施生态移民工程，治理迁出区的生态环境，实施禁牧规划，实现一次性围封和长期禁牧。

Y 村移民 176 户、735 人，其中 120 户、487 人迁至旗政府所在地以北 4

---

① 任国英：《生态移民社区文化能力建设的民族社会工作行动研究——以内蒙古 Z 旗 Y 村为例》，《民族研究》2020 年第 6 期。

公里处新建立的移民村，主要从事奶牛养殖，该村由此被称为"奶牛村"，村民主要由汉族、蒙古族和满族构成；其余 56 户迁入旗政府所在地 *Z* 镇的廉租楼，从事第二、第三产业。生态移民工程鼓励牧民走进市场，成为市场的主体。目前，"奶牛村"的常住家庭有 40 多户、70 余人。自生态移民工程实施以来，移民者的居住环境、生产生活方式出现了较大的变化，在城镇化、现代化进程中面临着一定的发展困境。

（二）问题诊断

2017 年 8 月，项目组进驻 *Y* 村，通过访谈、观察和问卷调查对社区环境、人口状况、经济生活、社会文化等情况进行全面了解。生态移民工程在某种程度上改善了当地群众的生活，但是村民们也面临着诸多问题。

第一，生产生活面临困境。*Y* 村牧民搬进移民村后，在移民村中圈养奶牛，以出售牛奶和奶牛为生，经济收入单一，抵御市场风险的能力较低，较多牧民放弃奶牛养殖，离开移民村到城镇打工。年纪大的老人很难找到工作，基本生活依靠生态移民补贴政策维持。另外，进入城镇后，他们的基本日常生活开销变大，生活成本提高。

第二，社区参与意识较弱，归属感不强。移民村中几乎没有大型集体活动，村民交往圈多局限在有血缘关系的亲属之间或者近邻；城镇化和市场化带来的以追求财富为目标的个人主义思想，逐渐取代了牧民传统的合作共生的集体主义观念，村民的社区认同感不强，社区参与意识较弱。

第三，传统民族文化受到冲击，缺乏精神寄托。搬迁使村民离开了世代居住的草原，这也意味着传统民族文化失去了繁衍生息的根基。城镇化、市场化等现代因素的冲击，对传统牧业社会造成的影响不仅表现在生态环境、生计方式、生活方式方面，也表现在思想观念方面。

针对以上问题，通过口述历史的方法，发现村民有两方面的需求，一是生计与发展需求，二是文化需求。同时，该社区也有很多优势资源。首先，移民村的地理位置优越，靠近城镇，交通便利，可链接的资源较多。其次，奶牛养殖生产合作社、传统的奶制品工艺等在一定程度上为社区生计发展提供了物质保障。最后，老人们的草原情结是重建社区和文化能力建设的必要保障。基于此，民族社会工作行动研究可以从文化入手，一方面通过一系列传统文化保护和开发的行动，保护和复兴当地传统文化；另一方面通过文化赋权，实现村民文化能力的提升，利用他们的文化资源使其适应现代社会。

（三）服务目标

本案例研究以提升村民文化能力为目标，在赋权理论视角下进行一系列的民族社会工作行动研究实践。在行动研究中，赋权村民，发挥村民的主体性，调动他们社区参与的积极性。在传统文化保护的过程中，增强民族文化自信心、民族认同感和社区凝聚力，发掘传统文化资源的现代价值，解决当前所面临的生存问题，实现社区治理与社区和谐发展。同时，通过对少数民族生态移民社区文化能力建设的行动研究，探索民族社会工作的理论框架和实践模式。

（四）行动设计

项目组最初将文化能力建设的行动计划设计为四个维度。第一，成立口述历史小组，收集生态移民口述历史资料，编写《村历史读本》，提升村民的文化自信。第二，进行院舍文化建设，改善村民的居住环境，打造具有民族特色的院舍文化。第三，创办乳制品加工展演工作室，保护和传承奶食文化。第四，组织民族歌舞表演队，进行民族节日文化展演，满足村民对文娱活动的需求，从而调动村民社区参与的积极性，营造良好的社区文化环境，提升村民对民族文化的认同感和社区归属感。

根据行动计划，2017年9月至2018年6月，项目组成员进行了初步实践。经过接近一年的行动介入，在对初期的行动计划进行反思时发现了很多需要调整的方面。第一，项目任务设计太多、内容不聚焦。第二，在项目初期，虽然强调参与式的行动路径，但由于宣传不到位，牧民们对行动目的和意义不清楚，牧民没有动员起来，村民的主体性没有得到充分发挥。第三，在开展活动的过程中，过分强调行动的专业性，与村民互动较多，但与村委会、驻村扶贫工作队疏离，未能充分利用当地资源。

基于对前一阶段的总结和反思，项目组对以往的任务设计进行修正，把文化能力建设行动计划调整为三个方面。第一，强化历史文化记录。收集口述历史资料，编写《村历史读本》，将村历史和文化记录下来。第二，营造文化环境。与当地村委会、驻村扶贫工作队一起对社区垃圾进行有效处理，改善社区环境，组织大型社区文化活动，营造干净卫生的院舍文化和团结友爱的民族社区文化。第三，保护和传承民族传统文化。拍摄《村奶食文化》纪录片，记录传统奶制品制作过程；制作奶食文化创意产品，创办乳制品加工展演工作室，保护当地传统奶食文化；借助新媒体平台，宣传和销售村民生产的奶制品；结合社区的优势资源，发展奶制品产业，使民族传统文化得以保护和传承。基于上述三项行动计划，进行个体、群体和社区的文化能力建设。

（五）行动实施

项目组围绕 Y 村民族文化展览室建设，2018 年 7 月至 2019 年 8 月，通过口述见证，增强村民的文化认同感和自信心；通过共同制作奶食品文化纪录片，增强村民的民族文化自豪感；通过赋权志愿者小组开展社区文化活动，增强社群的凝聚力和行动能力；通过共同建设民族文化展览室的行动，实现社区文化能力的整体提升。

（六）对行动的评估与总结

2018 年 8 月至 2019 年 8 月，行动计划基本按照预期完成，从社区的卫生环境到村民的精神面貌都发生了很大变化，整洁卫生、民族特色浓郁、团结互助的社区环境正在逐步形成。经过文化能力建设的行动实践，Y 村村民的民族文化自信心、认同感和自觉意识有所增强，社区参与的积极性有所提高。文化能力建设行动使牧民个人、群体、社区乃至项目组成员都发生了不同程度的变化。村民从消极的接受者变成积极的行动者，文化认同感和民族传统文化保护意识增强；村民看到自己民族文化的价值，认识到保护民族文化的重要意义；社区的凝聚力和参与意识增强；村民的文化能力得到提升；社会工作者在认识到服务行动不仅要有专业性，还必须与当地的具体情况相结合；行动研究目标来自服务使用者的需要，并由服务使用者和研究者共同完成。

三　云南省昆明市沙朗白族"村改居"社区老年文化福利服务案例[①]

为健全城乡发展一体化体制机制，促进城乡协调发展，作为新型城镇

---

① 李艳华：《助力应对城市化挑战——转型社区老年文化服务行动研究》，光明日报出版社，2022。

化建设的重要举措，我国于 20 世纪 90 年代开始实施"村改居"工程。"村改居"是一种综合性的社会变迁，是传统文化与现代文化、村落文化与城市文化的双向演进，"亦乡亦城"是"村改居"社区的独特文化内核。

被动城市化的老年人在社区转型后面临诸多挑战。云南省昆明市沙朗白族"村改居"社区为了帮助老年人应对城市化挑战，一方面运用"资产为本"的社区发展模式，通过文化服务增强社区老年人的自我价值感，提高他们晚年生活的质量；另一方面结合"村改居"这一独特的社区形态，将社区生活的适应和改变与城市化联系起来，从城市近郊"村改居"的变迁透视我国城市化的进程以及对社区老年人生活提出的挑战。

（一）服务缘起

S 社区位于昆明市西北部，距离主城区 16 千米，交通便利。社区下辖10 个自然村、7 个居民小组。2009 年乡改为街道办事处，8 个村委会改为社区居委会，城市化进程由此开启。截至 2016 年末，S 社区农业收入占比不足总收入的 40%，意味着 S 社区产业结构有所转型。社区居民收入主要来自劳务、土地流转、种植养殖业等，2016 年末人均纯收入为 7576 元。2016年末 S 社区有常住居民 883 户、人口 2996 人、流动人口 177 人，其中 60 周岁及以上老年人 472 人，占总人口的 15.75%。S 社区的人口老龄化低于全国水平，但高于云南省平均水平，已属老龄化社区。

S 社区的白族人口占总人口的 80%，作为一个从相对独立、封闭的地理单元走向经济开放与文化交融的"村改居"社区，汉文化、城市文化对 S 社区白族文化的影响日渐加深。

（二）问题分析与需求评估

"村改居"社区的老年人在享受城市便利生活的同时，也需要面对技能、制度和精神三个层面的挑战。

在技能层面，"村改居"社区的老年人面临的挑战有以下三点：一是在生计方式转型背景下，老年人难以掌握具有适应性的生计技能；二是因为不会使用现代化生活用具和电子设备，老年人面临"现代化困局"；三是老年人缺乏自我保护、自我照顾技能。在制度层面，因为居住方式改变产生了社会隔离，身心机能衰退和适应能力下降的老化处境使老年人在社会和家庭中被边缘化，老年人的情感支持有所弱化。在精神层面，伴随着乡土性向现代性的转换，城市化转型令老年人的生存及生活方式发生变革，使老年人的传统知识与固有观念遭受冲击，包括保健知识与健康观念、自我保障意识和信任观念。

（三）服务目标

服务团队通过梳理社区资产，确定了行动目标。从"资产为本"的社区发展视角来看，推动老年人群体潜能的增长、"村改居"社区优势的发挥以及促进老年人群体与城市化变迁的环境相互协调是"村改居"社区老年文化福利服务发展追求的最终目标。具体而言，助力老年人应对城市化挑战，推动基层政府部门、社区自治组织、社会服务机构、社区社会组织及普通居民更多关注城市化转型中的老年人群体，以社区居家养老服务中心为平台，通过多元化渠道整合场所、设施、资金、制度等正式资源和社区社会组织、老年文化骨干、非正式支持系统、传统文化要素等非正式资源，开展老年文化服务，培养老年文化服务人才，完善社区居家养老服务体系，激发老年人群体的自主意识，帮助老年人增强自组织能力，最终在"村改居"社区构建具有文化适宜性的老年文化服务模式，进而带来和产生相关社会政策和文化服务的启示和改变。

（四）行动设计

在助力老年人应对城市化挑战的行动目标之下，"村改居"社区老年文化福利服务框架包括三个维度。从培训现代生活用具的使用技能、增强自我照护能力和自我保护能力等方面助力老年人应对城市化转型中技能层面的挑战；从增强社区共同体意识、强化社会支持网络和机构能力建设三个方面助力老年人应对城市化转型中制度层面的挑战；从增加知识、调整观念和增强自我价值感等方面助力老年人应对城市化转型中精神层面的挑战。

（五）行动实施

服务团队按照"参与—改进—公开"的技术路线在 S 社区实施老年文化福利服务行动研究。在初期阶段，主要任务是建立关系，通过走访开展需求评估和社区文化资源调查。

在推进阶段，主要任务是对初期阶段进行反思和改进，并运用个案工作、小组工作、主题活动、老年教育、团队建设等方式开展老年文化福利服务。在技能挑战应对方面，开展了老年教育活动，包括老年人手机使用培训和老年人食疗与保健主题讲座；在制度挑战应对方面，开展了老年人手工兴趣小组、老年文艺队团队建设和"代际互动好时光"系列主题活动；在精神挑战应对方面，开展了高龄老人、失能老人入户探访活动和老年文化展示联谊会活动。

在继续推进阶段，主要任务是对推进阶段进行反思和改进，并通过手工绣花鞋的开发推广和自我保护技能服务协助老年人应对城市化进程中的技能层面的挑战；以文化传承促进隔代沟通，培育社区老年人组织以强化同辈支持，协助机构进行能力资产建设和搭建志愿服务平台，用推动居民社区参与的策略助力老年人应对城市化进程中的制度层面的挑战；通过促进高龄老人、失能老人的亲子沟通和祖孙沟通，增强家庭支持并改善老年人精神文化生活，帮助老年人应对城市化进程中的精神层面的挑战。

在深入发展阶段，一方面继续对推进阶段进行反思和改进，另一方面继续以"资产为本"社区发展模式为指导，通过文化福利服务帮助老年人在技能、制度、精神三个层面应对城市化挑战。

（六）评估与总结

通过评估，该服务的短期成效主要体现在社区居委会和居家养老中心加深了对S社区老年人群体的了解，隔代沟通与共融得到了促进，老年人的多层次需要得到了满足。中期成效主要体现在促进了老年人的社会参与，老年人自我照护、自我保护的意识和能力得到了增强，老年人的潜能得到了挖掘、视野得到了拓展，推动社区干部确立了积极老龄化的理念。长期成效主要体现在改善了老年人的精神面貌，老年人的自我发展能力得到了增强，促进了转型社区居家养老服务的发展与深化，促进了社区文化建设。

第六章　中国式现代化新进程与民族社会工作

第一节　民族社会工作的本土化实践

社会工作由西方传入中国，在这个过程中不可避免地会谈到社会工作本土化的问题。社会工作在中国的本土化过程中，一个重要的视角就是从民族的角度审视社会工作。① 2006年10月中共十六届六中全会作出《关于构建社会主义和谐社会若干重大问题的决定》（以下简称《决定》），指出"建设宏大的社会工作人才队伍。造就一支结构合理、素质优良的社会工作人才队伍，是构建社会主义和谐社会的迫切需要"②。

根据《决定》精神，结合国内外经验，在我国民族地区，培养民族社会工作专业人才、大力开展民族社会工作成为社会建设的重要部分。目前，社会工作者积极介入民族地区发展，进行了有效的实务探索，有许多成功的案例，如在区域性的民族地区开展社会工作的湖南省湘西凤凰县农村社会工作服务队；在受灾和出现相应问题的民族地区开展社会工作的湖南省对口援建四川理县的"湘川情社会工作服务中心"；在新时期民族散居区开展社会工作的上海市浦东新区社会工作者协会及乐群社工服务社；上海市民族和宗教事务委员会与上海市民政局开展的民族宗教系统社会工作者队伍建设试点。③

社会工作在实施过程中的本土化任务是具体的，要顺利地启动助人过

---

① 庄勇：《民族社会工作：社会工作本土化的一种路径》，"新一轮西部大开发与贵州社会发展"学术研讨会暨贵州省社会学学会，贵阳，2010，第855~859页。
② 《中共中央关于构建社会主义和谐社会若干重大问题的决定》，中国政府网，http://www.gov.cn/test/2008-08/20/content_1075519.htm，最后访问日期：2023年12月30日。
③ 常宝、亓·巴特尔主编《民族社会工作》，华东理工大学出版社，2013，第152页。

程，在很大程度上要考虑到工作对象的处境、工作对象所享有的文化、工作对象的生活经验。[1] 民族社会工作的本土化更是如此，其服务群体的特殊性决定了其工作模式的开展与少数民族密不可分。[2] 总体来说，中国的民族分布呈现"大杂居、小聚居、交错杂居"的特点。在中东部城市少数民族社区与西部少数民族地区，民族社会工作服务的内容与工作环境不同，因此专业社会工作所运用的工作模式和方法也呈现多样性的特点。

在此将通过一些具有代表性的案例，以中东部城市少数民族社区与西部少数民族地区社会工作的实践模式为切入点，概括总结我国民族社会工作的实践模式，并对此进行分析与反思。

一　中东部城市少数民族社区社会工作的实践模式

（一）政府购买社会工作服务模式

1. 模式概述

政府向民间机构购买服务的福利运作模式发源于西方社会，它是指政府在社会福利的预算中拿出经费，向各类提供社会公共服务的机构，直接拨款资助服务或公开招标购买社会服务。[3]

目前政府向社会组织购买公共服务逐渐成为政府承担公共服务的新模式，这方面的实践已经显示出较大的发展潜力，部分地区在持续实践和探索中也开始形成各自的特色。[4] 民办社会工作机构得到政府的培育和扶持，实质上是将社会工作的发展与政府职能的转变联系起来，这种联系具有重要意义。这种联系一方面是中国社会工作本土化的重要制度突破，另一方面也为我国开展社会工作提供了突破性的思路，即国家可以成为社会的推进者，国家并不是社会发展的天敌，只要国家的力量用得好，它不仅可以成为经济发展的有利因素，也可以成为社会建设的有利因素。[5]

2. 代表案例

随着近些年社会工作实践的不断发展与成熟，许多地区在探索政府购

---

① 王思斌：《试论我国社会工作的本土化》，《浙江学刊》2001 年第 2 期。
② 郭未、杨涵：《中国民族社会工作的发展图景：历史概述与现状反思》，《广西民族研究》2017 年第 1 期。
③ 李林凤：《多元文化下的民族社会工作》，《黑龙江民族丛刊》2009 年第 2 期。
④ 王浦劬、莱斯特·M. 萨拉蒙等：《政府向社会组织购买公共服务研究——中国与全球经验分析》，北京大学出版社，2010，第 11 页。
⑤ 方英：《政府培育下的社工机构发展》，社会科学文献出版社，2016，第 5 页。

买社会工作服务的过程中做了许多有益的尝试，为民族社会工作领域实施政府向社会工作机构购买服务的模式积累了较多的成功经验。

（1）上海少数民族社区案例

上海市浦东新区在少数民族社区开展民族社会工作方面进行了较早的探索。① 上海乐群社工服务社通过政府购买社会工作服务畅通了少数民族和政府部门的诉求渠道，主要包括以下几方面的工作内容。第一，建立少数民族志愿者工作队伍，适时走访慰问，准确地了解少数民族群众的需求和想法，为其解决实际困难；第二，通过提供"一站式"综合服务为来沪少数民族提供咨询服务以及协助其处理相关问题；第三，为少数民族群众发放清真食品补助券、提供送餐服务等，提高了社区内少数民族群众的生活质量和生活水平，有效促进了民族团结、维护了社会稳定；第四，社会工作者为城市中的少数民族群众开展积极又有意义的小游戏活动等，让他们体会到社会的关爱；此外，社会工作者还协助解决了相关问题。②

（2）海宁市"石榴花开"少数民族文化交流与融入项目

随着城市经济的发展，越来越多的少数民族群众流动到沿海发达城市生活和工作，这不可避免地会出现少数民族流动人口问题，包括少数民族群体的社会融入、城市管理、民族关系复杂化等问题。

浙江省海宁市通过政府购买社会工作服务的模式，开展了"石榴花开"少数民族文化交流与融入项目，目的是帮助少数民族在工作生活中适应海宁的文化习俗，从而使其尽快地融入学校、社区和社会。③ 该项目采用政府购买社会工作服务的模式，让更多专业社会工作者参与进来，充分利用社会资源，提升服务的品质；搭建少数民族文化交流平台，进一步促进少数民族群体在城市社区的沟通与交流；举行法律知识、家庭教育、学生学业、心理健康等方面的讲座及宣传活动，一定程度上丰富了少数民族群体的日常生活；开展少数民族群体子女、留守儿童个案服务等，切实满足少数民族群体的需求，有针对性地提供社会工作服务。

该项目涵盖了少数民族群体生活、工作、学习的方方面面，进一步促

---

① 常宝、元·巴特尔主编《民族社会工作》，华东理工大学出版社，2013，第 152 页。
② 李林凤：《社会工作视野下的城市少数民族流动人口问题》，《黑龙江民族丛刊》2006 年第 1 期。
③ 《浙江省海宁市少数民族工作探索购买社会服务新方式》，中华人民共和国国家民族事务委员会网站，https://www.neac.gov.cn/seac/c102805/201909/1135748.shtml，最后访问日期：2023 年 12 月 30 日。

进了不同民族之间文化的交流，丰富了少数民族群体的健康、文化知识，增强了各族群众对海宁的亲近感和归属感，逐渐形成了各民族包容互融的良好局面。

（3）深圳市宗教领域社会工作实践

随着深圳市经济社会的快速发展，政府在加强社会建设、鼓励社会力量参与社会管理和公共服务创新等方面进行了探索。其中，值得一提的是深圳市在推进社会工作职业化和专业化进程中所作的努力，以及在宗教领域社会工作实践方面的初步尝试。[①]

深圳市民宗局通过政府购买社会工作服务，率先在市级层面引入专职社工岗位，协助开展宗教社会工作相关事务；深圳市民宗局为大运会提供民族和宗教事务相关的服务，由专业社工服务机构派驻社工进入大运村，为各参赛国代表提供合适的宗教服务。社工在大运会期间开展的与宗教有关的社会工作服务主要包括参与大运村宗教服务中心的部署、为进驻大运村的神职人员办理大运村注册证、进行大运村宗教服务中心的志愿者管理、向各国运动员提供宗教服务、组织协调宗教服务部召开的相关会议及培训等。

3. 实践反思

政府购买社会工作服务是近年来我国社会工作本土化进程中一项重要的制度安排[②]，它不仅是加强社会工作专业人才队伍建设、促进民办社会工作服务机构发展的内在要求，同时对加快政府职能转变、建设服务型政府、有效满足人民群众不断增长的个性化与多样化的社会服务需求，也具有十分重要的意义。此外，它也是政府与非营利组织构建合作伙伴关系的重要途径[③]，为社会工作服务的开展提供了平台，促进了社工机构的规模化成长，使社会工作行业获得了一定的社会关注和影响力。[④] 目前政府购买社会工作服务依旧存在一些困境和挑战，例如存在结构惰性、行政效率低下和

[①] 李光明、徐选国：《宗教社会工作专业化、职业化发展路径——以深圳市宗教社会工作实务探索为例》，《中国社会工作》2013年第6期。

[②] 王学梦、施旦旦：《市场化与嵌入：政府购买社会工作服务模式的再思考》，《社会工作》2018年第2期。

[③] 陈为雷：《政府和非营利组织项目运作机制、策略和逻辑——对政府购买社会工作服务项目的社会学分析》，《公共管理学报》2014年第3期。

[④] 方英：《政府培育下的社工机构发展》，社会科学文献出版社，2016，第24页。

多头管理等问题①，但长远来看仍然是开展社会工作服务的重要手段之一，对塑造公共性的制度平台、构建多元参与的社会治理模式有着重大意义。

（二）政府自身职能机构服务

1. 模式概述

政府自身职能的发挥也是社会工作实务能够取得成效的一个重要方面。莱斯特·M.萨拉蒙指出，实践中的政府与非营利组织之间能够维持一种较好的伙伴关系②，这种伙伴关系既保证了公共服务的顺利实施与开展，也在一定程度上提供了有效的监督手段。具体到社会工作领域，政府自身职能的发挥与社会工作机构的服务相结合，既推进了社会工作服务的顺利进行，也进一步增强了政府的社会公信力。

随着社会和经济的不断发展，政府职能也发生了变化，开始向服务型政府转变。服务型政府是以政府作为提供社会服务的主导方，通过政府主导建立有效的制度安排，从而引入市场与社会力量提供服务。在服务型政府的理念下，政府自身职能的发挥就显得尤为重要，但和社会组织的联动也是其中一个不容忽视的关键方面。

2. 代表案例

（1）西安回族社区

这一模式的典型案例是西安X回族社区的少数民族社会工作实务，它的开展充分体现了政府自身职能的发挥与社会工作介入的重要作用，其工作内容主要表现在社区组织、社区发展、社区服务三方面。③

社区健全各类组织机构，形成了便捷、全面的办公服务体系，为少数民族群众的日常生活提供了便利；社区不断修缮公共基础设施，完善社区服务体系建设，开发了具有民族特色的旅游景区，在彰显民族特色、繁荣社区文化的同时也解决了部分少数民族群众的就业问题；社区设立便民服

---

① 董云芳：《政府购买社会工作服务发展初期的困境与突破——对J市的质性研究与思考》，《华东理工大学学报》（社会科学版）2013年第3期；何雪松、刘莉：《政府购买服务与社会工作的标准化——以上海的三个机构为例》，《华东师范大学学报》（哲学社会科学版）2021年第2期。

② 莱斯特·M.萨拉蒙：《公共服务中的伙伴——现代福利国家中政府与非营利组织的关系》，田凯译，商务印书馆，2008，第115页。

③ 刘江涛：《社会工作视角下的西安少数民族社区工作经验分析——以西安X回族社区为例》，硕士学位论文，西北大学，2014。

务站，举办多种形式的文娱活动，丰富少数民族群众的文化生活，也注重养老保障以及青少年教育，增强了社区的凝聚力和向心力；社会工作者搭建居民与居委会的沟通桥梁，努力促进各族群众之间的沟通交流，既增强了社区的凝聚力，也树立了良好的社会风尚。

（2）上海社区

2007 年，上海市民族和宗教事务委员会、上海市民政局联合开展一项实验，即把专业社会工作引入城市民族宗教工作领域。[①] 在此背景下，上海市探索了以社区为依托的"社工+社区+社团"的互动模式，具体是政府党委统战部门、政府相关部门、社区居委会三方共同在社区设置民族宗教社会工作岗位，由社区负责对外招募、培训管理社会工作者，并把民族宗教社会工作纳入社区的工作大局；绩效考核、监督管理、能力提升等工作由三方共管。

"社工+社区+社团"的互动模式既体现了政府部门在基层社会治理中发挥的统筹协调作用；又将社会工作与社区资源相结合，社会工作者长久地扎根社区，动员社区和社团资源，能够及时回应社区少数民族群体的需求。不可否认的是，这一模式也存在一定的缺陷。作为嵌入式的专业社会工作，在原有的社区治理结构中会受到很多行政性的干预，专业性发挥受到限制，从而导致社会工作者缺乏自主性，不能完全保证服务的效果与质量。

3. 实践反思

政府职能的发挥与社会工作机构的发展密不可分，可以说，政府在社会工作机构发展过程中起到了巨大的推动作用。社会工作机构的组织使命和发展方向由政府确定，同时，社会工作机构工作领域的拓展也取决于政府的推动。[②] 就目前的情况来看，许多社会工作机构和组织成长和发展的动力主要来自政府。

总体而言，政府职能的发挥直接影响社会工作服务开展的成效与质量，尤其是在民族社会工作领域，政府的统筹与协调作用是民族社会工作实务顺利开展必不可少的重要前提。要想提高民族社会工作的服务效能，一方面要推进社会工作的职业化，另一方面也要提升政府的公共效能，以少数

---

① 何乃柱：《社会工作介入城市散杂居社区民族工作的新探索——上海样本的启示》，《广西民族研究》2013 年第 4 期。

② 李太斌：《浅谈政府推动与社会工作机构发展之间的关系》，《上海青年管理干部学院学报》2007 年第 2 期。

民族群体的需求为服务导向，同时处理好政府、群团组织与从事社会工作的非政府组织之间的关系。[①] 促进政府职能转变、改善公共服务结构、提升公共服务效能，是进一步推进民族社会工作实务开展、维护社会稳定与和谐的重要手段。

（三）社会工作化改造

1. 模式概述

随着社会工作的引入与迅速发展，我国民族社会工作者在处理日常事务时积极引入社会工作的专业知识与方法，更好地为各民族的居民提供服务，在这一过程中逐渐探索出了一种全新的工作模式——社会工作化改造。民族社会工作者根据民族地区的实际情况，结合社会工作的专业技巧和方法，充分挖掘和利用当地资源，在对其进行充分了解的基础上开展民族社会工作实务，进一步促进民族地区的发展。

2. 代表案例

（1）北京牛街

牛街是北京最具特色的少数民族聚居区，辖区内共有汉族、蒙古族、回族、维吾尔族等 23 个民族，其中回族人数占牛街总人数的 23%，形成了多民族聚居城市型社区。为了给社区各民族提供更好的服务，牛街的社区工作者将民族宗教与社会工作融合，尊重伊斯兰教的生活习俗，运用社会工作专业的价值观念与方法，重新改革、调整、发展、完善了社区的综合服务水平。北京牛街民族工作经验被称为"牛街模式"。[②]

第一，牛街社区的改造工作先从经济方面着手，将回族聚集成一个城南民族实业公司（即牛街联社）。公司经济发展反哺社会，逐渐形成了民族特色街区，发展了一系列的清真商品经营，创造了属于自己的商业品牌。

第二，牛街改造的另一个重要方面是教育。经过改造后，牛街从回民幼儿园、回民小学到近邻的回民中学、中国伊斯兰教经学院一应俱全，为牛街的回族群众提供了丰富的教育文化资源。

第三，"牛街模式"的特点是充分尊重牛街的宗教文化。在社会工作化改造的过程中，并没有一味地追求民族认同，而是在发展少数民族经济和

① 翟桔红：《推进社会工作职业化，提升政府公共服务效能》，《社会主义研究》2007 年第 6 期。

② 常宝、亓·巴特尔主编《民族社会工作》，华东理工大学出版社，2013，第 9 页。

教育事业的同时也尊重和保护他们的宗教信仰，如修缮清真寺等。

（2）湖南少数民族村庄的乡村减贫实践

2016年至今，"绿耕"利用D村丰富多彩的侗族文化资产优势开展社区文化资产建设，推动村民重新认识社区文化资产，重拾文化自信心，凭借内生动力推动社区发展，以此推动社区减贫。

第一，在优势视角下挖掘、整理D村优势文化资产。社会工作者动员D村村民共同找寻社区文化资产，挖掘资产背后的故事和意义，充分整合D村优秀文化资产，为社区发展提供基础与动力。

第二，参与式打造文化博物馆。老年人协会主要承担博物馆的筹建组织工作，社会工作者负责协助，村委会、妇女小组、文艺队和村民代表也参与其中，充分体现了当地居民的组织能力、文化认同与主人翁精神。

第三，成立生态种植互助组，以传统农耕方式为主，实现自力更生，进一步推进D村的可持续发展。社会工作者通过培育妇女骨干、组织参访培训等，积极推动生态种植互助组的成立，同时引导生态种植互助组成员不断完善互助组的管理制度。除此之外，社会工作者通过链接城市消费者资源，搭建了城乡合作、公平贸易的平台，拓宽了D村生计发展的渠道。

在D村的减贫实践中，社会工作者扎根乡村社区，充分发掘和利用被忽略、被边缘的社区文化资产，以整合社会工作的视角推动村民参与社区公共事务，建立社区互助组织，激发整村弘扬乡村文化的内生动力，促进社区内源性发展。① 这也在一定程度上体现了社会工作化改造的服务成效，它不仅推动了民族地区的经济发展，还通过整合社区自身资源，充分激发了民族社区的内生动力，从而促进了民族社区的可持续发展。

3. 实践反思

与前两种模式相比，社会工作化改造更强调社会工作者的推动与协调作用。这一模式的核心在于社会工作者引导少数民族群体调动和利用民族社区本地的资源与优势，基于以社区为本的整合视角，在充分了解当地基本情况的基础上进行社会工作化改造，能够激发民族社区的内生动力，促进其可持续发展。

就目前情况来看，贫困仍然是困扰民族地区的主要问题之一，社会工

---

① 张和清：《社区文化资产建设与乡村减贫行动研究——以湖南少数民族D村社会工作项目为例》，《思想战线》2021年第2期。

作化改造的模式对激发社区内生动力、促进社区内源性发展具有重要意义。需要注意的是，社会工作化改造不仅要关注经济层面的发展，也要注意增强社区民众的主体意识与文化认同。此外，社会工作者在这一过程中要尊重并理解民族文化的独特性和丰富性，重视少数民族独特的风俗习惯、宗教信仰以及价值观念等，始终保持文化敏感性，开展基于文化敏感和整合视角下的民族社会工作实务。

同时，在社会工作实务相对成型的中东部地区，应注意从社会工作服务的角度介入民族社会工作实务，有助于减轻民族工作部门的压力；而且来自社会工作实务的服务具有专业知识和能力的支持，对促进民族社会工作实务发展的成效也较为显著，而在民族地区，由于城镇化率低、城市社会工作起步晚，民族社会工作实务发展的空间还很大。结合民族地区的社会服务与社会建设发展规划，优先发展社会工作实务，可能会成为民族地区社会建设的后发优势。①

二 西部少数民族地区社会工作的实践模式

与中东部相比，西部民族地区的社会工作实务要促进民族地区的经济发展，解决由贫困带来的诸多社会问题。此外对民族地区独特的宗教信仰、习俗和文化操守等的保护也是民族社会工作开展的重要任务。② 民族地区的社会工作具有探索性及过渡性的特征，需要在把握和认清民族特点的基础上，充分动员、整合和利用各种社会资源以及民族地区的本土资源，充分发挥少数民族的政策优势与文化优势，因势利导，循序渐进地推进民族社会工作发展。

（一） 政府与半官方组织合作模式

1. 模式概述

由于地域环境和经济发展的限制，西部民族地区的民族社会工作实务的推进并未达到最理想的效果。民族地区的发展相对滞后，贫困问题一直是困扰民族地区发展的重要问题，在此背景下，西部的民族社会工作多在政府与半官方组织的支持下开展。

---

① 严云鹤、周真刚：《中国民族社会工作研究述评》，《贵州民族研究》2018 年第 2 期。
② 郭未、杨涵：《中国民族社会工作的发展图景：历史概述与现状反思》，《广西民族研究》2017 年第 1 期。

2. 代表案例

（1）西藏全区社会工作服务

就目前的情况来看，一方面，西藏的社会工作实务开展主要依靠中央财政支持以及物质方面的资助来实现，民族地区本身可利用的经济资源和社会资源有限；另一方面，西藏的社会工作人才严重短缺，同时其社会工作人才教育培养工作也严重滞后。[①]

目前西藏全区的民族社会工作服务模式主要有以下几个特点。第一，民族社会工作的发展主要依赖于政府和半官方组织，很多时候社会工作服务在"效率优先"的原则下并不能达到最终的服务目标，成效也并不显著。第二，民族社会工作发展较为滞后。目前西藏全区的民族社会工作服务仍然主要依靠政府和半官方组织的支持，社会工作的专业人才及资源也大多来自政府，不利于民族社会工作的长足发展。

（2）青海"童心同行——德一村留守儿童关爱项目"

该项目是由福彩公益金支持，青海省民政厅慈善事业促进和社会工作处购买，青海爱之暖社会工作服务中心承接的青海省社会工作及志愿服务示范项目。[②] 项目实施地点为化隆回族自治县德恒隆乡德一村，该村地处偏远山区，山路崎岖，交通不便，经济发展相对滞后，大量居民常年外出务工，村里多为留守儿童。

该项目在政府、妇联以及共青团等组织的支持下，开展了以学业辅导和兴趣培养为切入点、安全教育为重点、情感帮扶为支撑、生活技能提升为特色的服务内容，通过开展社会工作服务，扩大了项目的影响力，达到了良好的示范和推广效果。

首先，以需求为导向，有针对性地开展服务。服务需求的评估贯穿了社会工作服务的整个过程。社会工作者在了解服务对象真实需求的基础上，开展了"集体生日""厨艺展示""户外活动""亲情连线"等活动，保证了服务的有效性和留守儿童参与的积极性。

其次，提供系统帮扶，助力留守儿童健康成长。在项目执行过程中，形成了德一村留守儿童帮扶"三大体系"——教育帮扶体系、情感帮扶体系和生命安全保护体系，为留守儿童的健康成长提供了强有力的支持与

---

① 来帅：《西藏城市社区"三社联动"的创新发展路径》，《社会工作与管理》2018 年第 1 期。

② 《"童心同行"青海爱之暖社会工作服务中心关爱留守儿童服务项目顺利结项》，搜狐网，https://www.sohu.com/a/409522600_120172593，最后访问日期：2023 年 12 月 30 日。

保障。

最后，整合多方资源，为留守儿童关爱计划续航。在项目实施过程中，广泛动员社会各界人士参与留守儿童关爱工作，积极与妇联、共青团、高校等组织联系，建立了一支 10 余人的服务于当地留守儿童的志愿者队伍，开展"一对一"或"一对多"爱心帮扶，在项目结项后，持续为德一村的留守儿童开展关爱服务。

3. 实践反思

西部民族地区的社会工作与中东部城市社区相比，发展相对滞后，工作模式仍然以政府与半官方组织的支持为主，不仅受到西部民族地区发展的制约，西部民族地区社会工作专业人才不足也是导致这一现象的重要因素。

在现阶段西部民族地区民族社会工作服务开展的过程中，政府与半官方组织的支持无疑是推动民族社会工作发展的一大助力，但也要注意到这种模式存在的缺陷与不足，应在统筹协调政府和半官方组织工作的同时积极发挥社会工作的专业优势，进一步促进西部地区民族社会工作及社会工作者本土化的发展。

（二）对口支援模式

1. 模式概述

长期以来，东西部协同合作和对口支援工作都是我国开展脱贫工作的重要举措，也是我们国家独特的政治优势和制度优势。对口支援模式也成为近些年民族社会工作的主要模式之一，尤其是以东部发达地区援建西部少数民族地区为主要形式。

以深圳市对口支援新疆（喀什）社会工作站、上海援滇等为代表的社会工作组织援建工程，充分调用了社会资源，吸引了大批优秀的社会工作者参与西部民族地区的社会工作实务。[1] 其主要采用项目运作的方式开展服务，对西部民族地区的社会工作发展起到了启蒙和推动作用。[2]

---

[1] 李林凤：《社会工作视野下的城市少数民族流动人口问题》，《黑龙江民族丛刊》2006 年第 1 期。

[2] 郭未、杨涵：《中国民族社会工作的发展图景：历史概述与现状反思》，《广西民族研究》2017 年第 1 期。

2. 代表案例

（1）深圳市对口支援新疆（喀什）社会工作站

2010 年 3 月，深圳市对口支援新疆（喀什）社会工作站（以下简称"深喀社工站"）在深圳市民政局、深圳市社会工作者协会、喀什市民政局、深圳援疆工作前方指挥部的大力支持下正式成立，成为南疆三地州第一家由政府主导、民间自主运营的社会工作专业服务机构。[1] 深喀社工站的工作内容主要集中在以下几个方面。

第一，深喀社工站以培育本土公益组织、开发与实施精品项目和培养本土社会工作人才为主要服务内容。

第二，深喀社工站以培养本土社会工作人才，壮大喀什社工发展后备力量为己任，针对喀什社工开展了多层次的实务能力培训，综合提高一线社工的服务能力。同时，按照工作年限和专业能力等标准将社工划分为不同梯度的人才队伍。通过开展初级督导培养计划，基本建立了喀什社工人才梯队，为喀什社工发展储备了人才力量。

第三，在精准扶贫、改善民生、帮助贫困农户家庭脱贫致富等方面，深喀社工站结合政府精准扶贫的要求，在了解少数民族的风俗民情、文化背景、思想价值观和生活现状的基础上，整合社会资源，开展了一系列社会工作项目，充分挖掘贫困农户家庭潜能，不断探索适合民族地区的社会组织参与精准扶贫的新模式。

第四，通过搭建深圳、喀什的青少年交流平台，增进深喀两地各民族青少年儿童的交流与互动，进一步促进民族交流与团结。同时也开展了一系列青少年儿童成长发展项目，促进各民族青少年的交流与沟通，加强民族团结教育。

（2）上海援滇——沪滇社工牵手脱贫攻坚服务

自 1996 年中央确定上海市对口帮扶云南省以来，沪滇协作已走过许多个春秋。[2] 随着社会工作在各个领域的迅速发展，上海市许多社会工作服务机构也展开了对云南省社会工作服务机构的对口帮扶工作。2017 年，民政部启动了社会工作服务机构"牵手计划"，从社会工作先发地区遴选 300 家

---

[1] 《深圳市对口支援新疆（喀什）社会工作站》，中国文明网，http://www.wenming.cn/zyfw/2018sg100/zjzyfwzz/201811/t20181129_4915836.shtml，最后访问日期：2023 年 12 月 30 日。

[2] 罗晓平、严爱云、黄金平、樊洁、赵菲：《精准援滇的"上海答卷"》，《上海党史与党建》2020 年第 10 期。

社会工作服务机构一对一牵手帮扶贫困地区。其中，上海市的 20 家社会工作服务机构对口帮扶云南省贫困地区的 20 家社会工作服务机构。

多年来，上海市的 20 家社会工作服务机构通过驻点服务、实时督导、链接资源等方式搭建起沪滇社会工作服务协作平台，针对云南省贫困地区留守妇女、留守儿童、困境老人、易地搬迁社区等实施了 45 个服务项目，服务面覆盖云南省 14 个州（市），把温暖送到最需要的人身边，把党和政府的惠民政策和关心关爱传递给贫困群体。

文山壮族苗族自治州马关县仁和镇大嘎吉村近几年有了极大的进步与发展，这些变化得益于脱贫攻坚各项工程的推进，也离不开入驻村里的社会工作者的努力。① 第八天青少年事务社会服务中心是民政部"牵手计划"在云南省选定的 20 个受援机构之一。2018 年 1 月，第八天青少年事务社会服务中心在大嘎吉村建立了乡村社工站，在上海市浦东新区社会工作协会的指导帮助下开展服务，从关爱儿童入手，依托社工组织群众活动，促进村民参与村庄治理，激发村民内生动力。

上海东方社会工作事务所牵手昭通市安然公益联合会后，在昭阳区城乡接合部西城小学常态化开展"七彩课堂"、兴趣小组等活动，推动家庭、学校和社区的互动，西城小学的家校互动情况显著改善。

复旦大学附属儿科医院社工部牵手迪庆藏族自治州儿童福利院后，推动上海市志愿服务公益基金会、复旦大学附属儿科医院共同组建志愿者服务队，分 3 批共 77 人次赴迪庆州，逐年对香格里拉市、德钦县、维西县的 24670 名儿童进行先心病筛查，并对部分儿童眼科、骨科等疑难杂症开展义诊，将符合手术救助条件的 85 名患儿接至上海进行慈善手术。

红河哈尼族彝族自治州金平县在上海乐群社工服务社的帮助指导下，挖掘县内 44 家省、州、县级文明单位志愿服务队及 30 余名大学生志愿者资源进行指导培训，为全县社工人才队伍培养提供人才保障。

上海市社工机构对云南省的对口援建工作，提升了云南省社工机构的服务能力，同时也为云南省培养了一大批专业的社会工作人才，探索和建立了符合贫困地区特点的社会工作助力脱贫攻坚和壮大基层民政力量的有效模式。

---

① 《上海市 20 家社工机构 3 年来对口帮扶云南省贫困地区 20 家社工机构——沪滇社工牵手服务脱贫攻坚》，云南楚雄网，https://www.chuxiong.cn/wap/content/2020－11/22/content_52837.htm，最后访问日期：2024 年 10 月 31 日。

3. 实践反思

对口支援是在邓小平同志共同富裕实现路径的指引下由中央提出的，其主要目的就是增强民族团结，巩固边防，加快民族地区的经济文化建设。① 东西部扶贫协作和对口支援是近年来脱贫攻坚的重要举措，随着国家对民族地区的关注度和重视度的提高，这也成为西部少数民族地区社会工作实务开展的重要模式。

东西部扶贫协作和对口支援制度既是我国治理贫困的有力举措，又是区域协调协同发展、逐步实现共同富裕的大战略。在此背景下，东部发达地区援建西部民族地区的社工机构发展，不仅有助于推动西部民族地区的社会工作实务，更重要的是能够促进区域间相互融通，努力形成区域协调发展、协同发展、共同发展的良好局面，最终实现共同富裕。

在东部发达地区成功社会工作经验的指导下，西部民族地区的社会工作实务在项目执行、资源链接、内部治理、组织发展方面的专业能力得到明显提升，对进一步推进我国民族社会工作本土化进程、促进东西部地区均衡发展、实现各民族共同繁荣有着重要意义。

需要注意的是，在东部发达地区援建西部民族地区社工机构发展的过程中，不能一味地依靠发达地区的经验与指导，更重要的是充分发挥当地的主体性，实现多方主体共同参与，提升东西部协作和对口支援的内生动力，由最初的扶贫援助转向更为广泛的发展协作，推动民族社会工作在西部民族地区的进一步发展。

（三）志愿者流动服务模式

1. 模式概述

在民族地区开展社会救助是民族社会工作的主要内容，西部民族地区也在这一过程中逐渐探索出了以社会救助和社会救济等为主要工作内容，以志愿者流动服务为主要工作形式的民族社会工作模式。

2. 代表案例

（1）移动的湘川情社会工作服务中心

湖南省对口援建四川理县的"湘川情社会工作服务中心"，在民族地

---

① 王小林、谢妮芸：《东西部协作和对口支援：从贫困治理走向共同富裕》，《探索与争鸣》2022 年第 3 期。

区，尤其是灾害后的民族地区开展的社会工作服务也十分具有代表性①，为我国民族社会工作探索志愿者流动服务的新模式提供了借鉴和参考。

在"5·12汶川大地震""青海玉树大地震"等灾害事故中，以"湘川情社会工作服务中心"为代表的40多家社会工作机构和上千名社会工作者奔赴灾区，介入灾害救援与灾后重建的工作。他们团结当地的社会工作组织以及社会各界人士一起为少数民族同胞排忧解难，将民族社会工作与灾害社会工作相结合，逐步形成独具特色的民族地区社会工作介入救灾的模式②，在有效回应和满足灾区群众需求的基础上促进了民族团结，维护了社会稳定。③

第一，服务深入各家各户开展普查，进行专题调研，了解和掌握少数民族群众的基本生活状况及受灾情况，根据其实际问题和需要为少数民族群众提供专业的社会工作服务。

第二，社会工作者采取情绪安抚、心理辅导、危机干预、生计援助、助学助养等手段，帮助地震伤亡家庭恢复家庭功能、建构新的社会支持系统，积极化解民族纠纷，促进民族团结，维护社会稳定。

第三，在开展服务时，社会工作者充分考虑当地少数民族群体聚居的特殊情况，以及少数民族群体利益诉求的特殊性，根据尊重差异的原则为其提供切实的服务，同时尊重当地独特的藏族文化，以专业方法疏导群众情绪，满足当地群众需要。

（2）云南鲁甸地震灾区社工整合服务

2014年8月3日，云南省昭通市鲁甸县发生6.5级地震，此次地震是近18年来云南省发生震级最高的地震，截至8月8日，共造成108.84万人受灾，22.97万人紧急转移安置，4.06万户12.91万间房屋严重损坏。④ 在灾区群众得到紧急救援和初步安置后，民政部于2014年9月5日正式启动了"鲁甸地震灾区社会工作服务支援计划"，由北京市民政局、上海市民政局、广东省民政厅、四川省民政厅和中国社会工作协会分别组

---

① 常宝、元·巴特尔主编《民族社会工作》，华东理工大学出版社，2013，第155页。
② 乔益洁、赵文财：《经验与反思：玉树灾害社会工作与社区重建》，《青海师范大学学报》（哲学社会科学版）2013年第5期。
③ 郭未、杨涵：《中国民族社会工作的发展图景：历史概述与现状反思》，《广西民族研究》2017年第1期。
④ 《云南鲁甸地震遇难人数增至617人》，央视网，http://news.cntv.cn/2014/08/08/ARTI1407 496660449583.shtml，最后访问日期：2023年12月30日。

建了五支社会工作服务队和一个社会工作督导培训组，赶赴鲁甸地震灾区的集中安置点和板房学校，为灾区群众提供为期三个多月的社会工作专业服务。[①]

首先，社会工作服务队在现实需求导向下，基于不同理论范式并根据分析和解决问题的不同侧重点来推进现实服务的整合。另外，及时掌握鲁甸受灾群众的需求变化情况，调整服务策略，使灾害社工服务能够及时回应灾区不同阶段的需求。

其次，采取了"高校社工研究人员+一线社工实务工作者"的团队组建方案，在保持社工队伍相对稳定的同时实现了专业能力的有效整合。

再次，通过多种方式为个人建立支持型的家庭系统和人际交往系统，推进了一系列服务，以小组活动和社区工作坊的形式，建立和巩固村民之间的心理支持和互助网络。同时对灾后重建中不同利益主体、不同阶段的利益诉求和资源状况，灵活使用技术组合来回应不同层面和取向的灾后重建问题。

最后，社会工作者更多地以资源链接者和协调者的角色推进"助老关爱大使"服务项目，在社区内组建了一支由9个村社热心妇女组成的志愿者队伍，定期为老年人群提供上门关爱服务。

3. 实践反思

志愿者流动服务的出现，为民族地区社会工作实务的开展提供了新的工作模式与方法，尤其是在西部少数民族聚居的地区，更需要流动的志愿者服务为其社会救助和地区发展增加助力。这一模式弥补了西部民族地区社会工作者专业人才不足的缺陷，在对少数民族群众提供服务的同时也给民族地区的社会工作发展注入了新鲜血液，有助于民族社会工作实务的进一步推进与发展。

三　民族社会工作本土化实践反思

综合来看，中国民族社会工作者在开展实务的过程中有许多成功案例，也逐步探索出许多民族社会工作的新模式和新方法，但就目前的情况来说，还存在一些缺点与不足。

---

① 文军、吴越菲：《灾害社会工作的实践及反思——以云南鲁甸地震灾区社工整合服务为例》，《中国社会科学》2015年第9期。

（一）存在的不足

1. 本土化的知识运用及理论探索不足

随着国家对民族地区发展的逐渐重视，民族社会工作有了较为广阔的发展空间，但总体上并没有形成系统化的理论，尤其是适合我国国情的、本土化的民族社会工作理论，这就导致在开展实务的过程中缺乏理论的指导。[1]

2. 实务体系构建缺乏长效机制和长远的发展战略

目前来看，在民族社会工作的实务开展中，接受政府购买社会工作项目的单位大多是学校、科研院所，这些项目都有较强的时效性，项目一旦结题结项，开展起来的活动或发起的项目多数也随着研究团队的撤离而终止[2]，因此尚未形成民族社会工作实务的长效机制。

3. 专业人才稀缺，缺乏本土社会工作者

由于民族地区大多处在偏远边疆或落后山区，工作条件艰苦，民族地区社会工作的发展相对滞后，难以吸引社会工作人才。此外，较大的民族文化差异导致外来社会工作者很难适应当地生活。同时，由于语言文化的隔阂，外来的社会工作者很难与服务对象建立信任关系，不利于服务的顺利开展。

4. 行政性色彩较为浓厚

一方面，现有的提供民族社会工作服务的机构组织大多数是在国家民委直管、主管之下的各级政府机构或事业单位，已经形成了一整套的工作系统，但这些机构在开展工作时行政性色彩较为浓厚。另一方面，针对民族问题开展工作的民间组织较少，而且一些民间组织的发展也比较缓慢，资源匮乏，民族社会工作的开展还依赖于政府部门的安排，很多民族项目仍然归属于政府部门的工作范围。[3]

5. 关注点主要集中在少数民族聚居区

中国民族社会工作的关注点主要还是集中在西部等范围较大的少数民

---

[1] 常宝、亓·巴特尔主编《民族社会工作》，华东理工大学出版社，2013，第153页。

[2] 罗贤贵、王兴骥：《文化差异与人才阙如：民族地区社会工作发展探索》，《贵州社会科学》2020年第8期。

[3] 任国英、焦开山：《论民族社会工作的基本意涵、价值理念和实务体系》，《民族研究》2012年第4期。

族聚居区，对流动到城市的少数民族人口关注度较低。已有研究成果大部分把西部地区，特别是西部民族地区，如云南、新疆、四川等作为研究对象，很少有研究关注到我国中东部地区。随着我国经济的发展，越来越多的少数民族人口来到中东部城市谋生，由于自身民族特性，他们大多聚居于某个同民族社区。对这些少数民族流动人口的城市融入过程中已出现或可能出现的问题，不论是文化相异、饮食相异、语言不通或是受到歧视等，都需要专业社会工作者的帮助，而社会工作者自身的能力是否足以提供少数民族城市流动人口需要的服务，这是民族社会工作面临的挑战。①

（二）总结与反思

建立一个系统的民族社会工作实务体系和运作机制，是有效开展民族社会工作的前提和基础。目前不少学者也进行了关于民族社会工作实务构建的思考，认为培养民族社会工作的专业人才是关键。

2011 年，中央组织部等 10 部门发布《关于印发〈边远贫困地区、边疆民族地区和革命老区人才支持计划实施方案〉的通知》，实施"三区"人才计划，鼓励并扶持社会工作者到边远贫困地区、边疆民族地区和革命老区服务。"三区"人才计划为民族地区的发展指明了方向，同时也是民族社会工作发展前所未有的机遇。民族社会工作发展需要一支知识结构、年龄结构合理的人才队伍，尤其是要重视培养民族社会工作人才队伍中的少数民族成员。

此外，由于民族社会工作针对群体的特殊性，社会工作者需要具备文化敏感性，需要将文化的视角带入民族社会工作开展的实务过程中。② 社会工作者可以通过自我反省、教育培训、专家咨询等方式，提高自身的文化能力、积累文化经验，从而与案主建立良好的专业关系，为更好地开展民族社会工作服务打下坚实基础。

民族社会工作者或民族社会工作服务机构对少数民族群体或个体家庭的经济、文化的服务，需要在一定的制度框架下展开，民族社会工作的中心议题是如何实现各民族之间经济和文化的协调发展，而要做到这一点就

---

① 严云鹤、周真刚：《中国民族社会工作研究述评》，《贵州民族研究》2018 年第 2 期。
② 钱宁：《多元文化视角下的民族社会工作》，2012 年中国社会学年会，银川，2012，第 11~12 页。

必须从制度建设方面对民族社会工作进行通盘筹划。[①] 因此，制度的建设与政策的扶持对民族社会工作的发展来说也是必不可少的重要环节。

第二节　民族社会工作助力铸牢中华民族共同体意识

社会工作本土化进程的不断推进，为我国的社会治理和制度建设提供了一个可行的视角，也为问题的切实解决、功能改善以及变革发展提供了操作化的可能性和创新性。近年来，随着社会工作专业方法逐渐运用到民族地区，民族社会工作的必要性和重要性也开始逐步凸显，在加快民族地区发展、铸牢中华民族共同体意识方面发挥了重要作用，同时也对民族社会工作提出了新的发展要求。

一　铸牢中华民族共同体意识

中华民族共同体意识，是国家统一之基、民族团结之本、精神力量之魂，对于维护国家统一、实现各民族团结和共同繁荣，具有重要意义。自党的十八大以来，习近平总书记多次强调，要"铸牢中华民族共同体意识""加强各民族交往交流交融，促进各民族像石榴籽一样紧紧抱在一起，共同团结奋斗、共同繁荣发展"。[②] 2021年，在中央民族工作会议上，习近平再次强调，要以铸牢中华民族共同体意识为主线，推动新时代党的民族工作高质量发展。[③] 当前，面对世界百年未有之大变局带来的机遇与挑战，铸牢中华民族共同体意识、提升中华民族凝聚力，对实现中华民族伟大复兴的中国梦有着重大意义。

（一）从"中华民族多元一体格局"到"中华民族共同体意识"

在第五次中央民族工作会议上，习近平总书记强调，"铸牢中华民族共同体意识是新时代党的民族工作的'纲'，所有工作要向此聚焦"，这就要

---

① 彭秀良、高亮：《从边疆社会工作到民族社会工作：一个历史的回顾》，《社会工作》2013年第6期。

② 习近平：《决胜全面建成小康社会 夺取新时代中国特色社会主义伟大胜利——在中国共产党第十九次全国代表大会上的报告》，人民出版社，2017，第40页。

③ 杨昌儒、祖力亚提·司马义、郝亚明、虎有泽、牟蕾、吕超、张琳：《以铸牢中华民族共同体意识为主线 推动新时代党的民族工作高质量发展》，《贵州民族研究》2022年第1期。

求我们必须把铸牢中华民族共同体意识贯穿于民族工作各领域、全过程。[1] 这一重大论断为做好新时代党的民族工作指明了前进方向，也进一步推动了中华民族成为认同度更高、凝聚力更强的命运共同体。从"中华民族多元一体格局"到"中华民族共同体意识"，反映的是中华民族建设与国家治理紧密关联的时代特征。这也就意味着要推动各民族共同走向社会主义现代化，除了需要完善差别化的区域支持政策，还需要将新发展理念的贯彻作为民族地区高质量发展的着力点。[2]

1. "中华民族多元一体格局"理论

1988 年费孝通首次提出的"中华民族的多元一体格局"理论，阐述了几千年来中国人、中国各族群看待自身和处理族群关系的传统。[3] 费孝通回溯了中华民族多元一体格局的形成过程，并在此基础上总结了特点[4]，这对我们讨论中国的族群关系有着重要意义。

近年来，各界专家学者从不同学科角度，对"中华民族多元一体格局"理论进行了全面而深入的探讨，推进了"中华民族多元一体格局"理论的不断发展和完善。[5] 总的来说，内容主要包括中华民族多元一体格局的形成、"多元"与"一体"的关系以及"中华民族多元一体格局"理论的价值三个方面。

（1）中华民族多元一体格局的形成

"中华民族多元一体格局"理论的提出，开阔了我国民族研究的视野，对我国的社会科学研究有着重要作用。有许多专家学者从"中华民族多元一体格局的形成"对这一理论进行了深入的探索和发展。有学者认为自然环境是中华民族多元一体格局形成的重要基础，中华大地独特的地理环境对中华民族多元一体格局形成和发展有重要影响[6]，新时期的民族工作需要

---

① 中共国家民委党组：《以铸牢中华民族共同体意识为主线　推进新时代党的民族工作高质量发展的纲领性文献》，《人民日报》2021 年 11 月 8 日，第 12 版。

② 蒋慧、孙有略：《铸牢中华民族共同体意识与民族地区基层治理现代化》，《湖北大学学报》（哲学社会科学版）2022 年第 1 期。

③ 马戎编著《民族社会学导论》，北京大学出版社，2005，第 41 页。

④ 费孝通：《中华民族的多元一体格局》，《北京大学学报》（哲学社会科学版）1989 年第 4 期。

⑤ 张琳、袁丽霞：《近三十年来"中华民族多元一体格局"理论研究概况》，《赤峰学院学报》（汉文哲学社会科学版）2021 年第 3 期。

⑥ 许彬、谢忠：《论地理环境对中华民族多元一体格局形成和发展的影响》，《广西民族研究》2007 年第 1 期。

在剧烈的环境变迁中保存好各民族的固有文化。①

也有不少学者尝试从文化的角度入手，阐述中华民族多元一体格局的形成。李宗桂等学者从中华民族精神的确立追溯到中华民族多元一体格局的形成，中华民族精神确立的逻辑前提是中华民族的形成，也就是中华民族多元一体格局的形成，随后从秦汉时期开始梳理了中华民族多元一体关系的形成过程，主要表现在政治、经济和文化上的一体关系。② 刘涛从族群观念、文字符号、文化制度、文化多样性四个维度论述了文化生产在中华民族多元一体格局形成中的推动作用。③ 史金波以中国中古时期王朝分立的辽宋夏金时期为例，说明我国早已有中华民族多元一体性的传统，提出了"中华民族多元一体格局"的历史依据。④ 高永久、王子曦以历史唯物主义的视角为切入点，认为中华民族多元一体格局的形成条件，既包括作为多元基础的各民族历史文化的存在，也包括构成一体的中华民族的初步形成和我国多民族国家的建立。⑤ 王延中等学者从经济、文化、心理三个维度深入解读中华民族多元一体格局的形成，在此基础上结合新时代建设和丰富伟大民族精神的需要，进一步提出了铸牢中华民族共同体意识的发展路径。⑥

（2）"多元"与"一体"的关系

如何理解"多元"与"一体"的关系，是学术界讨论的焦点。"多元"与"一体"是辩证统一的关系，"多元"是个性，"一体"是共性。⑦ 林耀华指出，中华民族是在共生互补的基础上建立的，"多元"中体现着"统一"，"统一"中蕴含着"多元"，二者是矛盾共存的，共同推动着中华民族的形成与发展。⑧ 沈再新则强调各民族在地理条件的影响下，形成了共生互

---

① 樊良树：《四海之内：地理环境对中华民族多元一体格局形成的影响》，《西藏大学学报》（社会科学版）2013 年第 2 期。

② 李宗桂等：《中华民族精神概论》，广东人民出版社，2007，第 39 页。

③ 刘涛：《文化生产与中华民族多元一体格局的形成》，《西北民族大学学报》（哲学社会科学版）2014 年第 2 期。

④ 史金波：《"中华民族多元一体格局"理论的形成背景和当代价值》，《中央民族大学学报》（哲学社会科学版）2018 年第 5 期。

⑤ 高永久、王子曦：《中华民族多元一体格局形成的历史条件》，《广西民族研究》2020 年第 5 期。

⑥ 王延中、宁亚芳、章昌平、彭福荣：《中华民族多元一体格局形成的经济、文化、心理因素析论》，《西南民族大学学报》（人文社会科学版）2021 年第 9 期。

⑦ 徐杰舜、韦小鹏：《"中华民族多元一体格局"理论研究述评》，《民族研究》2008 年第 2 期。

⑧ 林耀华：《认识中华民族结构全局的钥匙》，载费孝通主编《中华民族研究新探索》，中国社会科学出版社，1991，第 9~10 页。

补的多元经济文化类型。在此背景下，各民族充分利用自己的优势和特色，这一"多元共生"思想也体现了"多元一体"的辩证统一关系。① 周建新认为，中华民族的"多元"表现在众多的民族类别、区别明显的族源、特殊的历史发展轨迹等方面，但实质上是文化的多元，文化的多样性导致不同民族之间存在差异。"一体"表现在国家领土主权的完整、各民族共同的根本利益、各民族文化的交融等方面，它是一个动态过程，是各民族进行文化互动的过程。② 金炳镐和杨昌儒认为，在中华民族的多元一体格局中，一体包含多元，多元组成一体，两者辩证统一，中华民族与各民族的关系，是一个大家庭与家庭成员的关系；各民族之间的关系，是一个大家庭里不同成员之间的关系。③

目前，学术界在如何理解"多元"与"一体"的关系上取得了一定的共识，即"多元"是指各民族有其起源、形成、发展的历史，文化、社会也各具特点，从而区别于其他民族；"一体"是指各民族的发展相互关联、相互补充、相互依存，与整体有不可分割的内在联系和共同的民族利益。④

（3）"中华民族多元一体格局"理论的价值

"中华民族多元一体格局"理论的提出，开阔了我国各学科领域的研究视野，也推动了哲学社会科学的发展。关于这一理论的探讨和实践，有利于增强中华民族的凝聚力，促进中华民族的整体性建构，铸牢中华民族共同体意识，维护国家的统一与民族团结，推进社会主义和谐社会建设。⑤

自"中华民族多元一体格局"理论提出以来，众多学者都对其价值给予了充分的肯定，从宏观视角对这一理论的价值进行了高度赞赏。孙秋云认为，"中华民族多元一体格局"理论从宏观角度高度概括和总结了我国民族关系的研究思想，该理论为理解中国各民族之间的关系以及互动过程提供了一个富有创新和远见的结构图，对今后指导我国民族工作、开展相关

---

① 沈再新：《从"中华民族多元一体格局"到"共生互补"》，《湖北民族学院学报》（哲学社会科学版）2010 年第 3 期。

② 周建新：《关于"中华民族"称谓的思考》，《贵州民族研究》2000 年第 3 期。

③ 金炳镐、杨昌儒主编《中国民族理论研究》，中央民族大学出版社，2019，第 25 页。

④ 徐杰舜、韦小鹏：《"中华民族多元一体格局"理论研究述评》，《民族研究》2008 年第 2 期。

⑤ 张琳、袁丽霞：《近三十年来"中华民族多元一体格局"理论研究概况》，《赤峰学院学报》（汉文哲学社会科学版）2021 年第 3 期。

领域的学术研究具有重要意义。① 马戎认为，费先生"中华民族多元一体格局"理论的提出是在宏观理论基础上对中国历史和民族关系的正确把握，这一理论在国内民族工作的实际开展中得到了中央政府的高度认可，为我国今后制定合理的民族政策、顺利开展民族工作发挥了重要作用。②

也有很多学者认为"中华民族多元一体格局"理论的提出，不仅具有理论上的意义，其实践价值也不容忽视，在学科建设、中国现实民族关系的处理以及世界民族问题的探讨上具有重大价值③，为研究中国历史和现实民族状况、民族关系、民族格局等领域提供了新思路，此外，这一理论在政治生活和社会实践方面也得到了广泛应用。④

综上所述，"中华民族多元一体格局"理论的提出与发展，在推动国家的一体化建设、实现中华民族伟大复兴方面发挥着十分重要的作用。在研究和处理民族问题时，既要将中国的 56 个民族看作一个整体，也要看到各民族间的差异，针对各民族自身的特点，结合国情制定相应的民族政策和措施。⑤

2. 铸牢中华民族共同体意识

（1）中华民族共同体意识的形成

千百年来，我国各族人民共同生活在中华大地上，在共同抵御外敌、捍卫祖国统一的漫长进程中，各民族的生产方式、风俗习惯、生活方式、政治信仰等共同因素不断增多，逐渐形成了潜在的、自发的中华民族共同体意识。⑥

"中华民族共同体"并非新近提出的概念，早在新中国成立初期就已经有学者在使用"中华民族共同体"一词，并给出过明确定义。1962 年夏鼐在文章中使用并界定了"中华民族共同体"一词："现今全国的少数民族还很多，他们虽和汉族不同，但各兄弟民族的祖先在悠久的历史过程中，与

---

① 孙秋云：《费孝通"中华民族多元一体格局"理论之我见》，《中南民族大学学报》（人文社会科学版）2006 年第 2 期。

② 马戎：《费孝通先生的民族问题研究》，《西北民族研究》2016 年第 4 期。

③ 杨文炯：《理解现代民族国家的中国范式——费孝通先生"多元一体"理论的现代价值》，《青海民族研究》2018 年第 2 期。

④ 史金波：《"中华民族多元一体格局"理论的形成背景和当代价值》，《中央民族大学学报》（哲学社会科学版）2018 年第 5 期。

⑤ 张琳、袁丽霞：《近三十年来"中华民族多元一体格局"理论研究概况》，《赤峰学院学报》（汉文哲学社会科学版）2021 年第 3 期。

⑥ 马福运：《关于铸牢中华民族共同体意识的若干思考》，《中州学刊》2019 年第 7 期。

汉族的祖先建立起日益紧密的联系，今日大家一起构成了中华民族共同体。"① 从这一表述中不难看出，夏鼐提到的中华民族共同体涵盖了汉族和少数民族的范围。之后周维衍对"中华民族共同体"的形成过程也进行了阐述，认为"中华民族共同体的形成，是以和平与战争的两种方式来完成的，两者相辅相成。……宏观地说，前者是常态，是基础，后者是剧变，是手段"②。

虽然在 20 世纪 60 年代初就已经有学者提出"中华民族共同体"的概念，有关"民族意识"的讨论在 20 世纪八九十年代也一直是民族理论学界研究的热点，但"铸牢中华民族共同体意识"并非学界主动提出的命题，而是党面对当前我国经济社会发展所面临的内外环境变化而作出的战略抉择，对此有清晰的认识不仅有助于铸牢中华民族共同体意识的学术探讨，更有助于铸牢中华民族共同体意识的实践。

2014 年 5 月，在第二次中央新疆工作座谈会上，习近平总书记提出"中华民族共同体意识"重大论断；2017 年 10 月，党的十九大将"铸牢中华民族共同体意识"写入党章。铸牢中华民族共同体意识已经作为中国共产党的一项重要任务，亦构成实现中华民族伟大复兴的中国梦的必要内容。③ 在 2019 年全国民族团结进步表彰大会上，习近平总书记提出："我们要以铸牢中华民族共同体意识为主线，全面贯彻党的民族理论和民族政策，坚持共同团结奋斗、共同繁荣发展，把民族团结进步事业作为基础性事业抓紧抓好，促进各民族像石榴籽一样紧紧拥抱在一起，推动中华民族走向包容性更强、凝聚力更大的命运共同体"④。

2021 年，在中央民族工作会议上，习近平总书记指出："做好新时代党的民族工作，要把铸牢中华民族共同体意识作为党的民族工作的主线"⑤。2021 年 7 月考察西藏时的讲话中，习近平总书记进一步指出："我们 56 个

① 夏鼐：《新中国的考古学》，《考古》1962 年第 9 期。
② 周维衍：《谈谈中华民族共同体的主要完成形式——兼与黎澍同志商榷》，《复旦学报》（社会科学版）1987 年第 3 期。
③ 陈茂荣：《铸牢中华民族共同体意识的民族心理基础——基于社会主义民族关系的视角》，《西北民族大学学报》（哲学社会科学版）2022 年第 2 期。
④ 《中华民族一家亲 同心共筑中国梦——论学习贯彻习近平总书记全国民族团结进步表彰大会重要讲话》，《中国土族》2019 年第 4 期。
⑤ 《习近平在中央民族工作会议上强调 以铸牢中华民族共同体意识为主线 推动新时代党的民族工作高质量发展》，《民族大家庭》2021 年第 5 期。

民族是中华民族共同体，要同舟共济、迈向第二个百年奋斗目标。只要我们跟着中国共产党走、坚定走中国特色社会主义道路、同心协力、加强民族团结，就一定能够如期实现中华民族伟大复兴的辉煌目标"①。

中华民族是在历史进程中由多元组成一体的民族共同体，尽管出现了战乱纷争、列强入侵等现象，中华民族仍以自身经济、文化、情感纽带持续发挥着团结各族儿女的功能，同仇敌忾对抗入侵压迫，团结一致推进社会进步，中华民族汇聚一体的主流进程没有改变。自 2017 年中国共产党第十九次全国代表大会召开后，全国掀起了对"铸牢中华民族共同体意识"讨论的热潮，学界也开始讨论铸牢中华民族共同体意识对推进民族工作、维护国家统一和民族团结的重要作用。

（2）铸牢中华民族共同体意识的重要性

我国是一个统一的多民族国家，中华民族是中国疆域内所有民族的总称。强化中华民族共同体意识，让 56 个民族紧密团结在一起，是中国共产党巩固政权的内在需求，也是国家统一的迫切需要。② "铸牢中华民族共同体意识"是基于统一多民族国家稳定与发展的现实需要而提出的，最终目标是实现国家的完全统一和中华民族的伟大复兴。③

铸牢中华民族共同体意识，是习近平总书记提出的重大原创性论断，是对党的民族理论与时俱进的创新发展，是马克思主义民族理论中国化的最新成果。铸牢中华民族共同体意识理念充分吸收马克思主义民族理论与国家理论，紧密结合中华优秀传统文化和新时代中国民族工作实际，是吸收国际上处理民族问题的经验教训而提出的重大原创性理念。④

随着中国特色社会主义进入新时代，我国民族工作和民族团结进步事业也开启了新征程。面对百年未有之大变局的深刻形势，在全面建设社会主义现代化国家的进程中，党的民族工作和理论在不断地因时而进、因势而新，铸牢中华民族共同体意识成为加强和改进民族工作的应有之义、开

---

① 《习近平：56 个民族是中华民族共同体，要同舟共济、迈向第二个百年奋斗目标》，中国共产党新闻网，http://cpc.people.com.cn/n1/2021/0723/c64094-32168233.html，最后访问日期：2023 年 12 月 30 日。

② 马福运：《关于铸牢中华民族共同体意识的若干思考》，《中州学刊》2019 年第 7 期。

③ 李大龙：《中华民族共同体属性与建设途径探究》，《西南民族大学学报》（人文社会科学版）2022 年第 3 期。

④ 杨昌儒、祖力亚提·司马义、郝亚明、虎有泽、牟蕾、吕超、张琳：《以铸牢中华民族共同体意识为主线 推动新时代党的民族工作高质量发展》，《贵州民族研究》2022 年第 1 期。

创之举。以铸牢中华民族共同体意识为新时代党的民族工作的主线，推进中华民族共同体建设，是党的民族工作理论和实践的智慧结晶，是新时代党的民族工作的根本遵循，是新时代党的民族工作的"纲"，所有工作要向此聚焦。①

3. "中华民族多元一体格局"与中华民族共同体建设

"中华民族多元一体格局"理论的提出，对铸牢中华民族共同体意识、推进中华民族共同体意识建设有着重要意义。对中华民族进行整体研究，按费孝通先生的本意，既要避免以少数民族为中心，也要避免以汉族为中心，需要把中华民族看作一个整体。在我们讨论"中华民族共同体意识"这一话题时，以费孝通先生的"中华民族多元一体格局"思路作为一条主线，对我们理解中华各民族之间的交流与融合有重要的启发。

"中华民族多元一体格局"是中华民族的文化格局和特色，正确认识中华民族多元一体的文化格局，是进一步培育中华民族共同体意识、实现中华民族伟大复兴的重要前提和基础，应该把中华民族建设成更加亲密、更加团结、更具凝聚力和向心力的中华民族共同体。② 事实上，中华民族共同体在结构上具有"多元一体"的特点，1988 年社会学家费孝通提出的"中华民族多元一体格局"理论是对我国民族理论的创新，同时理论界也从人类学、民族学、考古学等方面加强了对中华民族共同体的论证，这不仅增强了我们对中华民族共同体意识的学术认同，而且其实证性研究也为中华民族共同体论证提供了有效的、科学的依据。③

（二）"五个认同"与中华民族共同体意识

1. "五个认同"

在中央第六次西藏工作座谈会上，习近平总书记指出："加强民族团结，必须不断增进各族群众对伟大祖国、中华民族、中华文化、中国共产党、中国特色社会主义的认同"。

"五个认同"是国家统一、民族团结、社会稳定的思想基础，是坚定中

---

① 刘宝明、乌小花、丁赛、李静、黄伟：《铸牢中华民族共同体意识实现中华民族伟大复兴》，《贵州民族研究》2021 年第 6 期。

② 王延中、宁亚芳、章昌平、彭福荣：《中华民族多元一体格局形成的经济、文化、心理因素析论》，《西南民族大学学报》（人文社会科学版）2021 年第 9 期。

③ 许晓东：《中华民族共同体意识的历史、问题与铸牢路径》，《华中科技大学学报》（社会科学版）2021 年第 3 期。

国特色社会主义道路、弘扬中国精神、凝聚中国力量的源泉。只有不断增强各族人民的"五个认同"，推进民族团结教育，才能促进各民族和衷共济、和睦相处、和谐发展，进一步巩固和发展安定团结的大好局面。

（1）强化对伟大祖国的认同

我国56个民族共同缔造了伟大的祖国，共同捍卫了祖国的统一。维护祖国统一是各族人民的根本利益所在，各族人民只有把自己的命运同祖国的命运紧密地联系在一起，国家才能繁荣富强，个人才能得到全面的发展。各族人民要强化自己的国民意识，要把维护祖国统一和加强民族团结作为自己的神圣职责，旗帜鲜明地维护国家利益和祖国尊严，同一切分裂祖国的行为作坚决斗争。

（2）强化对中华民族的认同

中华民族是我国56个民族相互依存、共同发展凝聚而成的，是一个命运共同体，是多元一体的各民族共有的大家庭。中华民族和各民族的关系，形象地说，是一个大家庭和家庭成员的关系，各民族的关系是一个大家庭里不同成员的关系。各民族要增强中华民族共同体意识，牢固树立各民族水乳交融、唇齿相依、休戚相关、荣辱与共的观念和中华民族利益高于一切的思想，始终把中华民族的共同利益摆在首位。

（3）强化对中华文化的认同

在历史发展的长河中，各民族都为创造和发展中华文化作出了应有的贡献。中华文化、中华文明是各民族共同创造的，是各民族优秀文化的集中体现。例如，新疆是一个多民族、多宗教、多元文化的地区，处理好文化认同问题极为重要和关键。文化认同是最深层次的认同，是民族团结之根、民族和睦之魂，只有实现了文化认同，才能谈得上其他的认同。各民族群众，都要深化根植于心的中华文化意识，着力增强对中华文化的内心认同。要坚持以现代文化为引领，以开放的态度对待各民族文化，尊重差异、包容多样、相互欣赏，大力发展一体多元、融合开放、具有新疆特色的现代文化。同时大力传播现代文化理念和行为方式，倡导进步、开放、包容、文明、科学的理念，引导各族群众在精神情趣、生活方式上向现代化迈进。

（4）强化对中国共产党的认同

中国共产党成为中国特色社会主义建设事业的领导核心，是中国各族人民经过长期探索，在认同的基础上做出的选择。在中国共产党领导下，走中国特色社会主义道路，实现中华民族伟大复兴，已成为各族人民的广泛共识。要热爱党、拥护党，服从党的领导和基层党组织的日常管理。对一切违背和危害党的领导、危害我国社会主义政权、危害国家制度和法治、损害广大人民利益的行为，必须旗帜鲜明反对，这是维护各族人民共同利益之所在，也是各族群众的政治底线，不能动摇。

（5）强化对中国特色社会主义的认同

中国走上社会主义道路是中国历史发展的必然，也是我国各族人民的共同选择。只有社会主义才能救中国，只有中国特色社会主义才能发展中国，这已成为各族人民的共识。中国共产党几代领导人带领各族人民进行社会主义革命、建设和改革，取得了一个又一个胜利，人民生活水平大幅度提高，历史已经一次次证明了这一切。虽然当今国际形势风云变幻，但社会主义在中国依然焕发出蓬勃的生机和活力，显示出中国特色社会主义的强大生命力和凝聚力。

2. "五个认同"与中华民族共同体意识的关系

随着"铸牢中华民族共同体意识"以及"中华民族"一词被写入宪法，对中华民族共同体的探讨已经成为学术界的研究热点之一，不少学者也将"五个认同"与中华民族共同体意识联系起来，探讨两者的关系。从"五个认同"的具体内容出发，两者之间存在不可分割的联系，"五个认同"与中华民族共同体意识是辩证统一的关系，增强"五个认同"就是从根本上构建中华民族共同体意识。[①] 中华民族共同体意识是中华民族多元一体格局存续的必要条件，而中华民族多元一体格局则是中华民族共同体建设的结构性基础[②]，也正是如此，中华民族多元一体格局框定了铸牢中华民族共同体意识的实践路径，对于今天推进中华民族共同体意识建设、促进民族团结有着重要的借鉴意义。

中华民族共同体是中华民族在共同缔造多民族国家并彻底摆脱被殖民的命运过程中得以形成的，它存在一个"自在"到"自觉"的过程。[③] "五个认同"是中华民族共同体意识的核心内容，有着深刻而牢固的历史基础，

① 郎维伟、陈瑛、张宁：《中华民族共同体意识与"五个认同"关系研究》，《北方民族大学学报》（哲学社会科学版）2018 年第 3 期。

② 郝亚明：《论中华民族多元一体格局与中华民族共同体建设》，《湖北民族学院学报》（哲学社会科学版）2019 年第 1 期。

③ 费孝通：《中华民族的多元一体格局》，《北京大学学报》（哲学社会科学版）1989 年第 4 期。

也正是基于"五个认同"的存在才有了中华民族共同体的形成。根据我国各民族"五个认同"、"三交"①、"三和"②和"三个离不开"③的思想现状和社会主义时期民族和民族问题发展趋势，特别是在新世纪新形势下，中华各民族人民在中华民族伟大复兴奋勇前进的征程中，要积极培养中华民族共同体意识。④

总的来说，"五个认同"是中华民族共同体意识的核心内容，两者之间的关系密不可分。当前，我国提出的共建"一带一路"倡议得到了国际社会的积极响应，而"人类命运共同体"的认识也越来越多地得到世界各国人民的广泛认同，中华民族共同体的发展壮大既迎来了更为广阔的发展前景，也面临着"铸牢中华民族共同体意识"的艰巨任务。⑤正确认识"五个认同"与中华民族共同体意识的关系，是铸牢中华民族共同体意识、实现中华民族伟大复兴的重要前提。

二 民族社会工作发展与铸牢中华民族共同体意识的关系

中国是一个统一的多民族国家，从古至今始终重视民族平等，强调各民族共同团结奋斗和共同繁荣发展。在基于我国基本国情、总结历史和借鉴他国的不断实践和发展中，开创了具有中国特色的解决民族问题的道路，其中民族社会工作的介入也成为新时期创新传统民族工作机制的一种有效手段⑥，对铸牢中华民族共同体意识，更好地推进民族工作、促进各民族共同繁荣具有重要意义。

（一）民族社会工作是铸牢中华民族共同体意识的重要路径

进入新时期以来，我国以往的民族工作理念、内容和方法都受到了很大的冲击和挑战。伴随着经济的高速发展、改革开放的深入、民主建设的加强和社会思想的演进，国内各种社会问题不断凸显，与民族相关的社会问题呈现多样化和深层次的趋势，过去应对相关问题的民族工作机制和方

---

① 三交：各民族交往、交流、交融。
② 三和：各民族和睦相处、和衷共济、和谐发展。
③ 三个离不开：汉族离不开少数民族、少数民族离不开汉族、各少数民族之间也相互离不开。
④ 金炳镐、杨昌儒主编《中国民族理论研究》，中央民族大学出版社，2019，第25页。
⑤ 孙懿：《"五个认同"与中华民族共同体意识》，《烟台大学学报》（哲学社会科学版）2020年第2期。
⑥ 单良：《新时期少数民族社会工作的价值理念和实务创新》，《社会建设研究》2018年第1期。

法就显得略有不足。因此需要在牢牢把握各民族共同团结奋斗、共同繁荣发展的基础上，巩固和发展平等、团结、互助、和谐的社会主义民族关系，进一步创新和发展民族工作机制，使各民族能够和睦相处、和衷共济、和谐发展。

2010 年 6 月 25 日，时任中共中央政治局委员、国务院副总理的回良玉在给"民族地区社会工作与社会建设论坛"的致信中指出："发展民族地区社会工作，对创新民族工作方法、维护民族地区稳定、促进各民族共同繁荣发展具有重大意义"。[①]

随着近年来国家对民族问题的关注与社会工作的迅速发展，民族社会工作也在促进民族地区发展、铸牢中华民族共同体意识等方面发挥了重要作用。社会工作对少数民族群体以及民族问题的介入，不仅能发挥其独特的专业优势为少数民族群体服务，民族社会工作实务也在这一过程中得到发展，从而真正推进社会工作在中国的本土化进程。发展民族社会工作，不仅是对民族工作方法的创新，也为保护少数民族权益、推动各民族均衡发展、铸牢中华民族共同体意识、构建和谐的多民族社会提供了新的路径与方法。

1. 尊重少数民族个体的个性发展

民族社会工作以案主为中心，以民族为主线，在民族地区开展针对少数民族的助人工作。在实务过程中，民族社会工作始终遵循社会工作的普遍价值体系，坚持以案主为本。这就要求在民族社会工作之中，民族社会工作者必须尊重少数民族案主的独特个性，尊重他们的价值观和风俗习惯。

在民族社会工作介入民族地区时，民族社会工作者要始终以尊重的原则和非评判的态度对待少数民族的宗教信仰，积极探索宗教信仰在民族地区的社会工作功能。同时，民族社会工作者要尊重少数民族的生活习惯、衣食住行，并努力地寻找民族社会工作的切入点，去帮助有需要的少数民族群体。[②]

总的来说，民族社会工作从少数民族群体自身的内在需求出发，在尊重其民族习俗的基础之上充分挖掘少数民族群体的潜能，进一步促进少数民族的个性发展，真正实现以人为本和民族平等，为铸牢中华民族共同体

---

① 潘跃：《做好民族地区社会工作 促进各民族共同繁荣发展》，《人民日报》2010 年 6 月 26 日，第 3 版。

② 李林凤：《多元文化下的民族社会工作》，《黑龙江民族丛刊》2009 年第 2 期。

意识、实现民族地区繁荣与发展提供助力。

2. 促进民族地区的经济发展

民族社会工作者最首要的目标就是帮助有需要的少数民族群众，并致力于各种民族问题的解决。就目前的情况而言，民族地区的问题根源还在于经济基础。由于我国少数民族大多居住在边远山区，受地理区位、自然环境等因素的限制，少数民族的发展相对滞后，贫困问题一直是困扰民族地区发展的重要问题。[①]

民族地区的发展大多以民族家庭为单位，民族社会工作者在为其提供专业服务的过程中，要善于发现并挖掘少数民族群体的潜能，为各家庭提供相应配套的社会服务，促进其对信息获取能力的提升以及对现有资源的合理开发[②]，进一步强化他们自身的能力，最终帮助他们通过自己的力量摆脱贫困，从根源上改变民族地区的现状。这也是民族社会工作在经济方面对民族地区发展的促进和推动作用的体现。

3. 维护民族地区社会稳定

社会稳定是国家发展以及社会和谐发展的首要条件，多民族国家民族问题的有效解决，需要一个能保证广大民族群众真正平等的环境和理念，需要制度的保障和实施。[③] 社会工作以帮扶社会弱势群体、协助他们解决自身困境为己任。民族社会工作的主要内容就是帮助少数民族群体争取属于自己的合法权益，主要通过推动社会政策的制定来保障他们的基本权益。

在实际的工作过程中，民族社会工作者主要通过保障少数民族群体的话语权，增加其在社会资源分配等各方面的影响力，帮助他们获得相关的信息、服务、资源，进一步实现民族平等，从而维持社会秩序、维护社会稳定，铸牢中华民族共同体意识。

4. 传承和弘扬少数民族文化

我国有着悠久的发展历史，56 个民族所构成的中华文化博大精深，同时不同民族又有着自己独特的民族文化。在多民族国家的建构历程中，如何对待民族文化尤其是少数民族文化一直是一个重要议题[④]，也是民族社会

---

① 常宝、亓·巴特尔主编《民族社会工作》，华东理工大学出版社，2013，第 17 页。
② 单良：《新时期少数民族社会工作的价值理念和实务创新》，《社会建设研究》2018 年第 1 期。
③ 艾丽菲亚·艾克拜尔：《新时期我国民族社会工作发展的必要性》，《智富时代》2018 年第 3 期。
④ 严庆：《羁绊与突围：关于多民族国家文化建设的思考》，《贵州民族研究》2017 年第 12 期。

工作主要的工作内容之一。

国家认同、民族认同、文化认同问题是近年来学术界非常关注的问题，主要有两个方面原因。一方面是因为民族分离主义的存在，严重影响了民族国家的政权稳定、民族团结与国家统一。另一方面是因为今天民族学研究的话语体系都是西方的话语体系，所争论的民族问题也都是依据西方的民族理论，而这些理论在解决现实的民族问题时都遇到了难以克服的困境。① 因此，构建本土话语体系的民族社会工作、推进民族社会工作在中国的本土化进程，就显得尤为重要。

民族社会工作的基本前提是尊重民族地区的文化差异，制定保护民族文化的民族政策，从而促进民族地区的发展。在民族社会工作的过程中也始终强调要保持"文化敏感性"，在尊重少数民族文化的基础上开展民族社会工作实务。因此，民族社会工作的开展不仅有利于保护、传承与弘扬中华优秀传统文化，实现文化的多元化发展，也有助于进一步促进文化认同，建设统一的多民族国家。

"五个认同"的基础是增强对中华文化的认同。文化认同是最深层次的认同，是民族团结之根、民族和睦之魂。中央民族工作会议指出，加强中华民族大团结，长远和根本的是增强文化认同，建设各民族共有精神家园，积极培养中华民族共同体意识。② 民族社会工作介入民族地区的文化认同与建设，对增强各族人民的"五个认同"意识、进一步铸牢中华民族共同体意识具有重要意义。

（二）铸牢中华民族共同体意识是民族社会工作的主线

在中国共产党第十九次全国代表大会上，习近平提出了关于"铸牢中华民族共同体意识"的重要论断，指出要全面贯彻党的民族政策，深化民族团结进步教育，铸牢中华民族共同体意识，加强各民族交往交流交融，促进各民族像石榴籽一样紧紧抱在一起。③ 2021 年中央民族工作会议提出，加强和完善党的全面领导，是做好新时代党的民族工作的根本政治保证。

---

① 崔海亮：《国家认同、民族认同、文化认同与大学生思想政治教育》，中国社会科学出版社，2016。
② 严庆：《羁绊与突围：关于多民族国家文化建设的思考》，《贵州民族研究》2017 年第 12 期。
③ 李文勇、卢成观：《党的十九大以来中华民族共同体意识的研究综述》，《甘肃理论学刊》2020 年第 4 期。

党关于加强和改进民族工作的重要思想，要以铸牢中华民族共同体意识为主线，推动新时代党的民族工作高质量发展。[①] 习近平总书记在党的二十大报告中进一步强调，以铸牢中华民族共同体意识为主线，加强和改进党的民族工作。[②]

当前，新时代党的民族工作以铸牢中华民族共同体意识为主线，既是对民族社会工作提出的新要求，也是促进民族社会工作实务发展的重大战略机遇。

1. 铸牢中华民族共同体意识为民族社会工作指明了工作方向

铸牢中华民族共同体意识是习近平总书记关于加强和改进民族工作思想的核心内容，是新时代党的民族工作的主线和"纲"，是习近平总书记在深刻把握中华优秀传统文化和我国民族发展规律基础上作出的重大原创性论断，是我们党对民族工作规律认识的进一步深化和升华。[③] 这一理念的提出，为我国民族社会工作的发展指明了方向。

在不同的历史阶段，我国的主要矛盾发生了重要变化，需要解决的民族问题变得不同，同时民族工作的要求和重点任务也在不断发生着变化。在中华民族站起来的时期，民族工作的重点任务是消除民族压迫和歧视、实现民族平等，保证各民族共同当家作主。在中华民族富起来的时期，民族工作的重点任务是支持民族地区加快发展，实现各民族共同团结奋斗、共同繁荣发展。

民族社会工作者在开展服务的过程中需要深刻认识到，铸牢中华民族共同体意识是维护各民族根本利益的必然要求，是实现中华民族伟大复兴的必然要求，是巩固和发展平等、团结、互助、和谐的社会主义民族关系的必然要求，是党的民族工作开创新局面的必然要求，也是民族社会工作介入过程中不容忽视的重要内容。

民族社会工作作为新时代创新民族工作机制中的重要一环，以民族成员所遇到的社会问题为研究与行动对象，以预防和解决社会问题为己任，其工作领域和内容也十分丰富，但总体来说要顺应新时代我国民族工作实

① 中共国家民委党组：《以铸牢中华民族共同体意识为主线 推进新时代党的民族工作高质量发展的纲领性文献》，《人民日报》2021年11月8日，第12版。

② 周仕兴、王瑾雯：《铸牢中华民族共同体意识 汇聚起各民族团结奋斗的强大力量》，《光明日报》2022年10月21日，第4版。

③ 杨昌儒、祖力亚提·司马义、郝亚明、虎有泽、牟蕾、吕超、张琳：《以铸牢中华民族共同体意识为主线 推动新时代党的民族工作高质量发展》，《贵州民族研究》2022年第1期。

践发展的必然趋势，为加快民族地区发展、铸牢中华民族共同体意识、构筑各民族共有精神家园贡献自己的力量。

2. 铸牢中华民族共同体意识为民族社会工作确定了工作目标

铸牢中华民族共同体意识是新时代党的民族工作的主线，是党的民族工作之"纲"。这一理念的提出，对做好新时代民族工作，加快民族地区发展，促进各族群众共同富裕，构筑各民族共有精神家园，凝聚起共同团结奋斗、共同繁荣发展的磅礴力量，具有十分重要的指导意义，也对新时代的民族社会工作提出了新的要求，确立了新的工作目标和手段。

（1）推动民族地区高质量发展

习近平总书记指出："要积极创造条件，千方百计加快少数民族和民族地区的经济社会发展。"① 目前，民族社会工作者到民族地区开展工作，首先要解决的就是民族地区的发展问题。

民族社会工作者在民族地区，要始终坚持把发展经济、提高少数民族群众的生活水平作为民族社会工作的重要任务，促进民族地区经济社会健康发展。在优势视角下，民族社会工作者要充分利用并发掘民族地区的资源和文化优势，找准融入新发展格局的切入点和突破口，探索生产发展、生活富裕、生态良好的文明发展道路，实现高质量发展。

同时在经济条件相对落后的农村少数民族聚居区，民族社会工作也可以与农村社会工作相结合，深入实施乡村振兴，巩固提升脱贫攻坚和全面建成小康社会成果，让各族群众过上更加幸福、更有品质的生活，加快促进共同富裕，为民族地区的发展增添助力。

（2）深入开展民族团结进步宣传教育

加强民族团结进步宣传教育，是巩固和发展平等、团结、互助、和谐的社会主义民族关系、维护改革发展稳定大局的重要举措。习近平总书记指出："一部中国史，就是一部各民族交融汇聚成多元一体中华民族的历史，就是各民族共同缔造、发展、巩固统一的伟大祖国的历史。各民族之所以团结融合，多元之所以聚为一体，源自各民族文化上的兼收并蓄、经济上的相互依存、情感上的相互亲近，源自中华民族追求团结统一的内生动力。"这是习近平在全国民族团结进步表彰大会上的讲话。

---

① 《习近平：全国各族人民都要珍惜民族大团结的政治局面》，《中国统一战线》2014年第3期。

做好新时代民族社会工作,要深入开展中国特色社会主义和中国梦宣传教育,引导各族群众把智慧和力量凝聚到促进民族团结、共创美好家园上来,树立正确的祖国观、民族观、宗教观、历史观、文化观,促进中华民族共同体意识深深扎根于各族群众心中。民族社会工作者通过开展常态化长效化党史学习教育、"四史"宣传教育活动等,大力宣传党积极探索适合我国国情的解决民族问题道路的艰辛历程,宣传我国民族团结事业取得的辉煌成就,宣传民族团结进步模范集体和模范个人事迹,推动全社会形成爱护团结、维护团结、增进团结的生动局面。

除此之外,民族社会工作者可以充分发挥自身专业优势,利用举办民族节日、民族庆典等重大活动,集中宣传党和国家的民族政策,引导各族人民牢固树立汉族离不开少数民族、少数民族离不开汉族、各少数民族之间也相互离不开的思想,进一步巩固民族团结进步的思想基础,在全社会形成促进民族团结进步的良好氛围。

(3)深化各民族交往交流交融

各民族交往交流交融是中华民族发展的历史大势,是社会发展的必然趋势,是我国社会主义民族关系的发展方向。[1] 习近平总书记指出,"各民族要相互了解、相互尊重、相互包容、相互欣赏、相互学习、相互帮助,像石榴籽那样紧紧抱在一起"[2]。中国是一个多民族国家,各民族在繁衍生息中延续了本族群的历史,并在历史延续的过程中形成了本民族的传统文化。[3] 各民族在特定的自然环境和长期的历史过程中不断交流合作,和睦相处、共同发展,建构形成了"中华民族多元一体"的文化格局。

民族社会工作者要坚持把加强各民族交往交流交融作为重要工作目标,推动建立相互嵌入式的社会结构和社区环境,建设"共居、共学、共事、共乐"的城市社会环境,让各民族形成具有集体认同意义的情感结构,在文化交融中助推和谐城市民族关系的建设,从而更为根本地铸牢中华民族共同体意识。[4] 同时,民族社会工作者要积极引导各族群众正确认识民族关系和民族问题,正确处理差异性和共同性的关系,切实做到尊重差异性、

---

① 陈德主编《民族理论与民族政策》,兰州大学出版社,2012,第39页。
② 鲁宁、吕晨晨:《历次中央新疆工作座谈会回顾、总结与展望》,《新疆社科论坛》2021年第2期。
③ 常宝、亓·巴特尔主编《民族社会工作》,华东理工大学出版社,2013,第75页。
④ 李修远:《城市民族互嵌式社区建设中的集体认同——对铸牢中华民族共同体意识的多元视角思考》,《西北民族大学学报》(哲学社会科学版)2022年第3期。

增进共同性，持续推动各族人民平等交往、自主交流、深度交融。

此外，少数民族的流动人口问题也是目前民族社会工作的重要领域之一。民族社会工作者要协助当地政府和居委会完善流出地和流入地的协调联系机制，加强少数民族流动人口服务管理①，始终保持"文化敏感性"，帮助少数民族群众解决实际困难和问题，促进各民族交往交流交融，推动中华民族共有精神家园建设。

第三节　中国式现代化下的民族社会工作

一　中国式现代化与社会工作

（一）中国式现代化

中国共产党第二十次全国代表大会报告提出，"从现在起，中国共产党的中心任务就是团结带领全国各族人民全面建成社会主义现代化强国、实现第二个百年奋斗目标，以中国式现代化全面推进中华民族伟大复兴"②。"中国式现代化"的提出顺应了历史发展趋势，"创造了人类文明新形态"③，指明了中国式现代化发展的道路与方向，破解了现代化等于西方现代化的唯一性幻觉。④

党的二十大报告高举中国特色社会主义伟大旗帜，系统阐述了新时代坚持和发展中国特色社会主义的重大理论和实践问题，科学谋划了未来一个时期党和国家事业发展的目标任务和大政方针，擘画了以中国式现代化全面推进中华民族伟大复兴的宏伟蓝图，为新时代、新征程、党和国家事业发展、实现第二个百年奋斗目标指明了前进方向，确立了行动指南。⑤ 党的二十大报告着眼于什么是中国式现代化、怎样实现中国式现代化这一重大时代课题，深刻揭示了以中国式现代化全面推进中华民族伟大复兴的重

---

① 李林凤：《社会工作视野下的城市少数民族流动人口问题》，《黑龙江民族丛刊》2006 年第
1 期。
② 习近平：《高举中国特色社会主义伟大旗帜　为全面建设社会主义现代化国家而团结奋
斗——在中国共产党第二十次全国代表大会上的报告》，《党建》2022 年第 11 期。
③ 习近平：《在庆祝中国共产党成立 100 周年大会上的讲话》，人民出版社，2021，第 14 页。
④ 艾四林、陈钿莹：《中国式现代化话语体系建构的三重维度》，《山东大学学报》（哲学社会
科学版）2023 年第 2 期。
⑤ 吴岩：《中国式现代化与高等教育改革创新发展》，《中国高教研究》2022 年第 11 期。

大意义。

1. 中国式现代化的核心要义

中国式现代化的本质要求是坚持中国共产党领导，坚持中国特色社会主义，实现高质量发展，发展全过程人民民主，丰富人民精神世界，实现全体人民共同富裕，促进人与自然和谐共生，推动构建人类命运共同体，创造人类文明新形态。全面深入理解中国式现代化的中国特色和本质要求，深刻把握中国式现代化的核心要义，有助于更好地拓展中国式现代化，以中国式现代化全面推进中华民族伟大复兴。中国式现代化，有其独特的本质特征和基本属性，它是与中国共产党的根本宗旨和目标追求紧紧连在一起的。

（1）中国式现代化的本质特征

只有始终将马克思主义作为指导思想不动摇并不断推进马克思主义中国化时代化，坚持共产主义远大理想与中国特色社会主义共同理想相结合，用社会主义核心价值观凝聚价值共识，才能保证和引领中国式现代化发展的社会主义正确航向。[①]

（2）中国式现代化的基本属性

把握中国式现代化的核心要义，还要看清中国式现代化包含的三大基本属性。[②]

①发展的协调性

中国式现代化要求物质文明和精神文明同步发展，强调物质文明、政治文明、精神文明、社会文明、生态文明这五大文明协调发展，促进现代化建设各个环节、各个方面相协调，这与统筹推进"五位一体"总体布局的战略部署是相一致的。

②人与自然关系的和谐性

在中国古代思想体系中，"天人合一"的基本内涵就是人与自然的和谐共生。中国式现代化要求坚守人与自然和谐共生，走生产发展、生活富裕、生态良好的文明发展道路。

习近平总书记强调"大自然孕育抚养了人类，人类应该以自然为根，

---

① 袁银传、蒋彭阳：《中国式现代化的核心要义、基本特征和历史意义》，《中南民族大学学报》（人文社会科学版）2023年第4期。

② 杨明伟：《发展逻辑、核心要义、前进方向——全面深入理解中国式现代化》，《北京日报》2022年10月24日。

尊重自然、顺应自然、保护自然"①。大自然是人类赖以生存发展的基本条件。尊重自然、顺应自然、保护自然，是全面建设社会主义现代化国家的内在要求，我们必须牢固树立和践行绿水青山就是金山银山的理念，站在人与自然和谐共生的高度谋划发展②，进而形成人与自然和谐发展的现代化建设新格局，加快推进美丽中国建设。

③人类文明的兼容性

中国式现代化坚守本国繁荣和世界繁荣的一致性、发展自身和造福世界的统一性，强调的是同世界各国互利共赢，携手推动构建人类命运共同体，这是世界各国人民前途所在。万物并育而不相害，道并行而不相悖。只有各国行天下之大道，和睦相处、合作共赢，繁荣才能持久，安全才有保障。

这些本质特征和基本属性，体现在习近平总书记的一系列重要论述中，是一次次展开、一步步深化的。自党的十八大以来，习近平总书记对中国式现代化的基本内涵和核心要义，作过多次论述。这些论述具有明确指向性，它表明世界上既不存在定于一尊的现代化模式，也不存在放之四海而皆准的现代化标准。目前国家正在推进的现代化，是中国共产党领导的社会主义现代化，它摒弃了西方以资本为中心的现代化、两极分化的现代化、物质主义膨胀的现代化、对外扩张掠夺的现代化老路③，它立足于以人民为中心，实现中华民族伟大复兴和推动构建人类命运共同体。

2. 中国式现代化的基本特征

新时代新征程中国共产党的使命任务是以中国式现代化全面推进中华民族伟大复兴。在新中国成立特别是改革开放以来的长期探索和实践基础上，经过党的十八大以来在理论和实践上的创新突破，中国共产党成功推进和拓展了中国式现代化。中国式现代化，是中国共产党领导的社会主义现代化，既有各国现代化的共同特征，更有基于自己国情的中国特色，中国式现代化道路是普遍性与特殊性兼具的现代化道路。④

① 习近平：《习近平在"领导人气候峰会"上的讲话（全文）　共同构建人与自然生命共同体——在"领导人气候峰会"上的讲话》，《环境科学与管理》2021年第5期。

② 习近平：《高举中国特色社会主义伟大旗帜　为全面建设社会主义现代化国家而团结奋斗——在中国共产党第二十次全国代表大会上的报告》，《党建》2022年第11期。

③ 杨明伟：《发展逻辑、核心要义、前进方向——全面深入理解中国式现代化》，《北京日报》2022年10月24日。

④ 蒋英州、王创宇：《中国式现代化道路的历史起点、主要内涵与使命追求》，《西南大学学报》（社会科学版）2023年第2期。

习近平总书记指出："中国式现代化是人口规模巨大的现代化，是全体人民共同富裕的现代化，是物质文明和精神文明相协调的现代化，是人与自然和谐共生的现代化，是走和平发展道路的现代化"①。这深刻揭示了中国式现代化的科学内涵和基本特征。

（1）中国式现代化是人口规模巨大的现代化

我国十四亿多人口整体迈进现代化社会，规模超过现有发达国家人口的总和，艰巨性和复杂性前所未有，发展途径和推进方式也必然具有自己的特点。这就需要党和国家始终从国情出发想问题、作决策、办事情，既不好高骛远，也不因循守旧，保持历史耐心，坚持稳中求进、循序渐进、持续推进。

（2）中国式现代化是全体人民共同富裕的现代化

共同富裕是中国特色社会主义的本质要求，也是一个长期的历史过程。在现代化过程中要坚持把实现人民对美好生活的向往作为现代化建设的出发点和落脚点，着力维护和促进社会公平正义，着力促进全体人民共同富裕，坚决防止两极分化。

（3）中国式现代化是物质文明和精神文明相协调的现代化

物质富足、精神富有是社会主义现代化的根本要求。物质贫困不是社会主义，精神贫乏也不是社会主义。这就需要不断厚植现代化的物质基础，不断夯实人民幸福生活的物质条件，同时大力发展社会主义先进文化，加强理想信念教育，传承中华文明，促进物的全面丰富和人的全面发展。

（4）中国式现代化是人与自然和谐共生的现代化

人与自然是生命共同体，无止境地向自然索取甚至破坏自然必然会遭到大自然的报复。在中国式现代化道路上要坚持可持续发展，坚持节约优先、保护优先、自然恢复为主的方针，像保护眼睛一样保护自然和生态环境，坚定不移走生产发展、生活富裕、生态良好的文明发展道路，实现中华民族永续发展。

（5）中国式现代化是走和平发展道路的现代化

中国不走一些国家通过战争、殖民、掠夺等方式实现现代化的老路，那种损人利己、充满血腥罪恶的老路给广大发展中国家人民带来深重苦难。

---

① 习近平：《高举中国特色社会主义伟大旗帜 为全面建设社会主义现代化国家而团结奋斗——在中国共产党第二十次全国代表大会上的报告》，《党建》2022年第11期。

党和国家始终坚定站在历史正确的一边、站在人类文明进步的一边，高举和平、发展、合作、共赢旗帜，在坚定维护世界和平与发展中谋求自身发展，又以自身发展更好维护世界和平与发展。

（二）中国式现代化与社会工作

社会工作作为现代社会制度体系和福利体系的重要组成部分，具有鲜明的时代性与实践性，只有顺应时代的发展潮流并真正在实践中发挥作用，才算是实现了社会工作的价值和使命。目前我国已经进入全面建设社会主义现代化国家的新阶段，发展面临着一系列新问题、新挑战，这既为社会工作发挥专业优势提供了新的发展契机，也对社会工作适应新发展、新阶段提出了更高的要求。

1. 中国式现代化对社会工作发展的意义

在不同的历史阶段和时期，国家面临的问题和挑战不一样，发展目标和工作手段也有所不同。社会主义革命和建设时期，我们党提出努力把我国逐步建设成为一个具有现代农业、现代工业、现代国防和现代科学技术的社会主义强国目标。改革开放和社会主义现代化建设新时期，我们党提出"中国式的现代化"论断，制定了到 21 世纪中叶分三步走、基本实现社会主义现代化的发展战略。党的二十大报告中提出了"中国式现代化"的命题，对我国现代化的特征作了清晰的勾画，对我国经济社会发展具有重要的指导意义，对我国社会工作的发展也具有指导意义。[①]

党的二十大对新时代新征程中国共产党的使命任务作出明确部署，从现在起，中国共产党的中心任务就是团结带领全国各族人民全面建成社会主义现代化强国、实现第二个百年奋斗目标，以中国式现代化全面推进中华民族伟大复兴。[②]"以中国式现代化全面推进中华民族伟大复兴"是当前阶段我国的总体发展目标，在为社会工作发展提供广阔前景和空间的同时也赋予了社会工作更加崇高的历史使命和目标任务。

2. 社会工作在中国式现代化中的作用

党的二十大报告就新时代新征程党和国家的事业发展制定了大政方针和战略部署，提出了"中国式现代化"的宏伟目标和具体任务，需要全党

---

① 王思斌：《中国式现代化新进程与社会工作的新本土化》，《社会工作》2023 年第 1 期。
② 习近平：《高举中国特色社会主义伟大旗帜　为全面建设社会主义现代化国家而团结奋斗——在中国共产党第二十次全国代表大会上的报告》，《党建》2022 年第 11 期。

全国各族人民在党的旗帜下团结起来，不忘初心、牢记使命，为建成社会主义现代化强国而共同奋斗。在现代化发展阶段，我国仍然面临着很多基本的民生问题和社会问题，主要包括以下几点：如何在高质量发展中促进包括中低收入群体在内的就业、如何促进公共服务均等化、如何普遍地增进民生福祉、如何在经济发展中实现相对公平、如何促进和保障城乡居民的社会生活参与等。① 这就要求社会工作要充分发挥自己的专业优势，在帮扶困难、弱势群众方面发挥更加积极的作用，进一步促进民生问题的解决和社会的和谐稳定，加快推进中国式现代化国家建设。

目前学界也有不少学者与时俱进，贴近现实，适应国家经济社会发展新战略和民生发展新要求，强调了社会工作在我国现代化征程中发挥的作用。李迎生指出，社会工作在"加快构建新发展格局，着力推动高质量发展""增进民生福祉，提高人民生活品质""推进国家安全体系和能力现代化，坚决维护国家安全和社会稳定"等四个重点领域发挥了专业优势，认为社会工作需要在做好顶层设计、提升自身能力、强化服务效能等方面做出努力。② 王思斌从专业社会工作要适应新发展阶段新要求的角度，以"新本土化"的理论视角，对我国社会工作的进一步发展做了简要分析，认为可以通过发展社会工作，发挥社会工作的专业优势，助力困弱群体基本民生问题的解决。值得一提的是，他在社会工作本土化的基础上提出了社会工作的新本土化，并强调了社会工作新本土化的重点领域是社会救助和增进民生福祉、助力共同富裕、参与乡村振兴、城镇化中的社会适应与社会融合、促进基层社会治理、参与基本服务等。③ 关信平则认为社会工作要围绕高质量发展和走共同富裕道路、民生保障和社会治理两个方面发挥具体作用，在新时代要高度重视我国社会工作的高质量发展，充分发挥社会工作的专业优势。④

总体而言，中国式现代化的新征程涉及国家建设和发展的方方面面，其中很多领域社会工作都可以积极介入，并与所介入的实践场域相适应，真正发挥出社会工作的专业优势与功能。

① 王思斌：《中国式现代化新进程与社会工作的新本土化》，《社会工作》2023 年第 1 期。
② 李迎生：《中国式现代化新征程中的社会工作研究》，《中国特色社会主义研究》2023 年第 1 期。
③ 王思斌：《中国式现代化新进程与社会工作的新本土化》，《社会工作》2023 年第 1 期。
④ 关信平：《中国式现代化需要社会工作高质量发展》，《中国社会工作》2022 年第 33 期。

二　中国式现代化与民族社会工作

中国式现代化的特征和重大战略进程要求社会工作发挥更大作用，社会工作界也应该有更宽阔的专业视域、更务实的专业理念、更综合的专业能力，参与国家的现代化建设，造福人民，促进社会进步和经济社会协调发展。[①] 中国式现代化在多个方面都需要社会工作的积极参与，而民族社会工作作为社会工作的重要实务领域，在中国式现代化国家新征程中大有可为。

民族社会工作作为一种柔性的社会治理和服务机制，是中国解决民族问题及促进民族之间融合所能使用的最有效方法。[②] 目前，我国大多数民族地区已经成立了一些初具规模的社会工作服务机构，并拥有一定数量的少数民族社会工作者，民族社会工作的实践也在我国中东部沿海城市民族社区和西部民族地区陆续展开。

随着这些实践活动的开展，民族社会工作发挥自身的专业优势积极介入民族地区相关服务领域，并取得了显著成效。如 2010 年深圳市在国家援疆战略的号召下，首创了社会工作援疆模式并在新疆喀什建立了社会工作服务站。该服务站在维护稳定、脱贫攻坚、民族团结、改善民生等方面充分体现了民族社会工作的专业价值，成为深圳援疆实践中一道亮丽的风景线。之后上海市社工机构对云南省的对口援建工作，也为云南省的贫困地区培养了一大批专业的社会工作人才，探索和建立了符合贫困地区特点的民族社会工作助力脱贫攻坚和壮大基层民政力量的有效模式。

（一）民族社会工作在中国式现代化中发挥的作用

1. 助力乡村振兴

2018 年 9 月，中共中央、国务院印发的《乡村振兴战略规划（2018—2022 年）》中提到"大力培育服务性、公益性、互助性农村社会组织，积极发展农村社会工作和志愿服务"[③]，在政策层面上为社会工作参与乡村振兴提供了明确的指引和方向。2022 年 2 月 15 日，《民政部　国家乡村振兴

[①]　王思斌：《中国式现代化新进程与社会工作的新本土化》，《社会工作》2023 年第 1 期。

[②]　郭未、杨涵：《中国民族社会工作的发展图景：历史概述与现状反思》，《广西民族研究》2017 年第 1 期。

[③]　《中共中央　国务院印发〈乡村振兴战略规划（2018—2022 年）〉》，中国政府网，http://www.gov.cn/zhengce/2018-09/26/content_5325534.htm，最后访问日期：2023 年 12 月 30 日。

局关于动员引导社会组织参与乡村振兴工作的通知》印发，指出"民政部门要会同乡村振兴部门推动'五社联动'，创新社会组织与社区、社会工作者、社区志愿者、社会慈善资源联动机制"①，社会工作在助力乡村振兴中发挥的作用日益突出。

乡村振兴作为当下我国实现脱贫攻坚、迈向共同富裕的重要战略部署之一，在习近平新时代中国特色社会主义经济思想中占据着关键地位。民族社会工作作为当下我国社会工作专业发展的重要实践，与乡村振兴战略的总体目标有内在契合性，在助力乡村振兴方面可以充分发挥专业优势；同时，社会工作者的专业介入与实施策略也能够进一步推进乡村振兴战略的发展进程，加快实现中华民族伟大复兴的中国梦。目前，社会工作运用专业的价值理论和方法参与乡村振兴工作，民族社会工作作为社会工作在民族地区开展实务的重要实践，也在助力乡村振兴方面发挥着重要作用。

（1）全面巩固拓展脱贫攻坚成果

2020年12月16日，中共中央、国务院提出《关于实现巩固拓展脱贫攻坚成果同乡村振兴有效衔接的意见》；2021年3月22日，该意见正式发布，明确指出打赢脱贫攻坚战、全面建成小康社会后，要进一步巩固拓展脱贫攻坚成果，接续推动脱贫地区发展和乡村全面振兴。②为完整准确全面把握和贯彻习近平总书记关于加强和改进民族工作的重要思想，深入贯彻落实《关于实现巩固拓展脱贫攻坚成果同乡村振兴有效衔接的意见》精神，支持民族地区巩固拓展脱贫攻坚成果和全面推进乡村振兴，国家民委、国家乡村振兴局、国家发展改革委、教育部、财政部、交通运输部、农业农村部、文化和旅游部、国家卫生健康委联合印发《关于铸牢中华民族共同体意识 扎实推进民族地区巩固拓展脱贫攻坚成果同乡村振兴有效衔接的意见》③，强调促进各族群众在实现乡村振兴进程中不断铸牢中华民族共同体意识。

---

① 《民政部 国家乡村振兴局关于动员引导社会组织参与乡村振兴工作的通知》，中华人民共和国民政部网站，https://www.mca.gov.cn/n152/n165/c39326/content.html，最后访问日期：2023年12月30日。

② 《中共中央 国务院关于实现巩固拓展脱贫攻坚成果同乡村振兴有效衔接的意见》，中国政府网，https://www.gov.cn/zhengce/2021-03/22/content_5594969.htm？eqid=aae1836c0004c2ef00000003646761db，最后访问日期：2023年12月30日。

③ 《国家民委等九部门联合印发〈关于铸牢中华民族共同体意识 扎实推进民族地区巩固拓展脱贫攻坚成果同乡村振兴有效衔接的意见〉》，《中国民族》2022年第11期。

民族地区的发展一直是相对滞后的状态。当前,仍然有一些民族地区面临自然条件恶劣、基础设施不完善、区域经济发展不平衡、基本公共服务滞后等问题,尤其需要做好巩固拓展脱贫攻坚成果同乡村振兴有效衔接的各项工作。民族地区全面推进乡村振兴,对实现各族人民共同富裕、发展夯实铸牢中华民族共同体意识的经济基础、促进社会整体发展具有重要意义。

社会工作始终坚持"助人自助"的价值理念,民族社会工作深入民族地区,能够真正成为民族地区贫弱群体的支持者、陪伴者和帮扶者,为需要帮助的弱势群体链接资源、提供服务,做好巩固拓展脱贫攻坚成果同乡村振兴有效衔接的各项工作,让脱贫基础更加稳固、成效更可持续。[①] "巩固拓展脱贫攻坚成果"包括"巩固"和"拓展"两方面内容。"巩固"要求守住不发生规模性返贫底线,"拓展"要求在稳定脱贫基础上解决次生贫困、多维贫困、相对贫困等问题,推动脱贫地区、脱贫人口实现高质量发展,推动共同富裕取得更为明显的实质性进展。[②]

社会工作是目前乡村社会中稀缺的"黏合剂""组织者""催化器",是乡村社会现代化治理和发展的骨干力量,能够切实有效地回应新时代乡村社会发展的结构性需要。[③] 民族社会工作者在参与乡村振兴工作时,一方面可以充当"协调者"的角色,动员各方力量,链接社会的各种资源,在民族地区积极开展产业帮扶、就业帮扶、社会帮扶和驻村帮扶,巩固和稳定来之不易的脱贫攻坚成果,实现脱贫攻坚和乡村振兴的有效衔接。另一方面需要注重少数民族个人的能力建设,协助个人发展潜能、拓宽个人发展空间、帮助个人实现自我价值,实现从"助人"到"自助"的发展,激发和提高民族地区发展的内生动力与可持续发展能力。同时,民族社会工作者可以充分发挥专业优势,运用专业方法介入乡村振兴的产业振兴、人才振兴、文化振兴、生态振兴和组织振兴五大振兴领域,进一步缓解民族地区长期发展不平衡不充分的问题,加快民族地区发展,促进社会公平。

(2)加快完善社会服务

乡村振兴是国家发展大计,关乎人民群众的民生福祉。在乡村振兴中,

---

① 习近平:《在全国脱贫攻坚总结表彰大会上的讲话》,《老区建设》2021年第3期。
② 向德平:《充分发挥社会工作在乡村振兴中的专业作用》,《中国社会工作》2022年第34期。
③ 陈涛:《把握社会工作的"社会性",助力乡村产业振兴》,《中国社会工作》2022年第34期。

社会服务的范围将由特殊困难群体向所有有需要的社会成员扩展①，这就意味着社会工作的内容已经不仅仅是对弱势群体提供基本的社会保障和社会救助，而是更多关注服务对象与周围环境的适应，关注其自身的发展与社会参与等。

许多民族地区和乡村是重合的，乡村振兴战略的提出，对完善社会服务体系、促进民族地区发展具有重要意义。民族社会工作者在助力乡村振兴的过程中，可以通过政府购买服务、培育社区社会组织、建设乡镇社工站、引入社会工作专业人才、发展志愿者队伍等方式，为民族地区有需要的人提供专业服务，不断拓宽和提高社会工作服务的受益范围与惠及程度，不断丰富社会工作服务的内容和形式，不断提高社会工作服务的水平和质量。总体而言，民族社会工作者要秉承着专业价值观，积极创造性地参与、服务乡村振兴，不断加强实践研究，突出自身特色专长，以高质量服务推进社会工作事业的发展，把专业服务扎根在中国广袤的乡村大地上，展示新时代中国社会工作的新使命与新担当，推动各族人民为全面建设社会主义现代化国家共同奋斗，朝着共同富裕的目标稳步前行。

2. 推进共同富裕

习近平总书记说："我们要实现好、维护好、发展好最广大人民根本利益，紧紧抓住人民最关心最直接最现实的利益问题，扎实推进共同富裕。"②进入新时代以来，以习近平同志为核心的党中央坚持把解决好"三农"问题作为全党工作的重中之重，组织打赢了脱贫攻坚战，为实现共同富裕奠定了坚实基础。党的二十大依然高度重视共同富裕问题，指出中国式现代化是全体人民共同富裕的现代化。③走共同富裕道路是中国特色社会主义的本质要求，也是中国式现代化的重要特征。要实现共同富裕，离不开全社会的共同参与。社会工作作为一门关注弱势群体、具有高度人文关怀的专业学科，能够在推进共同富裕的过程中发挥重要作用。

（1）帮扶困难群众，提高生活水平

2020年我国解决了绝对贫困问题，创造了人类反贫困史上的一个奇迹，

---

① 向德平：《充分发挥社会工作在乡村振兴中的专业作用》，《中国社会工作》2022年第34期。
② 习近平：《高举中国特色社会主义伟大旗帜　为全面建设社会主义现代化国家而团结奋斗——在中国共产党第二十次全国代表大会上的报告》，《党建》2022年第11期。
③ 习近平：《高举中国特色社会主义伟大旗帜 为全面建设社会主义现代化国家而团结奋斗——在中国共产党第二十次全国代表大会上的报告》，《党建》2022年第11期。

但现阶段还是存在规模不小的相对贫困群体。目前我国发展不平衡不充分的问题仍然突出，尤其是在少数民族聚居地区，仍然存在许多困难群体和弱势群体。共同富裕是针对全体人民的共同富裕，其中就包括中低收入群体和困弱群体，在很大程度上来说，改善困弱群体的生活状况是推进共同富裕的重要手段。

困难群众生活条件的改善需要多方的共同努力，既需要党和政府制定和优化相关的社会政策，也需要社区提供帮扶和支持，同时还需要社会力量的共同参与。社会工作作为社会福利体系的重要组成部分，在帮助困弱群体方面可以发挥救助、发展、倡导等功能[1]，可以帮助困难群众改善基本生活、扩大发展机会、提升个人能力。民族地区的发展整体来说处于相对滞后的状态，少数民族群众对相关社会政策的了解程度不高，这在一定程度上限制了他们的发展。民族社会工作的介入，可以帮助政府精准定位需要帮助的服务对象，全面客观地把握服务对象的现实需求，并有效落实各项惠民利民政策，打通党和政府联系服务群众的"最后一米"，更好地解决困难群众的急难愁盼问题。同时，民族社会工作者在提供专业服务的过程中强调人的个性发展，注重激发服务对象的潜能，将社会救助与扶志、扶智相结合，帮助阻断致贫、返贫路径，进一步改善民族地区困难群众的生活状况，促进民族地区的可持续发展。

（2）助力分配制度，促进社会公平

民族社会工作在推进"全体人民共同富裕的现代化"中充分发挥自己的专业优势，可以基于分配制度的三个层次展开分析。[2]

首先，在初次分配中，与社会工作相关的方面涉及就业促进、公平分配、资产建设等。在民族地区健全就业公共服务、促进收入公平分配特别是对困难群众的公平分配、完善财富积累机制（针对困难群众的资产建设机制）等是民族社会工作可以发挥专业优势的重点领域。

其次，在二次分配中，社会工作作为福利制度的组成部分和社会福利的输送体系，可以打通社会服务的"最后一米"，弥补民族地区发展的不足，通过民族社会工作者实现对政策对象的精准识别与精准服务，进而通

---

① 王思斌：《困弱群体共同富裕与社会工作综合服务的促进作用》，《中国社会工作》2022年第34期。

② 李迎生：《中国式现代化新征程中的社会工作研究》，《中国特色社会主义研究》2023年第1期。

过社会政策、福利制度来矫正初次分配带来的收入差距扩大、可能出现的贫富两极分化的问题。

最后，在三次分配中，社会工作在倡导联动慈善资源与服务对象的精准对接方面可以发挥专业优势。三次分配也称第三次分配，是主要由高收入人群乃至普通民众、各类组织在自愿基础上，以募捐、捐赠、资助、志愿服务等慈善公益方式对社会资源和社会财富进行的分配，是对初次分配和二次分配的有益补充，有利于缩小贫富差距，实现合理的分配格局。社会工作及与其联动的志愿服务还可以成为公益慈善资源的组成部分，三次分配的快速发展有利于促进共同富裕。

（3）健全服务体系，提高服务水平

自 2020 年以来，各级政府大力推进乡镇（街道）社工站建设，截至2022 年 6 月 30 日，全国已建成乡镇（街道）社工站 2.1 万余个，5.3 万余名社会工作者驻站开展服务，7 个省份实现了乡镇（街道）社工站全覆盖，17 个省份覆盖率已超过 50%，全国覆盖率达 56%。① 党中央、国务院高度重视乡镇（街道）社工站建设，各地齐头并进、一体推动，乡镇（街道）社工站建设增速不断加快，社会工作服务向中西部省份、农村地区拓展，提升了社会工作服务的覆盖面和可及度。

自改革开放以来，我国经历了复杂的、大规模的城镇化，其中包括大量农民工进城成为常住人口或流动人口，也包括脱贫攻坚中将一些贫困农村居民迁往城镇居住的社区②，即易地扶贫搬迁社区，这既给搬迁群众带来了新的发展机会，也在一定程度上给缺乏生存能力的群众带来了生活上的困难。目前在很多民族地区，留守老人的养老问题、留守儿童的关爱保护问题、残疾人的就业与社会融入问题等都比较突出。乡镇（街道）社工站的建设健全了基层公共服务体系，形成了"社区+社会组织+社会工作者+社区志愿者+社会慈善资源"的"五社联动"机制，能够满足少数民族群众日常生活的基本需要，同时也解决了社区存在的一些社会问题，能够形成"预防+治理"社会问题的模式。目前，乡镇（街道）社工站的建设在服务大局促就业、保障民生兜底线中发挥了重要作用，在之后推进共同富裕的进程中也会继续助力提升民政基层服务能力，推动乡镇（街道）社工站更

① 《民政部：全国乡镇（街道）社工站 2.1 万余个覆盖率达 56%》，《大社会》2022 年第 7 期。
② 王思斌：《中国式现代化新进程与社会工作的新本土化》，《社会工作》2023 年第 1 期。

加全面融入"一老一小"、"一残一困"以及基层社区治理等工作，健全公共服务体系，提高公共服务水平。

3. 促进基层治理

近年来，我国社会治理的重心逐渐从宏观层面向微观层面转移，党和国家都更加重视社区的建设与发展。随着中共中央、国务院印发了《关于加强和完善城乡社区治理的意见》，提出城乡社区治理事关党和国家大政方针的贯彻落实①，各级政府开始将社会治理的目标聚焦于中国的城乡社区之中。党的二十大报告指出，畅通和规范群众诉求表达、利益协调、权益保障通道，完善网格化管理、精细化服务、信息化支撑的基层治理平台，健全城乡社区治理体系，及时把矛盾纠纷化解在基层、化解在萌芽状态②，把社会治理放在了更加突出的位置，这也正是社会工作可以充分发挥专业优势的领域。党的二十大报告从中国式现代化本质要求、推进国家治理体系和治理能力现代化的高度对社会治理进行了新部署，而民族社会工作作为民族地区基层社会治理的创新手段之一，在推进中国式现代化进程中的重要性不言而喻。

（1）创新基层治理机制

改革开放40多年来，我国长期保持社会稳定，基层治理体系和治理能力建设功不可没，社会工作在其中发挥了不可或缺的专业作用。社会工作以服务实现治理的"服务型治理"的专业特性使其具有其他专业难以替代的优势。③ 2013年，民政部在总结各地的实践经验基础上，首次正式提出"三社联动"的基本服务框架，即建立由社区居委会提供平台，专业社会工作者提供人才支撑以及社会组织（专业社会服务机构）提供服务产品的新型社区治理和服务机制。④ 在这之后，社会工作作为中国基层治理创新机制的一部分，开始融入社会管理体制建设。

近年来，社会工作参与基层社区治理，不断创新基层治理机制，在前

---

① 《中共中央 国务院关于加强和完善城乡社区治理的意见》，中国政府网，http://www.gov. cn/zhengce/2021-07/11/content_5624201.htm，最后访问日期：2023年12月30日。

② 习近平：《高举中国特色社会主义伟大旗帜 为全面建设社会主义现代化国家而团结奋斗——在中国共产党第二十次全国代表大会上的报告》，《党建》2022年第11期。

③ 李迎生：《中国式现代化新征程中的社会工作研究》，《中国特色社会主义研究》2023年第1期。

④ 陈伟东、吴岚波：《从嵌入到融入：社区三社联动发展趋势研究》，《中州学刊》2019年第1期。

期社区、社会工作者、社会组织"三社联动"机制的基础上，基于基层实践经验提炼了"五社联动"机制。2021 年 7 月 11 日，中共中央、国务院印发的《关于加强基层治理体系和治理能力现代化建设的意见》，进一步提出"坚持共建共治共享，建设人人有责、人人尽责、人人享有的基层治理共同体"，并明确要求"创新社区与社会组织、社会工作者、社区志愿者、社会慈善资源的联动机制"。① "五社联动"机制立足社区，建立了以社区为平台、以社会组织为载体、以社会工作者为桥梁的专业支撑力量、以社区志愿者为人员补充力量、以社会慈善资源作为资源补充的互联互动和优势互补机制②，充分发挥了社会工作的专业优势，进一步提升了社区治理效能，助力基层社会治理共同体建设。

"三社联动""五社联动"将社会工作定位为社区治理的专业力量和支撑主体，在民族地区的基层治理中得到了广泛运用。民族社会工作者充分结合当地民族特色，坚持以群众需求为导向，以基层党建为引领，以多元治理为抓手，积极探索社区治理新路径，大力推动各民族交往交流交融，营造"共建共治共享"基层治理格局，全面推进民族团结进步事业。

（2）拓宽社会治理半径

在"三社联动""五社联动"的服务框架下，社区弱势人群的社会工作服务就不再是仅仅针对弱势人群而开展的服务，还涉及社会组织资源的挖掘和调动，同时也强调充分发挥社区的平台作用。③ 有学者将社会工作服务与社区发展联系起来，强调其实质是发挥社区生活中不同主体各自的能动性，推动社区生活发生积极的改变。④ 这就意味着社会工作参与社会治理时不仅是关注弱势群体本身，更多关注的是其周围的社会资源以及所在社区的能动性，也就是说社会工作的介入在创新社会治理体制的同时也拓宽了社会治理的半径。

社区居民的民生需求和利益诉求是不断变化的，因此社会工作与基层

---

① 《中共中央 国务院关于加强基层治理体系和治理能力现代化建设的意见》，中国政府网，http://www.gov.cn/zhengce/2021-07/11/content_5624201.htm，最后访问日期：2023 年 12 月 30 日。

② 原珂、赵建玲：《"五社"联动助力基层社会治理共同体建设》，《河南社会科学》2022 年第 4 期。

③ 童敏、刘芳：《基层治理与中国社会工作理论体系建构》，《河北学刊》2021 年第 4 期。

④ 徐选国、徐永祥：《基层社会治理中的"三社联动"：内涵、机制及其实践逻辑——基于深圳市 H 社区的探索》，《社会科学》2016 年第 7 期。

社区的协同治理也是一个持续改进的过程。① 在民族地区，要时刻关注少数民族群众的民生需求和利益诉求，真正做到从需求出发，提供专业的社会工作服务。同时，在关注民族社区弱势群众的同时也不能忽略社区社会组织在社会治理中发挥的重要作用，可以运用社会工作专业技巧和方法，激发社会组织活力，提高群众参与社区事务的主动性和积极性。当然，民族社会工作者在介入过程中要始终坚持把铸牢中华民族共同体意识作为民族工作的主线，充分发挥民族社会工作专业优势，密切关注社情民意，畅通各族群众利益诉求的表达渠道，加强矛盾纠纷多元化解机制建设，推动民族事务治理体系和治理能力现代化。

4. 增进民生福祉

党的二十大报告明确提出了"增进民生福祉，提高人民生活品质"的总体要求，并从完善分配制度、实施就业优先战略、健全社会保障体系和推进健康中国建设等四个方面对战略任务作出了新部署。② 保障和改善民生是党和政府一切工作的出发点和归宿，社会工作作为一门关注民生问题、具有人文关怀的专业学科，可以发挥专业优势帮助政府更好地落实保障和改善民生的各项政策行动，通过整合保障福利与社会工作福利来增进民生福祉③，从而不断满足人民日益增长的美好生活需要。

（1）促进完善分配制度

我国的民族地区，尤其是西部民族地区由于各种原因，经济相对落后、发展较为缓慢。民族社会工作者可以充分发挥专业优势，调动一切可调动的资源，积极帮助低收入和困难群众拓展个人发展的机会和空间、提升自身潜能，进而提高他们在收入分配中的地位，从而更好实现全社会的合理分配。

（2）协助实施就业优先战略

贫困目前仍然是制约民族地区发展的重要问题，实施就业优先战略能有效推动民族地区经济社会更好更快发展，促进各民族繁荣发展和社会的团结进步，进一步坚定各族人民坚持和发展中国特色社会主义的信心和决心。民族社会工作者在介入过程中要积极配合政府的就业政策，把就业作

---

① 王力平：《社会工作与基层治理的协同发展》，《甘肃社会科学》2019 年第 5 期。
② 习近平：《高举中国特色社会主义伟大旗帜 为全面建设社会主义现代化国家而团结奋斗——在中国共产党第二十次全国代表大会上的报告》，《党建》2022 年第 11 期。
③ 周沛：《"增进民生福祉"需整合保障福利与社会工作福利》，《中国社会工作》2017 年第 34 期。

为重中之重，坚持实施就业优先战略和更加积极的就业政策，统筹推进城乡就业创业工作。民族社会工作者要加强对困难人员的就业援助，加强就业培训，提升劳动者素质，为劳动者就业提供更多可能性。同时，民族社会工作者也能在劳动者就业权利保护、就业质量提升、和谐劳动关系建构以及困难群众就业能力提升、就业机会扩展和就业动机激励等方面发挥重要作用。[1]

（3）帮助健全社会保障体系

"社会保障体系是人民生活的安全网和社会运行的稳定器。健全覆盖全民、统筹城乡、公平统一、安全规范、可持续的多层次社会保障体系。"[2]社会工作人才作为社会保障政策的重要传递者，在完善社会保障制度，保障群众基本生活，逐步建立社会保险、社会救助、社会福利、慈善事业相衔接的社会保障体系中具有不可替代的作用。[3]很多民族地区的社会保障体系尚不完善，大部分少数民族群众由于语言、文化素质等因素的影响，对社会保障制度和政策一知半解。民族社会工作者可以通过链接多方资源，使服务对象获得应有的社会保障体系内的物质层面的援助，同时民族社会工作者的专业服务也能为服务对象提供一定的精神支持。总而言之，民族社会工作者在介入民族地区的过程中，应积极配合政府工作，有效落实各项社会保障政策，认真做好打通民生保障"最后一米"的服务保障工作，并做好困难群众能力建设和动机激励工作，实现对困难群众的积极保障。[4]民族社会工作和社会保障制度的有机结合，既能促进民族社会工作的发展，也能在一定程度上弥补社会保障制度运行的不足。

（4）积极推进健康中国建设

自党的十八大以来，以习近平同志为核心的党中央把维护人民健康摆在更加突出的位置，发出建设健康中国的号召。党的二十大报告指出，推进健康中国建设，把保障人民健康放在优先发展的战略位置[5]，对构建中国

---

① 李迎生：《中国式现代化新征程中的社会工作研究》，《中国特色社会主义研究》2023年第1期。

② 习近平：《高举中国特色社会主义伟大旗帜 为全面建设社会主义现代化国家而团结奋斗——在中国共产党第二十次全国代表大会上的报告》，《党建》2022年第11期。

③ 李学举：《努力建设一支结构合理、素质优良的社工人才队伍 充分发挥民政在构建和谐社会中的重要基础作用》，《中国社会报》2006年12月13日，第3版。

④ 关信平：《中国式现代化需要社会工作高质量发展》，《中国社会工作》2022年第33期。

⑤ 习近平：《高举中国特色社会主义伟大旗帜 为全面建设社会主义现代化国家而团结奋斗——在中国共产党第二十次全国代表大会上的报告》，《党建》2022年第11期。

式现代化新道路下的健康促进体系提出了更高要求。我国民族地区的正规医疗服务机构较少，医疗水平较低。同时，民族间的语言和文字障碍也在一定程度上导致民族地区健康知识难以普及，卫生服务活动较难开展，少数民族群众相对缺乏健康意识和医疗知识，因此在民族地区推进健康中国行动势在必行。

民族社会工作者在开展服务的过程中要积极响应健康中国行动，结合民族地区独特的文化传统和价值观念，大力发展公共卫生社会工作，做好基本的医疗知识宣传和普及工作，同时也可以号召少数民族群众更多地参与全民健身等活动①，为提高少数民族群众的健康发挥更大作用。民族社会工作者要坚持预防为主，深入推进健康中国行动，推动卫生与健康事业发展从以治病为中心向以人民健康为中心转变，将维护人民健康的范畴从传统的疾病防治拓展到影响健康的各个领域，努力为人民群众提供全方位全周期健康服务，为实现第二个百年奋斗目标、实现中华民族伟大复兴的中国梦打下坚实的健康基础。

（二）民族社会工作助推中国式现代化的实践路径

1. 以需求为导向，制订服务计划

服务需求的评估贯穿了社会工作服务的整个过程。民族地区有着自己独特的语言、文化习俗和宗教信仰等，民族社会工作者一定要时刻保持"文化敏感性"，尊重当地的文化和风俗习惯。

同时，民族社会工作者也要深入基层，开展基线调查，通过走访、观察、访谈、问卷等形式了解民族地区的发展现状以及目前亟待解决的问题。在此基础上，民族社会工作者需要与服务对象建立专业关系，深入了解服务对象的真实需求，以需求为导向制订社会工作服务计划，保证服务的有效性。

2. 以服务对象为中心，发挥专业优势

社会工作服务重视专业关系的建立，良好的专业关系能够给服务带来积极正向的影响②，社会工作者与服务对象之间的合作关系，以服务对象为中心，强调对服务对象的无条件尊重和案主自决，注重服务对象自身的优势及潜能的挖掘和运用，协助服务对象主动解决问题，只有这样，服务对

---

① 关信平：《中国式现代化需要社会工作高质量发展》，《中国社会工作》2022 年第 33 期。
② 王杰、康姣、方跃：《从单向到双向：社会工作专业关系探讨》，《社会工作与管理》2017 年第 5 期。

象获得的成长才是可持续的，才能真正体现服务质量。社会工作者一直秉持着"助人自助"的理念，在实践中真正做到以服务对象的需要为出发点，真心实意地为服务对象提供服务，从而提升服务对象的幸福感和获得感。

具体运用到民族社会工作中，民族社会工作者应充分尊重服务对象的民族文化背景，重视其个人感受和看法。民族社会工作者需要与服务对象建立相互信任的专业关系，理解服务对象内在的经验世界，进而更好地开展助人服务。民族社会工作者也要有针对性地开展社会工作服务，针对不同群体、不同问题，开展各具特色、针对性较强的专业服务，为少数民族群众办实事、解民忧。如针对特困、留守、经济困难的失能、失智、高龄等特殊老人开展巡访探视、精神慰藉、生活照料、健康养生等服务，针对农村留守儿童和困境儿童及其监护人开展学习辅导、监护指导等服务。

3. 以资源为本，促进地区发展

要推动民族地区的经济发展，更多的是需要民族社会工作者通过整合社区自身资源，充分激发民族社区的内生动力，从而促进民族社区的可持续发展。开展社会工作实践，有利于强化社区居民的凝聚力及认同感并营造友爱、互助、共享的社区氛围。同时，专业民族社会工作者可以撬动更多的社会资源和力量，使其共同参与并合力解决农村社区难题，传递志愿精神，践行社区命运共同体的责任感。[1]

尤其是在民族地区，民族社会工作者更要充分把握当地的资源优势，根据当地的实际情况，结合社会工作的专业技巧和手段，充分挖掘和利用当地资源，在对其有充分了解的基础上开展民族社会工作实务，进一步促进民族地区的发展，找准融入新发展格局的切入点和突破口，探索生产发展、生活富裕、生态良好的文明发展道路，实现高质量发展。[2]

4. 以实践为指导，创新工作方法

社会工作者的具体工作方法不是一成不变的，在实际工作中要与时俱进、要有新思维新方式。社会工作作为以社会服务为导向的行业，顺应智能化的时代潮流，依托互联网、人工智能等新兴技术，实现了对传统模式

---

① 万江红：《资产如何为本——兼论农村社区社会工作的实践路径》，《求索》2021年第2期。
② 陈金龙：《中国式现代化的探索历程、鲜明特征及重要意义——基于习近平相关重要论述的思考》，《党的文献》2022年第2期。

的改良与突破①，在很多工作方法上也有了一定的进步和创新。

新时代的民族社会工作者在助推中国式现代化的过程中，要有自己独到的、新颖的、务实的方式方法。当前，新媒体技术迅猛发展，为民族社会工作促进民族地区发展提供了新的助力。民族社会工作者可以充分运用新媒体平台，协助民族地区发展特色农业，通过直播带货的形式带动生态旅游、农副产品加工与创新等，促进民族地区经济发展。民族社会工作者还可以结合地区发展情况与时代特色，开展多形式、多层次的就业培训和技能培训，促进少数民族群众就业能力和个人素质的提升，有效带动就业。

5. 以专业为依托，提升专业素质

中国式现代化必须坚持高质量发展，社会工作者要积极参与经济与社会的高质量发展；同时，社会工作行业的高质量建设也是经济与社会高质量发展的重要方面之一。② 中国式现代化的新征程、新使命对社会工作者自身能力建设提出了更高的要求，切实提升其工作能力迫在眉睫。③ 因此，广大社会工作者和社会工作组织要更加积极地加强自身专业能力建设，以高质量的服务在我国经济社会发展中体现专业优势。

社会工作者要不断加强理论知识和业务技能的学习，积极参加专业技能培训，提高自身的政治素质、职业道德素质和专业素质。同时，社会工作者必须客观地认识到在提供服务过程中自身能力的倾向性和局限性，要善于整合社会资源，充分链接社会单位及社会自治组织的各种优势资源，通过活动发现志愿者、居民群众中的领袖骨干人才，结合工作实际，因地制宜地利用资源优势，充分发挥社会工作者的链接、引导、协调、督导的能力。此外，由于民族社会工作服务群体的特殊性，民族社会工作者需要具备文化敏感性，需要将文化的视角带入民族社会工作开展的实务过程。民族社会工作者可以通过自我反省、教育培训、专家咨询等方式，提高自身的文化能力，积累文化经验，在服务过程中始终保持文化敏感性，与服务对象建立良好的专业关系，从而为更好地开展民族社会工作服务打下坚实基础。

---

① 徐华、万雯霞：《智能化时代背景下社会工作的创新与挑战》，《中国社会工作》2017 年第31 期。
② 关信平：《中国式现代化需要社会工作高质量发展》，《中国社会工作》2022 年第33 期。
③ 李迎生：《中国式现代化新征程中的社会工作研究》，《中国特色社会主义研究》2023 年第1 期。

第七章　民族社会工作研究

科学的研究是社会工作发展的前提条件，同时也为社会工作者的专业服务提供了效率保障。民族社会工作研究作为社会工作研究在民族地区的应用，其研究成果对民族政策的制定、修改与完善，对民族社会工作的实务开展与效率提升都具有重要意义。

第一节　民族社会工作研究的内容与功能

一　社会工作研究的一般内涵

（一）社会工作研究的界定

社会工作科学化的关键性问题是研究方法，社会工作研究也是间接的社会工作方法。我们虽然没有明确意识到，但社会工作研究实际上一直与我们的日常生活密切相关。各个领域的专业技术人员，如行政管理者、社会服务者、商界精英、医疗工作者、教育工作者，都会将社会工作的研究结果和原则运用于自己的日常工作。社会工作研究结果对"社会人"具有重大的意义，它可以指导我们教养子女、减少犯罪率、提高公众健康水平。

社会工作研究有两种不同的理解。第一种理解是把社会工作当作一种社会现象和对象而进行的研究，这种研究可以是多角度的，如从社会学、政治学、经济学等角度对社会工作进行研究，实际上这是关于社会工作的社会学、政治学、经济学研究。第二种理解是为了发展社会工作的理论、方法和知识，以更有效地推进社会工作而进行的科学研究。

不同学者对社会工作研究的内涵有不同的界定。例如，纽曼认为，社会工作研究是一种由社会工作者、社会学家、社会科学家和其他学者为寻求有关社会问题答案而开展的一种研究。① 芬克（Fink）认为有系统地寻求未知答案，或有系统地验证某些假设，并将之用于社会工作领域即社会工作研究。② 常宝和亓·巴特尔认为社会工作研究是将社会科学研究方法作用于社会工作的过程，是寻求一般原理与法则加以发展社会工作的知识、技能、观念与理论的活动。③

从本质上来看，社会工作研究可以视为获取、发现与社会工作相关的知识和事实的过程。其中，社会工作及相关领域的研究者依托社会工作伦理和社会研究伦理，使用社会研究的方法和程序，收集、分析与社会福利和社会工作有关的资料，以协助达到社会工作的目标。

（二）社会工作研究的功能

社会工作是科学的助人活动，社会工作研究对改进社会工作系统过程十分必要，社会工作研究的功能包括以下几个方面。

1. 了解社会需要，设计社会服务

社会服务的开展是以社会需要为基础的，社会需要的强度决定着应该制定何种政策和措施向有需要的人提供帮助和服务，要使社会服务具有科学性和针对性，就必须对社会需要作科学的调查研究，探讨提供社会服务的途径，并对社会服务方案进行科学的评估和选择。在社会问题比较严重、投入的社会服务资源较多、社会服务项目较新的情况下，社会工作研究尤为必要。

2. 了解服务对象，推进社会服务

社会服务是在复杂的社会、文化等环境条件下社会工作者与服务对象的互动过程。因此，认真研究服务对象所处的社会系统，研究他们的问题发生史、生活史和支持系统等，对实施社会服务十分重要。随着社会服务的开展，社会工作者与服务对象之间的互动将不断呈现新的情况。社会工作者只有及时地、客观地认识这种情况才能有效地将社会服务向前推进。行动研究就是在这方面所做出的科学而积极的努力。

---

① 劳伦斯·纽曼、拉里·克罗伊格：《社会工作研究方法：质性和定量方法的应用》，刘梦译，中国人民大学出版社，2008，第3页。
② 王思斌主编《社会工作概论》，高等教育出版社，1999，第340页。
③ 常宝、亓·巴特尔主编《民族社会工作》，华东理工大学出版社，2013，第317页。

3. 了解服务进展，不断改进社会服务

随着社会服务的推进，服务对象的生活状态、心理状态和社会需要会发生相应的变化，相关的社会、经济、政治等因素也可能发生变化。另外，社会服务常会遇到一些新问题，社会服务本身也有需要改进之处。为了改善和进一步推进社会服务，必须对已开展的社会服务进行评估，对新发生的情况进行研究。

4. 发现新的问题，倡导调整政策

社会服务在一定的政策框架下进行，社会工作不仅具体地实施社会政策、满足政策对象需要，而且可能会在社会服务中发现新问题。这些可能是政策执行中的问题，或是原来并未认识到的问题，也可能是新产生的问题。如果这些问题影响面较大，就必须通过完善政策来加以解决。社会工作研究在政策倡导方面发挥着重要作用。

5. 总结实践经验，促进理论发展

社会工作实践需要理论指导，社会工作要发展就要对实践经验进行总结。要实现社会工作经验的积累和社会工作理论的发展，就必须对社会工作实践经验进行科学提炼和分析，对之进行梳理和概括，即科学的社会工作研究。另外，社会工作实践是检验理论的标准，然而这种检验和评判只有借助科学研究才更加有效。①

二　民族社会工作研究的特性

民族社会工作研究将社会工作应用于民族地区的特殊情境，它在宏观层面是对民族地区社会政策、社会福利以及民族结构的探讨，在中观层面是对民族地区具体的社会问题、社会互动以及服务过程的研究，在微观层面是对多民族背景下的情境性助人技巧的尝试。② 它既有社会工作研究的共性，也有自身的特性，把握这些特性有利于深入理解民族社会工作研究，推动民族社会工作的发展。

（一）民族社会工作研究以多民族弱势群体为主要对象

民族社会工作研究由于具有不同的研究情境，往往需要发现服务对象

---

① 王思斌主编《社会工作概论》，高等教育出版社，1999。
② 常宝、亓·巴特尔主编《民族社会工作》，华东理工大学出版社，2013，第317页。

的独特性。这些对象除了拥有人类普遍的需要，还由于其独有的民族属性和成长环境拥有一些特殊的需要。

（二）民族社会工作研究者可以是资料的收集和分析者，也可以是研究结果应用者

民族社会工作中的很多研究源于民族社会工作者在服务过程中发现的问题，这些问题在经过探索之后可以为工作提供思路，民族社会工作者就成为研究者和研究成果应用者。民族社会工作研究实际上就是研究者的自我评价、自我检讨和自我批判。

（三）民族社会工作研究旨在同理和帮助案主，而非研究人员的自身满足

民族社会工作研究必须真诚地关心案主，对其民族性进行深入理解和感悟，旗帜鲜明地为他们服务，帮助他们，进而使其实现自助。

（四）民族社会工作研究与民族地区实务及民族理论紧密相关

从研究目的上来看，资料分析只是研究的基础，推动实务才是其主要内容；民族社会工作研究与民族社会工作实践可以整合，他们的研究成果可以同时推进民族地区实务和民族理论的发展，研究者也因此成为研究成果应用者、知识创造者和传播者的结合体。①

三　开展民族社会工作研究的必要性和重要性

民族社会工作研究作为社会工作研究的一个领域，不仅可以促进民族社会工作实践的发展，也有助于相关民族理论的进步，可以将开展民族社会工作研究的必要性和重要性总结为以下几点。

（一）及时了解和掌握多民族群体需求以提供适宜服务的需要

民族社会工作服务项目不是盲目地提出与提供的，而是根据服务对象的需求经过科学设计的。了解服务对象的需求便成为设计与提供民族社会工作服务项目的前提，而这就必须进行民族社会工作研究，掌握服务对象

---

① 常宝、元·巴特尔主编《民族社会工作》，华东理工大学出版社，2013，第317~318页。

真实的服务需求，以设计与提供最合适的服务。

（二）科学地探寻民族地区社会问题成因并加以合理解决的需要

民族问题不仅仅是少数民族内部的问题，也包括不同民族之间的关系问题，不仅具有社会问题的一般特征，还具有民族特殊性。在新形势下，民族问题日益复杂，要科学地描述民族地区社会问题的状况，分析民族地区社会问题产生的各种原因，以对症下药、解决问题；要对民族社会工作的相关社会问题加以研究，以探寻解决问题的合理途径，并从中选择最佳的解决方案。

（三）不断改进民族地区社会工作服务质量、提高服务效益的需要

民族社会工作对象的需求是不断变化的，社会环境也是不断变化的。为了使社会服务取得最佳的效果与效益，就必须通过调查研究、评估研究等科学方法，了解服务对象、社会环境等方面的变化，不断改进工作模式、方法与技术，从而达到增进服务对象福利、提高社会服务质量与效益的目的。

（四）不断完善民族政策、推动民族地区社会发展的需要

民族地区社会福利项目的设计和社会服务的具体实施，都是在一定的民族政策的指导下进行的。民族政策的制定是为了解决民族地区的社会问题，推动社会发展。要实现民族政策的目标，就必须对各种情况下民族社会工作开展的实际情形进行研究，掌握民族政策的实际效果，及时发现民族政策在执行中出现的问题和偏差，并及时对其进行修正，通过如此反复的过程，使民族政策日臻完善，从而发挥其应有的指导作用。

（五）验证和发展民族社会工作理论的需要

社会工作原有的理论、模型、方法与技术是否具有科学性、适恰性，必须经过实际运用加以验证。在民族社会工作的具体实践中，社会工作者不断地创造新经验、新方法、新技巧，这些都需要加以理论提炼，从而补充原有的理论或形成新的理论。

（六）民族社会工作发展与地位提升的内在需要

任何一项专业的立身之本都离不开系统的、专业化的研究体系。社会工作的发展脱胎于具体的助人实践活动，民族社会工作作为社会工作的一个领域，需要更多的民族社会工作者在专业的助人服务中深入思考其价值与意义，并通过各种研究来促进民族社会工作的发展。

第二节　民族社会工作研究的方法论与价值选择

一　民族社会工作研究的方法论

方法论是根据本体论和认识论而采用的科学研究方法，它是思维层次上的"基本假设、逻辑、原则、规则、程序等问题，它是指导研究的一般思想方法或哲学"[①]。社会工作研究的方法论就是指导社会工作研究的理论。社会科学研究方法论在很大程度上是适用于社会工作研究的，因此民族社会工作研究在一定程度上也受到统一的社会科学研究方法论的指导。

社会科学研究方法论主要包括实证主义方法论、诠释主义方法论和批判主义方法论；另外，由于社会工作研究具有服务于弱势群体的色彩，这里简要介绍两种正在飞速发展的方法论视角：女性主义和后现代主义。

（一）实证主义方法论

实证主义方法论是历史最悠久、应用最广泛的方法论，它是以自然主义或科学主义为基础的方法论。实证主义注重事实经验，认为经验科学是人类获取知识唯一可靠的形式；反对超自然力量和抽象、思辨的原则，认为只有实证科学才能发现经验现象之间客观存在的关系，并能预测和控制社会过程；社会研究的逻辑方法是假设演绎法，假设必须由经验事实检验，理论只有被经验事实证明才是科学的。

实证主义发端于启蒙运动时期的欧洲，是启蒙运动的重要成果之一。在启蒙运动之前的两千多年历史中，欧洲在人群结构上表现为国家一体化的专制状态，并不存在一个从国家形态中分离出来的社会。同时，人们的

[①]　袁方主编《社会研究方法教程》，北京大学出版社，1997，第24页。

学术文化重心也是在以哲学和神学为主体的思辨性形而上学和信仰性宗教知识方面，关于世俗世界的解释则是从哲学中延伸出来的政治学和伦理学等学科的任务。因此，这一漫长历史阶段中的西方学术表现出思辨性和信仰性的特点，而较少有实证性的主张和观念。

18 世纪欧洲的启蒙与反启蒙等思想运动一方面分化了基督教单一的社会共同体，滋生了许多社会问题，这促成了人们对社会现象进行形而下关注的学术新视角，促成了早期社会学家在寻求解决社会问题时将"社会"神圣化的学术倾向。这些运动另一方面也使基督教和思辨哲学权威有所衰落，由此催生了实证主义的逐步形成。

最早提出"实证"方法的是圣西门，而对这一方法进行哲学性系统论证和广泛宣扬的则是孔德。① 孔德在近代经验哲学、理性实验科学和社会思想成就的影响下，首先提出实证哲学的基本理论，其代表作为《实证哲学教程》。孔德实证主义思想的核心是经验证实原则，它主张一切科学知识都建立在经验事实的基础上，科学是通过观察和实验的经验事实来证明的。在孔德看来，人类社会已经进入科学时代、实证阶段，因此要把人类智力和精神的极致——科学知识、科学理论、科学体系以及与之相应的科学方法、科学逻辑引入哲学，进行一次哲学革命，建立一种新的哲学，其突出特性就是利用经验证实的方法检验以往的一切知识和形而上学。

在孔德之后，系统地将实证主义方法论原则贯彻于实际研究的是法国著名社会学家迪尔凯姆，他的著作《社会分工论》《社会学方法的规则》《自杀论》体现了实证主义思想。迪尔凯姆的主要观点包括以下几方面。首先，确定了社会学的研究对象是社会现象，社会现象具有不以人的意志为转移的客观性，存在必然的因果规律，可以被人们认识，可以发现其内在本质和规律；其次，提出了一系列研究社会现象的原则，认为应该把社会事实当作"物"来考察，即面对研究对象时，应破除一切主观臆断，不要将个人的主观看法和从经验中获得的感性材料带入实际社会研究，即要采取"价值中立"；最后，就解释研究对象，迪尔凯姆也提出了若干原则，一是某一社会现象的存在必须根据别的社会现象来解释，二是对社会现象的完整解释必须包括因果考察和功能分析。

---

① 贾应生：《内外兼证：社会学研究方法的新视野》，《西北师大学报》（社会科学版）2021年第 3 期。

　　实证主义方法论的基本特征是通过对现象的归纳可以得到科学定律，其中心论点是必须通过观察或感觉经验去认识社会现象所处的客观环境，把社会现象视为自然现象来进行研究。这种研究方法的基本目的是希望建立知识的客观性。[①] 实证主义方法论的基本观点如下。第一，社会科学和自然科学的研究对象一样，都是纯客观的，社会现象的背后存在着必然的因果规律，因此，社会科学可以运用自然科学的方法来研究社会。第二，因为社会现象是客观的，有规律可循，所以可以被人们所认识并体现其内在本质和规律，经验是科学知识的唯一来源，并且也是科学知识得到验证的唯一标准。第三，社会科学的任务不在于说明社会现象应该是什么或必须是什么，社会科学的任务仅在于说明社会现象是什么。因此，社会科学无须对"事实"作出价值判断，而应该采取"价值中立"的原则。[②]

　　然而，实证主义方法论者认为社会是自然的一部分，且同自然现象没有本质的区别，可经由量化的手段或方法达成对社会事实的了解。这种方法论的指向忽视了社会主体及其在社会活动中的主观意识和价值取向；同时，其因过于强调经验取向而忽视对理论的研究，故难以正确而全面地了解社会。这一方法论对社会行动理论、结构功能主义理论、冲突理论、交换理论和社会结构理论等都产生了重要而持续的影响，但其不足之处也受到了非实证主义的诟病。[③]

　　在实证主义方法论的指导下，民族社会工作研究应通过广泛而深入的资料收集与问题分析来探讨专业服务与社会项目的效果，并从中探寻规律性的内容，以更好地推动相关专业服务与社会项目的完善。

（二）诠释主义方法论

　　实证主义方法论根据其唯科学主义的核心思想，认为社会文化现象可以还原为自然现象并可用自然规律来解释社会过程的假设，因其试图完全排斥人的价值观来体现所谓的科学性、客观性的幻想，故而，从社会学诞生不久乃至实证主义方法论的鼎盛时期，始终遭受人文主义方法论的顽强

---

① 魏建国、卿菁、胡仕勇编著《社会研究方法》，清华大学出版社，2016，第18~19页。
② 常宝、亓·巴特尔主编《民族社会工作》，华东理工大学出版社，2013，第320页。
③ 方长春：《从方法论到中国实践：调查研究的局限性分析》，《华中师范大学学报》（人文社会科学版）2006年第3期。

抵抗。① 其中，包括诠释主义和批判主义的声音。

诠释社会科学可以追溯到德国社会学家韦伯（Max Weber）和德国哲学家狄尔泰（Wilhelm Dilthey）。《人文科学导论》中狄尔泰提出科学有两个完全不同的类型：自然科学和人文科学。前者植根于抽象的解释，后者是建立在对生活在某个特定历史背景下人们日常生活经验的一种同理心的了解，或称为感悟。韦伯主张社会科学需要研究有意义的社会行动，或是有某个目的的社会行动，我们必须了解塑造个人内在情感，以及指导个人决定以某种特殊模式表现的私人理由和动机。

诠释社会科学与诠释学有关，诠释学是源于 19 世纪关于意义的理论。诠释学就字面的意思来说，是指把模糊不清之处弄明白。诠释学大多见于人文学科，着重在详细地阅读或回顾文本。研究者/读者通过阅读，正确理解隐藏于文本中的意义。在阅读时，读者通常把自己的主观经验带入对文本的阅读和理解。在研究文本内容时，研究者则是在吸收或进入文本内容中所提出的整体观点后，找出各部分与整体之间的关联性。诠释社会科学有许多不同的类型，包括诠释学、建构主义、人类社会学、认知社会学、唯心论社会学、现象学的社会学、主观论的社会学，以及质性社会学等。诠释研究者经常使用参与式观察和田野研究，要求研究人员与被研究者进行长时间的直接的接触。还有一些诠释社会科学家以特别详尽的方式，分析对话的录音或是研究行为的录像带，以及使用微妙的非口语沟通，从情境脉络中了解互动的细节。

与实证主义的工具取向不同的是，诠释研究是实务取向，它关注的是普通人日常生活是怎样的，他们如何管理好自己日常事务以及过程等。总体上来说，诠释研究取向是指为了能够对人们如何创造与维持他们的生活世界有所了解，并且给予诠释，研究者通过直接观察在自然状况下的人们，来系统分析具有社会意义的行动。②

诠释主义方法论认为人是有意志的，社会历史事件是独特的、非重复的，因而无规律可循。社会现象对社会行动者是有意义的，不能用自然科学的方法加以研究。诠释主义方法论主要有以下几个基本观点。第一，社会现象不仅取决于社会规律，而且也是人的主观意识的结果；更为重要的

① 范明林：《社会研究方法论比较谈》，《上海大学学报》（社会科学版）2001 年第 3 期。
② 劳伦斯·纽曼、拉里·克罗伊格：《社会工作研究方法：质性和定量方法的应用》，刘梦译，中国人民大学出版社，2008，第 94 页。

是，社会规律本身也是人的主体行动的凝聚和结果；当人的自由意志以理性的形式表现出来时，人们可以通过了解人的理性来预测人的行动。第二，人的行动既有客观性又有主观性。人的行动客观性，即人们正在进行的活动或事实是可以被观察和体验的；人的行动主观性，即行动的意义和动机是不能被直接观察到的，只有联系具体的情境，建立一种概念工具，深入行动人的主观方面，理解他的意义和动机才能说明行动的原因过程和结果。第三，由于经验事实是一种客观存在，"价值中立"可以是科学研究的规范原则，但"价值中立"要以"价值关联"为前提。

20世纪中叶，特别是进入70年代以后，社会学领域中实证主义方法论的强势地位逐渐衰落，诠释主义方法论越来越多地同社会学中的新兴理论相结合，对现代社会研究方法的革新具有较大的作用，增加和丰富了社会科学用来认识和解释社会现象的理论工具，使人们可以从不同角度、运用不同方法对社会现象进行研究，能够更全面地达到对社会的正确认识。[1]

诠释主义最显著的特色之一是它彻底摒弃研究者与研究对象主客二元以及企图寻找普遍的客观真理的幻想，代之以强烈价值介入被研究对象所思所为的内心深处，其研究的深刻程度自然是实证主义方法所无法企及的。[2] 该范式的优点在于以下几个方面。第一，范式定义相对宽松，能够给予研究者充分发挥想象力和创造性的空间，更有可能产生具有影响力的理论。第二，研究者可以在研究对象所处的独特背景下对现象及其复杂性进行深入理解。第三，研究者可以采用民族志等研究方法，在实地的自然环境中从事研究，以便获得更多局内人的洞察。[3] 但是一些问题也相伴而生，实证主义方法的认识论原则是"客观反映"，而诠释学尤其是格尔茨的诠释理论将其更换为"再现"和"复原"。其实，这仍然是以追求外在于认识者的"真实"事实为理想的认识目标。[4] 格尔茨在巴厘岛对"雷格瑞事件"的研究就充分显现诠释理论的矛盾性。

诠释理论不排斥研究者的价值介入以及研究者各自所具有的不同的认识体系，故而对同一个事实或文本，完全可能产生分歧性界定和描述。如

---

① 常宝、冗·巴特尔主编《民族社会工作》，华东理工大学出版社，2013，第320~321页。
② 范明林：《社会研究方法论比较谈》，《上海大学学报》（社会科学版）2001年第3期。
③ 井润田、孙薇：《实证主义 vs. 诠释主义：两种经典案例研究范式的比较与启示》，《管理世界》2021年第3期。
④ 范明林：《社会研究方法论比较谈》，《上海大学学报》（社会科学版）2001年第3期。

此一来，就会产生一个疑问，哪一个诠释是真哪一个是假？或者两个都是假？倘若这样，诠释理论比起实证主义方法是否更加陷入容易混乱和不可靠？进而还可以发问，诠释理论在诠释的过程中具有太多的偶然性和不确定性，那么，这样的研究究竟还有没有实际意义？①

当前，诠释主义的发展（尤其在美国）呈现与实证主义融合的方向与趋势。例如，Brandom 认为诠释主义需要同时面对客观和主观二元主体的解释。在 Dennett 等学者看来，人们之所以有意向系统并非因为自身有信念之类的客观状态，而是研究者出于解释的工具性需要，把信念等意向状态附加给了他们。同样，Davidson 也认为，意向等主观概念只是研究者为了解释他人言行而强加或"投射"给人们的。这些融合主观和客观世界的学说为实证主义和诠释主义的纷争提供了整合的可能性和条件。②

（三）批判主义方法论

批判主义方法论是在对实证主义方法论和诠释主义方法论批评的基础上所提出的方法论意义的第三种选择，一般又被称为马克思主义方法论、阶级分析和结构主义。它借鉴吸收了两大方法论的主要特征，并形成了独特的方法论观点。从源头上来看，它可以追溯至马克思、恩格斯，由德国法兰克福学派在 20 世纪 30 年代发展而来，哈贝马斯、布迪厄等学者都属于这一学派。③

诠释主义批评实证主义不能处理人们所产生的意义，以及他们能够感觉与思考的能力。批判社会科学同意上述观点，实证主义为现状辩护，是出于其对亘古不变的社会秩序的假定，实证主义从来没有将现实社会当成是一个不断变化之中的特殊阶段。

批判主义批评诠释主义视角过分主观、过分相对主义。诠释研究者认为人们的思想观点比实际的情境更为重要的这一观点，说明他们把焦点放在了地方化、微观层面和短期背景中，而忽视了宏观的、长期的背景。对批判社会科学研究者而言，诠释研究者是不讲道德的、被动的。诠释社会科学既不采取一个强烈的价值立场，也不帮助人们认识自己生活中的虚假

---

① 陈向明：《质的研究方法与社会科学研究》，教育科学出版社，2000，第 62~67 页。
② 井润田、孙璇：《实证主义 vs. 诠释主义：两种经典案例研究范式的比较与启示》，《管理世界》2021 年第 3 期。
③ 常宝、亓·巴特尔主编《民族社会工作》，华东理工大学出版社，2013，第 321 页。

意识，以便改善他们的生活。

总体而言，批判社会科学将社会科学界定为，一个为了帮助人们改变处境、建构一个更美好的世界，而超越表面的虚幻、解释物质世界真实结构的批评性的调查过程。[①] 社会科学的研究需要揭开迷雾，帮助人们改变这个世界，其研究目的在于以一种使得批判社会科学本身成为催化社会秩序改变的方式，解释社会秩序。批判性社会工作研究是行动导向的，它不满现状，积极动员草根力量寻求改变；它既倡导社会工作者应注重对当事人/案主的现状剖析与问题解决，也强调对更宏观的社会制度的变革。批判主义方法论的基本观点主要有以下几点。第一，坚持历史唯物主义，相信现实在不断被社会、政治、文化以及相关因素制约和塑造。同时，将研究重点放在变迁与冲突，特别是社会关系组织模式所固有的悖论和冲突上，这些悖论和冲突反映了社会现实的本质特点。第二，认为人类具有很多未被发现的潜能，具有很好的创造力和适应力，但人类仍受困于一个由社会意识、义务和关系形成的网络之中，从而失去独立性、自主性和对自己生活的控制权。只有当人们加入变革的集体社会行动时，潜能才能被发挥。第三，试图将主观-客观的鸿沟连接起来，认为物质条件下的事实独立于主观知觉之外，但是事实并不是理论中立的。与之相反，事实需要在一个有价值的架构内，才能得到较好的解释。[②]

批判主义的优势在于，第一，它比较注重个人与社会的关系，认为个人与社会之间存在紧密的联系，社会并不是外在于个人的，社会本身就是作为阶级的人的实践活动，个人必然受到社会的某种价值观念的影响，研究者需要在社会中观察个人，通过个人观察社会，这增加了研究者进行观察的视角。第二，它注重主体与客体之间的互动，认为主体与客体之间的互动不仅表现在研究过程之中，而且表现在主体的社会实践过程之中，认为理论的意义不仅在于它能够使人认识社会，而且在于它能够指导人的实践活动，从而极大地发挥理论的功能。

批判主义的劣势在于，它没有很好地解决如何对现实保持批判态度的问题。按照批判学派的看法，研究者应该对现实始终保持批判的态度，但是，研究者用什么来对现实进行批判呢？研究者只能用以往形成的价值观

---

① 劳伦斯·纽曼、拉里·克罗伊格：《社会工作研究方法：质性和定量方法的应用》，刘梦译，中国人民大学出版社，2008，第100页。

② 常宝、冗·巴特尔主编《民族社会工作》，华东理工大学出版社，2013，第321页。

念。那么，研究者以往形成的价值观念是不是正确的呢？如果研究者的批判是建立在错误的价值观念的基础之上的，那么批判就必然是错误的。不同的人出于不同的价值考虑，对同一个社会事实会作出不同的价值判断，会得出不同的结论，从而使理论的真实性无法检验。①

虽然很少有研究者单独采用批判社会学的视角开展研究，但是很多社区行动小组、政治机构和社会运动都采用这个视角。批判主义方法论研究者与其他方法论研究者的区别不在于技术方面，而在于他们提出问题的方式、他们提出问题的类型以及他们的研究目的。他们可以采取任何研究技术，但他们比较常用历史-比较方法，因为这个方法强调变革、强调揭示下层结构。

（四）女性主义

女性主义最早作为一种妇女解放运动产生于19世纪末期的法国，后来相继在英美等国以及世界范围内流行开来。② 女性主义思潮的渗透和扩张是20世纪60年代以来西方思想界、文化界一个不可忽视的现象。这种思潮以当代西方女权运动为社会政治基础，同时根植于西方反主流文化的土壤。它的影响力不仅体现在对千百年来习以为常的性别问题和性别观念的变革，还体现在一种全新看待历史、社会、文化甚至知识传统的性别视角的出现。在学术界，其直接结果是促成了一种崭新的跨学科研究领域和方法的形成，这就是女性研究或称女性主义研究的兴起以及性别分析方法的出现。女性主义研究通常是由那些具有女性主义认同，并有意识采用女性主义视角的人开展的，绝大多数是女性。女性主义方法论试图给女性发言权，以矫正长期以来一直主导社会科学发展的男性观点。

在有关女性主义方法的讨论中，女性主义哲学家桑德拉·哈丁指出，女性主义研究的与众不同之处就在于其方法论和知识论，其中包括三个方面的特征。一是传统的社会科学以男性经验作为社会分析的起点，而女性主义研究运用女性经验作为社会分析的来源；二是传统的社会研究是为男性服务的，而女性主义研究的目的是为女性发声；三是在传统的社会科学研究中，研究者是与研究主题相分离的，而女性主义研究坚持将研究者与

---

① 金健：《实证主义、诠释主义与批判主义》，《北京市总工会职工大学学报》2000年第2期。
② 倪志娟：《女性主义研究的历史回顾和当代发展》，《江西社会科学》2005年第6期。

研究主题放在同一个批判的平面上，使得研究者"不再是一个无名而无形的权威的声音，而是一个有着具体的、特殊的欲望和兴趣的、真实的、历史的人"①。

女性主义社会工作研究建立在一种不断提高的意识之上，即女性的主观经验不同于一个普通的诠释视角。很多女性主义研究者把实证主义与男性观点等同起来，它是客观的、合乎逻辑的、任务导向的、工具性的。实证主义反映了男性对个人竞争的重视，对环境的主导和控制，对实实在在的事实和影响世界的力量的重视。相反，女性重视包容和逐步发展人类联系。在他们看来，社会世界是一个交互依赖的人际关系网，生活在其中的人们因为信任和相互责任感而连接在一起。女性强调社会生活中的主观性、同理心、过程导向和包容性的特点。女性主义社会工作研究同时也是行动取向的，旨在推广女性主义价值观。

女性主义社会工作视角把研究者当成一个性别化的生物，认为研究者拥有一种社会性别意识，并且影响了其现实生活经历，因此，这个社会性别也会影响他们的研究。除了社会性别会影响个体研究者，基本的理论假设和学术界也形成了一个性别化的文化环境。社会性别对文化产生了深远的影响，塑造了人们的基本信仰和价值观，所有这些都不能简单地在科学研究过程中被区分和隔离开。女性主义社会工作研究者无法客观或者置身事外，他们要与研究对象进行互动、合作，他们将个人生活与职业生活融为一体。女性主义社会工作研究者希望避免定量分析和实验方法。他们很少固执地使用同一种方法，相反，他们采取多种方法并举，常常会使用质性研究和个案研究。②

女性主义方法论的价值在于以下几点。第一，女性主义方法论并不是对传统社会研究方法论的简单修正，而是从一种范式向另外一种范式的转换，可以说它已经掀起了社会科学的一次变革。第二，女性主义研究者把女性既作为研究对象，又作为知识的生产者，所以，女性主义研究转变了传统社会科学的研究视角，使人们开始对自然性别、社会性别、家庭暴力、同性恋、乱伦、性骚扰等问题给予更多的关注。同时，女性主义重视地方性知识的生产过程，重视各种不同女性"位置"的知识，这些探究丰富了

---

① 吴小英：《女性主义社会研究述评》，《国外社会科学》2000年第2期。
② 劳伦斯·纽曼、拉里·克罗伊格：《社会工作研究方法：质性和定量方法的应用》，刘梦译，中国人民大学出版社，2008，第108页。

对"她者"的研究，在一定程度上打破了传统社会科学研究中的"二元论"立场，丰富了我们对社会的认识。另外，女性主义研究开辟了一些新的研究方向，如对身体语言、日常谈话等的研究。第三，女性主义理论和方法论适用于对妇女和其他弱势群体的分析，如对老年人、残疾人、贫困人口等弱势群体的分析，这使得女性主义理论和方法论具有广泛的应用前景。第四，女性主义研究也为社会科学研究的创新提供了一个绝佳例证。女性主义方法论向公认的传统方法论提出挑战，带来了"方法论研究如何创新"这个问题。另外，女性主义方法论是一种具有强烈价值导向的研究视角，将服务于那些关注社会正义的学者，因而具有强烈的实践意义。这种实践意义也为方法论研究的创新提供了有益的思路。[①]

女性主义方法论对我们的启示在于，知识的建构中应该有女性的声音，用女性的视角看问题可以令我们得到许多完全不同的结论，这种视角可以令我们更加准确地认识复杂的社会现实。

（五）后现代主义

后现代主义是兴起于 20 世纪 60 年代西方社会并席卷全球的一种哲学思潮，它以独特的思想和方法论在众多领域掀起了一场思维革命，对世界人文社科领域的研究方法和范式产生了重大而深远的影响。[②] 主要代表人物有福柯、德里达、利奥塔、德勒兹等。后现代主义以一种全新的理论视角重新审视、质疑与批判现代社会，主要包括以下思想倾向。

第一，认为不存在绝对的、唯一的真理，彻底颠覆了传统的形而上学及其背后的二元对立论；认为动态生成是事物存在的根本，任何事物都是一种社会建构，并且是复杂的、模糊的、不确定的。研究应放弃追求永恒本质或真理的奢望，回到真实丰富的现实世界；求知不是为了找到一个能概括、抽象的公认道理，而是不断地参与生活、体验生活；重过程而非结果，重生成而非预设。

第二，强调非主体和去中心化，即通过对中心话语体系的消解，激活那些被隐瞒、被掩盖、处于边缘地位的话语环节；引导人们注意造成特权与边缘化过程的机制，并对经典、权威和主流话语进行批判和解构是后现

---

① 刘军：《女性主义方法研究》，《妇女研究论丛》2002 年第 1 期。
② 叶洪、Julie White：《人文社科研究方法与方法论的后现代转向》，《东南学术》2012 年第 3 期。

代研究的首要任务和重要手段。尊重差异性和多样性，批判"宏大叙事"，主张从多维度、多视角、多层次解释文本与现实世界。

第三，关注研究的社会功能，反对压迫、歧视与等级，倡导平等、解放和赋权。强调权力关系的普遍性和决定性作用；把人类社会的一切事物都看作可以进行解构的文本，揭示文本中潜藏的意识形态和权力关系，并从权力话语的桎梏中解放出来，进行社会变革。①

后现代社会工作研究是更为广泛的社会运动的组成部分，是对现代主义的摒弃，它与批判社会工作拥有同样的目标，即试图解构或撕下表象，揭露隐藏在内部的结构。后现代主义超越了批判和诠释社会科学的地方在于它试图彻底转变或分解社会科学。极端的后现代主义者拒绝接受有社会世界科学存在的可能性。后现代主义者不相信所有系统性的实证观察，并且怀疑知识可以普遍化或随着时间的推移而积累，他们认为知识具有不同的形式，并且因人、因地而具有独特性。

后现代主义者认为，研究者所创造的社会生活知识的最好的展现方式，就是戏剧或音乐，而不是学术刊物，其价值在于通过讲述故事，激发听众或读者个人的内在经验。后现代主义者是反精英主义者，他们反对用科学进行预测或决策。后现代主义者反对对大众使用实证主义科学。②

总的来说，方法论是社会研究的基本指导思想，会对社会研究的整个过程产生影响。社会研究的方法论不同，会形成社会研究者对社会现实性质的不同假设，影响社会资料收集方法的确定，产生对所需要的研究资料的不同筛选，以及最终形成不同的资料分析方法和理论解释方式。由于研究社会现象时有各种可以选择的方法论，我们在民族社会工作实践中要做到具体问题具体分析。

二 民族社会工作研究的价值选择

民族社会工作作为社会工作本土化过程中的重要实务领域，结合少数民族自身的特性，探讨相应的价值选择和伦理是非常必要的。

---

① 叶洪、Julie White：《人文社科研究方法与方法论的后现代转向》，《东南学术》2012 年第 3 期。

② 劳伦斯·纽曼、拉里·克罗伊格：《社会工作研究方法：质性和定量方法的应用》，刘梦译，中国人民大学出版社，2008，第 109 页。

（一）社会工作中的价值中立

一般认为价值中立这一概念最早源于 18 世纪英国哲学家大卫·休谟提出的"是"与"应该"的划分，他认为事实判断与价值判断之间有着不可逾越的鸿沟，我们并不能简单地从"是"与"不是"推论出"应该"与"不应该"。[①] 韦伯将社会科学研究中应该遵循的客观性原则称为价值无涉或价值中立，他认为研究者需在研究的过程中放弃任何主观的价值观念，以客观、中立的态度观察研究分析对象，在选择研究对象及获得研究结果后开始的工作，研究者可以根据自己的价值进行选择。迪尔凯姆认为，在选题、观察、归纳、分析、预测、检验的过程中，研究者必须排除自己的情感、道德判断、先入为主的观念和世俗成见的干扰，保持价值中立立场，只有这样研究者才能做好研究。所谓价值中立，是指科学仅与对事实的陈述有关，而与对事实的好坏评价无关。[②]

价值中立原则深刻反映了社会科学的科学属性，它根源于社会科学的体制目标，是社会科学求真原则的应有之义和内涵要求，对保证社会科学的客观性和科学性品格至关重要。肯定价值中立原则有利于维护社会科学的自主性和地位尊严，使其更好地发挥社会科学对社会系统运行和制度政策制定的科学指导作用。[③]

同时，价值中立原则还应是"社会科学工作者的职业道德"，以及"社会科学工作者处理角色冲突的一个原则"。[④] 首先，从社会科学的主体来看，人具有理性和非理性，是矛盾统一体，既能进行事实判断，又能实施价值判断，可以在不同情景下采取不同的思维模式和行动方式，运用不同的态度和策略，制定有针对性的目标与成果。其次，从科学史的角度来看，理性是现代科学发展的最高成果，社会科学具有专业化、科学化、规范化、自主化特征。实证精神得到普遍认可，研究方法得到进一步细化。在社会科学领域内，定量研究方法获得广泛运用，已经开始规范化和精确化评价社会科学研究成果。忠于事实、尊重实践、服从真理的价值中立原则得到研究者的普遍认同和严格遵守，成为社会科学快速发展的关键因素。再次，

---

① 休谟：《人性论》，关文运译，商务印书馆，1997，第 501~510 页。
② 黎小青：《价值中立在社会工作实务中的运用》，《社会工作下半月》（理论）2009 年第 9 期。
③ 王忠武：《论社会科学的价值选择与价值中立规范》，《社会科学研究》2014 年第 4 期。
④ 崔卫国，汪建丰：《社会科学学导论》，中国社会科学出版社，2009，第 190~191 页。

从社会分工来看，人类知识的发展使社会分工越来越细致，专业化的职业分工界定出不同职业的目标任务、专业规范、操作方法及思维模式。所有职业化、专业化研究者都应具备求真务实精神，使用科学理性方法，忠于学术规范，否则，职业和专业之间的科研成果就不会得到同行和其他专业研究者的认可。最后，从真理和价值的关系方面来看，两者具有一种差异互补的正向关系，社会经济发展越快速，人们获得价值财富就越多。①

社会工作是一种具有伦理性的社会活动，它以帮助困难群体、弱势群体克服困难，维持社会公正为目标，因此社会工作有强烈的价值关怀。作为一个科学的社会工作研究者，不应因价值偏好而影响科学方法的运用，也不能因价值偏好就片面地摘取某一类资料而有意抛弃另一类资料以证明自己的结论。我国是由 56 个民族组成的统一多民族国家，各民族都拥有自己独特的发展过程和文化，民族社会工作者在处理少数民族服务对象的问题时，应严格遵守党和国家制定的各项民族政策与立法，合理、合法地开展服务工作。②

需要注意的是，坚持价值中立原则虽然有充分的必要性和可能性，但也有其适用范围和合理性边界，绝无必要也不可能在社会科学的所有环节、各个层面都价值中立。科学探索历史和具体研究过程表明，为了保证社会科学的客观真理性，必须在资料的收集整理、数据的统计分析和结论总结过程中保持客观真实和价值中立，务求研究结论具有充分坚实的事实支持和不可否定的真理性。如果在研究课题的选择与立项、科研成果的评价与推广等环节也要价值中立，这显然是十分荒诞的。一般而言，在科研选题阶段应当坚持价值优化选择原则，努力追求较大的学术和实践价值，但研究课题一旦确定，就应进行价值规范转换，在资料收集整理、数据统计分析、结论总结、成果完善等环节，严格遵守客观求真原则，排除虚假信息、错误分析和非科学因素干扰，保证资料数据真实可靠、分析方法科学可行、研究结论真实可信。科学成果一旦完成，则需要强化价值意识和转变价值规范，实现由价值中立规范向价值评价规范、价值转化规范的转变，促进社会科学成果向经济社会效益和精神文明效益转化，实现社会科学外部价值生产功能的最大化。③

---

① 杨玉宏：《社会科学研究中的"价值中立"选择》，《学术界》2017 年第 7 期。
② 李林凤：《民族社会工作研究——基于民族文化的视角》，民族出版社，2018，第 60 页。
③ 王忠武：《论社会科学的价值选择与价值中立规范》，《社会科学研究》2014 年第 4 期。

（二）民族社会工作中的伦理问题

民族社会工作研究中会涉及许多与服务对象相关的问题，不可避免地会涉及伦理问题。从研究者与作为研究对象的困难群体、弱势群体的伦理关系来看，伦理问题主要包括以下几个方面。

第一，自愿参与和知情同意。自愿参与指的是研究对象要自愿地而不是被迫地向调查研究人员提供资料。在社会工作研究中，研究者需要研究对象提供某种资料，以对其需要、可能的服务途径及服务效果进行科学分析，这一切都应该建立在研究对象自愿参与的基础上。知情同意是指研究者应将本次调查研究的目的、调查资料的使用等问题向研究对象介绍清楚，并且获得他们的同意。总的来说，社会工作者应确保当事人对所要进行研究的知情权，只有在获得当事人同意的前提下，研究者才可以对关涉当事人的相关内容进行探索和研究，否则将被视为破坏了应有的伦理守则。由于社会工作者所服务的多为资源相对匮乏的人群、个体或机构，若没有社会工作者的知情告知，许多当事人也未必会发现他们正身处于某项研究中。在这种情况下，社会工作者更需恪守专业研究伦理，避免在未经当事人同意的情况下自行研究的不道德行为。①

第二，参与者无伤害。社会工作研究不应伤害参与者，它是指不应使研究对象因参与某项研究而遭受不必要的伤害，这也是社会科学研究的一般原则，但是社会工作研究要通过调查来寻求解决社会问题的有效方法，所以常常要问及他们所遭遇的困境。对于这种困境，有时他们是不愿回忆的。如果向研究对象询问上述资料是必需的话，研究者应该在研究设计上使这种无意伤害降到最低程度，并在调查研究结束时对其进行心理辅导。②

第三，匿名和保密。它指的是不要在与调查无关的场合，或在展示调查资料的过程中向无关人员透露研究对象不愿公开的个人资料。在社会工作研究中会涉及研究对象的个人情况、家庭情况、所遭遇的困境，也可能会涉及他们对当前政策、政策执行者、服务提供者及其他利益相关者的看法。这些资料对改进社会服务可能十分有用，但是将这些资料公之于众可能会给研究对象带来威胁和伤害。社会工作研究要通过匿名化、删除最敏

---

① 李迎生：《社会工作概论》（第二版），中国人民大学出版社，2010。
② 王思斌主编：《社会工作概论》，高等教育出版社，1999。

感的个人信息等方法为研究对象保密，这不仅是调查资料处理技术方面的要求，而且在接洽调查研究时就应该预先申明。①

除此之外，民族社会工作中还应尊重少数民族的价值观和风俗习惯，注重少数民族能力的提升。尊重是社会工作价值理念中最基本的原则。尊重不仅包含对案主本人的尊重，也包含对案主所属文化群体的尊重。在民族社会工作中，会遇到来自不同民族的案主，他们在语言文字、风俗习惯、生活方式、宗教信仰等方面都有自己的独特个性，因此，尊重案主，就意味着需要我们充分尊重这些少数民族的文化。民族社会工作者要始终秉持尊重的原则，非批判的态度，宽容地对待少数民族的宗教信仰，积极地探索宗教信仰在民族地区的社会工作功能。在风俗习惯方面，不同的少数民族亦有不同的日常生活习惯，在衣食住行等方面也有本民族所遵循的惯例。因此，在对待这些传统习惯时，我们可以尊重它、理解它，但并不表示我们要认同它。社会工作者需要在遵循尊重原则的前提下，努力地寻找社会工作的切入点，去帮助弱势群体获得他们应有的权益。

注重少数民族能力的提升，是社会工作助人自助核心价值的具体体现，也是促进少数民族自身发展的必要途径。在民族地区开展反贫困的社会工作，政府的支持和社会各界的帮助十分重要，社会工作价值理念的运用也同样重要。社会工作认为人是有潜能的，处于贫困中的少数民族同样具有摆脱贫困的潜能，因此，社会工作者要善于发现这些潜能，并加以强化，使他们能够通过自身的力量去摆脱贫困。②

应当注意的是，社会工作者的个人素质也会影响到助人的实际效果。在民族地区的助人实务中，社会工作者的个人素质集中体现为以下四方面：尊重、同理心、案主权益第一和知情权。此外，真诚、理解、案主自决权等也是社会工作者应该具备的素质。③

第三节　民族社会工作研究的主要方法

社会研究方法有很多，它们对民族社会工作研究都具有一定程度的适

---

① 王思斌主编《社会工作概论》，高等教育出版社，1999。
② 张丽君：《社会工作价值理念在民族社会工作中的运用》，《社会工作》（学术版）2011 年第 1 期。
③ 张丽剑：《社会工作者个人素质在民族社会工作价值体系中的地位》，《社会工作下半月》（理论）2008 年第 1 期。

用性，此处讨论几种在民族社会工作研究中较常使用的方法，包括定量研究与定性研究、调查研究、实验研究、实地研究、行动研究和民族志研究。

一　定量研究与定性研究

基于不同的方法论与认识论，定性研究和定量研究形成了不同的研究路径与研究特点。事实上，两者的不同特性给社会研究中不同的社会现象与社会问题带来了更多范式选择的可能。

（一）定量研究

20 世纪 30 年代，西方社会学家开始用定量方法研究社会和政治问题，50 年代起，他们又与苏联和东欧学者对垒于由国际社会学机构和国际社会学协会举办的历届世界社会学大会上，由此定量研究逐渐演变为全球社会学研究中的新潮。20 世纪 90 年代，北京大学恢复社会学系并开设社会统计学课程，定量研究方法进入中国。[1]

定量研究是遵循科学主义的研究思想而形成的方法类型，是指通过把研究对象的结构特征转变为可测量的变量，运用统计分析技术、数学模型揭示各变量之间真实关系和事物本质属性及验证理论和假设的研究活动。[2]定量研究方法一般使用标准化的工具测量被研究的对象，运用演绎逻辑方法发现事物之间的规律。在社会科学研究中，大规模的问卷调查、统计资料的处理就属于此类方法。

定量研究范式认为，在人们的主观世界之外，存在一个客观且唯一的真相，研究者必须采用精确而严格的实验程序控制经验事实的情景，从而获得对事物因果关系的了解。因此，定量研究强调在研究设计、数据收集、结果的处理与解释上必须具备严格的形式，具体表现在：强调对事物进行量化的测量与分析；强调对研究对象进行人为干预，创设实验条件；主要采取假设验证的研究方式。[3]

定量研究方法的优点在于标准化和精确化程度较高，逻辑推理比较严

---

① 杨达：《社会学定量研究方法的学理脉络及优劣判断》，《江西社会科学》2009 年第 11 期。

② Lisa M. Given, "The Sage Encyclopedia of Qualitative Research Methods," *Reference & User Services Quarterly* 1（2008）.

③ 张红川、王耘：《论定量与定性研究的结合问题及其对我国心理学研究的启示》，《北京师范大学学报》（人文社会科学版）2001 年第 4 期。

谨，因而更客观、更科学。定量研究方法还能大大推进理论的抽象化和概括性，促进对现象之间普遍因果关系的精确分析，但定量研究方法在社会研究中是有局限性的。首先，由于是对大量样本的少数特征进行精确的计量，定量研究方法有时很难获得深入、广泛的信息，容易忽略深层的动机和具体的社会过程；其次，社会现象错综复杂，影响因素众多且难以控制，因此要确立两个变量之间的因果关系并非易事。可以说，所研究的社会现象越复杂，统计分析或相关分析也就越不可靠。此外，许多社会现象都是独特的，无法得出普遍的经验概括，因而也无法依赖数量进行分析。[①]

（二）定性研究

定性研究方法于 20 世纪初发源于人类学、社会学、心理学、民俗学等学科，其发展早期主要依赖研究者个人的主观经验和理论思辨，缺乏统一的指导思想和系统的操作方法，在实证主义占主导的半个多世纪里曾长期受到冷落。自 20 世纪 70 年代以来，社会科学家们越来越意识到定量研究方法的局限性，开始重新对定性研究方法进行发掘和充实，并寻找两者之间的结合点。学术界对定性研究的认识在概念、术语、理论和方法论上都有了质的飞跃。[②]

定性研究也叫质性研究，是以研究者作为研究工具，在自然情境下采用多种资料收集方法，对社会现象进行整体性研究，主要使用归纳法分析资料和形成理论，通过与研究对象互动，对其行为和意义建构获得解释性理解的一种活动。[③] 定性研究反对将科学凌驾于所有知识之上，指出研究应当是开放和多元的，因此其方法体系也更加多元化，包括参与型/非参与型观察、无结构/半结构访谈、案例分析、行动研究、历史研究等形式。定性研究更重视对事实的解释性理解，强调研究情境的自然性，强调"事实"本身必须通过研究者主观的诠释才可能揭示其意义，强调研究的复杂性与不确定性，以寻求新的意义。[④]

定性研究的过程一般包括确定研究现象、陈述研究目的、提出研究问

---

① 袁方主编《社会研究方法教程》，北京大学出版社，1997，第 146 页。

② 陈向明：《社会科学中的定性研究方法》，《中国社会科学》1996 年第 6 期。

③ 陈向明：《社会科学中的定性研究方法》，《中国社会科学》1996 年第 6 期。

④ 张红川、王耘：《论定量与定性研究的结合问题及其对我国心理学研究的启示》，《北京师范大学学报》（人文社会科学版）2001 年第 4 期。

题、了解研究背景、构建概念框架、抽样、收集材料、分析材料、作出结论、建立理论、检验效度、讨论推广度和道德问题、撰写研究报告等。虽然这些步骤在形式上和定量研究有相似之处，但其运行顺序、包含的内容以及操作手段却与定量研究很不相同。由于定性研究本身是一个不断演化渐进的过程，以上这些环节在实际操作时不是相互孤立、依次进行的，它们之间彼此重叠、互相渗透、循环反复，因每一研究项目的具体情况不同而有所不同。

定性研究中收集材料的方法一般有三种：访谈、观察和实物分析。访谈通常使用开放的形式，或者在研究早期采用开放式，随后逐步缩小范围，采用半开放式。访谈的具体形式应该因人而异，不必拘泥于同一形式。访谈时间和地点的确定应该以被访者方便为主要原则。访谈过后，访谈者应尽早对访谈结果进行分析处理，并撰写备忘录。观察一般分为参与型和非参与型两种，在参与型观察中，观察者和被观察者一起生活工作，在密切的相互接触中观察他们的言行；在非参与型观察中，观察者置身于被观察的世界之外，作为旁观者了解事件的动态。在条件允许的情况下，观察者还可以使用录像机进行录像。实物分析包括对所有可以收集到的有关文字、图片、音像和实物等材料的分析。这些材料可以是历史文献，也可以是现时记录。一般来说，实物分析比较适合历史研究，也可以用来对访谈和观察所获得的材料加以补充和验证。[1]

不可否认，在完整地把握社会现实、深入了解社会现象的具体过程和行为意义方面，定性研究也存在局限性。它的缺陷在于，定性研究是依据典型的或少量个案的资料得出结论，这种结论不具有普遍性；此外，主观洞察性的分析既有可能获得真知灼见，也有可能导致荒谬的结论，这是因人而异的。由于对这种主观性的分析或结论缺乏客观的评价标准，人们也无法对不同的研究结论进行检验。[2]

（三）混合研究方法

定量研究和定性研究是社会研究过程中可以采取的两条途径，发挥着各自不同的作用。这两种研究方法不管是在本体论、认识论，还是在方法

---

[1] 陈向明：《社会科学中的定性研究方法》，《中国社会科学》1996 年第 6 期。
[2] 袁方主编《社会研究方法教程》，北京大学出版社，1997，第 147 页。

论上都存在根本性的区别。定量研究擅长解决"是什么"的问题，因此侧重于对整体特征的全面描述；而定性研究更适合回答"为什么"的问题，偏重于事件的过程和机制的分析与解释。① 从实际应用角度来看，定性研究与定量研究的本质差别主要体现在二者回答的问题不同、研究的程序不同、研究的策略不同、研究的工具不同。②

虽然这两种研究方法之间存在巨大差异，但值得注意的是定性研究和定量研究本质上并不冲突，在一个研究中可以同时使用这两种研究方法。混合研究方法可以有效发挥定性研究和定量研究各自的优势。③ 混合研究方法主要可以划分为纯粹主义者、情境主义者和实用主义者三种派别。④ 纯粹主义者依据定量研究与定性研究分别根植于不同的研究范式，提出不应混合使用研究范式和研究方法，如此才能保持学术研究的纯洁性；情境主义者则在明确两种方法各自的优缺点的基础上，提倡关注研究问题的具体情境，并依据现实情境判断不同性质的研究方法是否能结合使用；实用主义者断言定量研究与定性研究应该结合起来使用，只有这样才能发挥研究方法的功能。

事实上，社会现象纷繁复杂，这在客观上要求社会科学研究必须具有较强的多元性和包容性。定量研究和定性研究的争论不应停留在表面层次的范式争论和理论探讨，而应关注研究者具体的研究实践。⑤ 混合研究方法的使用，一方面，有利于寻求研究结果的一致性，能够丰富、完善和扩展研究结论；另一方面，通过不同方法获得的研究结果的碰撞，可能会促成新的研究问题和领域的"涌现"。

作为一门极具实践性的学科，社会工作研究的目的并不只是为研究而研究、为建构理论而建构理论，而是为了实践而进行研究。混合研究方法在社会工作中能够得到应用，正是取决于社会工作本身的特点。首先，社会工作服务和研究的对象具有复杂性。这种复杂性不仅体现为研究对象的

---

① 朱迪:《混合研究方法的方法论、研究策略及应用——以消费模式研究为例》,《社会学研究》2012 年第 4 期。

② 风笑天:《定性研究与定量研究的差别及其结合》,《江苏行政学院学报》2017 年第 2 期。

③ 张绘:《混合研究方法的形成、研究设计与应用价值——对"第三种教育研究范式"的探析》,《复旦教育论坛》2012 年第 5 期。

④ 约翰·W. 克雷斯威尔:《混合方法研究导论》,李敏谊译,格致出版社,2015,第 1~10 页。

⑤ Macartan Humphreys, Alan M. Jacobs, "Mixing Methods: A Bayesian Approach," *American Political Science Review* 4 (2015): 653-673.

组成复杂，很多时候一次社会工作服务中需要面向现实生活中不同的人群，如老人、中年人、青年人和儿童等，同时也体现在每一个具体的服务对象作为"人"本身也是极其复杂和难懂的。其次，社会工作服务和研究的内容具有多元性。即便是一项社会工作项目中的基线调研，其关注的问题也不是单一的、孤立的、分裂的生活问题，而是纷乱复杂的各种生活现象所组成的多元问题系统。最后，社会工作服务和研究的过程具有综合性。基线调研的目的不仅是客观地描述需要研究（服务）的问题，更是要求社会工作者对生活问题现状进行解释，因此完整的社会工作项目中的基线调研是一项融合了描述性和解释性的综合研究。①

定性研究和定量研究相结合的混合研究方法有助于深入社会工作实践，强化社会工作服务能力，弥合宏观社会工作和微观社会工作之间的鸿沟。当然，在使用混合研究方法时也存在相应的风险，社会工作服务者和研究者需要根据社会服务目的和研究具体情境选择研究策略，这样才能得到可靠的、有效的研究结论，引领社会工作学科规范性发展。

二 调查研究

调查研究是在社会科学实证主义视角下发展的研究方式，其适用的研究问题是关于自我报告的信念或行为，在人们回答问题的答案是用来测量变量时，调查研究的功效最大。② 调查研究的方式是指采用自填问卷或结构访问的方法，系统地、直接地从一个取自总体的样本那里收集量化资料，并通过对这些资料的统计分析来认识社会现象及其规律的社会研究方式。

调查研究中的资料收集方法主要有两种基本类型，自填问卷法和结构访问法。自填问卷法是指调查者将调查问卷发送给（或邮寄给）被调查者，由被调查者自己阅读和填答，然后再由调查者回收的方法。结构访问法是指调查者依据结构式的调查问卷，向被调查者逐一地提出问题，并根据被调查者的回答在问卷上选择合适的答案的方法。按分发问卷方式的不同，自填问卷法又可分为个别发送法、邮寄填答法、集中填答法和网络调查法等；结构访问法又可分为当面访问法、电话访问法等。

---

① 刘冬：《质性、量化方法论融合对社会工作的意义》，《哈尔滨工业大学学报》（社会科学版）2019 年第 4 期。

② 劳伦斯·纽曼、拉里·克罗伊格：《社会工作研究方法：质性和定量方法的应用》，刘梦译，中国人民大学出版社，2008，第 323 页。

具体来说，个别发送法是指研究者将问卷印制好后，由调查者依据所抽取的样本，将问卷逐个发放给被调查者，介绍清楚调查的意义、目的、填答方式等，并约定好收取的时间和地点。邮寄填答法是指研究者把印制好的问卷装入信封，通过邮局寄给被调查者，待被调查者回答后再将问卷寄回给调查机构或调查者。在寄给被调查者问卷时，研究者一般也要附上已写好的回邮地址和收信人，并贴好邮票，以便问卷可以被顺利寄回。集中填答法是指先通过某种形式将被调查者集中起来，每人发一份问卷，由研究者统一讲解调查的目的、要求、问卷的填答方法等事项，然后请被调查者当场填答问卷，待其填答完毕后统一回收问卷。网络调查法是指研究者利用互联网向特定对象发送调查问卷，同时也通过互联网将被调查者填答好的问卷收回的调查方法。自填问卷法的优点主要包括节省时间、经费和人力，具有很好的匿名性，能够避免人为因素的影响。自填问卷法的缺点主要包括问卷的回收率有时难以保证、对被调查者的文化水平有一定要求、调查资料的质量常常得不到保证。

当面访问法是指研究者先选择和培训一组调查者，由调查者携带调查问卷奔赴调查地点对被调查者进行访谈，并按照问卷的格式和要求来记录被调查者的回答。它的优点是调查资料的质量较好、被调查者的适用范围广；缺点是互动影响调查结果，匿名性差，费用高、时间长、代价大，对调查者要求高。电话访问法是指调查者通过打电话的方式与被调查者联系，并在电话中对被调查者进行调查访问的方法。它的优点是能十分迅速得到资料、省钱、具有较好的匿名性、便于监督和管理；缺点是存在代表性问题、时间不能太长。[1]

每一种资料的收集方法在操作程序上都各不相同，具有不同的特点，适用于不同的调查者和不同的调查课题。一个调查者应该对各种不同的资料收集方法都十分熟悉和了解，以便在进行一项具体的调查时，能根据实际情况灵活运用，从而达到最好的调查效果。[2]

三　实验研究

实验是一种在高度控制的条件下，通过操纵某些因素来研究变量之间

---

① 风笑天：《社会研究方法》（第四版），中国人民大学出版社，2013，第160页。

② 常宝、冗·巴特尔主编《民族社会工作》，华东理工大学出版社，2013，第325～326页。

因果关系的方法，在实验过程中，研究者通过引入控制或操纵某个变量，同时观察另一个变量所发生的变化，以此来探讨不同现象之间的因果关系。实验研究方式的本质在于对研究变量的控制。^① 实验研究也称实验法、实验设计法，是指在一定的人工设计条件下，按照一定的程序，改变某些因素或控制某些条件，对研究对象的活动进行观察、记录，发现其变化并分析引起变化的原因的研究方法。其目的有二，一是把客观世界的逻辑复制到特定的实验场景，二是把实验结果推及客观世界。实验研究有三对基本要素，分别是自变量与因变量、前测与后测、实验组与对照组。

按照实验要素或程序的不同，可分为标准实验和非标准实验。标准实验是指实验要素齐全，实验程序完整的实验；非标准实验也称准实验，是指实验要素基本具备但不够齐全、实验程序基本符合但不够完整的实验。因标准实验要求严格控制实验条件，测量也比较精细，在社会工作研究中，更具有科学性和价值；但实际环境中可能不具备开展标准实验的条件，此时非标准实验就可以发挥重要作用。除此之外，根据实验研究场所的不同，可以分为实验室实验和实地实验，以及按照实验对象和实验者对实验刺激是否知情，可以划分为双盲实验和单盲实验。

与其他社会研究方法不同，首先，实验研究最突出的优点是可以直接验证因果关系，明确区分自变量和因变量；其次，按照实验研究的研究思路，它对实验对象的选取、实验条件的确定以及实验环境的设置都有明确的要求，具有很强的控制力；最后，实验研究具有研究对象少、研究目的明确、研究设计清楚、研究时间较短、研究成本较低等特点，易于在实践中实施，具有很强的可操作性。

从实验设计上来说，实验研究需要人为去控制或制造一个实验情境，在特定的实验情境中检验实验结果，而这样的情况在自然状态下未必会发生。因此，实验研究对实验的控制程度越高，就离自然状态越远，得到的结论在现实中的可推广性和适用性就越弱；当实验研究存在因人为影响而改变实验结论的可能时，实验研究本身的适用性和结论的可靠性就受到了限制；除此之外，实验研究的一大挑战来自社会研究的对象不同于自然物体，社会研究中的一些特定行为研究会受到社会伦理道德的限制，甚至是

---

① 劳伦斯·纽曼、拉里·克罗伊格：《社会工作研究方法：质性和定量方法的应用》，刘梦译，中国人民大学出版社，2008，第289页。

法律的限制，这也是实验研究应用受到制约的一个重要因素。在进行实验研究时，必须充分考虑所进行的实验是否存在显性或潜在的不良后果，要避免由于实验设计者的某些主观好奇而影响受试者的身心健康，或对社会产生不良影响。①

显而易见，社会工作中的实验研究是自然科学实验逻辑在社会工作研究中的运用。这种研究方法可以测定新条件的加入（干预）所带来的影响，从而确定干预与影响之间的因果关系，但是要做这种判断必须以对实验组、控制组的严格控制为基础。然而，在社会工作研究实践中，社会环境很难确定，或难以对之进行全面而有效的控制，因此，在判断干预与影响的关系时效果就大打折扣。此时可以尝试运用非标准实验。作为科学研究方法的实验研究虽然有诸多限制，但是社会工作要创新并推广经验，有时必须采用实验研究，只不过社会工作研究者应该明了实验研究的条件限制，尽量按照科学程序实施实验。②

四　实地研究

实地研究是一种深入研究对象的生活背景，以观察和无结构式访谈的方式收集资料，并通过对这些资料的定性分析来理解和解释现象的社会研究方式。它是一种定性研究方式，也是一种理论建构性的研究方式。③ 实地研究是以自然主义为基础的，研究人员研究自然情境下的社会意义，捕捉多元的观点，他们要先进入成员的意义体系，然后再回到局外人的观点或研究的观点。④

研究人员在进入田野之前需要做完善的组织工作和充分的准备工作，进入田野后，要与田野成员建立社会关系，通过观察、倾听、访谈，收集高质量的资料，并对资料进行分析并撰写研究报告。需要注意的是，在民族地区进行田野调查时，要深入了解他们的宗教文化、人文风俗等。灵活性是实地研究的一大特征，因此实地研究人员要在研究过程中及时调整自己，以适应复杂的社会情境。

① 魏建国、卿菁、胡仕勇编著《社会研究方法》，清华大学出版社，2016，第124~126页。
② 常宝、亓·巴特尔主编《民族社会工作》，华东理工大学出版社，2013，第326页。
③ 风笑天：《社会研究方法》（第四版），中国人民大学出版社，2013，第228页。
④ 劳伦斯·纽曼、拉里·克罗伊格：《社会工作研究方法：质性和定量方法的应用》，刘梦译，中国人民大学出版社，2008，第444页。

实地研究资料的收集方法主要有观察法和无结构式访谈法两种。观察法带有明确的研究目的，用观察者的感官和辅助观察工具，直接地、有针对性地考察正在发生、发展和变化的社会现象。无结构式访谈法与结构式访谈法之间最大的区别在于，结构式访谈法是严格按照预先设计的访谈问卷进行，不做任何修改，不增加或减少问题，也不改变提问的顺序；而无结构式访谈法并不依据事先设计的访谈问卷和程序，只有一个访问主体和范围，由访问员与被访者围绕这个访问主题和范围进行相对自由的交流，故又称为深度访谈法或自由访谈法。无结构式访谈法主要通过深入细致的交流，获取大量的现实资料，并通过研究者的分析与整理，从中获取有关社会现象和规律的理解。

实地研究有许多优点，例如适合那些不便于或不可能利用简单问卷调查方式就能看清社会现象和问题的课题、适合研究社会现象发展变化的过程及特性；研究者测量的是他所希望测量的维度，因此效度较高；实地研究方式比较灵活、弹性较大。它在应用中也有许多问题，如实地研究的概括性较差；在选取"实地"时若出于研究的容易性，仅考虑地点的便利性，收集的数据不一定符合初始研究问题的需要，也会限制研究者理论目标的实现；在收集资料上，信度难以保证等。

民族社会工作是一门实践性很强的科学，它和人类学、社会学、民族学等学科一样，在研究方法上都强调实地考察。因此，实地研究是民族社会工作研究中比较可靠的研究方法，不仅可以获得一手资料，还可以修正、补充前人调查资料的不足。①

五 行动研究

行动研究是源起于 20 世纪初期西方社会科学领域的一种全新的研究方法和策略，起初多被应用于社会心理学和社会工作实践领域，后被广泛应用于教育学、政治学、医疗保健和护理学等领域。行动和研究是两个具有张力和相悖性的概念。行动主要指实践者改造世界的实践活动，是一种务实性和践行性行为；而研究主要指理论工作者认识世界、创造知识的过程，是一种思辨性与建构性行为。二者的对立仍属传统"学术与现实生活、研究者与参与者、理论与实践"的二元对立图式，为了挑战并调和这种图式，

---

① 常宝、亓·巴特尔主编《民族社会工作》，华东理工大学出版社，2013，第 327~328 页。

美国学者柯立尔和勒温于 20 世纪三四十年代提出了"行动研究"的概念，开始探索行动与研究的有机结合。①

柯立尔在一项关于改善印第安与非印第安族群关系的研究中，提出研究结果应该为实践者服务，研究者应该鼓励实践者参与研究，并在行动中解决自身的问题。柯立尔的观点可称为行动研究的初萌。此后，勒温与其学生在一项关于不同人种的人际关系研究中强调，应该将行动与研究密切联系起来，并对行动研究做了进一步的概括和提炼，他认为行动研究就是将科学研究者与实际工作者的智慧与能力融合起来，从而解决某一问题的方法。继柯立尔和勒温之后，许多学者从不同角度和侧重点对行动研究进行了卓有成效的探索，大致可分为三种指向。一是以科利为代表的"科学的行动研究"，强调行动研究者应用科学的方法对自己的行动进行研究，认为行动研究是一种小规模的实验研究，它用统计的方法来验证假设。二是以埃利奥特为代表的"实践的行动研究"，强调行动研究者为解决自己实践中的问题而进行研究，认为行动研究旨在提高具体社会情境中的行动质量，是对该社会情境的研究。三是以凯米斯为代表的"批判的行动研究"，强调行动者对自己的实践进行批判性思考。② 可以发现，行动研究是一个不断发展成熟的动态概念，经历了从强调行动研究的科学性到强调实践性和批判性的过程。无论如何，行动研究的主要关怀和目标是解决实际情形中的具体问题。

行动研究反对以往实证主义科学把研究者同研究对象严格区分开来，将自己作为研究者，把对方当作研究对象，研究者借助机械的研究设计去研究丰富的实践生活的强加式的研究方法。行动研究主张在一定活动场域中的所有行动者及他们之间的互动都是研究对象的组成部分，他们都可以成为研究者，研究是在他们的互动过程和共同实践活动中进行的。因此，行动研究会非常关注不同的实践主体在实践的过程中如何参与和互动，以及各主体间的关系如何影响和产生当下的实践结果。实际上，行动研究是局内人以共同的实践活动为载体的自我反省式研究；或者说，行动研究是一种有目的、有价值导向、致力于问题解决的活动，在理论与实际操作之

---

① 何芸、卫小将：《后现代主义与社会工作研究——基于三种另类研究方法的叙述分析》，《华东理工大学学报》（社会科学版）2014 年第 4 期。

② 陈向明主编《在行动中学作质的研究》，教育科学出版社，2003，第 11~13 页。

间来回修正，是具有反身性的实践。[①]

　　行动研究有以下特点，一是为了实践而研究，以提高行动质量、改进实际工作为首要目标。也就是说，它不是单纯为了要收集资料、写论文、出书而做的研究，而是为了提高行动质量、改进实际工作而开展的研究，所以行动研究的问题也是从实践中产生的，行动研究是为了解决实践中的问题而开展的。二是其致力于社会正义。因此行动研究是有价值负载的（value laden），不是传统的实证主义范式所主张的保持价值中立，推动行动研究是为了改变社会、解决现实中的一些问题，解决问题的目的就是在实践中通过提高服务质量、改进方法，让服务对象受益，增进他们的福祉。三是强调研究过程与行动过程的结合。这不仅要开展研究，而且要开展行动，并且在行动和研究互为促进的过程中开展。四是强调行动者参与研究，研究者参与实践，在研究和实践中相互协作。根据学者的划分，它有两种形式，一种是实践者自己独立开展的研究，他既是实践者也是研究者，针对自己实践面临的问题开展研究；另一种是研究者进入实践的场域，和实践者或者行动者一起开展研究，研究问题由行动者和外来的研究者一起提出，行动者可能会在研究者的指导下，采取一些方法收集资料，共同采取行动，在行动中去反思行动，最后撰写行动研究报告。五是研究对象参与研究过程，研究对象参与研究可以更好地解释自己的一些行动的逻辑，或者他们自己面临的一些问题。六是结合了普遍性和一般性知识。事实上，行动研究认为，研究对象的行动智慧是一种知识，其实践智慧也是一种知识。七是促进研究主体的发展。行动研究可以不断提高服务质量，改进行动或者实践，同时也会促进研究者不断地学习和反思。八是本体论假设，参与式的世界观以及认识论的假设，比起他人的"客位研究"，行动者自己所进行的"主位研究"能够更好地揭示或解释事物或行动的属性，把握世界的多元性与异质性。

　　行动研究的具体操作方法是多元的。行动研究是一个"大家庭"，按内容分，有组织的行动研究、社区发展的行动研究、教育的行动研究、护理的行动研究等；按理念分，有参与式行动研究、赋权式行动研究、女性主义行动研究等；按功能分，有实验形态的行动研究、组织形态的行动研究、

　　[①] 古学斌、霍小玲：《行动研究的重要精神和特质》，《社会工作》2022年第2期。

专业形态的行动研究、赋权形态的行动研究等。[①]

行动研究是实践活动与研究活动合一的过程,由计划、行动、观察和反省四个环节组成,是螺旋式循环的连续过程。第一,计划。行动参与者共同发现前一实践活动中存在的有待进一步改善的问题,分析其成因,并共同设计解决问题的策略和计划。第二,行动。行动参与者实施这一策略,并在共同活动中检验该策略。第三,观察。行动参与者详细观察实践活动,特别是实施改善策略的细节,并采用适当的方法和技术对行动进行评估。第四,反省。行动参与者对评估的结果、整个行动和研究过程进行反思,得出改善策略正确与否的初步结论,分析其原因,或在发现了新问题之后,开始新一轮的计划、行动、观察和反省,直至对改善的实践感到满意,并撰写研究报告。应该指出的是,行动研究中的后一个循环同前一个循环不同,它是由对最新实践的具体体验、反省、概念化总结以及在新环境下检验这些概念等环节组成的,后一循环比前一循环更高级。

行动研究在方法论上受舒茨的现象学、加芬克尔的诠释学和哈贝马斯的沟通行动理论的影响,带有明显的人文主义色彩。它对许多包含互动在内的研究来说具有广阔的应用前景,对社会工作研究尤其如此,但是行动研究并不能取代其他类型的研究,它们之间具有某种互补性。[②] 行动研究不仅提供了一种新视角,还为社会工作专业发展提供了具体的思路和方法,在行动研究中,社会工作实践者自我赋权和学习的过程也是社会工作实践者参与知识建构的过程,是从行动中创造和提炼出中国社会工作本土化实践性的知识和理论,以致达成社会改变和转化的过程。[③]

六　民族志研究

民族志起源于 20 世纪初一批人类学研究者掀起的研究热潮,随即广泛应用于社会学、医学、商学、社会语言学以及教育学等领域。[④] 它是一种写作文本,通常是关于文化的描述,以此来理解和解释社会并提出有关理论。民族志研究主要探讨事物现象的原创性、表达性与独特性,在方法上则重

---

①　古学斌:《行动研究与社会工作的介入》,《中国社会工作研究》2013 年第 0 期。

②　王思斌主编《社会工作概论》,高等教育出版社,1999,第 434 页。

③　古学斌、霍小玲:《行动研究的重要精神和特质》,《社会工作》2022 年第 2 期。

④　李茨婷、郑咏滟:《民族志研究等同于质性研究吗？——语言教育学的视角》,《外语电化教学》2015 年第 3 期。

视对具体对象本身内在意义与价值的诠释。它不适用于追求适恰性和规律性，只适合于以个案的方式加以了解。

民族志研究从某种意义上说是一种定性研究，具有定性研究的许多特征，收集资料时以定性资料为主，详细地记录人、地、物或谈话的内容。它从研究对象本身来了解行为，认为外在的因素是次要的，因此定性研究者多用参与观察、深度访谈等方法先进入研究对象的世界，系统地记录所看到的、听到的，然后加以分析，并用其他的数据如该地区的记事、记录、有关刊物、照片等来补充，在此基础上辅以定量研究的方法，如问卷设计、抽样调查、概率统计等。

民族志研究主要包括选择研究对象，提出民族志问题，通过参与观察、深度访谈等途径收集民族志资料，进行民族志分析，书写民族志五个步骤。在具体研究时，每个步骤的操作都要考虑到研究结果的普遍意义。例如，研究对象的选择应注重典型性以及是否在某个范围内具有普遍意义；问题的设计应尽可能或至少有一部分具有适恰性；进行民族志分析时，应尽量发掘其中蕴含的普遍意义和规律性的启示。

这种研究方法把完全生活在研究对象中不受外界干扰作为重要的研究条件之一，我国少数民族聚居地很多，且由于这些地区地理上的封闭性和对民族文化良好的保护与传承，为民族志研究提供了优越的前提条件。作为民族社会工作者，如果想了解某个文化或某种现象，就必须将注意力放在当地人的日常行为上，但是人们对自己从事活动的主观叙述，往往不一定准确或不足以解释其行为，尤其是在受访或被要求叙述的情况下，常常从自己的需要和利益出发有意或无意地对事实加以筛选和曲解，所以民族社会工作者应该尽可能直接观察他们的行为。民族志研究的优点在于调查者通过自己的眼睛去观察少数民族生活的现状，进而发现问题并解决问题。这使得研究成果更加真实可信，更加科学。

因为受到很多因素的影响，在实际的社会工作中，民族志研究的精确性常常受到质疑。一是民族志研究面临环境因素的影响。在研究中引起思考的问题和在具体民族地区从事调查所遭遇的问题是大不相同的，原定研究计划的可行性和受环境影响的程度难以估计。尤其是民族地区有不同的社会特性和民族文化，原有的研究设计可能不符合现实情况而无法进行。二是研究者个人的喜好及理论的偏见会直接导致研究对象、研究范围、研究方法的不同。同时，研究者也容易受到自身主观因素如自我偏见的限制。

三是研究者很容易对民族地区的情况有先入为主的概念，即立场预设，这容易对该地区和相关文化现象的研究产生偏见。[1]

第四节　民族社会工作研究的程序

民族社会工作研究的程序与社会工作研究的一般程序基本相同，根据学界的不同划分方式，结合民族社会工作实践经验，将民族社会工作研究的程序划分为选择研究主题、明确研究问题、进行研究设计、收集资料、资料分析、资料解释、撰写论文七个方面。

一　选择研究主题

在开展民族社会工作研究之前，首先要选择研究主题，对研究的主要方向加以明确，体现民族社会工作研究要发现、讨论、解决的各类问题。

社会工作研究的主题一般来说主要包括两类。一类是社会工作实践中需要解决的问题或难题，还有针对具体个案（一个或一些）的社会工作模式、方法、技术的运用及其限制的问题。另一类是涉及社会工作理论研究的问题，还包括对原有理论、模型、方法、技术的修正、补充与发展等方面的内容。

民族社会工作者认为，民族社会工作研究主要是对各地区不同民族在不同的社会、历史、地域等条件下出现的问题难题进行的研究，也应当进行社会工作理论研究。例如，针对各个游牧民族在游牧过程中出现的资源开采与牧区环境保护的争论、习俗变化等现实情况，应当制定怎样的政策进行协调并加以保护，对当前的政策应当如何修正，对当前的问题应当如何加以解决等。

另外，社会工作者提出，受研究者知识积累和学术兴趣等因素的影响，社会工作研究主题的选择有着较大的不同。特别是在民族社会工作研究过程中，研究者的研究兴趣、研究能力、综合知识水平、对民族社会工作掌握程度、对民族理论知识的熟悉程度，都将影响其在民族社会工作研究中研究主题的选择。在选择研究主题之前，对研究地域的了解、资金的支持、研究的

① 常宝、元·巴特尔主编《民族社会工作》，华东理工大学出版社，2013，第333～334页。

时间限制、研究时的语言与接受程度都是研究者要考虑的因素。①

二 明确研究问题

在确定研究主题后，需要将研究主题具体化，将其缩小为一个具体的研究问题，主要包括初步设想、文献分析、建立基本的研究假设等阶段。

（一）初步设想

对已经确定的研究主题，应根据选题时的各种要素并结合社会工作实践的实际经验，形成对研究问题的初步设想，对问题的研究切入点、侧重点进行思考，简要明确研究的大体框架。在此过程中，需要对研究主题的基本性概念进行了解，明确其背景。在这一部分，应适当地运用网络媒介，并积极听取民族社会工作者的意见。

（二）文献分析

在形成初步设想后，进入文献分析阶段，掌握研究问题所在领域的研究，形成较为详细的文献综述。在民族社会工作研究中，文献主要有专业的期刊、报纸、专著、以往的调查报告、一定年限内的统计资料、民族志、民间文学专著、民俗专著等，特别要重视的是，研究涉及的民族有自己的语言文字的，还需要对该民族所用语言、文字形成的专著、论文、报告加以翻译、整理，并与其他文献相结合，形成全面的文献综述。在形成的文献综述中，应对收集到的文献资料进行简要的陈述，明确其研究方式，并且应根据实际情况指出其研究的优点与缺陷。

研究者可以利用图书馆、网络等媒介搜索上述资料，也可以与相关的文化机构（如当地图书馆、高等院校、研究所）取得联系获取具有当地特色的文献资料。

民族社会工作研究对文献资料进行分析，主要有以下作用：第一，对选定的研究主题有了进一步的认识，为个人进行该主题的研究提供了可参考的文献资料；第二，对已有研究有了一定程度的了解，避免研究中出现重复；第三，为个人的研究提供了理论支持，为建立自己的研究假设、研究框架提供了参考；第四，了解他人的研究过程，为个人在研究中的具体

---

① 常宝、亓·巴特尔主编《民族社会工作》，华东理工大学出版社，2013，第335页。

方式、需要注意的问题提供了经验。

（三）建立基本的研究假设

通过文献分析能够得出基本的研究理论和经验，在进行研究的具体设计前，还需要建立基本的研究假设。研究假设是在进行研究之前，对研究问题的基本判断，也是对变量之间关系的尝试性陈述。研究假设可以根据对文献的分析得出，也可以根据民族社会工作者在实践中获取的经验分析得出。需要指出的是，在民族社会工作研究过程中，建立研究假设前还应注意民族志、民俗资料的重要性；另外，在不同民族之间进行民族社会工作研究时，在进行横向比较的过程中，研究假设的建立往往更注重民族社会工作者的实践经验。

很多民族地区的社会工作学者也指出，一些学者在研究过程中，往往不建立研究假设，而是在实际的环境中针对具体的情况进行分析，发现问题，并加以干预、解决。①

三　进行研究设计

在明确了研究问题之后，就可以计划如何开展研究了。研究设计是指在进行实地调查研究之前对研究进程、方法及相关事务的安排。② 各个民族的主要聚居区不同，在经济、环境、信仰等方面具有地区差异，所以在收集资料之前，必须进行详细的研究设计。这里，结合民族社会工作研究的特点，将研究设计分为三个主要方面，分别是理清研究思路与规划研究进程、确定研究方法并编制调查工具、进行研究前的其他准备工作。

（一）理清研究思路与规划研究进程

在文献分析后已经基本形成了明确的研究思路，对整体的研究有了全面的把握，之后要确定研究进程，规划研究的各个节点，从而指导、督促研究顺利按时完成。

（二）确定研究方法并编制调查工具

前一部分内容已经对民族社会工作研究的几种方法做了简要的介绍，

---

① 常宝、亓·巴特尔主编《民族社会工作》，华东理工大学出版社，2013，第 336~337 页。
② 王思斌主编《社会工作概论》，高等教育出版社，1999，第 427 页。

不同的方法适用的情境也不同，所以在民族社会工作研究过程中，确定适用的研究方法是非常重要的，它决定了资料的收集质量。在民族社会工作研究过程中，需要用到许多工具，如问卷、访谈提纲、文献资料等，根据所确定的研究方法，选择具体工具，以便获取准确的研究资料。

（三）进行研究前的其他准备工作

民族社会工作属于社会工作的一个新兴分支，公众认知程度、政府支持程度不足，导致在人员、资金等方面仍面临较大的挑战，在研究前应当充分考虑在研究中会发生的各种情况，比如时间规划、经费花销、交通状况、人员管理、语言的使用等方面的问题。①

四　收集资料

在完成研究设计工作后，就要按照研究设计进行资料收集工作。收集资料是调查研究者直接与调查对象接触，通过访谈、观察等方法获得资料的过程。② 这一过程的实施将是民族社会工作研究中至关重要的过程，只有获取真实、详尽的材料，才能做好研究。

在收集资料过程中，特别是在不同民族聚居地，不同民族在语言、信仰、风俗习惯等方面都有一定程度的不同，首先要注意的是对民族的信仰风俗予以了解、尊重，还要注重调查地"关键人"的重要作用，"关键人"是指在当地有一定影响的政府工作人员、长者等，与他们建立关系，有助于获取更为真实准确的资料。③ 收集资料的方法很多，根据民族社会工作研究的目的和对象不同，方法也有所不同。

五　资料分析

对调查所得的资料进行分析和解释，这是狭义的研究过程。④ 在资料的收集过程中，获取的资料多种多样，有文字记录、问卷、声像记录、书籍等，对这些实物的归类、整理、核实、校正，并制作索引以便查阅，是资料分析的第一步。在这一过程中，要适当使用计算机技术，将必要的材料

---

① 常宝、亓·巴特尔主编《民族社会工作》，华东理工大学出版社，2013，第338页。
② 王思斌主编《社会工作概论》，高等教育出版社，1999，第428页。
③ 常宝、亓·巴特尔主编《民族社会工作》，华东理工大学出版社，2013，第338页。
④ 王思斌主编《社会工作概论》，高等教育出版社，1999。

录入、备份，而后进入分析过程。另外，在民族社会工作研究过程中，对收集的各种语言资料还涉及翻译的问题，对专有名词、关键词的翻译是非常重要的。

资料分析还可以分为定性资料分析和定量资料分析。定性资料是研究者通过实地研究等方式获取的，以文字、符号为主的信息，以及其他类似的记录材料。与格式统一、标准化程度高、相对精确的定量资料相比，定性资料似乎更依赖于研究者的主观分析。研究者通常按照自己的喜好、习惯和经验来进行分析，研究结论常常带有一定的主观性。定性资料分析中有几种常用的方法，其中比较研究法可以理解为，根据一定的标准对两个或两个以上有联系的事物进行考察，寻找其异同，以探求事物本质及其规律性的一种研究方法；案例分析法是通过经验证据来说明某种理论，是定性资料分析中最普遍的一种方法；连续接近法是通过不断重复和循环的步骤，使研究者从较为模糊的观念和杂乱的信息中，逐步梳理和清晰，最终得到一个具有概括性的结果。

定量资料分析就是运用统计学的方法来研究社会问题的基本属性。任何事物既有品质属性，即可以用文字或定性的方法来描述的特性；又有数量属性，即可以用数字来描述的特性，这就决定了可以用数学的方法来研究这些事物。按照研究对象所涉及变量的数量多少，定量资料分析可以分为单变量分析和多变量分析。单变量分析是针对单一变量的分析，包括描述统计和推断统计；多变量分析是针对两个或两个以上变量关系的分析，其中对两个变量的关系的研究称为双变量分析。当研究者希望进一步了解社会现象发生和变化的原因，以此来揭示社会现象的发展规律时，仅仅研究单一变量特性的单变量分析就显得不足以应对了，这时需要进行双变量甚至多变量分析。多变量分析的研究目的是确定变量之间是否存在因果关系，确定变量之间关系的密切程度。[①]

在进行资料分析时，应注意将两方面资料结合使用，以便真实、准确地说明要研究的问题，确定研究资料在多大程度上证实或证伪了研究假设。

六　资料解释

资料解释主要是对整理后的资料进行深度分析，与资料分析得出的结

---

① 魏建国、卿菁、胡仕勇编著《社会研究方法》，清华大学出版社，2016，第49~50页。

果并不相同。资料解释对获取资料进行的不仅仅是单变量分析和某一现象的深层次描述，而是对多变量分析和对某一现象产生的原因、影响因素等的分析与归类，是对获取资料的更深入分析解释过程，以便在成果（论文、报告等）形成时加以使用。

在民族社会工作研究过程中，对某一资料进行深入解释是必要的，特别是对某些少数民族的特征性影响因素的分析和解释，这将对研究结果起到重大的指导意义。[1]

七 撰写论文

民族社会工作研究的最后一个环节是撰写论文，将研究的过程、结果、作用、建议结集成文，用于发表学术刊物、出版专著、参加学术会议、提交有关部门等，为民族社会工作研究的发展贡献力量，也为有关部门、学者提供参考。另外，在民族社会工作研究过程中涉及的实际问题还可以为其他民族社会工作者提供参考。

在撰写论文时，由于提交单位不同，对论文的格式、内容要求不同，一般的学术论文主要包括以下几个方面：论文题目、作者及单位、论文摘要（必要时添加其他语言的摘要，以便阅读）、序言、文献回顾、研究设计与假设、研究过程、研究结果以及分析、结论、建议、注释、参考文献、致谢等。撰写研究报告或学术论文时应努力做到主题突出、概念明确、资料与观点统一、理论判断准确。另外，在社会工作研究报告和学术论文撰写的过程中，要注意遵守社会工作伦理，避免对支持调查研究的人造成伤害，要严守职业道德和学术道德，规范注释和引用，避免出现抄袭及其他不规范行为。[2]

---

① 常宝、元·巴特尔主编《民族社会工作》，华东理工大学出版社，2013，第339页。
② 王思斌主编《社会工作概论》，高等教育出版社，1999，第429页。

参考文献

阿伦·威尔达夫斯基、布莱登·斯瓦德洛:《预算与治理》,苟燕楠译,上海财经大学出版社,2010。

阿马蒂亚·森:《以自由看待发展》,任颐、于真译,中国人民大学出版社,2002。

埃德蒙·R. 利奇:《缅甸高地诸政治体系——对克钦社会结构的一项研究》,杨春宇、周歆红译,商务印书馆,2010。

艾丽菲亚·艾克拜尔:《新时期我国民族社会工作发展的必要性》,《智富时代》2018年第3期。

艾伦·沃克:《21世纪的社会政策:最低标准,还是生活质量》,载葛道顺、杨团《社会政策评论》(第一辑),社会科学文献出版社,2007。

艾四林、陈钿莹:《中国式现代化话语体系建构的三重维度》,《山东大学学报》(哲学社会科学版)2023年第2期。

爱德华·泰勒:《原始文化:神话、哲学、宗教、语言、艺术和习俗发展之研究》,连树声译,广西师范大学出版社,2005。

安东尼·吉登斯:《失控的世界:全球化如何重塑我们的生活》,周红云译,江西人民出版社,2001。

Barbra Teater:《社会工作理论与方法》,余潇、刘艳霞、黄玺、吴腾译,华东理工大学出版社,2013。

白菊:《民族地区农村社区卫生服务现状与对策》,《黔南民族医专学报》2007年第4期。

包学雄、王浪花:《完善民族地区社区残疾人服务探析》,《广西社会科学》2008年第3期。

本刊记者:《共生互补:构建和谐的散杂居民族地区——访中南民族大学民族学与社会学学院院长许宪隆》,《中国民族》2008年第1期。

毕天云:《社会福利的文化透视:观点与简评》,《社会学研究》2004年第

4 期。

毕云天：《社会福利场域的惯习——福利文化民族性的实证研究》，中国社会科学出版社，2004。

博克（Bock，P. K.）：《多元文化与社会进步》，余兴安等译，辽宁人民出版社，1988。

查明华：《民族文化心理概念辨析——兼论民族心理学学科特性的显现》，《广西民族研究》2012 年第 1 期。

常宝：《从边疆到民族：关于民族社会工作的批判与想象——兼论李安宅的〈边疆社会工作〉》，《内蒙古师范大学学报》（哲学社会科学版）2016 年第 3 期。

常宝：《构建中华民族共同体社会史研究体系：学术、话语与实践》，《中南民族大学学报》（人文社会科学版）2021 年第 11 期。

常宝、亓·巴特尔：《民族社会工作》，华东理工大学出版社，2013。

陈安娜：《反思个人模式下残疾人主体地位的缺失——以武汉市徐东社区的残疾人社区服务为例》，《江汉大学学报》（社会科学版）2011 年第 6 期。

陈德主编《民族理论与民族政策》，兰州大学出版社，2012。

陈纪：《西方族群关系研究的相关理论综述》，《湖北民族学院学报》（哲学社会科学版）2014 年第 1 期。

陈皆明：《中国养老模式：传统文化、家庭边界和代际关系》，《西安交通大学学报》（社会科学版）2010 年第 6 期。

陈金龙：《中国式现代化的探索历程、鲜明特征及重要意义——基于习近平相关重要论述的思考》，《党的文献》2022 年第 2 期。

陈茂荣：《铸牢中华民族共同体意识的民族心理基础——基于社会主义民族关系的视角》，《西北民族大学学报》（哲学社会科学版）2022 年第 2 期。

陈平：《多元文化的冲突与融合》，《东北师大学报》2004 年第 1 期。

陈树强：《增权：社会工作理论与实践的新视角》，《社会学研究》2003 年第 5 期。

陈涛：《把握社会工作的"社会性"，助力乡村产业振兴》，《中国社会工作》2022 年第 34 期。

陈为雷：《政府和非营利组织项目运作机制、策略和逻辑——对政府购买社会工作服务项目的社会学分析》，《公共管理学报》2014年第3期。

陈伟东、吴岚波：《从嵌入到融入：社区三社联动发展趋势研究》，《中州学刊》2019年第1期。

陈伟杰：《管理、权力与制度——分析中国社会工作行政的多重视角》，《华东理工大学学报》（社会科学版）2016年第31期。

陈向明：《质的研究方法与社会科学研究》，教育科学出版社，2000。

陈心林：《族群理论与中国的族群研究》，《青海民族研究》2006年第1期。

陈志明：《族群的名称与族群研究》，《西北民族研究》2002年第1期。

崔海亮：《国家认同、文化认同与大学生思想政治教育》，中国社会科学出版社，2016。

崔卫国、汪建丰：《社会科学学导论》，中国社会科学出版社，2009。

崔艳芳：《基于多元文化环境下的少数民族社会工作创新研究》，《贵州民族研究》2018年第11期。

戴桂斌：《略论民族心理》，《青海社会科学》1988年第1期。

戴维·莱文森：《世界各国的族群》，葛公尚、于红译，中央民族大学出版社，2009。

戴维·米勒、赵庆杰、刘宣：《论民族性与民族认同》，《马克思主义与现实》2010年第2期。

德全英：《关于少数民族概念的几个问题——少数民族权利理论问题研究》，《新疆大学学报》（哲学社会科学版）2003年第1期。

邓名瑛：《建设中华民族共有精神家园的几点思考》，《文史博览》（理论）2011年第7期。

邓伟志主编《社会学辞典》，上海辞书出版社，2009。

邓新星：《论习近平对中国特色社会主义民族理论的丰富和发展》，《北方民族大学学报》（哲学社会科学版）2018年第6期。

董海珍、和晓蓉、都吉只玛：《少数民族生计方式变迁的社会工作服务介入路径探索——基于对德钦县藏族×村的调查》，《民族论坛》2020年第3期。

董洁：《民政工作与社会工作的关系》，《社会工作》2012年第1期。

董小川：《美国人的人种和种族概念与观念》，《东北师大学报》2004年第3期。

董云芳：《政府购买社会工作服务发展初期的困境与突破——对J市的质性

研究与思考》,《华东理工大学学报》(社会科学版) 2013 年第 3 期。

杜元可:《精神分析和人本主义人性观之比较及其对社会工作的影响》,《知识经济》2010 年第 13 期。

樊良树:《四海之内:地理环境对中华民族多元一体格局形成的影响》,《西藏大学学报》(社会科学版) 2013 年第 2 期。

樊星、吕斌、小泉秀树:《从打招呼开始东京谷中地区如何再造魅力》,《公关世界》2017 年第 19 期。

范明林:《社会研究方法论比较谈》,《上海大学学报》(社会科学版) 2001 年第 3 期。

方长春:《从方法论到中国实践:调查研究的局限性分析》,《华中师范大学学报》(人文社会科学版) 2006 年第 3 期。

方奕霖、阮曾媛琪:《社区照顾的概念反思及对香港的启示》,载夏学銮主编《社区照顾的理论、政策和实践》,北京大学出版社,1996。

方英:《政府培育下的社工机构发展》,社会科学文献出版社,2016。

房亚明、周文艺、黄建栩:《社会工作机构嵌入农村社区营造的机制建构》,《社会工作与管理》2021 年第 4 期。

费孝通:《费孝通论西部开发与区域经济》,群言出版社,2000。

费孝通:《中华民族的多元一体格局》,《北京大学学报》(哲学社会科学版) 1989 年第 4 期。

费孝通主编《中华民族多元一体格局(修订本)》,中央民族大学出版社,1999。

风笑天:《定性研究与定量研究的差别及其结合》,《江苏行政学院学报》2017 年第 2 期。

冯国坚、朱昌熙:《社区组织》,载甘炳光、梁祖彬等:《社区工作:理论与实践》,香港中文大学出版社,1998。

弗兰克:《不发达的发展》,载威尔伯主编《发达与不发达问题的政治经济学》,中国社会科学出版社,1984。

弗雷德里克·巴特:《族群与边界》,李丽琴译,商务印书馆,2014。

弗里德里希·恩格斯:《家庭、私有制和国家的起源》,人民出版社,2019。

付立华:《社会工作助力共同富裕:何以可能和何以可为?》,《山东社会科学》2022 年第 7 期。

嘎日达、黄匡时:《西方社会融合概念探析及其启发》,《国外社会科学》

2009 年第 2 期。

高进、阿达莱提·图尔荪：《边疆地区民族互嵌式社区营造路径探析——以新疆地区为例》，《边疆经济与文化》2018 年第 10 期。

高万红：《流动儿童社区照顾》，《中国家庭教育》，2010。

高永久编著《民族社会学概论》，南开大学出版社，2010。

高永久、陈纪：《论中华民族共有精神家园的内涵与价值核心》，《科学社会主义》2008 年第 2 期。

高永久、王子曦：《中华民族多元一体格局形成的历史条件》，《广西民族研究》2020 年第 5 期。

高占福：《大都市回族社区的历史变迁——北京牛街今昔谈》，《回族研究》2007 年第 2 期。

古学斌、霍小玲：《行动研究的重要精神和特质》，《社会工作》2022 年第 2 期。

古学斌：《西方种族/族群社会工作多元论述与实践》，《社会建设》2018 年第 2 期。

古学斌：《行动研究与社会工作的介入》，《中国社会工作研究》2013 年第 0 期。

古学斌、张和清、杨锡聪：《地方国家、经济干预和农村贫困：一个中国西南村落的个案分析》，《社会学研究》2004 年第 2 期。

古学斌、张和清、杨锡聪：《专业限制与文化识盲：农村社会工作实践中的文化问题》，《社会学研究》2007 年第 6 期。

顾正品：《社区工作的主要模式·社会策划模式（一）》，《中国社会工作》2019 年第 4 期。

关信平：《中国式现代化需要社会工作高质量发展》，《中国社会工作》2022 年第 33 期。

光程：《种族隔离政策及其变革的处理——南非社会工作述评》，《社会福利》2002 年第 7 期。

贵州民族大学：《第四届全国民族社会工作学术研讨会暨民族社会工作与民族地区社会治理与发展论坛在贵州民族大学隆重召开》，《第四届全国民族社会工作学术研讨会暨民族社会工作与民族地区社会治理与发展论坛》，贵州，2020 年 12 月。

郭家骥：《西双版纳傣族的水文化：传统与变迁——景洪市勐罕镇曼远村案

例研究》，《民族研究》2006 年第 2 期。

郭未、杨涵：《中国民族社会工作的发展图景：历史概述与现状反思》，《广西民族研究》2017 年第 1 期。

郭艳军、刘彦随、李裕瑞：《农村内生式发展机理与实证分析——以北京市顺义区北郎中村为例》，《经济地理》2012 年第 9 期。

郭毅、罗家德主编《社会资本与管理学》，华东理工大学出版社，2007。

国家民委共同发展司：《国家民委等九部门联合印发〈关于铸牢中华民族共同体意识　扎实推进民族地区巩固拓展脱贫攻坚成果同乡村振兴有效衔接的意见〉》，《中国民族》2022 年第 11 期。

国家民族事务委员会编《中央民族工作会议精神学习辅导读本》，民族出版社，2015。

国家民族事务委员会政策研究室编《中国共产党主要领导人论民族问题》，民族出版社，1994。

国家民族事务委员会、中共中央文献研究室主编《民族工作文献选编》，中央文献出版社，2003。

国务院新闻办公室：《中国的民族区域自治白皮书》，《人民日报》2005 年 2 月 28 日。

韩家炳：《多元化、文化多元主义、多元文化主义辨析——以美国为例》，《史林》2006 年第 5 期。

韩忠太：《论民族时代精神对心理学派别形成的影响》，《心理学报》1986 年第 3 期。

郝卫国、朱雅晖：《基于内生发展理论的乡村废弃空间社区营造实践》，《景观设计》2021 年第 6 期。

郝亚明：《论中华民族多元一体格局与中华民族共同体建设》，《湖北民族学院学报》（哲学社会科学版）2019 年第 1 期。

何锋、马彬：《试论人的本质与思想政治教育的关系》，《学术交流》2005 年第 11 期。

何乃柱：《社会工作介入城市散杂居社区民族工作的新探索——上海样本的启示》，《广西民族研究》2013 年第 4 期。

何乃柱：《文化识盲与文化能力——民族地区灾害社会工作实务中的文化问题》，《开发研究》2014 年第 3 期。

何雪松、刘莉：《政府购买服务与社会工作的标准化——以上海的三个机构为例》,《华东师范大学学报》(哲学社会科学版) 2021 年第 2 期。

何芸、卫小将:《后现代主义与社会工作研究——基于三种另类研究方法的叙述分析》,《华东理工大学学报》(社会科学版) 2014 年第 4 期。

贺雪峰:《村庄精英与社区记忆:理解村庄性质的二维框架》,《社会科学辑刊》 2000 年第 4 期。

侯阿冰、张进辅:《民族价值观的心理学视角》,《中央民族大学学报》 2006 年第 5 期。

侯学敏、杨道波:《民族地区社会保障法律制度的完善》,《民族教育研究》 2006 年第 1 期。

胡鞍钢、温军:《社会发展优先:西部民族地区新的追赶战略》,《民族研究》 2001 年第 3 期。

胡杰容:《动力与趋势:中国社会工作教育在教会大学的发轫与发展》,《社会工作》 2016 年第 4 期。

胡锦山:《罗伯特·帕克与美国城市移民同化问题研究》,《求是学刊》 2008 年第 1 期。

胡锦涛:《高举中国特色社会主义伟大旗帜　为夺取全面建设小康社会新胜利而奋斗——在中国共产党第十七次全国代表大会上的报告》,人民出版社,2007。

胡锦涛:《在全党深入学习实践科学发展观活动动员大会暨省部级主要领导干部专题研讨班上的讲话》,人民出版社,2009。

胡锦涛:《在中央民族工作会议暨国务院第四次全国民族团结进步表彰大会上的讲话》,《今日民族》 2005 年第 6 期。

胡澎:《日本"社区营造"论——从"市民参与"到"市民主体"》,《日本学刊》 2013 年第 3 期。

胡日查:《民族地区的社会工作与和谐社会建设》,《内蒙古民族大学学报》(社会科学版) 2010 年第 1 期。

胡阳全:《我国民族地区社会工作探析》,《云南民族大学学报》(哲学社会科学版) 2006 年第 6 期。

胡泽卿、邢学毅:《危机干预》,《华西医学》 2000 年第 1 期。

黄光学、施联朱主编《中国的民族识别——56 个民族的来历》,民族出版社,2005。

黄建:《社区营造:一种农村精准扶贫的新视角》,《宏观经济管理》 2018

年第 7 期。

黄匡时、嘎日达:《社会融合理论研究综述》,《新视野》2010 年第 6 期。

黄平、王晓毅主编《公共性的重建》(上),社会科学文献出版社,2011。

黄淑娉:《民族识别及其理论意义》,《中国社会科学》1989 年第 1 期。

黄哲:《香港社会工作发展与历程》,《云南民族大学学报》(哲学社会科学版)2009 年第 6 期。

霍华德·威亚尔达主编《非西方发展理论:地区模式与全球趋势》,董正华、昝涛、郑振清译,北京大学出版社,2006。

季建林、徐俊冕:《危机干预的理论与实践》,《临床精神医学杂志》1994 年第 2 期。

加琳娜·安德列耶娃:《社会心理学》,李钊、龚亚铎、潘大渭译,徐世京校,上海翻译出版公司,1984。

贾应生:《内外兼证:社会学研究方法的新视野》,《西北师大学报》(社会科学版)2021 年第 3 期。

《江泽民文选》(第 2 卷),人民出版社,2006。

《江泽民文选》(第 3 卷),人民出版社,2006。

江珍妮:《法国:把文化作为公民福利》,《广州日报》2012 年 12 月 1 日。

姜爱、刘伦文:《人地关系与土家族生计变迁六十年——湘西龙山县草果村的再研究》,《西南民族大学学报》(人文社会科学版)2013 年第 3 期。

蒋慧、孙有略:《铸牢中华民族共同体意识与民族地区基层治理现代化》,《湖北大学学报》(哲学社会科学版)2022 年第 1 期。

蒋英州、王创宇:《中国式现代化道路的历史起点、主要内涵与使命追求》,《西南大学学报》(社会科学版)2023 年第 2 期。

杰拉德·科里:《心理咨询与治疗的理论及实践》(第八版),谭晨译,中国轻工业出版社,2010。

金炳镐、代宏丽:《改革开放 40 年中国民族理论发展》,《中央民族大学学报》(哲学社会科学版)2018 年第 6 期。

金炳镐:《民族理论通论》,中央民族大学出版社,2007。

金炳镐、杨昌儒主编《中国民族理论研究 2016》,中央民族大学出版社,2019。

金健:《实证主义、诠释主义与批判主义》,《北京市总工会职工大学学报》2000 年第 2 期。

金昱彤、焦若水：《残疾人社区照顾：社会工作视角》，《上海城市管理》2018 年第 3 期。

井润田、孙璇：《实证主义 vs. 诠释主义：两种经典案例研究范式的比较与启示》，《管理世界》2021 年第 3 期。

景凯旋：《汉语"种族"词义的变迁》，《西域研究》2017 年第 1 期。

景天魁：《社会发展的时空结构》，黑龙江人民出版社，2002。

卡尔·波兰尼：《大转型：我们时代的政治与经济起源》，刘阳、冯钢译，浙江人民出版社，2007。

康丽颖、贾丽：《中美儿童托管教育的比较分析》，《比较教育研究》2011 年第 12 期。

柯象峯：《欧文选集》（下卷），商务印书馆，1965。

克利福德·格尔茨：《文化的解释》，韩莉译，译林出版社，1999。

拉尔夫·多戈夫、唐纳·哈林顿、弗兰克·M. 洛温伯格：《社会工作伦理：实务工作指南》，隋玉杰译，中国人民大学出版社，2005。

来帅：《西藏城市社区"三社联动"的创新发展路径》，《社会工作与管理》2018 年第 1 期。

来仪、杨莹慧：《再论中华民族共有精神家园的内涵及现实意义》，《西南民族大学学报》（人文社科版）2019 年第 1 期。

莱斯特·M. 萨拉蒙：《公共服务中的伙伴——现代福利国家中政府与非营利组织的关系》，田凯译，商务印书馆，2008。

兰建平、苗文斌：《嵌入性理论研究综述》，《技术经济》2009 年第 1 期。

郎维伟、陈瑛、张宁：《中华民族共同体意识与"五个认同"关系研究》，《北方民族大学学报》（哲学社会科学版）2018 年第 3 期。

郎维伟：《漫话香港的民族与宗教》，《文史杂志》1997 年第 3 期。

劳伦斯·纽曼、拉里·克罗伊格：《社会工作研究方法：质性和定量方法的应用》，刘梦译，中国人民大学出版社，2008。

雷雨若、王浦劬：《西方国家福利治理与政府社会福利责任定位》，《国家行政学院学报》2016 年第 2 期。

黎熙元：《澳门土生葡人族群及其文化特点》，《学术研究》2001 年第 12 期。

黎小青：《价值中立在社会工作实务中的运用》，《社会工作下半月》（理论）2009 年第 9 期。

李安宅：《边疆社会工作》，河北教育出版社，2012。

李斌、李小云、左停:《农村发展中的生计途径研究与实践》,《农业技术经济》2004 年第 4 期。

李茨婷、郑咏滟:《民族志研究等同于质性研究吗? ——语言教育学的视角》,《外语电化教学》2015 年第 3 期。

李琮主编《西欧社会保障制度》,中国社会科学出版社,1989。

李大龙:《中华民族共同体属性与建设途径探究》,《西南民族大学学报》(人文社会科学版)2022 年第 3 期。

李德顺:《关于"共有精神家园"的几点思考》,《北京日报》2009 年 4 月 29 日。

李锋:《"获得感"提升视角下民族贫困地区教育扶贫的困境与出路》,《民族论坛》2017 年第 3 期。

李辅敏、赵春波:《旅游开发背景下民族地区生计方式的变迁——以贵州省黔东南苗族侗族自治州郎德上寨为例》,《贵州民族研究》2014 年第 1 期。

李光明、徐选国:《宗教社会工作专业化、职业化发展路径——以深圳市宗教社会工作实务探索为例》,《中国社会工作》2013 年第 6 期。

李佳佳:《上海社区治理创新案例调研与分析》,上海社会科学院出版社,2018。

李建明、晏丽娟:《国外心理危机干预研究》,《中国健康心理学杂志》2011 年第 2 期。

李景源、吴元梁主编《科学发展观与和谐社会建设》,江苏人民出版社,2008。

李丽红编《多元文化主义》,浙江大学出版社,2011。

李林凤:《多元文化下的民族社会工作》,《黑龙江民族丛刊》2009 年第 2 期。

李林凤:《论社会工作方法在城市社区民族工作中的运用》,《社会工作》2007 年第 7 期。

李林凤:《论社会工作者的族群文化敏感性——多元文化背景下社会工作本土化的一种探索》,《贵州师范大学学报》(社会科学版)2007 年第 1 期。

李林凤:《民族社会工作研究——基于民族文化的视角》,民族出版社,2018。

李林凤：《社会工作视野下的城市少数民族流动人口问题》，《黑龙江民族丛刊》2006 年第 1 期。

李璐、张旭：《文化和而不同：对中西养老模式的比较思考》，《南昌教育学院学报》2011 年第 1 期。

李太斌：《浅谈政府推动与社会工作机构发展之间的关系》，《上海青年管理干部学院学报》2007 年第 2 期。

李伟峰、梁丽霞：《浅析老年人社区照顾及其对中国的本土实践启示》，《人口与发展》2008 年第 3 期。

李文勇、卢成观：《党的十九大以来中华民族共同体意识的研究综述》，《甘肃理论学刊》2020 年 4 期。

李向玉：《生计、信仰与秩序——苗侗民族原始宗教在生产生活中的作用考察》，《贵州民族研究》2015 年第 1 期。

李修远：《城市民族互嵌式社区建设中的集体认同——对铸牢中华民族共同体意识的多元视角思考》，《西北民族大学学报》（哲学社会科学版）2022 年第 3 期。

李学举：《努力建设一支结构合理、素质优良的社工人才队伍 充分发挥民政在构建和谐社会中的重要基础作用》，《中国社会报》2006 年 12 月 13 日。

李艳华：《少数民族转型社区老年文化福利发展研究——以昆明沙朗白族社区为例》，九州出版社，2017。

李沂靖主编《社区工作》，中国社会出版社，2010。

李迎生、方舒、卫小将、王娅郦、李文静：《社会工作介入社会管理研究——基于北京等地的经验》，《社会工作》2013 年第 1 期。

李迎生：《社会工作概论》（第二版），中国人民大学出版社，2010。

李迎生：《中国式现代化新征程中的社会工作研究》，《中国特色社会主义研究》2023 年第 1 期。

李迎生主编《社会工作概论》，中国人民大学出版社，2004。

李智：《日本社区儿童服务的多元主体供给》，《外国中小学教育》2016 年第 9 期。

李宗桂：《中华民族精神概论》，广东人民出版社，2007。

梁润萍：《"共生互补"理念研究综述》，《贵州民族大学学报》（哲学社会科学版）2015 年第 3 期。

梁影、何玲玲:《"赋权理论"视角下西部民族地区农民社区参与研究》,《安顺学院学报》2021年第4期。

梁祖彬:《演变中的社会福利政策思维——由再分配到社会投资》,《社会福利》(理论版)2012年第1期。

林白:《古丈民族社会工作试点》,《社会工作》(实务版)2009年第1期。

林晓华、邱艳萍:《赋权理论与彝族文化的网络传播——以彝族文化网站为例》,《西南民族大学学报》(人文社科版)2018年第1期。

林耀华:《认识中华民族结构全局的钥匙》,载费孝通主编《中华民族研究新探索》,中国社会科学出版社,1991。

林竹:《社会调查中的定性研究方法浅析》,《社会工作下半月》(理论)2009年第8期。

刘宝明、乌小花、丁赛、李静、黄伟:《铸牢中华民族共同体意识实现中华民族伟大复兴》,《贵州民族研究》2021年第6期。

刘成:《民族互嵌理论新思考》,《广西民族研究》2015年第6期。

刘从德:《新时代中国共产党原创性理论的内在品格》,《华中师范大学学报》(人文社会科学版)2022年第6期。

刘冬:《质性、量化方法论融合对社会工作的意义》,《哈尔滨工业大学学报》(社会科学版)2019年第4期。

刘华芹:《类型学视角:城镇化进程中的农村社区分化和乡村振兴重点》,《河北学刊》2019年第1期。

刘继同:《院舍照顾到社区照顾:中国孤残儿童养护模式的战略转变》,《社会福利》2003年第10期。

刘军:《女性主义方法研究》,《妇女研究论丛》2002年第1期。

刘镭:《社会变迁中的台湾农村社区营造》,《中南民族大学学报》(人文社会科学版)2019年第1期。

刘梦颖:《"地方"的营造:以侗寨鼓楼为中心》,《社会科学家》2020年第11期。

刘梦主编《小组工作》(第二版),高等教育出版社,2013。

刘敏:《山村社会:西北黄土高原山村社会发展动力研究》,甘肃人民出版社,2000。

刘涛:《文化生产与中华民族多元一体格局的形成》,《西北民族大学学报》(哲学社会科学版)2014年第2期。

刘薇琳、侯丽萍：《关于少数民族社区教育的思考》，《云南民族大学学报》
（哲学社会科学版）2004 年第 2 期。

刘晓春：《文化本真性：从本质论到建构论——"遗产主义"时代的观念启
蒙》，《民俗研究》2013 年第 4 期。

刘勇、韩力、侯全华：《"社区营造"视角下的历史文化名村保护规划探
析》，《建筑科学与工程学报》2017 年第 4 期。

刘玉兰：《民族社会工作的文化实践与少数民族流动人口社会融合》，《华东
理工大学学报》（社会科学版）2019 年第 3 期。

刘祖云、王太文：《乡村社区营造的基本方略：符号化与空间化——基于安
徽省香泉-温泉小镇社区营造的观察》，《南京农业大学学报》（社会科
学版）2022 年第 2 期。

刘祖云主编《发展社会学》，高等教育出版社，2006。

卢露：《西南地区民族社会工作的任务结构与实务体系构建研究》，《广西大
学学报》（哲学社会科学版）2020 年第 5 期。

鲁宁、吕晨晨：《历次中央新疆工作座谈会回顾、总结与展望》，《新疆社科
论坛》2021 年第 2 期。

陆德泉：《社会发展视角探索社会工作的本土化策略——以南非建构发展性
社会工作体系的路径为例》，《中国农业大学学报》（社会科学版）2017
年第 3 期。

陆学艺主编《内发的村庄》，社会科学文献出版社，2001。

吕效华、朱力：《流动人口文化福利支持机制构建研究——学习贯彻党的十
七届六中全会精神》，《理论探讨》2012 年第 1 期。

吕勇：《简评标签理论》，《心理学探新》1992 年第 2 期。

罗家德、梁肖月：《社区营造的理论、流程与案例》，社会科学文献出版社，
2017，第 12 页。

罗家德、帅满：《社会管理创新的真义与社区营造实践——清华大学博士生
导师罗家德教授访谈》，《社会科学家》2013 年第 8 期。

罗康隆：《论民族生计方式与生存环境的关系》，《中央民族大学学报》2004
年第 5 期。

罗纳德·W. 特斯兰、罗伯特·F. 里瓦斯：《小组工作导论》（第八版），刘
梦译，中国人民大学出版社，2020。

罗荣渠：《现代化新论：世界与中国的现代化进程（增订版）》，商务印书

馆，2004。

罗贤贵、王兴骥：《文化差异与人才阙如：民族地区社会工作发展探索》，《贵州社会科学》2020 年第 8 期。

罗晓平、严爱云、黄金平、樊洁、赵菲：《精准援滇的"上海答卷"》，《上海党史与党建》2020 年第 10 期。

Malcolm Payne：《现代社会工作理论》，何雪松等译，华东理工大学出版社，2005。

马长寿：《论"民族社会"的性质》，《西北民族论丛》2008 年第 0 期。

马尔科姆·派恩：《现代社会工作理论》，冯亚丽、叶鹏飞译，中国人民大学出版社，2008。

马凤芝、童敏副主编《社会工作实务》（初级），中国社会出版社，2021。

马福运：《关于铸牢中华民族共同体意识的若干思考》，《中州学刊》2019 年第 7 期。

马贵侠、周军：《社区照顾模式在社区服务体系中的嵌入——以合肥市标准化示范社区建设为例》，《学理论》2010 年第 33 期。

《马克思恩格斯文集》（第 1 卷），人民出版社，2009。

《马克思恩格斯文集》（第 2 卷），人民出版社，2009。

《马克思恩格斯文集》（第 3 卷），人民出版社，2009。

《马克思恩格斯文集》（第 4 卷），人民出版社，2009。

《马克思恩格斯文集》（第 7 卷），人民出版社，2009。

《马克思恩格斯文集》（第 8 卷），人民出版社，2009。

《马克思恩格斯文集》（第 10 卷），人民出版社，2009。

马林诺夫斯基：《文化论》，费孝通等译，中国民间文艺出版社，1987。

马楠：《民族地区特色产业精准扶贫研究——以中药材开发产业为例》，《中南民族大学学报》（人文社会科学版）2016 年第 1 期。

马戎编著《民族社会学导论》，北京大学出版社，2005。

马戎编著《民族社会学——社会学的族群关系研究》，北京大学出版社，2004。

马戎：《费孝通先生的民族问题研究》，《西北民族研究》2016 年第 4 期。

马戎：《民族与社会发展》，民族出版社，2001。

马戎主编《西方民族社会学的理论与方法》，天津人民出版社，1997。

马雪峰：《社会学族群关系研究的几种理论视角》，《西北民族研究》2007

年第 2 期。

玛丽埃伦·里士满：《社会诊断》，刘振主译，华东理工大学出版社，2018。

玛丽·道格拉斯：《洁净与危险》，黄剑波、柳博赟、卢忱译，民族出版社，2008。

迈克尔·谢若登：《资产与穷人——一项新的美国福利政策》，高鉴国译，商务印书馆，2007。

满其旺：《"依附理论"再认识及其启示意义》，《重庆邮电大学学报》（社会科学版）2015 年第 1 期。

毛泽东：《毛泽东选集》（第 3 卷），人民出版社，1999。

毛泽东：《毛泽东选集》（第 4 卷），人民出版社，1999。

孟庆国、胡鞍钢：《消除健康贫困应成为农村卫生改革与发展的优先战略》，《中国卫生资源》2000 年第 6 期。

米尔顿·M.戈登：《美国生活中的同化》，马戎译，译林出版社，2015。

米吉格：《老龄化视角下养老机构存在的问题及对策——以乌审旗养老机构现状为例》，《北方经济》2022 年第 9 期。

民政部基层政权建设和社区建设司课题组：《中国城市居民委员会建设研究报告：微型社区与社区建设》，载时正新主编《中国社会福利与社会进步报告（1999）》，社会科学文献出版社，2000。

民政部：《全国乡镇（街道）社工站 2.1 万余个覆盖率达 56%》，《大社会》2022 年第 7 期。

《民族理论与民族政策》编写组编《民族理论与民族政策》，民族出版社，1985。

闵学勤：《社区营造：通往公共美好生活的可能及可为》，《江苏行政学院学报》2018 年第 6 期。

莫光辉：《五大发展理念视域下的少数民族地区多维精准脱贫路径——精准扶贫绩效提升机制系列研究之十一》，《西南民族大学学报》（人文社科版）2017 年第 2 期。

莫志斌：《毛泽东管理思想与管理方法》，湖南师范大学出版社，2008。

牟本理：《加快民族地区发展 满怀信心全面建设小康社会》，《中国民族》2002 年第 12 期。

穆罕默德·哈达德、晓兵：《科威特市的民族群体和民族等级结构》，《世界民族》1992 年第 5 期。

倪志娟：《女性主义研究的历史回顾和当代发展》，《江西社会科学》2005年第6期。

宁亚芳：《滇西边境农村社会救助减贫成效及其制约因素——以澜沧县为例》，《云南民族大学学报》（哲学社会科学版）2016年第4期。

潘英海：《文化识盲与文化纠结：本土田野工作者的文化问题》，《本土心理学研究》1997年第8期。

潘跃：《做好民族地区社会工作 促进各民族共同繁荣发展》，《人民日报》2010年6月26日。

彭聃龄：《行为主义的兴起、演变和没落》，《北京师范大学学报》1984年第1期。

彭华民：《西方社会福利理论前沿：论国家、社会、体制与政策》，中国社会出版社，2009。

彭秀良、高亮：《从边疆社会工作到民族社会工作：一个历史的回顾》，《社会工作》2013年第6期。

彭永庆：《社区营造与民族地区乡村文化建设》，《华南农业大学学报》（社会科学版）2017年第3期。

皮埃尔·布迪厄、华康德：《实践与反思——反思社会学导引》，李猛、李康译，中央编译出版社，2004。

朴炳铉：《社会福利与文化——用文化解析社会福利的发展》，高春兰、金炳彻译，商务印书馆，2012。

齐格蒙特·鲍曼：《全球化：人类的后果》，周宪等译，商务印书馆，2004。

祁进玉：《中国的民族识别及其理论构建》，《中央民族大学学报》（哲学社会科学版）2010年第2期。

钱宁、陈立周：《当代发展型社会政策研究的新进展及其理论贡献》，《湖南师范大学社会科学学报》2011年第4期。

钱宁：《多元文化视角下的民族社会工作》，2012年中国社会学年会，银川，2012。

钱宁：《社会公正、公民权利和集体主义——论社会福利的政治与道德基础》，云南大学出版社，2011。

钱宁：《"社区照顾"的社会福利政策导向及其"以人为本"的价值取向》，《思想战线》2004年第6期。

乔倩倩、贾志科：《"抗逆力"研究现状述评与展望》，《社会工作》2014年第 5 期。

秦殿才：《改革开放与民族心理结构的调整》，《内蒙古社会科学》（文史哲版）1988 年第 1 期。

青觉主编《2016 年国内民族理论与民族政策热点研究报告》，民族出版社，2018。

全国 13 所高等院校《社会心理学》编写组编《社会心理学》（第五版），南开大学出版社，2016。

全国社会工作者职业水平考试教材编委会编写《2021 社会工作实务（初级）》，中国社会出版社，2021。

全国社会工作者职业水平考试教材编写组编写《社会工作实务（初级）》，中国社会出版社，2007。

全国社会工作者职业水平考试教材编写组编写《社会工作综合能力（中级）》，中国社会出版社，2007。

全国社会工作者职业水平考试教材编写组主编《社会工作实务》（中级），中国社会出版社，2015。

人民出版社编《胡锦涛主席 2011 年对美国进行国事访问时的讲话》，人民出版社，2011。

任国英、焦开山：《论民族社会工作的基本意涵、价值理念和实务体系》，《民族研究》2012 年第 4 期。

任国英：《生态移民社区文化能力建设的民族社会工作行动研究——以内蒙古 Z 旗 Y 村为例》，《民族研究》2020 年第 6 期。

任晓秋、周纯义：《社会工作介入社区"四点半学校"初探》，《现代教育科学》2011 年第 10 期。

荣增举：《社会行政：民族社会工作核心方法——基于青海的个案研究》，《青藏高原论坛》2020 年第 3 期。

阮锡桂等：《在保护与传承中凝聚强大的前进定力——习近平推动文化的自然遗产保护福建纪事》，《光明日报》2021 年 8 月 2 日。

《社区营造及社区规划工作手册》写作小组：《社区营造及社区规划工作手册》，清华大学出版社，2019。

《深圳市对口支援新疆（喀什）社会工作站》，中国文明网，http://www.wenming.cn/zyfw/2018sg100/zjzyfwzz/201811/t20181129_4915836.shtml，最后访问日期：2023 年 12 月 30 日。

沈费伟：《赋权理论视角下乡村振兴的机理与治理逻辑——基于英国乡村振兴的实践考察》，《世界农业》2018年第11期。

沈桂萍：《构建城市民族工作的"嵌入式治理"模式》，《湖南省社会主义学院学报》2015年第1期。

沈再新：《从"中华民族多元一体格局"到"共生互补"》，《湖北民族学院学报》（哲学社会科学版）2010年第3期。

师海玲、范燕宁：《社会生态系统理论阐释下的人类行为与社会环境——2004年查尔斯·扎斯特罗关于人类行为与社会环境的新探讨》，《首都师范大学学报》（社会科学版）2005年第4期。

史柏年：《社会工作行政涵义辨析》，《社会工作》2013年第2期。

史金波：《"中华民族多元一体格局"理论的形成背景和当代价值》，《中央民族大学学报》（哲学社会科学版）2018年第5期。

史艳、赵可金：《美国的拉美政治研究：兴起、进展与镜鉴》，《国际政治研究》2020年第4期。

世界银行《1999/2000年世界发展报告》编写组：《1999/2000年世界发展报告》，《世界发展报告》翻译组译，中国财政经济出版社，2000。

苏芳、徐中民、尚海洋：《可持续生计分析研究综述》，《地球科学进展》2009年第1期。

苏雪：《民俗与养老——借鉴回族养老习俗解决同心县养老问题的思考》，《合肥学院学报》（社会科学版）2010年第4期。

孙九霞：《试论族群与族群认同》，《中山大学学报》（社会科学版）1998年第2期。

孙奎立：《"赋权"理论及其本土化社会工作实践制约因素分析》，《东岳论丛》2015年第8期。

孙丽莎：《自组织社区治理模式衍生路径比较研究——以南京雨花台区"翠竹互助模式"的复制和衍变为例》，《中共南京市委党校学报》2018年第3期。

孙秋云：《费孝通"中华民族多元一体格局"理论之我见》，《中南民族大学学报》（人文社会科学版）2006年第2期。

孙秋云主编《文化人类学教程》，民族出版社，2004。

孙懿：《"五个认同"与中华民族共同体意识》，《烟台大学学报》（哲学社会科学版）2020年第2期。

孙玉姣、张爱华：《论西部民族地区低收入人口社会救助体系的建立与完善》，《新西部》2010 年第 9 期。

索晓霞、蒋萌：《试论民族地区公共文化服务体系建设的特殊性》，《贵州民族研究》2012 年第 4 期。

单良：《新时期少数民族社会工作的价值理念和实务创新》，《社会建设研究》2018 年第 1 期。

覃光广、冯利、陈朴主编《文化学辞典》，中央民族学院出版社，1988。

谭萍、刘灵光：《中国化马克思主义社会发展理论的内涵及意义》，《理论月刊》2009 年第 9 期。

谭天美：《生态学视角下民族地区基础教育发展的问题与对策研究——以广西 12 个民族自治县为例》，《民族教育研究》2021 年第 3 期。

唐世平：《"安全困境"和族群冲突——迈向一个动态和整合的族群冲突理论》，《欧洲研究》2014 年第 3 期。

田华：《民族地区农村社区与农村社区服务》，《广西社会科学》2007 年第 7 期。

田俊迁：《甘肃土族生计结构变迁探析》，《云南师范大学学报》（哲学社会科学版）2011 年第 3 期。

田敏：《试论城市化进程中的城市民族问题和民族关系》，《武汉科技学院学报》2005 年第 10 期。

童敏、刘芳：《基层治理与中国社会工作理论体系建构》，《河北学刊》2021 年第 4 期。

托马斯·F. 奥戴、珍妮特·奥戴·阿维德：《宗教社会学》，刘润忠等译，中国社会科学出版社，1990。

W. W. 罗斯托：《经济增长的阶段：非共产党宣言》，郭熙保、王松茂译，中国社会科学出版社，2001。

万江红：《资产如何为本——兼论农村社区社会工作的实践路径》，《求索》2021 年第 2 期。

万明钢主编《多元文化视野价值观与民族认同研究》，民族出版社，2006。

万燕芬：《家事调解工作中任务中心模式的运用》，《中国社会工作》2019 年第 27 期。

汪冬冬、王华：《转型时期民族融合与民族社会工作创新发展》，《云南民族大学学报》（哲学社会科学版）2014 年第 4 期。

王红曼：《我国民族识别工作的理论依据和实践标准》，《西藏民族学院学报》（哲学社会科学版）2000 年第 3 期。

王建波：《多元文化主义国家建构的理论逻辑和实践争议》，《岭南师范学院学报》2020 年第 1 期。

王建娥：《多元文化主义观念和实践的再审视》，《世界民族》2013 年第 4 期。

王杰、康姣、方跃：《从单向到双向：社会工作专业关系探讨》，《社会工作与管理》2017 年第 5 期。

王晶雄、王善平：《社会发展：反思与超越——马克思主义社会发展理论研究》，学林出版社，2008。

王婧：《发展视角下的民族社会工作研究》，《才智》2018 年第 27 期。

王力平：《社会工作与基层治理的协同发展》，《甘肃社会科学》2019 年第 5 期。

王浦劬、莱斯特·M. 萨拉蒙等：《政府向社会组织购买公共服务研究——中国与全球经验分析》，北京大学出版社，2010。

王三秀：《国外可持续生计观念的演进、理论逻辑及其启示》，《毛泽东邓小平理论研究》2010 年第 9 期。

王思斌：《混合福利制度与弱势群体社会资本的发展》，《中国社会工作研究》2002 年第 1 期。

王思斌：《困弱群体共同富裕与社会工作综合服务的促进作用》，《中国社会工作》2022 年第 34 期。

王思斌：《民族社会工作：发展与文化的视角》，《民族研究》2012 年第 4 期。

王思斌：《社会政策时代与政府社会政策能力建设》，《中国社会科学》2004 年第 6 期。

王思斌：《试论我国社会工作的本土化》，《浙江学刊》2001 年第 2 期。

王思斌：《我国适度普惠型社会福利制度的建构》，《北京大学学报》（哲学社会科学版）2009 年第 3 期。

王思斌、夏雪銮、程为敏：《英国的社区照顾》，《中国社会学报》2001 年。

王思斌：《中国式现代化新进程与社会工作的新本土化》，《社会工作》2023 年第 1 期。

王思斌主编《社会工作概论》（第三版），高等教育出版社，2014。

王思斌主编《社会工作概论》，高等教育出版社，1999。

王思斌主编《社会行政》（第二版），高等教育出版社，2013。

王铁志：《澳大利亚的民族社区和社区服务》，《世界民族》1996年第1期。

王希：《多元文化主义的起源、实践与局限性》，《美国研究》2000年第2期。

王小林、谢妮芸：《东西部协作和对口支援：从贫困治理走向共同富裕》，《探索与争鸣》2022年第3期。

王新歌、席建超：《大连金石滩旅游度假区当地居民生计转型研究》，《资源科学》2015年第12期。

王旭辉、柴玲、包智明：《中国民族社会工作发展路径："边界跨越"与"文化敏感"》，《民族研究》2012年第4期。

王旭辉：《民族社会工作的合法性、实践价值及策略性发展重点》，《中央民族大学学报》（哲学社会科学版）2013年第4期。

王学梦、施旦旦：《市场化与嵌入：政府购买社会工作服务模式的再思考》，《社会工作》2018年第2期。

王延中、宁亚芳、章昌平、彭福荣：《中华民族多元一体格局形成的经济、文化、心理因素析论》，《西南民族大学学报》（人文社会科学版）2021年第9期。

王义祥编著《发展社会学》，华东师范大学出版社，2004。

王忠武：《论社会科学的价值选择与价值中立规范》，《社会科学研究》2014年第4期。

威尔·金里卡：《少数的权利：民族主义、多元文化主义和公民》，邓红风译，上海译文出版社，2005。

威廉·冯特：《民族宗教心理学纲要》，陆丽青、刘瑶译，单纯校，宗教文化出版社，2008。

威廉·罗雪尔：《历史方法的国民经济学讲义大纲》，朱绍文译，商务印书馆，1981。

卫小将：《国际社会工作发展路径的回顾与前瞻》，《学术论坛》2014年第12期。

卫小将：《社会工作本土化研究之阐述》，《学习与实践》2012年第5期。

卫小将：《西方族群社会工作的阐述与建构》，《学海》2020年第4期。

魏成：《政策转向与社区赋权：台湾古迹保存的演变与经验》，《国际城市规划》2011年第3期。

魏建国、卿菁、胡仕勇编著《社会研究方法》，清华大学出版社，2016。

魏乐平：《云南藏区乡村多元生计变迁的经济人类学分析——以云南德钦县茨中村为例》，《经济问题探索》2012年第4期。

文军、吴越菲：《灾害社会工作的实践及反思——以云南鲁甸地震灾区社工整合服务为例》，《中国社会科学》2015年第9期。

乌尔希叶夫：《论民族发展的基本模式、因素和趋向》，《内蒙古社会科学》（文史哲版）1994年第6期。

乌小花：《论"民族"与"族群"的界定》，《广西民族研究》2003年第1期。

吴海涛、王娟、丁士军：《贫困山区少数民族农户生计模式动态演变——以滇西南为例》，《中南民族大学学报》（人文社会科学版）2015年第1期。

吴理财：《把治理引入公共文化服务》，《探索与争鸣》2012年第6期。

吴琼：《二十年来我国民族发展理论研究综述》，《贵州民族研究》2009年第3期。

吴小英：《女性主义社会研究述评》，《国外社会科学》2000年第2期。

吴岩：《中国式现代化与高等教育改革创新发展》，《中国高教研究》2022年第11期。

吴泽霖总纂《人类学词典》，上海辞书出版社，1991。

吴忠民：《从平均到公正：中国社会政策的演进》，《社会学研究》2004年第1期。

吴忠民、江立华主编《发展社会学》，中国人民大学出版社，2021。

习近平：《高举中国特色社会主义伟大旗帜 为全面建设社会主义现代化国家而团结奋斗——在中国共产党第二十次全国代表大会上的报告》，人民出版社，2022。

习近平：《决胜全面建成小康社会 夺取新时代中国特色社会主义伟大胜利——在中国共产党第十九次全国代表大会上的报告》，人民出版社，2017。

习近平：《全国各族人民都要珍惜民族大团结的政治局面》，《中国统一战线》2014第3期。

习近平：《习近平在"领导人气候峰会"上的讲话（全文）共同构建人与自然生命共同体——在"领导人气候峰会"上的讲话》，《环境科学与管理》2021年第5期。

习近平:《在全国脱贫攻坚总结表彰大会上的讲话》,《老区建设》2021年第3期。

习近平:《在庆祝中国共产党成立100周年大会上的讲话》,人民出版社,2021,第14页。

《习近平在中央民族工作会议上强调 以铸牢中华民族共同体意识为主线 推动新时代党的民族工作高质量发展》,《民族大家庭》2021年第5期。

习近平:《扎实推动共同富裕》,《中国民政》2021年第20期。

席建超、张楠:《乡村旅游聚落农户生计模式演化研究——野三坡旅游区苟各庄村案例实证》,《旅游学刊》2016年第7期。

夏国锋、吴理财:《公共文化服务体系研究述评》,《理论与改革》2011年第1期。

夏建中主编《社区工作》,中国人民大学出版社,2015。

夏鼐:《新中国的考古学》,《考古》1962年第9期。

向德平:《充分发挥社会工作在乡村振兴中的专业作用》,《中国社会工作》2022年第34期。

向德平:《发展型社会政策及其在中国的建构》,《河北学刊》2010年第4期。

向运华:《台港澳地区社会福利体系研究》,社会科学文献出版社,2010。

谢应宽:《B.F.斯金纳强化理论探析》,《贵州师范大学学报》(自然科学版)2003年第1期。

邢娟娟:《应急心理干预探讨》,《疾病控制杂志》2007年第4期。

熊锡元:《民族心理与民族意识理论问题补遗——致一位青年同行》,《中央民族学院学报》1993年第6期。

熊锡元:《民族心理与民族意识》,云南大学出版社,1994。

熊锡元:《试论制约民族发展的几个重要因素》,《民族研究》1993年第3期。

休谟:《人性论》,关文运译,商务印书馆,1997。

徐道稳:《社会发展与发展型社会政策》,《深圳大学学报》(人文社会科学版)2006年第3期。

徐华、万雯霞:《智能化时代背景下社会工作的创新与挑战》,《中国社会工作》2017年第31期。

徐杰舜、韦小鹏：《"中华民族多元一体格局"理论研究述评》，《民族研究》2008年第2期。

徐黎丽：《论民族意识对民族关系的影响》，《广西民族研究》2005年第2期。

徐铜柱：《民族地区城市社区治理中政府职责分析》，《理论界》2007年第7期。

徐选国、徐永祥：《基层社会治理中的"三社联动"：内涵、机制及其实践逻辑——基于深圳市H社区的探索》，《社会科学》2016年第7期。

徐永祥主编《社区工作》，高等教育出版社，2004。

徐震：《社区发展——方法与研究》，中国文化大学出版部，1985。

许彬、谢忠：《论地理环境对中华民族多元一体格局形成和发展的影响》，《广西民族研究》2007年第1期。

许莉娅主编《个案工作》（第二版），高等教育出版社，2013。

许宪隆、沈再新：《共生互补：构建散杂居地区和谐社会的实践理念》，《中国民族报》2008年8月29日。

许晓东：《中华民族共同体意识的历史、问题与铸牢路径》，《华中科技大学学报》（社会科学版）2021年第3期。

续文念、程刚、赵丽远：《英国社区照顾模式的当代中国解读——基于社区儿童照顾的视角》，《中国社会科学院研究生院学报》2013年第5期。

亚伯拉罕·马斯洛：《人的潜能和价值》，林方译，华夏出版社，1987。

严强、魏姝主编《社会发展理论——发展中国家视角》（第二版），南京大学出版社，2005。

严庆：《羁绊与突围：关于多民族国家文化建设的思考》，《贵州民族研究》2017年第12期。

严云鹤、周真刚：《中国民族社会工作研究述评》，《贵州民族研究》2018年第2期。

严仲连、韩求灵：《加拿大发展社区儿童服务的经验》，《学术界》2017年第6期。

杨昌儒、祖力亚提·司马义、郝亚明、虎有泽、牟蕾、吕超、张琳：《以铸牢中华民族共同体意识为主线 推动新时代党的民族工作高质量发展》，《贵州民族研究》2022年第1期。

杨达：《社会学定量研究方法的学理脉络及优劣判断》，《江西社会科学》

2009 年第 11 期。

杨荆楚主编《毛泽东民族理论研究》，民族出版社，1995。

杨晶：《少数民族残疾人社会工作服务初探》，《贵州民族研究》2014 年第 7 期。

杨军昌：《侗族传统生计的当代变迁与目标走向》，《中央民族大学学报》（哲学社会科学版）2013 年第 5 期。

杨立峰：《从自由民族主义到自由文化主义——威尔·金里卡的少数族群权利理论》，《马克思主义与现实》2011 年第 4 期。

杨明伟：《发展逻辑、核心要义、前进方向——全面深入理解中国式现代化》，《北京日报》2022 年 10 月 24 日。

杨文炯：《理解现代民族国家的中国范式——费孝通先生"多元一体"理论的现代价值》，《青海民族研究》2018 年第 2 期。

杨玉宏：《社会科学研究中的"价值中立"选择》，《学术界》2017 年第 7 期。

姚丽娟：《民族社会工作的内涵和实践切入》，《中央民族大学学报》（哲学社会科学版）2016 年第 4 期。

耶尔·塔米尔：《自由主义的民族主义》，陶东风译，上海社会科学院出版社，2017。

叶洪、Julie White：《人文社科研究方法与方法论的后现代转向》，《东南学术》2012 年第 3 期。

叶坦：《全球化、民族性与新发展观——立足于民族经济学的学理思考》，《民族研究》2005 年第 4 期。

一番ケ瀬康子：《社会福利基础理论》，沈洁、赵军译，华中师范大学出版社，1998。

伊曼纽尔·沃勒斯坦：《现代世界体系：十六世纪的资本主义农业与欧洲世界经济体的起源》（第一卷），高等教育出版社，1998。

《以铸牢中华民族共同体意识为主线 推动新时代党的民族工作高质量发展》，《光明日报》2021 年 8 月 29 日。

尹世尤、沈其新：《中华民族共有精神家园建设与当代中华民族凝聚力的增强》，《马克思主义研究》2008 年第 11 期。

余晓慧、陈玉柱：《浅析西南少数民族地区的经济文化类型》，《和田师范专科学校学报》2008 年第 1 期。

余梓东：《毛泽东同志对马克思主义民族理论的新发展》，《中国民族》2004
　　年第 1 期。

袁方主编《社会研究方法教程》，北京大学出版社，1997。

袁理：《澳门客家源流及其族群认同》，《黑龙江民族丛刊》2010 年第 3 期。

袁年兴、许宪隆：《民族共生理论：散杂居民族关系及目标范示研究》，《青
　　海民族研究》2009 年第 1 期。

袁小平：《空间、社区类型与农村社区动员能力比较》，《南通大学学报》
　　（社会科学版）2022 年第 1 期。

袁银传、蒋彭阳：《中国式现代化的核心要义、基本特征和历史意义》，《中
　　南民族大学学报》（人文社会科学版）2023 年第 4 期。

原珂、赵建玲：《"五社"联动助力基层社会治理共同体建设》，《河南社会
　　科学》2022 年第 4 期。

约翰·克雷斯维尔：《混合方法研究导论》，李敏谊译，格致出版社，2015，
　　第 1~10 页。

曾凡木、赖敬予主编《睦邻·自治·社区治理》，社会科学文献出版社，
　　2017，第 259 页。

曾旭正：《台湾的社区营造》，台北：远足文化事业股份有限公司，2007，
　　第 11~18 页。

翟桔红：《推进社会工作职业化，提升政府公共服务效能》，《社会主义研
　　究》2007 年第 6 期。

翟绍果、严锦航：《健康扶贫的治理逻辑、现实挑战与路径优化》，《西北大
　　学学报》（哲学社会科学版）2018 年第 3 期。

詹火生、古允文主编《社会福利政策的新思维》，台北：厚生基金会，2001。

张邦辉、杨乐：《农村苗族社区居家养老供给研究——以道真仡佬族苗族自
　　治县为例》，《贵州民族研究》2017 年第 3 期。

张海盈、姚娟、马娟：《生计资本与参与旅游业牧民生计策略关系研究——
　　以新疆喀纳斯生态旅游景区为例》，《旅游论坛》2013 年第 4 期。

张和清、裴谕新、古学斌、杨锡聪：《灾害社会工作：中国的实践与反思》，
　　社会科学文献出版社，2011。

张和清：《社区文化资产建设与乡村减贫行动研究——以湖南少数民族 D 村
　　社会工作项目为例》，《思想战线》2021 年第 2 期。

张和清、向荣、高万红：《弱势群体的声音与社会工作的介入》，中国财政

经济出版社，2002。

张和清、闫红红：《乡村振兴背景下社区经济的乡村减贫实务模式研究——以西南少数民族村落反贫困社会工作项目为例》，《社会工作》2020年第6期。

张红川、王耘：《论定量与定性研究的结合问题及其对我国心理学研究的启示》，《北京师范大学学报》（人文社会科学版）2001年第4期。

张红、杨思洁：《乡村社区营造何以成功？——来自关中袁家村的案例研究》，《西北农林科技大学学报》（社会科学版）2022年第1期。

张会龙：《马克思主义民族理论及其中国化研究》，中国社会科学出版社，2017。

张绘：《混合研究方法的形成、研究设计与应用价值——对"第三种教育研究范式"的探析》，《复旦教育论坛》2012年第5期。

张瑾：《民族旅游语境中的地方性知识与红瑶妇女生计变迁——以广西龙胜县黄洛瑶寨为例》，《旅游学刊》2011年第8期。

张静波、周亚权：《乡村治理视角下的北京农村社区类型与社区参与》，《新视野》2018年第6期。

张军：《社会保障制度的福利文化解析——基于历史和比较的视角》，西南财经大学出版社，2010。

张蕾、杜欣：《文化能力视角下的社会工作危机应对研究》，《华东理工大学学报》（社会科学版）2021年第1期。

张丽剑：《社会工作者个人素质在民族社会工作价值体系中的地位》，《社会工作下半月》（理论）2008年第1期。

张丽君：《社会工作价值理念在民族社会工作中的运用》，《社会工作》（学术版）2011年第1期。

张琳、袁丽霞：《近三十年来"中华民族多元一体格局"理论研究概况》，《赤峰学院学报》（汉文哲学社会科学版）2021年第3期。

张落成、吴楚材：《我国中西部少数民族地区差异特点分析》，《贵州民族研究》2000年第1期。

张舒：《公众参与在东京城市规划中的制度化实践》，《全球城市研究（中英文）》2021年第2期。

张帅：《民族地区社会救助制度的地方实践与执行偏差——以F县城乡低保和五保供养制度为例》，《社会建设》2018年第2期。

张文明、章志敏:《资源·参与·认同:乡村振兴的内生发展逻辑与路径选择》,《社会科学》2018 年第 11 期。

张秀兰:《发展型社会政策:实现科学发展观的一个操作化模式》,《中国社会科学》2004 年第 6 期。

张序、李俊霞:《少数民族公共文化服务与和谐社会建设》,《中华文化论坛》2012 年第 6 期。

赵芳:《社会工作伦理:理论与实务》,社会科学文献出版社,2016。

赵娜:《社区居家养老服务存在的问题及其对策》,《经济研究导刊》2021 年第 8 期。

赵炜、李春玲、石杨:《街头的魅力:成都城市社区更新中的公共空间营造之道》,《建筑学报》2022 年第 3 期。

郑功成:《中国社会福利的现状与发展取向》,《中国人民大学学报》2013 年第 2 期。

郑杭生主编《民族社会学概论》(第二版),中国人民大学出版社,2011。

郑杭生主编《民族社会学概论》,中国人民大学出版社,2005。

郑杭生主编《社会学概论新修》(第三版),中国人民大学出版社,2003。

郑文换:《构建民族社会工作理论研究框架——文化连续体、交叠共识与结构耦合》,《民族教育研究》2014 年第 4 期。

郑宇、曾静:《社会变迁与生存理性:一位苗族妇女的个人生活史》,《民族研究》2015 年第 3 期。

中共国家民委党组:《以铸牢中华民族共同体意识为主线 推进新时代党的民族工作高质量发展的纲领性文献》,《人民日报》2021 年 11 月 8 日。

《中共中央办公厅 国务院办公厅印发〈关于加强和改进乡村治理的指导意见〉》,《农村工作通讯》2019 年第 14 期。

中共中央马克思恩格斯列宁斯大林著作编译局主编《列宁专题文集 论社会主义》,人民出版社,2009。

中共中央文献编辑委员会主编《毛泽东著作选读》(下册),人民出版社,1986。

中共中央文献研究室编《毛泽东文集》(第 7 卷),人民出版社,1999。

中共中央文献研究室编《毛泽东文集》(第 8 卷),人民出版社,1999。

中共中央著作编译局主编《马克思恩格斯全集》(第 36 卷),人民出版社,1974。

中国大百科全书总编辑委员会《社会学》编辑委员会、中国大百科全书出版社编辑部主编《中国大百科全书·社会学》，中国大百科全书出版社，1992。

《中华民族一家亲 同心共筑中国梦——论学习贯彻习近平总书记全国民族团结进步表彰大会重要讲话》，《中国土族》2019年第4期。

中华人民共和国国史学会：《毛泽东读社会主义政治经济学批注和谈话》，中华人民共和国国史学会，1998。

周长城、孙玲：《人本主义：社会工作的重要理论范式——浅析人本主义视角下的社会工作》，《社会工作》2012年第4期。

周传斌：《论民族问题的诸影响因素》，《中南民族学院学报》（人文社会科学版）2001年第2期。

周大鸣：《论族群与族群关系》，《广西民族学院学报》（哲学社会科学版）2001年第2期。

周大鸣主编《文化人类学概论》，中山大学出版社，2009。

周建新：《关于"中华民族"称谓的思考》，《贵州民族研究》2000年第3期。

周沛：《"增进民生福祉"需整合保障福利与社会工作福利》，《中国社会工作》2017年第34期。

周仕兴、王瑾雯：《铸牢中华民族共同体意识 汇聚起各民族团结奋斗的强大力量》，《光明日报》2022年10月21日。

周穗明：《西方多元文化主义理论述评——对右翼民粹主义政治思潮崛起之源的一个政治哲学解析》，《国外理论动态》2019年第7期。

周维衍：《谈谈中华民族共同体的主要完成形式——兼与黎澍同志商榷》，《复旦学报》（社会科学版）1987年第3期。

周伟洲：《中华文化与中华民族共有精神家园的建设》，《民族研究》2008年第4期。

周云：《澳门宗教团体社会工作的内容、特点探析》，《华南理工大学学报》（社会科学版）2011年第4期。

朱碧波：《中华民族共有精神家园研究述评》，《创新》2012年第4期。

朱迪：《混合研究方法的方法论、研究策略及应用——以消费模式研究为例》，《社会学研究》2012年第4期。

朱眉华、文军主编：《社会工作实务手册》，社会科学文献出版社，2006。

朱同鑫、蒋依娴、高静:《贫困乡村文化社区营造路径研究——基于消费者偏好的视角》,《统计与管理》2019 年第 6 期。

朱蔚怡、侯新渠编著《谈谈社区营造》(上),社会科学文献出版社,2015。

庄勇:《民族社会工作:社会工作本土化的一种路径》,"新一轮西部大开发与贵州社会发展"学术研讨会暨贵州省社会学学会,贵阳,2010。

左冰、陈威博:《旅游度假区开发对拆迁村民生计状况影响——以珠海长隆国际海洋度假区为例》,《热带地理》2016 年第 5 期。

Amartya Sen, "Edirorial: Human Capital and Human Capability," *World Development* 25 (1997).

Conard William Watson, *Concepts in the Social Science: Multiculturalism* (Philadelphia Open University Press, 2000).

DIFD Issues. *Sustainable Livelihoods—Building on Strengths* (Department for International Development, 1999).

Doman Lum, *Culturally Competent Practice: A Framework for Understanding Diverse Groups and Justice lssues* (Brook/Cole: Wadsworth, 1999).

Donald E. Super, "A Life-span, Life-space Approach to Career Development," *Journal of Occupational Psychology* (1980).

Donald H. Roy, *The Reuniting of American: Eleven Multiculturalism Dialogues* (Peter Lang Publishing, Inc, 1996).

Ellis Cashmore, *Dictionary of Race and Ethic Relation (4th Edition)* (Taylor & France-Library, 2003).

Frank Ellis, *Rural Livelihoods and Diversity in Developing Countries* (Oxford University Press, 2000).

Hofstede Geert, *Culture's Consequences: International Differences in Work Related Values* (Sage, 1980).

Ian Scoones, "Sustainable Rural Livelihoods: A Framework for Analysis: IDS Working Paper 72," *Subsidy or Self* (1998).

James Midgley, *Social Development: The Developmental Perspective in Social Welfare* (Sage, 1995).

James A. , Christenson Jerry W. Robinson, *Community Development in America* (Iowa State University Press, 1980).

James Midgley, "Social Work and Economic Development," *International Social*

Work (1996).

James Midgley, "The United States: Welfare, Work and Development," *International Journal of Social Welfare* (2002).

Jerome H. Schiele, "Cultural Oppression and the High-Risk Status of African Americans," *Journal of Black Studies* 6 (2005).

John E. Tropman, "The Non-Directive Approach in Group and Community Work by T. R. Batten. Madge Batten," *Social Service Review* 4 (1968).

J. H. Schiel, "The Contour And Meaning of Afrocentric Social Work," *Journal of Black Studies* 6 (1997).

J. Midgley, *Professional Imperialism: Social Work in the Third World* (Heinemann, 1981).

J. W. Green, *Cultural Awareness in the Human Services: A Multi-ethnic Approach (3rd Edition)* (Allyn & Bacon, 1998).

Lisa M. Given, "The Sage Encyclopedia of Qualitative Research Methods," *Reference & User Services Quarterly* 1 (2009).

Lucy M. Cohen, "Applied: Cultural Awareness in the Human Services. James W. Green," *American Anthropologist* 1 (1983).

Lynne M. Healy, "Situating Social Work within the Post-2015 Global Agenda," *European Journal of Social Work* (2016): .

Macartan Humphreys, Alan M. Jacobs, "Mixing Methods: A Bayesian Approach," *American Political Science Review* 4 (2015).

Makungu M. Akinyela, Delores P. Aldridge, "Beyond Eurocentrism, Afrocentricity and Multiculturalism: Toward Cultural Democracy in Social Work Education," *Race, Gender & Class* 2 (2003).

Marie O. Weil, "Community Building: Building Community Practice," *Social Work* 5 (1996).

Marx Weber, "The Ethnic Group. In Parsons and Shils Etal," *Theories of Society* 1 (1961).

Meral Cileli, "Change in Value Orientations of Turkish Youth from 1989 to 1995," *The Journal of Psychology* (2000).

M. J. Graham, "The African-Centered Worldview: Toward Paradigm for Social Work," *Journal of Black Studies* 1 (1999).

Nagpaul Hans, "Analysis of Social Work Teaching Material in India: the Need for Indigenous Foundations," *International Social Work* 3 (1993).

National Association of Social Workers, *NASW Standards for Cultural Competence in Social Work Practice* (2001).

Payne Malcom, *Modem Social Work Theory* (Macmillan Press LTD, 1997).

Peter Kivisto, *Multiculturalism in A Global Society* (Blackwell Publishing, 2002).

Richard L. Edwards, Jure Gary Hopps, *Encyclopedia of Social Work* (National Association of Social Workers, 1995).

Roberbt Chanbers, Gordon R. Conway, *Sustainable Rural Livelihoods: Practical Concepts for the 21st Centry* (Institute of Development Studies, 1992).

Rokeach Milton, *The Nature of Human Values* (The Free Press, 1973).

Rosemary C. Sarri, "Administration in Social Welfare," *Encyclopedia of Social Work* 1 (1977).

Ross Murray, B. W. Lappin, "*Some Conceptions of Community Work*" in *Community Organization* (Harper & Row, 1967).

Rothman Jack, *In Strategies of Community Organization (3rd Edition)* (F. E. Peacock Publishers, 1979).

R. Fong, S. Furuto, *Culturally Competent Practice: Skills, Interventions, and Evalutions* (Newbury Park, Sage, 2005).

Samuel H. Taylor, Roberts W. Roberes, *Theory and Practice of Community Social Work* (Columbia University Press, 1985).

Shalom H. Schwartz, Wolfgang Bilsky, "Toward a Universal Psychological Structure of Human Values," *Journal of Personality and Social Psychology* (1987).

Sharon Zukin, Paul Dimaggio, *Structures of Capital: The Social Organization of the Economy* (Cambridge University Press, 1990).

Talcott Parsons, *Toward a General Theory of Action* (Harvard University Press, 1951).

UN Economic and Social Council, *Official Records of the 24th Session, Annexes, Agenda Item 4, 20th Report of the Administrative Committee on Coordination to the Council (E/2931)* (Annex iii, 1956).

Wang Wenfei, Zhou Shangyi, Fan C. Cindy, "Growth and Decline of Muslim

Hui Enclaves in Bei-jing," *Eurasian Geography and Economics* 2（2002）.

WCED, *Our Common Future：Brundtland Report*（Oxford University Press, 1987）.

Wynetta Devore, Elfriede G. Schlesinger, *Ethic-sensitive Social Work Practice（4th Edition）*（Allyn & Bacon, 1996）.

网络资源：

《习近平：56 个民族是中华民族共同体，要同舟共济、迈向第二个百年奋斗目标》，中国共产党新闻网，http://cpc. people. com. cn/n1/2021/0723/c64094-32168233. html，最后访问日期：2023 年 12 月 30 日。

《中央民族工作会议暨国务院第六次全国民族团结进步表彰大会举行》，中国政府网，http://www. gov. cn/xinwen/2014－09/29/content＿2758816. htm，最后访问日期：2023 年 12 月 30 日。

《胡锦涛：正确认识和处理各民族特别是汉族和少数民族的关系——促进各民族共同团结奋斗、共同繁荣发展》，人民政协网，http://www. rmzxb. com. cn/c/2014－02－26/298111. shtml，最后访问日期：2023 年 12 月 30 日。

《回良玉要求做好民族地区社会工作，促进共同发展》，中国政府网，http://www. gov. cn/ldhd/2010－06/25/content＿1637611. htm，最后访问日期：2023 年 12 月 30 日。

《基层残疾人综合服务能力建设"十三五"实施方案》，中华人民共和国国家发展和改革委员会网站，https://www. ndrc. gov. cn/xxgk/zcfb/ghwb/201611/t20161125_962206. html，最后访问日期：2023 年 12 月 30 日。

《民政部 国家乡村振兴局关于动员引导社会组织参与乡村振兴工作的通知》，中华人民共和国民政部网站，https://www. mca. gov. cn/n152/n165/c39326/content. html，最后访问日期：2023 年 12 月 30 日。

《2010 年怒江州第六次全国人口普查主要数据公报》，怒江傈僳族自治州人民政府网站，https://www. nujiang. gov. cn/xxgk/015279200/info/2011－16565. html，最后访问日期：2023 年 12 月 30 日。

《怒江州第七次全国人口普查主要数据公报》，怒江傈僳族自治州人民政府网站，https://www. nujiang. gov. cn/xxgk/015279200/info/2021－163931. html，最后访问日期：2023 年 12 月 30 日。

《"童心同行"青海爱之暖社会工作服务中心关爱留守儿童服务项目顺利结项》，搜狐网，https：//www.sohu.com/a/409522600_120172593，最后访问日期：2023年12月30日。

《习近平：决胜全面建成小康社会 夺取新时代中国特色社会主义伟大胜利——在中国共产党第十九次全国代表大会上的报告》，中国政府网，http：//www.gov.cn/zhuanti/2017-10/27/content_5234876.htm，最后访问日期：2023年12月30日。

《习近平在第二次中央新疆工作座谈会上强调 坚持依法治疆团结稳疆长期建疆团结各族人民建设社会主义新疆 要坚持教育优先，培养优秀人才，全面提高入学率，让适龄的孩子们学习在学校、生活在学校、成长在学校》，中华人民共和国教育部网站，http：//www.moe.gov.cn/jyb_xwfb/gzdt_gzdt/201405/t20140530_169584.html，最后访问日期：2023年12月30日。

《云南鲁甸地震遇难人数增至617人》，央视网，http：//news.cntv.cn/2014/08/08/ARTI1407496660449583.shtml，最后访问日期：2023年12月30日。

《浙江省海宁市少数民族工作探索购买社会服务新方式》，中华人民共和国国家民族事务委员会网站，https：//www.neac.gov.cn/seac/c102805/201909/1135748.shtml，最后访问日期：2023年12月30日。

《中共中央办公厅、国务院办公厅关于转发〈民政部关于在全国推进城市社区建设的意见〉的通知》，中国社区教育网，http：//www.shequ.edu.cn/zxllm/zcwj/cbdf9033097748eda9db7bb772bcb74e.htm，最后访问日期：2023年12月30日。

《中共中央关于构建社会主义和谐社会若干重大问题的决定》，中国政府网，http：//www.gov.cn/test/2008-08/20/content_1075519.htm，最后访问日期：2023年12月30日。

《中共中央关于制定国民经济和社会发展第十四个五年规划和二〇三五年远景目标的建议》，中国政府网，http：//www.gov.cn/zhengce/2020-11/03/content_5556991.htm，最后访问日期：2023年12月30日。

《中共中央 国务院关于加强和完善城乡社区治理的意见》，中国政府网，http：//www.gov.cn/zhengce/2017-06/12/content_5201910.htm，最后访问日期：2023年12月30日。

《中共中央 国务院关于加强基层治理体系和治理能力现代化建设的意见》，中国政府网，http://www.gov.cn/zhengce/2021-07/11/content_5624201.
htm，最后访问日期：2023年12月30日。

《中共中央 国务院关于实现巩固拓展脱贫攻坚成果同乡村振兴有效衔接的意
见》，中国政府网，https://www.gov.cn/zhengce/2021-03/22/content_
5594969.htm？eqid=aae1836c0004c2ef00000003646761db，最后访问日
期：2023年12月30日。

《中共中央 国务院印发〈乡村振兴战略规划（2018—2022年）〉》，中国政
府网，http://www.gov.cn/zhengce/2018-09/26/content_5325534.htm，最
后访问日期：2023年12月30日。

《州情概况》，怒江傈僳族自治州人民政府网站，https://www.nujiang.gov.
cn/2024/0805/13035.html，最后访问日期：2024年8月5日。

《着力打造西部民族地区社会工作鲜明特色》，凤凰网，https://news.ifeng.
com/c/7fZCEk1ChLN，最后访问日期：2023年12月30日。

后　记

　　入职云南大学后，我一直都在社会学系工作。感谢高万红老师的热心支持，让我有机会接触到社会工作专业。至今担任社会工作专业硕士研究生导师已有 13 年，也教过社会工作专业本科生"社会学概论""社会工作基础理论""性别研究""科研规范训练"课程和社会工作专业硕士研究生"民族社区工作"课程。

　　多年来，我聆听过许多有关社会工作的讲座，在北京、上海、西安、兰州、杭州、厦门、成都、贵阳、重庆等地参加了社会工作的专业培训及学术会议，在交流中不断学习，在学习中不断进步。在云南楚雄永仁、怒江易地搬迁社区、西双版纳、昆明以及福建晋江等地，督导社会工作专业硕士研究生实习的经历，提升了我对社会工作实践研究的认知。在临沧、普洱等地对民族社区的田野调查，亦提升了我的文化敏感性。

　　感谢向荣老师的倾情帮助，她在主导社区社会工作方向课程组时，鼓励我承担研究生"少数民族社会工作"课程的教学工作。在教学过程中，我得到了钱宁老师的悉心指导。2020 年，"少数民族社会工作"课程获得云南大学研究生课程思政项目立项。2021 年，社会工作专业硕士学制转为 3 年，我与研究生曾柯欣、李然、赵枝伟、陈孟茜有了更多的时间进行交流，由此形成了互助互进的师生共同体，便有了本书《民族社会工作》的尝试；而后，我与王硕老师携手，多次对本书进行修改。衷心感谢华东师范大学文军教授和厦门大学童敏教授为本书写作提出的宝贵建议；感谢童敏教授为本书作序。我们深知由于自身能力与水平有限，该书尚有许多不成熟不完善之处，诚挚希望各位专家学者多多批评指正。

　　最后，诚挚感谢云南大学民族学与社会学学院何明院长、伍奇副院

长和谢寿光教授及社会科学文献出版社孟宁宁老师对本书出版的大力
支持！

2024 年 11 月 18 日

图书在版编目（CIP）数据

民族社会工作 / 袁娥，王硕编著 . --北京：社会
科学文献出版社，2025.2
　（魁阁学术文库）
　ISBN 978-7-5228-3573-0

　Ⅰ.①民…　Ⅱ.①袁…②王…　Ⅲ.①民族工作-社
会工作-中国　Ⅳ.①D633

中国国家版本馆 CIP 数据核字（2024）第 079422 号

魁阁学术文库
民族社会工作

编　　著 / 袁　娥　王　硕

出 版 人 / 冀祥德
组稿编辑 / 谢蕊芬
责任编辑 / 孟宁宁
文稿编辑 / 周晓莹
责任印制 / 王京美

出　　版 / 社会科学文献出版社·群学分社（010）59367002
　　　　　地址：北京市北三环中路甲 29 号院华龙大厦　邮编：100029
　　　　　网址：www.ssap.com.cn
发　　行 / 社会科学文献出版社（010）59367028
印　　装 / 三河市龙林印务有限公司

规　　格 / 开本：787mm×1092mm　1/16
　　　　　印张：29.5　字数：496 千字
版　　次 / 2025 年 2 月第 1 版　2025 年 2 月第 1 次印刷
书　　号 / ISBN 978-7-5228-3573-0
定　　价 / 149.00 元

读者服务电话：4008918866